Makroökonometrische Anpassungsanalyse im
Vector-Error-Correction-Model (VECM)

Europäische Hochschulschriften

Publications Universitaires Européennes
European University Studies

Reihe V
Volks- und Betriebswirtschaft

Série V Series V
Sciences économiques, gestion d'entreprise
Economics and Management

Bd./Vol. 2962

PETER LANG
Frankfurt am Main · Berlin · Bern · Bruxelles · New York · Oxford · Wien

Frank Silber

Makroökonometrische Anpassungsanalyse im Vector-Error-Correction-Model (VECM)

Untersuchungen an ausgewählten Arbeitsmärkten

PETER LANG
Europäischer Verlag der Wissenschaften

Bibliografische Information Der Deutschen Bibliothek
Die Deutsche Bibliothek verzeichnet diese Publikation in der Deutschen Nationalbibliografie; detaillierte bibliografische Daten sind im Internet über <http://dnb.ddb.de> abrufbar.

Zugl.: Magdeburg, Univ., Diss., 2002

Ma 9
ISSN 0531-7339
ISBN 3-631-50778-X

www.peterlang.de

Vorwort

An dieser Stelle möchte ich mich insbesondere bei Herrn Professor Dr. Karl-Heinz Paqué bedanken, der diese Arbeit bis zum Abschluss begleitete - stets unterstützend und mit konstruktiven Anregungen. Herrn Professor Gerhard Schwödiauer sowie Herrn Professor Heinz P. Galler sei gedankt für ihre Diskussionsbereitschaft und wertvollen Anmerkungen.

Zudem stehe ich in der Schuld der Kollegen des Lehrstuhls für Internationale Wirtschaft an der Otto-von-Guericke-Universität Magdeburg: Dr. Ludwig von Auer danke ich für seine unentbehrliche Unterstützung in vielerlei Hinsicht; Bettina Büttner und Björn Kraaz, die das Manuskript wiederholt mit viel Geduld über sich ergehen ließen, steuerten wertvolle Hinweise bei.

Darüber hinaus danke ich Dr. Bertrand Koebel und Christian Schumacher für ihre Diskussionsbereitschaft bei spitzfindigen, ökonometrischen Problemen. Den Kollegen des Bereichs Kommunikation / Volkswirtschaft der Landesbank Kiel gebührt ein eigener Dank, da sie die Fertigstellung dieser Arbeit in "Nebentätigkeit" ermöglichten.

Meinen Eltern sei gedankt, dass sie mich stets dazu ermunterten, neue Ziele Schritt für Schritt anzugehen. Vor allem jedoch möchte ich mich bei meiner Frau Uta bedanken, ohne sie wäre die vorliegende Arbeit nicht zu Stande gekommen. Ihre Geduld und Stärke schloss die Lücke zwischen Wunsch und Wirklichkeit.

Felde im Dezember 2002

Inhaltsverzeichnis

Tabellenverzeichnis

Abbildungsverzeichnis

Kapitel 1

Einführung

1.1 Methodische Motivation

Einer expliziten Motivation, sich mit Anpassungsprozessen von Volkswirtschaften zu beschäftigen, bedarf es fast nicht. Denn Volkswirtschaften sehen sich immerzu der Notwendigkeit gegenüber, auf eine veränderte Umwelt zu reagieren. Schocks aus dem Rest der Welt, Änderung von Präferenzen, technologische Neuerungen sowie politische und institutionelle Schocks tragen hierzu bei. Auch betrachten Ökonomen i.d.R. diejenigen Volkswirtschaften, die sich zügig an eine neue Umwelt anpassen, fast per se als die mit der höchsten „Fitness".[1]

Bereits in den Anfängen der Makroökonometrie schlugen SLUTZKY [1927] und FRISCH [1933] den heute allgemein akzeptierten Weg der Datenanalyse vor, Fluktuationen in Form von Impulsen (oder: Schocks) und Fortpflanzungsmechanismen zu untersuchen[2]; klassische Anwendungen sind die Wirkungsanalysen von geld- und fiskalpolitischen Impulsen. In diesem Sinne wird auch in der vorliegenden Arbeit die Anpassungsanalyse verstanden, nämlich zerlegt in die Analyse des Anpassungsbedarfs (Schocks) und die Analyse der Anpassungsprozesse (Dynamik und Schockverteilung auf einzelne Variablen).

Das konkrete Interesse, sich mit der angewandten Anpassungsanalyse im kointegrierten VAR-Modell (oder: vector-error-correction-models, kurz: VECM) zu beschäftigen, ist in dieser Arbeit u.a. methodisch motiviert:

Zum einen werden kointegrierte VAR-Modelle in jüngster Zeit verstärkt als ein eigenständiges, alternatives Werkzeug des makroökonometrischen Modellbaus disku-

[1] Vgl. KILLICK [1995].

[2] Siehe hierzu GHYSELS [1994, S. 264].

tiert.[3] Dies nicht nur, weil mit ihnen Nichtstationaritätseigenschaften von Zeitreihen berücksichtigt werden können, sondern vor allem, weil eine explizite Einbeziehung von ökonomischen Langfristbeziehungen erfolgen kann, die dynamische Struktur ausgesprochen flexibel ist und schließlich auch, weil das Gesamtmodell als System („aus einem Guss") geschätzt werden kann. Hier können exemplarisch genannt werden das Inflationsmodell „US-VECM6.1" der Federal Reserve Bank of St. Louis (vgl. HOFFMAN / RASCHE [1997]), das geldpolitische Simulationsmodell von JACOBSEN / JANSSON / VREDIN / WARNE [1998] und die Arbeit von GARRAT / PESARAN / SHIN / SMITH [2001], die ein kleines makroökonometrisches Modell für Großbritannien in VECM-Form konstruieren.

Zum anderen wurde gerade zuletzt die dynamische Analyse von Schock- und Anpassungsprozessen im VECM methodisch erweitert. Dies betrifft nicht nur die Identifikation von sog. orthogonalen Impuls-Antwort-Folgen (vgl. WARNE [1993], YANG [1998], FISHER / HUH / SUMMERS [2000]) sondern auch die Entwicklung neuerer Konzepte, wie verallgemeinerter Impuls-Antwort-Folgen und Persistenzprofile (vgl. KOOP / PESARAN / POTTER [1996], PESARAN / SHIN [1996], PESARAN / SHIN [1998]).

Und schließlich entspringt eine methodische Anregung der vorliegende Arbeit aus der Anwendung selbst: Da sich Anpassungsprozesse in der „kurzen und mittleren" Frist abspielen, liegt es nahe, Daten höherer Frequenz (wie etwa Quartalsdaten) zu verwenden. Diese sind aber häufig ausschließlich saisonbereinigt verfügbar. Umso dringlicher ist es zu fragen, ob die gängigen Saisonfilter die Anpassungsanalyse in kointegrierten VAR-Modellen beeinflussen.

1.2 Empirische Motivation

Die empirische Anpassungsanalyse fand in den letzten Jahren über die klassische Wirkungsanalyse von fiskal- und geldpolitischen Maßnahmen hinaus neues makroökomisches Interesse. Dieses tritt z.B. (i) im Zusammenhang mit der Frage der Vorteilhaftigkeit einer europäischen Währungsunion und (ii) in der Analyse von Anpassungsprozessen am Arbeitsmarkt zu Tage. Gerade in diesen beiden Fällen kommen auch VAR-Modelle zum Einsatz.

[3]Vgl. vor allem GARRETT / LEE / PESARAN / SHIN [2000, 2001], PESARAN / SMITH [1995]. Für weitere Diskussionen sei z.B. auf FROHN [1998, 1999] und WREN-LEWIS [2000] verwiesen.

Die Vorteilhaftigkeit einer Währungsunion ergibt sich, wenn der Nutzen, wie der Wegfall von Transaktionskosten oder der Reduzierung von Wechselkursschwankungen, die Kosten eines einheitlichen Geldes und einer gemeinsamen Geld- und Währungspolitik überwiegt. Diese Kosten einer Währungsunion ergeben sich aus der Aufgabe des nominalen Wechselkurses als Anpassungsinstrument.[4] Ausgehend von länderspezifischen - sog. asymmetrischen - Schocks werden die Veränderungen vor allem von realen Makrovariablen (z.B. der Beschäftigung oder Arbeitslosenquote), die anstelle des Wechselkurses auftreten, untersucht und als Kosten interpretiert. Die Kosten der Währungsunion durch Verlust des „Anpassungsinstruments Wechselkurs" sind besonders hoch, wenn z.B. (i) überwiegend asymmetrische und permanente Schocks auftreten und (ii) keine ausreichende Preis- und Lohnflexibilität vorliegt. Ob ein Land für eine Währungsunion geeignet ist, ist dann eine Frage der empirischen Anpassungsanalyse. Denn erstens ist empirisch festzustellen, wie relevant asymmetrische Schocks sind. Zweitens ist empirisch nach den (alternativen) nationalen Anpassungsprozessen selbst zu fragen: Reagieren die Volkswirtschaften eher mit Lohn- und Preisanpassungen oder finden Mengenanpassungen durch Beschäftigung und Produktion statt? Bei der zweiten Frage nach den Anpassungsprozessen rücken häufig die sie bestimmenden institutionellen Faktoren ins Zentrum; die Anpassungsfähigkeit wird dann unter dem Stichwort der Flexibilität von Arbeits- und Gütermärkten diskutiert. Bei der Quantifizierung von (a)symmetrischen Schocks und Anpassungsprozessen kommen dabei im erheblichen Maße einfache VAR-Modelle zum Einsatz.[5]

Das zweite genannte Feld der empirische Anpassungsanalyse mit VAR-Modellen ist die Arbeitsmarktökonomik selbst. Gerade die international unterschiedlichen Arbeitsmarktsituationen zu Beginn der 80er Jahre waren Anlass, den unvollkommenen Wettbewerb und die eben erwähnten institutionellen Gegebenheiten auch in makroökonomische Modelle zu integrieren.[6]

---

[4] Dies wird vor allem in der Theorie optimaler Währungsräume behandelt. Als Überblick hierzu vgl. z.B. in MASSON / TAYLOR [1993], DE GRAUWE [1997] und SCHMIDT / STRAUBHAAR [1995].

[5] Vgl. u.a. BAYOUMI / EICHENGREEN [1993], FUNKE [1997], KNOPPIK [1997], JANSSON [1997], KEATING / NYE [1998], WOHLERS [1997], KNUDSEN / STAHLECKER / WOHLERS [1999].

[6] Vgl. z.B. NICKEL [1997], LAYARD / NICKEL / JACKMAN [1991], BEAN [1994].

Die Unvollkommenheiten am Arbeitsmarkt resultieren theoretisch u.a. aus:[7]

- Marktmacht: Diese äußert sich in *Preissetzungsmacht* der Produzenten auf den Gütermärkten - die zu einem niedrigeren Güterangebot und einer geringeren Arbeitsnachfrage führt - oder in einer gewissen *Lohnsetzungsmacht* der Beschäftigten (Insider), die z.B. über den Lohnverhandlungsprozess einen Lohnzuschlag fordern.

- Transaktionskosten: In der *Effizienzlohntheorie* helfen transaktionskostentheoretische Erwägungen zu begründen, warum Produzenten höhere Reallöhne akzeptieren. Reallohnaufschläge sind hiernach attraktiv, weil Kosten z.B. in Form einer verminderten Leistungsbereitschaft, aufgrund von Bewerberauswahlverfahren oder auch Kosten durch Arbeitskräftefluktuation bestehen.

- Informationsunvollkommenheiten: Diese sind z.B. in *Suchprozessmodellen* für ein Mismatching verantwortlich. Auch helfen sie zu begründen, warum *implizite Kontrakte* zwischen den Arbeitsmarktparteien abgeschlossen werden.

Die Liste der potentiellen, institutionellen Einflussfaktoren, die die Prozesse am Arbeitsmarkt beeinflussen, ist lang, und kann hier nur auf Beispiele begrenzt bleiben:

- Kündigungsschutzregelungen, Abfindungen, Steuern und Lohnzusatzkosten beeinflussen die Arbeitsnachfrage;

- Mindestlohnregelungen, die Organisation und Zentralisation von Lohnverhandlungen, die relative Stärke und die Zielfunktionen der Lohnverhandlungsparteien beeinflussen die Lohnfestlegung;

- die Höhe (Lohnabstand) und Ausgestaltung (z.B. Dauer) von Lohnersatzleistungen sowie Partizipationsraten beeinflussen das Arbeitsangebot.

Diese international unterschiedlichen Wettbewerbssituationen und Institutionen helfen, internationale Differenzen im Niveau der Beschäftigungs, des Reallohns und vor allem der Arbeitslosenquoten zu erklären. Zugleich liegen hier auch potentielle Faktoren, die die Dynamik der Anpassungsprozesse bestimmen. Bei der Erklärung

[7] In Anlehnung an FRANZ [1996, S. 305]. Weitere Quellen siehe ebenda.

der international divergierenden Arbeitslosenquoten allein aus diesen Unvollkommenheiten der Länder bleibt jedoch offen, wieso bei gegebenen, nationalen Institutionen und Wettbewerbsbedingungen die Arbeitslosenquoten zu Beginn der 70er zum einen *niedriger* und zum anderen *international ähnlicher* waren als heute.

Hierzu werden exogene Schocks herangezogen, die die sprunghafte Zunahme der Arbeitslosenquoten in den Ländern im Zeitablauf erklären können; jedoch - so kommentieren u.a. BLANCHARD / WOLFERS [1999, 2000] - unterscheiden sich diese Störungen international nicht genügend, um die divergierenden Entwicklungen zwischen den Ländern zu erklären. BLANCHARD / WOLFERS [1999, 2000] betonen daher, dass Schocks und institutionelle Faktoren nur *gemeinsam* die steigenden und international divergierenden Arbeitslosenquoten begründen können. Erst Erklärungsansätze, die berücksichtigen, dass sich die Wirkung eines Schocks auf die Arbeitsmarktvariablen je nach nationalen Institutionen in Stärke und/oder Länge unterscheidet, könnten *zunehmende* und *international divergierende* Arbeitslosenquoten erklären. Auch BEAN [1994] wies bereits darauf hin, dass zunehmende und international divergierende Arbeitsmarktentwicklungen auf unterschiedlichen Anpassungssmechanismen beruhen können.

Damit rücken erneut Schocks und vor allem ihre Anpassungsprozesse, kurz: die empirische Anpassungsanalyse, in den Mittelpunkt. Bei ihrer Quantifizierung kommen auch hier maßgeblich sog. strukturelle VAR-Modelle zum Einsatz. BLANCHARD / QUAH [1989] oder GAMBER / JOUTZ [1993a,b] z.B. simulieren Angebots- und Nachfrageschocks im bivariaten VAR-Modell mit Arbeitslosenquote und Output. Der trivariate Fall (ergänzt um den Reallohn) wird u.a. in GAMBER / JOUTZ [1993b], BERTHOLD / FEHN / THODE [1999a,b] und BALMASEDA / DOLADO / LÓPEZ-SALIDO [2000] behandelt. Kointegrierte VAR-Studien zur Anpassungsanalyse liegen kaum vor (vgl. SCHREIBER [2000], SUMMERS [2000]: Für die nordischen Länder liefern JACOBSEN / VREDIN / WARNE [1997, 1998] und HANSEN [1998] Schätzungen. CARSTENSEN / HANSEN [2000] stellen ein kointegriertes VAR-Modell für Deutschland bereit.

Das empirische Interesse an den Anpassungsprozessen an den Arbeitsmärkten und der Mangel an kointegrierten VAR-Modellen auf diesem Gebiet stellen ein interessantes Anwendungsfeld für die eingangs genannten neueren methodischen Entwicklungen in der VAR-Methodologie dar. Ziel dieser Arbeit ist es daher, vor allem die Anpassungsprozesse an verschiedenen Arbeitsmärkten mittels eines VECM zu untersuchen, auch unter zuhilfenahme neuerer Konzepte der dynamischen Analyse.

1.3 Aufbau

Die Teile I und II entspringen der mehr methodischen Motivation.

Teil I ordnet die Begriffe der Anpassung, des Anpassungsbedarfs sowie der Anpassungsprozesse und -fähigkeit genauer ein. Auch gängige Vorgehensweisen der empirischen Anpassungsanalyse werden - illustriert an der Währungsunions- und Arbeitsmarktliteratur - hier skizziert.

Teil II beschäftigt sich mit der Anpassungsanalyse in VAR-Modellen. Die ersten beiden Kapitel liefern einen methodischen Überblick über nicht-kointegrierte und kointegrierte VAR-Modelle. Dies geschieht aus dem Blickwinkel der dynamischen Mehrgleichungsmodelle, um einen Bezug zum makroökonmetrischen Modellbau herzustellen. Anschließend werden verschiedene Konzepte der Anpassungsanalyse in kointegrierten VAR-Modellen vorgestellt und vergleichend diskutiert; konzeptionelle Unterschiede werden dabei anhand des unterstellten Schockexperiments herausgearbeitet.

Den Teilen III und IV liegt die empirische Motivation zugrunde.

In Teil III werden makroökonometrische Arbeitsmarktmodelle diskutiert, die in Form eines VECM umgesetzt und in denen die vorgestellten Konzepte der Anpassungsanalyse angewendet werden können. Fundierungen, Interpretationen sowie (z.T. testbare) Restriktionen für das empirische Modell werden hier erarbeitet und Schockwirkungen theoretisch analysiert. Aus den Diskussionen geht ein geeignetes Arbeitsmarktmodell hervor.

Teil IV enthält die empirischen Untersuchungen. Auf der Suche nach einer geeigneten Datenbasis wird hier zunächst überprüft, ob besser verfügbare, aber mit Vorbehalten besetzte saisonbereinigte Daten verwendet werden sollten. Die sich anschließenden VECM-Schätzungen und Anpassungsanalysen für die Arbeitsmärkte Großbritanniens, der USA und Deutschlands sind das Ergebnis einer Vielzahl von Schätzungen und Sensitivitätsüberprüfungen in einem ausgesprochen komplexen Spezifikationsprozess. Es werden jeweils zwei Modellspezifikationen vorgestellt, um Sensitivitäten oder Modellierungsprobleme näher zu untersuchen. Das letzte Kapitel fasst zusammen, bündelt Ergebnisse und kommentiert abschließend.

Teil I

Zur makroökonomischen Anpassungsanalyse

Kapitel 2

Begriffe und Abgrenzungen

2.1 Anpassungsformen und -agenten

Die Notwendigkeit zur Anpassung ergibt sich natürlicherweise aus einer veränderten Umwelt. Tabelle 2.1 verdeutlicht zwei Dimensionen des Anpassungsbegriffs, nämlich Anpassungsformen und die beteiligten Agenten.[1]

		Formen	
		(Impuls-) Response	strukturelle Anpassung
Agenten	Individuen	I	IV
	Organisationen	II	V
Einfluss-	Institutionen	III	VI
faktoren (Beispiele)		Marktmacht, Offenheit, Transaktionskosten	technolog. Stand, Bildungsstand
Quelle: Eigene Darstelllung in Anlehnung an KILLICK [1995]			

Tabelle 2.1: Begriff der Anpassung: Formen, Agenten, Einflussfaktoren

Zur Verdeutlichung des Anpassungsbegriffs lassen sich die Anpassungsformen vereinfacht in eine (Impuls-) Response-Betrachtung und in strukturelle Anpassungen unterscheiden. Erstere Form lässt sich umschreiben als die eher kurzfristige Reaktion der Agenten, ihre unmittelbar verfügbaren Aktionsvariablen auf Schocks

[1] Die Übersicht ist angelehnt an KILLICK [1995], der sich mit der Relevanz, Bedeutung und den Bestimmungsgründen der Flexibilität (der Anpassungsfähigkeit) einer Volkswirtschaft beschäftigt.

anzupassen (Felder I-III), wie z.B. die Reaktionen von Haushalten, ihren Konsum nach Lohn- oder Zinsschocks zu ändern (I), oder die Änderung der Arbeitsnachfrage von Unternehmen nach einem Preis- oder der Nachfrageeinbruch (II), oder die staatliche Transfer- oder Staatsausgabenänderung nach einer Naturkatastrophe (III). Strukturelle Anpassungen (Felder IV-VI) hingegen lassen sich als eher längerfristige und auch als mehr vorausschauende Maßnahmen verstehen. Haushalte könnten nach Lohnänderungen in die Ausbildung investieren, um neue Qualifikationen zu erwerben (IV); Unternehmen passen sich mit Produkt- und Prozessinnovationen auf Preis- oder Nachfrageeinbrüche an (V); Staatliche Instanzen könnten z.B. mit Investitionen in Bildung und Infrastruktur auf Wachstumseinbrüche reagieren (VI).

Die angedeutete, unterschiedliche Zeitdimension der beiden Formen ist dabei mehr illustrativ denn klassifizierend. KILLICK [1995, S. 7f.] nutzt vielmehr die Begriffe „*responsive (or passiv)*" und „*innovative*" zur Unterscheidung. Ähnliches findet sich auch bei SMITH / ULPH [1995, S. 222], die zwischen „*macroeconomic response*" und „*microeconomic response*" unterscheiden; im letzteren Anpassungsbegriff wird ebenfalls ein vorausschauender Charakter der Reaktionen angedeutet.

Die zweite Dimension der Tabelle zeigt die Agenten, die die Anpassungen vornehmen, wie Individuen, Organisationen (also Gruppen von Individuen, z.B. Firmen oder Gewerkschaften) und Institutionen.[2] Bezüglich der Agenten kann von den Individuen hin zu den Institutionen eine zunehmende schwierigere Anpassung unterstellt werden. Gerade Anpassungen von Institutionen mögen sehr gering sein.[3] In diesem Fall können Institutionen vorrangig als exogener Einflussfaktor betrachtet werden. Dies soll auch in der vorliegenden Arbeit unterstellt werden.

Mögliche - auch institutionelle - Einflussfaktoren, die die Anpassungen beeinflussen, sind in Tabelle 2.1 exemplarisch angeführt. Beispiele sind etwa der unvollkommene Wettbewerb, der Preissetzungsverhalten und Mengenanpassungen beeinflussen kann. Die Ausgestaltung der Faktormärkte bestimmt die Faktormobilität,

---

[2]Institutionen seien verstanden im Sinne von North als „*...formal rules, informal constraints (norms of behaviour, conventions and self-imposed codes of conduct), and the enforcement characteristics of both...*" (vgl. NORTH, [1992, S. 9f., zitiert nach KILLICK,1995, S. 8])

[3]Siehe z.B. NORTH [1992, S. 11], zitiert nach KILLICK [1995, S. 12]: „*The process of changes [of institutions] is overwhelmingly incremental. ... The reason is that the economies of scope, complementaries, and network externalities that arise from a given matrix of formal rules, informal constraints, and enforcement characteristics will typically bias cost and benefits in favour of choices consistent with the existing framework. Therefore...institutional change will occur at those margins considered most pliable in the context of the bargaining power of interested parties.*"

also die Möglichkeit Arbeit und Kapital wandern zu lassen; ferner können Transaktionskosten und Informationsunvollkommenheiten Preis- und Lohnanpassungen beeinflussen.

Der Schwerpunkt der vorliegenden Arbeit liegt auf der empirischen Erfassung der kürzerfristigen, passiven Impuls-Response-Reaktionen einer Ökonomie; zudem werden Institutionen vereinfachend als Einflussfaktoren und nicht als reagierende Einheiten angesehen. Damit wird sich auf die Zellen I und II der Tabelle 2.1 konzentriert.

Die Anpassungsanalyse in Form dieser Impuls-Response-Betrachtung entspricht der traditionellen Datenanalyse nach SLUTZKY [1927] und FRISCH [1933], die Fluktuationen nach Impulsen und Fortpflanzungsmechanismen untersuchen. Entsprechend sinnvoll ist es, im weiteren zwischen Anpassungsbedarf und den Anpassungsprozessen (und der -fähigkeit) zu unterscheiden.

2.2 Anpassungsbedarf

Die Anpassungsanalyse setzt gedanklich eine Änderung der ökonomischen Umwelt voraus, einen Schock. Dieser soll hier zunächst definiert und klassifiziert werden.

Eine allgemeine Definition kann wohl kaum gegeben werden (vgl. CALIPEL [1995]); vielmehr gilt es, eine geeignete Arbeitsdefinition zu finden. Ein guter Ausgangspunkt ist die Definition von WOHLERS [1997, S. 79]: „*Schocks sind relativ starke oder rasche Änderungen des Güterangebots oder der Güternachfrage: Sie kommen für die Marktteilnehmer überraschend und sind somit nicht antizipierbar.*" Hieran sei auf drei Eigenschaften von Schocks aufmerksam gemacht. Zunächst schließt der Hinweis auf relativ starke oder rasche Änderungen[4] aus, dass geringe und allmähliche Änderungen, wie vor allem exogene Trends, als Schocks definiert werden. Ein solcher Ausschluss findet sich z.B. auch in der Unterscheidung von KILLICK [1995, S. 2] in „*relatively unpredictable and short-term shocks and longer-term trends*". Zum anderen zeigt das obige Beispiel, dass die Schockdefinition stets im Zusammenhang mit einem konkreten Modell zu sehen ist (hier wurde die Definition für eine Gütermarktmodell vorgenommen). Schließlich sei auf die Eigenschaft der Exogenität von Schocks hingewiesen, die in der fehlenden Antizipierbarkeit nur anklingt, an anderen Stellen der Literatur aber explizit genannt wird.[5]

[4] Ähnlich auch SCHMIDT / STRAUBHAAR [1995, S. 438, Fußnote 12], CAPITEL [1994].

[5] So z.B. bei LANDMANN [1997, S. 118]: „*Schocks sind immer nur modellbezogen definierbar,*

Im Folgenden werden Schocks verstanden als *Fluktuationen von makroökonomischen Variablen, die nicht durch ein konkretes, gegebenes Strukturmodell (u.a. inkl. Trendstruktur) erklärt werden können.* Der Schockbegriff setzt damit die Kenntnis der Modellstruktur (inkl. des Trends und der dynamischen Struktur) voraus. Dies macht vor allem den Weg frei für eine empirische Schockmessung als den nicht erklärbaren Modellteil (vgl. hierzu CHOCHRANE [1994, S. 3f.]).

Schocks können je nach Untersuchungsziel und Modell vielfältig klassifiziert werden. Die typischen Unterscheidungen in der Literatur systematisieren das Phänomen Schock nicht überschneidungfrei oder gar vollständig, vielmehr stellen sie fokussiert Eigenschaften heraus.[6]

Hierzu zählt die Trennung in *permanente und transitorische Schocks.* Diese stellt auf die Nachhaltigkeit der Wirkungen (vgl. WOHLERS [1997, S. 81]) eines einmaligen, einperiodigen Schocks auf die Modellvariablen ab: Permanente Schocks, wie z.B. Technologieschocks, haben demnach langfristige, anhaltende Wirkung auf zumindest eine Variable der Ökonomie. Schocks mit ausschließlich kurzfristigen, temporären Wirkungen werden als transitorisch bezeichnet (vgl. z.B. BERGMAN [1996]). Wegen ihrer Dauerhaftigkeit werden permanente Schocks auch definiert als diejenigen, die zu anhaltenden Abweichungen der Variablen von ihrem ursprünglichen Trend führen. Nach temporären Schocks hingegen kehren die Modellvariablen zur Trendentwicklung zurück.[7]

Typisch ist auch die Unterscheidung in *Angebots- und Nachfrageschocks.* Differenzierend wird hier die neoklassische Annahme herangezogen, dass nur Angebotsschocks, nicht aber die Nachfrageschocks eine permanente Wirkung auf die realen Größen haben. Da auch Nachfrageschocks permanente Realeffekte haben können, z.B. durch eine dauerhafte Erhöhungen von Staatsausgaben oder Hystereseeffekte, wird statt dessen häufig in gleicher Weise zwischen *realen und nominalen Schocks* unterschieden (vgl. BAYOUMI / EICHENGREEN [1994, Fußnote 4]).

Weiterhin werden vor allem in der Theorie optimaler Währungsräume *symmetrische und asymmetrische* Schocks betrachtet: Symmetrische Schocks (be-)treffen

---

meist als Änderung einer modellexogenen Variable." Ähnlich auch CALIPEL [1994, S.127], der Schocks u.a. als Faktoren definiert, die außerhalb der Kontrolle eines gegebenen Systems stehen.

[6] Zu weiteren als den nun folgenden Klassifikationen vgl. z.B. in BUTI / SAPIR [1998] und BERTHOLD [1997].

[7] Für die Anpassungsanalyse im VECM wird vor allem die Unterscheidung permanent versus transitorisch relevant sein.

eine Gruppe von Ländern (z.B. Ölpreisschocks); länderspezifische Schocks (wie z.B. nationale, politische Schocks) hingegen werden als asymmetrisch bezeichnet. In diesem Literaturstrang erfolgt auch eine Trennung in globale vs. sektorspezifische Schocks. Sind erstere für die ganze Volkswirtschaft relevant, treffen die letzteren nur einzelne Sektoren.[8]

Schließlich sind je nach ökonomischem Modell zahlreiche ökonomische Systematisierungen denkbar, die z.B. mehr *marktlokal* (z.B. Geldmarkt-, Gütermarkt-, Arbeitsmarktschock usw.) oder für einzelne Märkte *marktspezifisch* (Arbeitsnachfrage-, Arbeitsangebot-, Lohnschock, usw.) differenziert werden können.

Vorgreifend sei darauf hingewiesen, dass gerade für die Simulation von Anpasssungsprozessen, weitere Eigenschaften eines Schock zu spezifizieren sind, und zwar z.B. hinsichtlich (vgl. KOOP / PESARAN / POTTER [1996]): (i) der Stärke (In welcher Größenordnung soll die Schockvariable geändert werden? Liegt ein konkretes Politikszenario vor, so bestimmt dieses die Stärke des Schocks.); (ii) des zeitlichen Verlaufs (Ist die Schockvariable nur zu einem Zeitpunkt $t = 0$ zu ändern? Oder ist eine Schocksequenz[9] zu unterstellen?); (iii) des Schocktyps (Ist nur eine Schockvariable zu ändern? Oder sollten mehrere Schockvariablen simultan variiert werden? Falls ja - welche und wie?). Auf die Festlegung der Schockausprägung kommen wir in Kapitel 6 zurück.

2.3 Anpassungsprozess und - fähigkeit

Die Transmission und Verarbeitung von Schocks in einer Volkswirtschaft wird durch den Anpassungsprozess beschrieben. Die Analyse des Anpassungsprozesses nach einem Schock umfasse dabei die komparativ-statische Analyse der Änderungen der makroökonomischen Variablen einer Volkswirtschaft als auch deren dynamischen Verlauf.

Von besonderem Interesse ist dabei der Begriff der Anpassungsfähigkeit einer Volkswirtschaft. Synonym wird in der Literatur der Begriff der Flexibilität verwendet.[10] Ob diese als hoch oder niedrig bezeichnet wird, stützt sich üblicherweise,

[8] Vgl. hierzu z.B. die Beiträge in MAYER / SCHARRER [1997].

[9] Ein Beispiel für eine solche Schockfrequenz ist die befristete Einführung des Konjunkturzuschlages auf die Lohnsteuer am 1.8.1970, der am 1.7.1971 wieder zurückgenommen wurde.

[10] Dies gilt gerade für Arbeitsmarktökonomik: „*The notion of labour market flexibility has been given different meanings, but they revolve round the idea of capacity to adapt to changes*" (vgl.

wie z.B. in KILLICK [1995, S. 18] oder SYRQUIN [1995, S. 37f.], auf (i) Kosten und (ii) Anpassungsgeschwindigkeit. Eine typische Definition könnte daher lauten: *Eine Volkswirtschaft habe eine hohe Anpassungsfähigkeit (hohe Flexibilität), wenn sich ihre makroökonomischen Größen nach einem Schock mit geringen Kosten und schnell anpassen.*

Offen bleibt hierbei der Begriff der (makroökonomischen) Kosten. Eine ebenso typische wie vereinfachende Operationalisierung erfolgt durch unerwünschte Inflation, Arbeitslosigkeit oder Outputänderungen, die sich nach Abschluss der Anpassungsprozesse einstellen können. So konstruiert beispielsweise BLACK [1985] einen misery index aus Inflation und Arbeitslosenquote; SMITH / ULPH [1995] ziehen die Outputvariation als Kostenindikator heran. In beiden Fällen wird versucht, die Kosten und so die Anpassungsfähigkeit von Volkswirtschaften nach Ölpreisschocks zu schätzen. Die Aussagekraft solcher Kostenindikatoren ist jedoch begrenzt. Gerade ein internationaler Vergleich kann hierbei irreführend sein, wenn die sich einstellenden Reaktionen ein Ausdruck von unterschiedlichen Präferenzen sind (vgl. SYRQUIN [1995, S. 38]).

Ergänzend kann daher die Anpassungsgeschwindigkeit herangezogen werden.[11] Aber auch hier gilt, dass langsame Anpassungsprozesse z.B. Ausdruck eines intertemporal, nutzenmaximierenden Verhaltens sein können. Ein Werturteil im Sinne einer hohen oder niedrigen Anpassungsfähigkeit wäre vor allem dann angebracht, wenn Kosten und / oder langsame Anpassungen auf Unvollkommenheiten zurückzuführen wären, wie z.B. unvollkommener Wettbewerb, Informationsunvollkommenheiten oder Transaktionskosten (vgl. SYRQUIN [1995, S. 37.]).

Insgesamt ist die obige Definition der Anpassungsfähigkeit damit zwar nützlich, aber nicht unproblematisch. Auf den Arbeitsmarkt übertragen könnte eine hohe Anpassungsfähigkeit dann z.B. mit geringen Schwankungen der Arbeitslosenquote und schnellen Anpassungen der Arbeitsmarktvariablen in Verbindung gebracht werden. Wichtige Einflussfaktoren auf die Anpassungsfähigkeit von Arbeitsmarktvariablen wurden bereits in Unterabschnitt 1.2 genannt.

KILLICK [1995, S. 21f.]).

[11] SMITH / ULPH [1995, S. 226] z.B. stellen letztendlich *vorrangig* auf die Geschwindigkeit der Anpassungsprozesse ab, um die Flexibilität zu beschreiben.

Kapitel 3

Empirische Anpassungsanalyse

Anstelle eines vollständigen, methodischen Überblicks über die empirische Analyse des Anpassungsbedarfs und von Anpassungsprozessen skizziert dieses Kapitel das gängige Vorgehen des empirischen Makroökonomen, und zwar illustriert anhand der Eingangs erwähnten Theorie optimaler Währungsräume und der Arbeitsmarktökonomik.

Die folgende methodische Unterscheidung ist ebenfalls eine Vereinfachung: Es wird zwischen a) einer **indirekten Indikatoranalyse von Bestimmungsfaktoren** und b) einer **direkten, empirischen Erfassung** unterschieden, und dies sowohl bei der Erfassung des Anpassungsbedarfs als auch der Anpassungsprozesse.

3.1 Erfassung des Anpassungsbedarfs

Eine **Indikatoranalyse** der Bestimungsfaktoren und die **direkte, empirische Erfasssung** des Anpassungsbedarfs[1] kann anhand der empirischen Literatur zum optimalen Währungsraum illustrieren werden.[2] Hier stehen vor allem asymmetrische Schocks im Vordergrund, denn aus diesen ergibt sich im besonderen Maße die Notwendigkeit der Wechselkursanpassung.[3]

---

[1] Von der „case study" einzelner Schockereignisse, die die historisch-ökonomische Kenntnis von Schocks (wie z.B. Ölpreisschocks, Asienkrise) in den Vordergrund stellt, wird an dieser Stelle abgesehen.

[2] Vgl. z.B. MASSON / TAYLOR [1993], SCHMIDT / STRAUBHAAR [1995], DE GRAUWE [1997], BUTI / SAPIR [1998].

[3] Die Anlayse globaler vs. sektorspezifischer Schocks könnte ähnlich strukturiert werden. Zur empirischen Analyse hier vgl. z.B. BAYOUMI / PRASAD [1997], BINI SMAGHI / VORI [1992], DE GRAUWE / VANHAVERBEKE [1993], FUNKE [1997].

Anstatt das asymmetrische Auftreten von Schocks direkt zu erfassen, werden mit Hilfe von geeigneten Indikatoren das Vorliegen der Bestimmungsfaktoren eines asymmetrisches Schockauftreten untersucht. Ausgangspunkt ist dabei vor allem die plausible Hypothese, dass gerade strukturelle Unterschiede der Länder das Auftreten asymmetrischer Schocks fördern. Anhand zahlreicher Indikatoren wird dann die strukturelle Unterschiedlichkeit der Länder untersucht. Z.B. sollten unterschiedliche Produktionsstrukturen, Präferenzen und Politiken ein asymmetrisches Schockauftreten fördern, ebenso wie ein geringer Offenheitsgrad und eine fehlende Diversifizierung der Exportprodukte.[4] Zu beachten ist bei einer solchen Indikatoranalyse, dass der positive Zusammenhang zwischen strukturellen Unterschiedlichkeiten und dem Auftreten asymmetrischer Schocks eine Hypothese bleibt. Auch die Nützlichkeit einzelner Indiktoren bleibt diskussionswürdig.[5] Schließlich bleibt anzumerken, dass asymmetrische Schocks nicht direkt erfasst werden.

Eine **direkte, empirische Erfassung** asymmetrischer Schocks erfolgt anhand ihres Niederschlages in makroökonomischen Variablen. POLOZ [1990] verwendet als Indikator für die Häufigkeit des Auftretens von asymmetrischen Schocks die Varianz des realen Wechselkurses zweier Länder. Denn: Treten länderspezifische Schocks der Güternachfrage und des -angebots auf, so sollten sich diese in einer hohen Schwankung dieses Relativpreises niederschlagen. Die zur Konstruktion verwendeten Konsumentenpreise, wie auch der nominale Wechselkurs, unterliegen jedoch noch weiteren Einflüssen[6] als nur den genannten Schocks. Ferner wird das Maß auch als Länderähnlichkeitsmaß und als Ausdruck der Übernahme von Anpassungslast durch den realen Wechselkurs interpretiert.[7] HEINEMANN [1995] berechnet die Korrelationen der BIP-Wachstumsraten verschiedener Länder, wobei ein negativer Zusammenhang einen asymmetrischen Schock widerspiegeln soll. Jedoch werden landesspezifische Schocks hierbei fälschlicherweise als symmetrisch identifiziert, falls sie z.B. zum positiven Spillover auf das zweite Land führen. Vor allem aber werden hiermit nicht nur die gesuchten Schocks sondern ebenfalls Konjunktur- und

[4] Zu den Indikatoren vgl. z.B. SCHMIDT / STRAUBHAAR[1995], AURIA [1997], DE GRAUWE [1997]. Weitere Indikatoren dieser Literatur (wie etwa die Faktormobilität, Lohn- und Preisflexibilität, die fiskalpolitische Integration; vgl. a.a.O.) beziehen sich mehr auf die Anpassungsfähigkeit und ihre Unterschiede.

[5] Siehe z.B. die Diskussion zur Offenheit in DE GRAUWE [1997, S. 48].

[6] LANDMANN [1997, S. 117 ff]) diskutiert diese Einflussfaktoren ausführlich.

[7] Vgl. SCHMIDT / STRAUBHAAR [1995, S. 437]), AURIA [1997, S. 155].

Trendzusammenhänge der betrachteten Länder erfasst. Um diese Komponenten zu kontrollieren, wird in der Regel auf gleitende Durchschnitte und Trendvariablen regressiert; die resultierenden Residuen werden anschließend korreliert.[8] Kritisch anzumerken ist dabei, dass diese Bereinigung keine ökonomische Information über die Konjunktur- und Trendprozesse beinhaltet, sondern lediglich eine zeitreihenanalytische Zerlegung vornimmt. COHEN / WYPLOSZ [1989] hingegen schlagen ein Summen-Diffenzen-Verfahren vor. Sie vergleichen die Outputwachstums-Differenzen zweier Länder und die Outputwachstums-Summen. Veränderungen der Summe signalisieren demnach symmetrische Schocks, Veränderung der Differenzen hingegen asymmetrische Schocks. Ein Größenvergleich der Varianzen der beiden Indikatoren zeigt dann, ob zwischen den beiden Ländern häufiger asymmetrische oder symmetrische Schocks aufgetreten sind.

Bei der Untersuchung der Fluktuationen von makroökonomischen Größen mit den genannten direkten Ansätzen erfolgt jedoch keine Unterscheidung zwischen Schocks und Anpassungsprozessen (vgl. AURIA [1997, S. 156], WOHLERS [1997, S. 96]). Dies ist nicht möglich, weil keine Aussage über ein ökonomisches Modell (inkl. der dynamischen Struktur) getroffen wird.[9] Widmen wir uns daher den Anpassungsprozessen.

3.2 Erfassung von Anpassungsprozess und -fähigkeit

Analog können auch hier zunächst mit einer Indikatoranalyse die Einflussfaktoren der Flexibilität, einer hohen Anpassungsfähigkeit (mit geringen Kosten und schnell zu reagieren) untersucht werden, um damit Aussagen über die Anpassungsprozesse zu gewinnen. Vor allem für den Arbeitsmarkt werden hier zahlreiche Indikatoren des unvollkommenen Wettbewerbs und der institutionellen Faktoren herangezogen und international verglichen (vgl. Kapitel 1.2), wie etwa Maße für die Reallohnrigidität aus z.B. statischen Regressionsmodellen, der Zentralisierungsgrad von Lohnverhandlungen, die Dauer und Ausgestaltung von Lohnersatzleistungen, usw..[10] Den Indikatoren liegt eine Hypothese über einen eindeutigen Zusammenhang zur Anpas-

[8] Zusätzlich wird der Anteil der Residuenvarianz an der Gesamtvarianz als Anteil der Schockkomponente im BIP interpretiert.

[9] Vgl. die Arbeitsdefinition von Schocks im vorangegangenen Abschnitt.

[10] Vgl. z.B. DOSE / KRIEGER-BODEN [1998], BARRELL / PAIN / YOUNG [1994], NICKEL [1997], KILLICK [1995].

sungsfähigkeit zugrunde, der entweder theoriegestützt ist oder Plausibilitätsüberlegungen[11] entstammen. Kritisch ist anzumerken, dass hierbei nicht die Anpassungsprozesse selbst sondern stellvertretend die sie beeinflussenden institutionellen Faktoren quantifiziert werden. Dabei ist der Einfluss der institutionellen Faktoren - einzeln als auch in ihrer Summe - auf die Anpassungsprozesse nicht immer eindeutig.[12] Schließlich lassen die Daten zu den institutionellen Faktoren häufig zu wünschen übrig (vgl. BLANCHARD / WOLFERS [1999, S. 3]).

Bei der **direkten, empirischen Erfassungen** von Anpassungsprozessen finden auch hier einfachere Verfahren, wie Korrelationskoeffizienten Anwendung. Beipielsweise korrelieren DE GRAUWE / VANHAVERBEKE [1993, S. 122] für eine Ländergruppe die Variation des realen Wechselkurses und das Outputwachstum bzw. Beschäftigungswachstum. Je höher die Korrelation, so die Interpretation, desto größer die Bedeutung des realen Wechselkurses im Anpassungsprozess nach Auftreten von Output- bzw. Beschäftigungsschocks. Bei solchen einfachen Verfahren kann jedoch allenfalls ein erster Eindruck gewonnen werden; zudem sind mit einfachen Korrelationen die getroffenen Kausalitätsaussagen streng genommen gar nicht möglich (vgl. a.a.O., S. 122).[13] Ferner bleibt die Anpassungsgeschwindigkeit und Verlaufsdynamik gänzlich unberücksichtigt.

Vor allem werden für eine direkte empirische Erfasung dynamische Eingleichungmodelle und dynamische Mehrgleichungsmodelle geschätzt.[14] Um Anpassungsprozesse *einzelner* Variablen zu quantifizieren, werden vorrangig *dynamische Einglei-*

[11]"..the less constraint the system the more responsive it will be to exogenes changes" (vgl. SYRQUIN 1995, S.60)

[12]Vgl. BLANCHARD / WOLFERS [1999, S. 7]. Eine Diskussion der unterschiedlichen Wirkungen von z.B. Kündigungsschutzregelungen auf den Anpassungsprozess findet sind in OECD [1999].

[13]Ähnliche Berechnungen mit umgekehrter Kausalitätsaussage finden sich z.B. bei EICHENGREEN [1993]. Mit Regressionen der Arbeitslosenquote u.a. auf den realen Wechselkurs, wird versucht, die Anpassungen der Arbeitsmarkvariablen auf internationale Relativpreisschocks zu erfasssen.

[14]An dieser Stelle sei darauf hingewiesen, dass gerade erst ein explizites dynamisches Modell eine empirische Schockerfassung möglich macht. COCHRANE [1994, S. 3f.] betont nachdrücklich: "*...the study of shocks and propagation mechanisms are of course not a separate enterprise. Shocks are only visible if we specify* ***something*** *about how they propagate to observable variables. More importantly, we can't really believe that a shock affects the economy unless we understand how it does so*" (Heraushebungen im Original).

chungsmodelle geschätzt.[15] Ein Zeitreihenmodell mit relativ allgemeiner Struktur ist das autoregressive distributed lag Modell, ARDL(p,q)-Modell:

$$z_{1t} = \sum_{i=1}^{p} b_i z_{1t-i} + \sum_{i=0}^{q} c_i z_{2t-i} + v_t \tag{3.1}$$

mit $|\sum_{i=1}^{p} b_i| < 0$ und v_t als Störgröße.[16]

Typische dynamische, statistische Eingleichungsmodelle[17], die sich auch ökonomisch begründen lassen, können als Spezialfälle am ARDL(1,1)-Modell

$$z_{1t} = b_1 z_{1t-1} + c_0 z_{2t} + c_1 z_{2t-1} + v_t,$$

illustriert werden (vgl. hierzu HENDRY / PAGAN / SARGAN [1984], WOLTERS [2000]). Dieses Modell nestet verschiedene ***statistische***, dynamische Eingleichungsmodelle, wie z.B. das endliche distributed lag-Modell ($b_1 = 0$), das geometrische distributed lag-Modell ($c_1 = 0$), das Differenzenmodell ($b_1 = 1, c_0 = c_1$) oder die reduzierte Form ($c_0 = 0$). Dabei kann die dynamische Struktur des endlichen geometrischen lag-Modells *ökonomisch* z.B. aus regressiven, extrapolativen oder statischen Erwartungen abgeleitet werden. Das geometrische distributed lag-Modell kann auf ein *ökonomisches* partielles Anpassungsmodell gestützt werden.[18]

Die skizzierten dynamischen, statistischen Modelle sind aufgrund ihrer theoretischen Fundierung eher einer direkten ökonomischen Interpretation zugänglich als das allgemeinere, rein zeitreihenanlytische ARDL-Modell. Jedoch besitzen diese Spezialfälle eine recht restriktive dynamische Struktur. Das zentrale Argument für

[15]Dabei ergeben sich gegenüber statischen Regressionsmodellen auch statistische Vorteile für die Schätzung der gesuchten Elastitzitäten, wie z.B. der Reagibilität der Reallöhne auf Änderungen der Arbeitslosenquote: Im Kontext kointegrierter Zeitreihen liefern BANERJEE / DOLADO / HENDRY / SMITH [1986] Hinweise, dass die Schätzung von Langfristparametern in kleinen Stichproben in statischen Modellen verzerrt ist (vgl. hierzu auch MADDALA / KIM [1998, S. 157]).

[16]Es wird auch als rationales Lagmodell bezeichnet (vgl. HANSEN [1993]). Hieran kann im Folgenden auf typische dynamische Regressionsmodelle, auf Interpretationen sowie die standardmäßige Auswertung dynamischer Modelle eingegangen, als auch in das nachfolgend relevante Fehler-Korrektur-Modell eingeführt werden.

[17]Ausführlicher siehe den Überblick von WOLTERS [2000].

[18]Letzteres kann bei dem selben systematischen Teil wie das geometrische distributed lag-Modell jedoch auch zusätzlich autoregressiven Störgrößen $v_t = \rho v_{t-1} + \tilde{v}_t$ begründen, mit $\tilde{v}_t$ als neue Störgröße (vgl. HANSEN [1993]); adaptive Erwartungsmodelle hingegen können auch zu einen moving average term $v_t = \tilde{v}_t - \varphi\tilde{v}_t$ führen (vgl. WOLTERS [2000]).

die Verwendung des ARDL-Modells aus Gleichung (3.1) beruht daher auf der reichhaltigeren dynamischen Struktur, die über die Parameter p und q den empirischen Erfordernissen angepasst werden kann.

Welche Informationen über die empirischen Anpassungsprozesse lassen sich aus Modell (3.1) und seinen Spezialfällen ziehen? Die langfristige Wirkung einer einmaligen, dauerhaften Änderungen der Exogenen z_{2t} bzw. von v_t auf die Endogene wird allgemein durch $\sum_{i=0}^{q} c_i/(1-\sum_{i=1}^{p} b_i)$ bzw. $(1-\sum_{i=1}^{p} b_i)^{-1}$ erfasst. Für Aussagen über die Anpassungsgeschwindigkeit werden häufig die geschätzten autoregressiven Koeffizienten der verzögerten Endogenen (b_i) herangezogen und als Persistenzmaß verwendet, und zwar sowohl mit (wie z.B. in WULFSBERG [1996]) als auch ohne ökonomische Fundierung (wie z.B. in DECRESSIN / FATÀS [1995, S. 1635ff.]).

Der Vorteil einer allgemeineren Lagstruktur liegt auch der nützlichen Reparametrisierung von (3.1) als Fehler-Korrektur-Modell (error-correction-model, ECM) zugrunde, das Informationen über Anpassungen der Endogenen z_{1t} explizit herausstellt.

$$\begin{aligned} \Delta z_{1t} &= -\alpha_1(z_{1t-1}-\beta_2 z_{2t-1}) + \sum_{i=1}^{p-1} \overline{b}_i \Delta z_{1t-i} + \sum_{i=0}^{q-1} \overline{c}_i \Delta z_{2t-i} + v_t \qquad (3.2) \\ mit\ \beta_2 &= \frac{\sum_{i=0}^{q} c_i}{(1-\sum_{i=1}^{p} b_i)},\ 0<\alpha_1 = 1-\sum_{i=1}^{p} b_i < 1 \end{aligned}$$

Das ECM liefert eine Trennung von kurzfristigen Reaktionen ($\overline{b}_i$) und langfristigen Reaktionen (β_2) der Endogenen z_1 auf einmalige, dauerhafte Änderungen von z_2.[19] Die Endogene passt sich an ($\Delta z_{1t} \neq 0$), wenn kurzfristige Änderungen stattfinden und /oder noch Abweichungen vom langfristigen Zusammenhang $z_1 = \beta z_2$ vorliegen. α_1 beschreibt die Anpassungen von z_{1t} pro Periode, wenn in $t-1$ noch eine Abweichung von der Langfristbeziehung besteht.[20]

[19] Langfristige Reaktionen auf einmalige, dauerhafte Änderungen von v_t nach Abschluss aller Anpassungsprozesse ($z_{1t} = z_{1t-1} ... z_{1t-p} = z_1$, $z_{2t} = z_{2t-1} ... z_{2t-q} = z_2$) können dargestellt werden als α^{-1}.

[20] Nach der Einführung durch SARGENT [1964] und der Popularisierung durch DAVIDSON / HENDRY / SRBA / YEO [1978] spielt das ECM heute eine zentrale Rolle im Umgang mit kointegrierten Zeitreihen. Unterabschnitt 5.1 geht hierauf ausführlicher ein und diskutiert die Interpretation der Langfristbeziehung als Gleichgewichtsbeziehung.

Dynamische Eingleichungsmodelle liefern jedoch nur Hinweise über die Anpassungsprozesse *einer* Variablen, denn sie fassen alle übrigen als exogen auf. Für die Analyse der Verteilung der Anpassungslast durch einen Schock auf mehrere Variablen bedarf es dynamischer Mehrgleichungsmodelle.

Erst die Formulierung eines *dynamischen Mehrgleichungsmodells* erlaubt eine umfangreiche komparativ-statische wie auch dynamische Analyse der Anpassungen. Mit den gegebenen dynamischen Beziehungen und Interdependenzen zwischen den Makrogrößen sind zugleich auch Schocks als Fluktuationen der Systemvariablen, die nicht durch die Modellstruktur erklärt werden können, erfassbar. Die Literatur unterscheidet zwischen[21]

- kalibrierten stochastischen, dynamischen allgemeinen Gleichgewichtsmodellen,
- strukturellen makroökonometrischen Modellen und
- VAR-Modellen.

Die ersteren Modelle basieren am stärksten auf mikroökonomischen Optimierungskalkülen und sind am wenigsten datenorientiert; ökonomische Parameterwerte werden hier i.d.R. kalibriert. Strukturelle makroökonometrische Modelle seien im Sinne der Cowles Commission verstanden und mit einer a-priori-Trennung von endogenen und exogenen Variablen sowie oftmals mit einer Vielzahl von a-priori-Restriktionen versehen. Ökonomische Parameter werden i.d.R. gleichungsweise, ökonometrisch geschätzt. Im Zentrum dieser Arbeit steht die Anpassungsanalyse in (kointegrierten) VAR-Modellen. Diese Modelle - wie auch ihr Einsatz in der Anpassungsanalyse - werden nachfolgend ausführlich behandelt.

[21] Vergleichende Diskussionen finden sich bei FROHN [1998, 1999], GARRATT / LEE / PESARAN / SHIN [2000], PESARAN / SMITH [1995], WREN-LEWIS [2000].

Teil II

Anpassungsanalyse in VAR-Modellen

Kapitel 4

Nicht-kointegrierte VAR-Modelle

In diesem Kapitel werden zunächst nur nicht-kointegrierte Modelle betrachtet; hieran lassen sich vereinfacht Grundlagen und die VAR-Methodologie im Kontext makroökonomischer Modelle (wie gerade der Themenbereich der strukturellen VAR-Modelle) behandeln. Abschnitt 4.1 erläutert zunächst die Begriffe der (Nicht-) Stationarität und der Kointegration. Das VAR-Modell - wie auch seine alternativen Repräsentationen und Transformationen - ist ein rein statistisches Modell (vgl. Abschnitt 4.2), dem aber eine (makro-) ökonomische Modellinterpretation nahegelegt werden kann (vgl. Abschnitt 4.3). Die auftretende Identifikationsproblematik wird in Abschnitt 4.4 erörtert.

4.1 Vorbemerkungen

Die Analyse der VAR-Modelle erfordert ein technisch differenziertes Vorgehen, das sich an den (Ko-) Integrationseigenschaften der Daten orientiert. Ebenso wie ein deterministischer Trend oder eine deterministische Saisonfigur sind auch die (Nicht-) Stationarität und die Kointegration eine statistische Annahme über den Verlauf einer Variablen.

Ein stochastischer Prozess z_{it} heisst stationär, wenn der Mittelwert $E(z_{it})$ und die Varianz konstant sind und die Autokovarianz $E\left[(z_{it} - E(z_{it})(z_{it-\tau} - E(z_{it})\right] = \sigma_{t,t-\tau}$ nur von der Verzögerung τ nicht aber von t abhängt. Diese Momente sind zeitinvariant.[1] Charakteristisch für einen stationären Prozesse ist, dass die Variable

[1] In diesem Fall wird z_{it} als schwach stationär bezeichet. Für weitere Details siehe z.B. REIMER[1991], MADDALA / KIM [1999].

nach einer Störung in $t \longrightarrow \infty$ zu ihrem Erwartungswert zurückkehrt. Beinhaltet der Prozess einen deterministischen Trend, so erfolgt nach einer Störungen die Rückkehr zu diesem Trendpfad (Trendstationarität).[2] Ein Schock auf diese Variable wirkt also immer nur transitorisch. Besitzt ein Prozess die obigen Eigenschaften nicht, wird dieser als nichtstationär oder integriert bezeichnet. Er heisst integriert vom Grade d (kurz: $I(d)$), wenn er durch d-malige Differenzenbildung stationär wird.[3] Der integrierte Prozess besitzt keine zeitinvarianten Momente und kehrt nach Störungen nicht zum Erwartungswert zurück. Vielmehr kumulieren sich vergangene Schocks und besitzen so einen dauerhaften Einfluss auf die Variable.[4] Damit wird die Voraussetzung geschaffen für permanent wirkenden Schocks.

Intuitiver Hintergrund für dieses Verhalten der I(1) -Variable ist ein stochastischer Trend, der diese treibt. Daher lässt sich eine $I(1)$-Variable auch wie folgt beschreiben (vgl. u.a LÜTKEPOHL [1999a,b]): Eine Variable ist integriert vom Grade 1, wenn der stochastische Trend durch einmalige Differenzenbildung entfernt werden kann. Im Gegensatz zu $z_{it} \sim I(1)$ ist die $I(0)$-Variable $\Delta z_{it} = z_{it} - z_{it-1}$ frei von einem stochastischen Trend

In der theoretischen Modellierung ist die Frage, ob die Variablen *(trend-)stationär* oder *integriert* sind, damit verknüpft, ob sich die Variablen ausschließlich durch einen *deterministischen Trend* oder nur mit Hilfe eines *stochastischen Trends* abbilden lässt. Für den Empiriker ist die Kenntnis des wahren Trendmodells entscheidend, da die Schätzung eines empirischen Modells aus I(1)-Variablen mit einer falschen Trendannahme zu einer Scheinkorrelation (vgl. YULE [1926]) oder Scheinregression (vgl. GRANGER / NEWBOLD [1974]) führen kann.

Ferner ist für eine adäquate Behandlung eines Modells mit mehreren $I(1)$-Variablen relevant, ob diese einzeln durch *unabhängige* stochastische Trends oder durch *gemeinsame* stochastische Trends getrieben werden: Werden die $I(1)-$Variablen von

---

[2] Ein Beispiel ist der einfache autoregressive Prozess $z_{it} = \rho z_{it-1} + u_{it}$, mit $|\rho| < 1$, $u_{it} \sim iid(0,1)$ der mit dem Mittelwert $\overline{z}_i = 0$, der Varianz $\sigma^2_{z_i} = 1/(1-\rho^2)$ sowie der Autokovarianz $\sigma_{t,t-\tau} = \rho^\tau \sigma^2_{z_i}$ diese Bedingungen erfüllt.

[3] Vgl. ENGLE / GRANGER [1987]. Da wir uns auf den $I(1)$-Fall beschränken, bezieht sich der Begriff der Nichtstationarität im Folgenden ausschließlich auf die $I(1)$-Eigenschaft.

[4] Ein Beipiel ist der einfache random walk, der autoregressive Prozess $z_{it} = \rho z_{it-1} + u_{it}$, mit $|\rho| = 1$, $u_{it} \sim iid(0,1)$; hier ist u.a. die Varianz $\sigma^2_{z_i} = t$ zeitabhängig. Sukzessives Einsetzen führt zu $z_{it} = z_{i0} + \Sigma_{j=1}^{\infty} u_{it}$ und zeigt, dass einmalige Schocks u_{it} permanent z_{it} beeinflussen; zu Details vgl. den folgenden Abschnitt.

unabhängigen stochastischen Trends getrieben, wie z.B. z_{1t} und z_{2t}

$$\begin{aligned} z_{1t} &= \beta_{01} + z_{1t-1} + u_{1t} \\ z_{2t} &= \beta_{02} + z_{2t-1} + u_{2t} \end{aligned}$$

mit den identisch und unabhängig normalverteilten Störgröße $u_{it} \sim iin(0, \sigma^2_{u_i})$, so kann die Regressionsanalyse der $I(1)$-Niveauvariablen $z_{1t} = \beta_0 + \beta_1 z_{2t} + v_t$ einen Scheinzusammenhang anzeigen. ENTORF [1992] zeigt, dass im geählten Beispiel der KQ-Schätzer $\widehat{\beta}_1$ gegen $\frac{\beta_{01}}{\beta_{02}}$ konvergiert.[5] Im Fall unabhängiger stochastischer Trends wäre ein detrending durch eine Differenzenbildung vor der Regressionsanalyse eine angebrachte Trendbehandlung. Liegt hingegen mindestens ein *gemeinsamer stochastischer Trend* vor, der die integrierten Variablen treibt, so besitzen die I(1)-Variablen die Eigenschaft, dass sie stationäre Linearkombinationen bilden. Ein Set von $I(1)$-Variablen heisst kointegriert, wenn eine Linearkombination existiert, die stationär ist, d.h. falls $\beta' z_t \sim I(0)$ mit $z_t = [z_{1t}, z_{2t}, ..., z_{nt}]'$. So liefert beispielsweise das System

$$\begin{aligned} z_{1t} + \beta_1 z_{2t} &= u_{1t} \\ z_{2t} &= u_{2t} \\ u_{1t} &= \rho_1 u_{1t-1} + v_{1t}, \ |\rho_1| < 1 \\ u_{2t} &= u_{2t-1} + v_{2t}, \\ v_{it} &\sim iin(0, \sigma^2_{v_i}), i = 1, 2 \end{aligned}$$

die stationäre Kointegrationsbeziehung $\beta' z_t = z_{1t} + \beta_1 z_{2t}$, mit $\beta' = [1 \ \beta_1]$, $z_t = [z_{1t}, z_{2t}]'$. In diesem Fall ist u_{2t} der gemeinsame stochastische Trend, der die Nichtstationarität der $I(1)$-Variablen verursacht.[6]

Die Kointegrationseigenschaft ist also Ausdruck eines gemeinsamen stochastischen Trends. Die Kointegrationsbeziehung bildet dabei die längerfristigen Zusammenhänge zwischen den $I(1)-$Variablen, die mit gemeinsamen stochastischen Trends behaftet sind, explizit ab.[7] Eine einfache Differenzenbildung und anschlie-

[5] Ferner kommt der Scheinzusammenhang auch in einer Verzerrung z.B. der t-Werte, des Bestimmtheitsmaßes und der Durbin-Watson-Statistik zum Ausdruck (vgl. GRANGER / NEWBOLD [1974], PHILLIPS [1986]).

[6] Das Beispiel ist eine Vereinfachung von ENGLE / GRANGER [1987], vgl. auch MADDALA [1992], MADDALA / KIM [1999]. Diese Kointegrationsdarstellung wird auch als Phillips-Modell nach PHILLIPS [1988, 1989] bezeichnet (vgl. REIMERS [1991]).

[7] Im Fall $|\rho_1| = 1$ wäre $\beta' z_t \sim I(1)$. Die Variablen z_{1t} und z_{2t} wären nicht kointegriert und würden zwei unabhängigen random walks folgen.

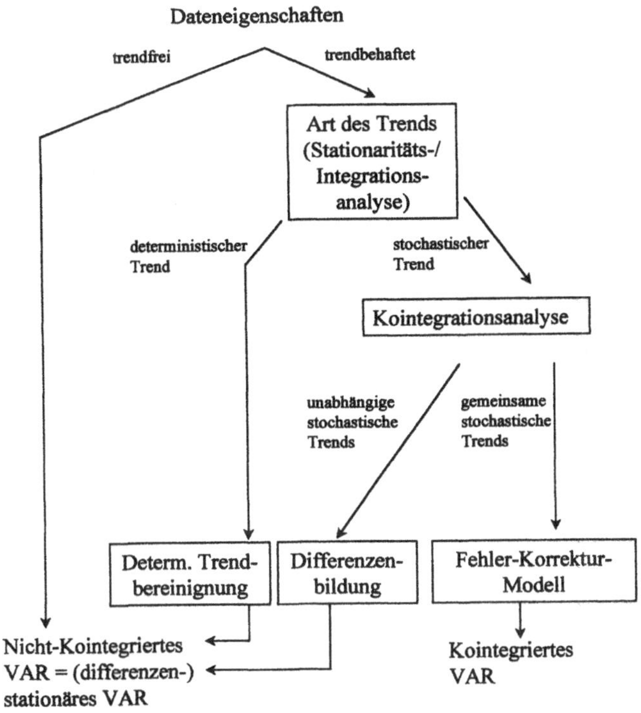

Abbildung 4.1: Dateneigenschaften und VAR-Analyse

ßende Regression würde diese Langfristbeziehungen unberücksichtigt lassen (vgl. z.B. WICKENS [1995], WOLTERS [1995]). Vielmehr gilt es diese Langfristbeziehung z.B. mittels eines Fehler-Korrektur-Modells Rechnung zu tragen [8] .

Abbildung 4.1 fasst den Zusamenhang zwischen den Trendeigenschaften der Daten und der Behandlung von VAR-Modellen zusammen. Wir lassen in diesem Kapitel integrierte Prozesse zu, blenden jedoch zunächst die Kointegrationseigenschaft aus. In Kapitel 5 kehrt das Konzept der Kointegration zurück und erfährt eine ökonomische Interpretation.

[8] Vgl. dazu Abschnitt 5. Je nachdem, ob man den Schwerpunkt der Kointegrationsidee auf die Kointegrationsbeziehung oder die gemeinsamen stochastischen Trends legt, kann zur Darstellung z.B. das Fehler-Korrektur-Modell oder das common trends-Modell verwendet werden.

4.2 Konzepte

4.2.1 Unrestringiertes VAR-Modell

Ausgehend von der Kritik, dass den großen makroökonometrische Modellen der 70er Jahre zahlreiche Parameterrestriktionen auferlegt und die dynamischen Beziehungen nicht hinreichend flexibel modelliert wurden, plädierte SIMS [1980] für das vektorautoregressive (VAR-) Modell. Ein unrestringiertes VAR-Modell ist ein System linearer Gleichungen, in dem alle Variablen endogen und dynamisch modelliert werden. Für n Variablen und der Lagordnung p lautet es:[9]

$$z_t = A_1 z_{t-1} + A_2 z_{t-2} + .. + A_p z_{t-p} + u_t \tag{4.1}$$

mit $A_0 = I$. Unter Verwendung des Lag-Operators L mit $L^i z_t = z_{t-i}$ ergibt sich

$$\begin{aligned} z_t &= (A_1 L + A_2 L^2 + .. + A_p L^p) z_t + u_t \\ \Leftrightarrow &\; A(L) z_t = u_t \end{aligned} \tag{4.2}$$

mit $A(L) = (I - A_1 L - A_2 L^2 - .. - A_p L^p)$ und den folgenden Annahmen:[10]

1. *Der Spaltenvektor* $z_t = \begin{bmatrix} z_{1t} & ... & z_{nt} \end{bmatrix}'$ *enthält n Variablen, womit das System aus n Gleichungen besteht.*

2. *Die Lagordnung p ist für sämtliche Variablen in* z_t *in allen n Gleichungen des Systems identisch.*

3. z_t *sei stationär bzw. bereits durch Differenzenbildung stationarisiert worden.*

4. *Das System (4.1) ist nicht simultan.*

5. *Die Störgrößen* $u_t = [u_{1t} \ldots u_{nt}]'$ *sind unabhängig und identisch normalverteilt mit* $E(u_t) = 0, E(u_t u_s') = \Sigma_u$ *für* $s = t$ *und* $\Sigma_u = 0$ für $s \neq t$,

$$\begin{aligned} u_t &\sim iin(0, \Sigma_u) \\ mit\ \Sigma_u &= E(u_t u_t') = \begin{bmatrix} \sigma_1^2 & \cdots & \sigma_{1n} \\ \vdots & \ddots & \vdots \\ \sigma_{1n} & \cdots & \sigma_n^2 \end{bmatrix} \end{aligned}$$

[9] Zur Vereinfachung werden deterministische Variablen (Konstanten, Trend- und Saisonvariablen) vernachlässigt.

[10] Die Stabilität (und Invertierbarkeit) des VAR-Modells sei im Folgenden vorausgesetzt. Vgl. hierzu z.B. LÜTKEPOHL [1993].

mit E( ) als Erwartungoperator. Es lohnt sich, das Augenmerk auf die letzten drei Annahmen zu lenken, da diese in den nächsten Abschnitten sukzessive abgewandelt werden. Bei Annahme 3 sei darauf hingewiesen, dass wenn einzelne Zeitreihen (z.B. y_{it}) in ihren Niveaus I(1) sind, dann sei für die VAR-Analyse in diesem Kapitel eine stationaritätserzeugende Differenzenbildung zulässig (z.B. $z_{it} = \Delta y_{it}, i = 1, 2$, so dass $z_t = [z_{1t}, z_{2t}, ..., z_{nt}]' = [\Delta y_{1t}, \Delta y_{2t}, ..., z_{nt}]'$). Diese Differenzenbildung ist jedoch nur zulässig, wenn die integrierten Niveauvariablen ($y_{it}, i = 1, 2$) nicht kointegriert sind. Die statistische Annahme 3 soll daher zweierlei beinhalten: (i) Mindestens ein Element in z_t soll durch Differenzenbildung stationarisiert worden sein, das Niveau dieser Variablen sei I(1). (ii) Falls dies für mehrer z_{it} der Fall ist, so sollen diese nicht kointegriert sein.[11] Die Annahme der fehlenden Simultanität (Annahme 4) besagt, dass zwischen den Variablen $z_t = [z_{1t}, z_{2t}, ..., z_{nt}]'$ keine kontemporären Beziehungen existieren ($A_0 = I$). Laut Annahme 5 schließlich sind die Störgrößen zwar kontemporär, aber nicht über die Zeit korreliert.

Das Modell 4.2 ist ein rein statistisches Modell zur Beschreibung von dynamischen Interdependenzen. Das Modell formalisiert eine extreme Position des makroökonomisch interessierten Zeitreihenanalytikers, der atheoretisch die der Dynamik multivariater Prozesse abbilden möchte.[12]

4.2.2 Strukturelles VAR-Modell

Ein VAR-Konstrukt mit mehr ökonomischem Gehalt, ist das strukturelle VAR-(SVAR-) Modell.[13] Allgemein gilt für das n-dimensionale, strukturelle VAR(p)-Modell, kurz: SVAR(p)-Modell:

$$\begin{aligned} B_0 z_t &= B_1 z_{t-1} + ... + B_p z_{t-p} + \varepsilon_t. \\ &\Leftrightarrow B(L) z_t = \varepsilon_t \end{aligned} \tag{4.3}$$

mit $B(L) = (B_0 - B_1 L - B_2 L^2 - ... - B_p L^p)$. Es erfüllt ebenso wie das unrestringierte VAR-Modell die Annahmen 1-3. Anstelle der Annahmen 4 und 5 treten jedoch die Annahme 4a und 5a:

[11] Damit können wir uns zunächst auf (differenzen-) stationäre Modelle zurückziehen, ohne die Kointegrationsproblematik zu berühren. Der völlige Verzicht auf integrierte Prozesse ist hier nicht möglich, da diese eine Voraussetzung für die in Abschnitt 4.4 behandelte Identifikationsstrategie von BLANCHARD/QUAH [1989] ist.

[12] Es lässt sich direkt mit der KQ- (oder SUR)-Methode schätzen.

[13] „Strukturell" deutet bereits auf Interpretation als strukturelle Form eines ökonomischen dynamischen, simultanen Mehrgleichungmodells hin (vgl. den nachfolgenden Unterabschnitt).

4a. *Das System (4.3) ist simultan.*

5a. *Die Störgrößen* $\varepsilon_t = (\varepsilon_{1t} \ldots \varepsilon_{nt})'$ *sind unabhängig und identisch normalverteilt mit* $E(\varepsilon_t) = 0, E(\varepsilon_{jt}\varepsilon_{jt}) = \sigma^2_{\varepsilon_j}$ *für* $j = 1, \ldots, n$ *und sonst* 0

$$\begin{aligned} \varepsilon_t &\sim iin(0, \Sigma_\varepsilon) \\ \text{mit } \Sigma_\varepsilon &= E(\varepsilon_t \varepsilon_t') = \begin{bmatrix} \sigma^2_{\varepsilon_1} & \cdots & 0 \\ \vdots & \ddots & \vdots \\ 0 & \cdots & \sigma^2_{\varepsilon_n} \end{bmatrix} \end{aligned}$$

Durch Annahme 4a wird eine simultane Struktur zugelassen, d.h. für die Matrix der kontemporären Beziehungen gilt $B_0 \neq I$. Annahme 5a besagt, dass die Störgrößen ε_t nicht nur über die Zeit sondern insbesondere kontemporär unkorreliert sind. Daher werden die Störgrößen ε_t auch als orthogonale Störgrößen bezeichnet.[14]

4.2.3 Impuls-Antwort-Folgen

Es können nun Schockimpulse über die Störgrößen in diese dynamischen Systeme eingebracht werden. Impuls-Antwort-Folgen beschreiben die dynamischen Reaktionen der Endogenen auf diese Schocks. Im Folgenden wird in die Begrifflichkeiten und Unterschiede der Impuls-Antwort-Folgen eingeführt.[15]

Nicht-orthogonale Impuls-Antwort-Folgen

Invertierung des unrestringierten VAR-Modells (4.2) liefert die folgende vector moving average- (VMA-) Repräsentation:

$$\begin{aligned} z_t &= A(L)^{-1} u_t \\ &= I + \phi_1 L + \phi_2 L^2 + \phi_3 L^3 + \ldots = \sum_{i=0}^{\infty} \phi_i u_{t-i} \\ &= \phi(L) u_t. \end{aligned} \tag{4.4}$$

[14] Die vollständige Unkorreliertheit der Störgrößen muss keine charakteristische Annahme des SVAR-Modells sein. Da der überwiegende Teil der SVAR-Anwendungen die Störgrößenorthogonalität unterstellt (vgl. FAUST / LEEPER [1994]), sei sie als SVAR-Annahme von vornherein explizit formuliert.

[15] Eine ausführliche Diskussion erfolgt in Kapitel 6.

mit $\phi_0 = I$. [16] Die Folge der $n \times n$-Matrix $\{\phi_i, i = 0, 1, 2, ...\}$ bezeichnen wir als nicht-orthogonale Impuls-Antwort-Folgen, da sie auf Basis der nicht-orthogonalen Störgrößen u_t ermittelt werden. Das Element $\phi_{kj,i}$ von ϕ_i zeigt die Reaktion der k-ten Variable infolge eines Einheitsschocks durch die j-te Störgröße und zwar i Perioden nach dem Impuls. Es sind die Abweichungen der k-ten Variable infolge eines Schocks u_{jt} von dem historischen Pfad nach i Perioden; sie lassen sich als Anpassungsprozesse auf diesen Schock verstehen.[17]

Die Kritik an der Aussagefähigkeit der nicht-orthogonalen Impuls-Antwort-Folgen ist bekannt (vgl. z.B. LÜTKEPOHL [1993]): Ein eingebrachter Impuls berührt ausschließlich eine Störgröße u_{jt} zum Zeitpunkt t und lässt alle übrigen Störgrößen $u_{it}, i \neq j$ unverändert. Dabei wird die charakteristische Eigenschaft des unrestringierten VAR-Modells, dass die Störgrößen korreliert sind, bei dieser Schockeinbringung nicht berücksichtigt (vgl. Annahme 5). Die nicht-orthogonalen Impuls-Anwort-Folgen ϕ_i müssen daher interpretiert werden als ein Schockexperiment, das die Störgrößenkorrelationen vernachlässigt.

Die folgenden Impuls-Antwort–Konzepte tragen den Korrelationen - zunächst rein technisch betrachtet - in unterschiedlicher Weise Rechnung.

Orthogonale Impuls-Antwort-Folgen

Die Grundidee der orthogonalen Impuls-Antwort-Folgen ist, die Korrelationen der Störgrößen des unrestringierten VAR-Modells zu beseitigen (Diagonalisierung der Matrix Σ_u). Dazu wird das unrestringierte VAR-Modell so transformiert, dass die Störgrößen orthogonal sind. Dann wird von diesem transformierten Modell die VMA-Repräsentation gebildet.

Die Transformation und Orthogonalisierung der Störgrößen erfolgt durch Multiplikation des VAR-Modells (4.1) mit P von links:

$$Pz_t = PA_1z_{t-1} + PA_2z_{t-2} + .. + PA_pz_{t-p} + Pu_t, \tag{4.5}$$

wobei $P \neq I$ so festgelegt wird, dass die Varianz-Kovarianz-Matrix des transformierten Systems eine Diagonalmatrix D ist:

$$PE(u_tu_t')P' = P\Sigma_uP' = D.$$

[16] Invertierbarkeit und $z_0 = u_0 = 0$ seien im Folgenden unterstellt. Vgl. ausführlicher z.B. WARNE [1990]

[17] Sie werden häufig auch als *dynamische Multiplikatoren* bezeichnet. Wir kommen hierauf zurück.

Die VMA-Repräsentation des transformierten Modells (4.5) lautet dann:

$$\begin{aligned} z_t &= \phi(L)P^{-1}Pu_t \qquad (4.6)\\ \text{mit } \phi^*(L) &= \phi(L)P^{-1} \\ \text{bzw. } \phi_i^* &= \phi_i P^{-1}. \end{aligned}$$

Die Folge $\{\phi_i^*, i = 0, 1, 2, ...\}$ liefert die gesuchten orthogonalen Impuls-Antwort-Folgen, deren Matrizen ϕ_i^* nun die dynamischen Reaktionen der Variablen in z_t auf einen orthogonalen Impuls ε_t anzeigen.

Orthogonale Impuls-Antwort-Folgen lassen sich auch ohne Transformation aus der Invertierung des SVAR-Modells (4.3) erhalten. Denn das SVAR besitzt im vorliegenden Fall mit der Annahme 5a die gesuchten Eigenschaften (orthogonale Störgrößen) des transformierten Modells (4.5). Die Ableitung der VMA-Repräsentation des strukturellen Modells liefert daher ebenfalls orthogonale Impuls-Antwort-Folgen.

An dieser Stelle sei der technische Hinweis erlaubt, dass die Matrix P formal z.B. aus einer Choleski-Zerlegung[18] der positiv definiten Matrix Σ_u gewonnen werden kann, die $D = I$ und P als eine untere Dreiecksmatrix bestimmt[19]:

$$P\Sigma_u P' = \Sigma_\varepsilon = I \quad \Leftrightarrow \Sigma_u = P^{-1}(P')^{-1}$$

Hieran wird das Kernproblem der orthogonalen Impuls-Antwort-Folgen deutlich: Die Matrix P ist nicht eindeutig bestimmbar, und damit auch nicht die orthogonalen Impuls-Antwort-Folgen $\phi_i^* = \phi_i P^{-1}$. Im Fall der Choleski-Zerlegung ist P abhängig von der Anordnung der Variablen. Ein Vertauschen der Variablen führt zum Zeilen- oder Spaltentausch der Elemente in Σ_u und somit zu einer anderen P-Matrix. Die ökonomischen Implikationen dieser triangulären Struktur von P und die fehlende Eindeutigkeit der orthogonalen Impuls-Antwort-Folgen werden im Abschnitt 4.4 diskutiert.

Verallgemeinerte Impuls-Antwort-Folgen

Das Konzept der generalisierten Impuls-Antwort-Folgen (vgl. KOOP / PESARAN / POTTER [1996], PESARAN / SHIN [1998]) beseitigt die Störgrößenkorrelationen nicht, sondern berücksichtigt diese explizit.

[18] Neben der Choleski-Zerlegung werden die flexiblere sog. strukturelle Zerlegung - ein zweistufige Schätzung anhand der ML-Methode - und die sog. Eigenzerlegung verwendet (vgl. AURIA [1997]).

[19] Mit der Annahme der Einheitsmatrix $D = I$ werden die Varianzen der orthogonalen Störgrößen $\sigma^2_{\varepsilon_i}$, $i = 1, ..., n$, auf 1 normiert.

Erfolgt der Schock in Höhe einer Standardabweichung erhält man die folgenden (normierten) *verallgemeinerten Impuls-Antwort-Folgen* (vgl. KOOP / PESARAN / POTTER [1996]):[20]

$$GIN_{j,h} = \sigma_j^{-1} \phi_h \Sigma_u e_j$$

mit e_j als $n \times 1$-Einsvektor. $GIN_{j,h}$ liefert nun die Systemreaktionen der n Variablen im Vektor z_t auf einen normierten Schock der $j-$ten Störgröße u_{jt} unter Berücksichtigung der Störgrößenkorrelationen Σ_u.

Im Unterschied zu den nicht-orthogonalen Impuls-Antwort-Folgen ϕ_h geht die Störgrößenkorrelation Σ_u explizit ein. Im Vergleich zu den orthogonalen Impuls-Antwort-Folgen ϕ_h^* sind die verallgemeinerten Impuls-Antwort-Folgen eindeutig bestimmbar.

Anmerkungen

Exemplarisch sei anhand der nicht-orthogonalen Impuls-Antwort-Folgen ϕ_i auf Interpretationen und Eigenschaften hingewiesen:

- Die *kumulierte Wirkung* eines Schocks auf die Variablen des Systems nach h Periode lässt sich mittels der sog. *kumulierten (hier: nicht-orthogonalen) Impuls-Antwort-Folgen*

$$\Upsilon_h = \sum_{j=0}^{h} \phi_j$$

  quantifizieren. Mit $h = \infty$ liefert dann

$$\Upsilon_\infty = \phi(1)$$

  die *Langfristreaktionen* der Systemvariablen auf Schocks. $\phi(1)$ ist daher ein typisches Persistenzmaß, mit dem permanente ($\phi(1) \neq 0$) und transitorische Schocks ($\phi(1) = 0$) differenziert werden.[21]

- Hierbei ist zwischen Trend- und Differenzenstationarität zu unterscheiden: Für *stationäre* Variablen in z_t gilt $\phi(1) = 0$, d.h. Schockwirkungen auf z_t klingen

[20] Eine ausführlichere Herleitung und Diskussion - insbesondere im Zusammenhang mit kointegrierten Modellen - erfolgt in Kapitel 6.

[21] Andere, gängige Persistenzmaße lassen sich auf die Summe der Impuls-Antwort-Folgen zurückführen. Vgl. hierzu ausführlicher REIMERS [1991, S. 26ff.].

	Beispiel	Persistenz-maß $\phi(1)$	Schock-wirkung
trendstationär	$z_t = u_t$	0	transitorisch
differenzen-stationär ($z_t \sim I(1)$)	$\Delta z_t = u_t$	$\neq 0$	permanent
Quelle: Eigene Darstellung in Anlehnung an REIMERS [1991, S. 27].			

Tabelle 4.1: (Differenzen-) Stationarität, Persistenz, und Schocks

aus. Es sind damit nur transitorisch Schocks modellierbar.[22] Ist z_t integriert gilt dies nicht mehr, auch nicht für Δz_t (vgl. Tabelle 4.1). Im differenzenstationären Modell bedeutet dies, dass Schocks zwar eine transitorische Wirkung auf die Änderung einer Variablen haben, aber die Summe der Änderungen (die kumulativen Wirkungen) nach Abschluss aller Anpassungen sind ungleich Null, was in einen permanenten Effekte auf die Niveauvariablen resultiert.

Kurz: Das Persistenzmaß $\phi(1)$ kann zur Unterscheidung von permanenten und transitorischen Schocks dienen; letzteres Auftreten hängt von den Nichtstationaritätseigenschaften der verwendeten Variablen ab.

Wie lassen sich diese eben skizzierten, rein statistischen SVAR-, VAR- und VMA-Modelle nun in einen mehr ökonomischen Zusammenhang einbetten? Der folgende Abschnitt stellt die Verbindung zu den ökonomischen, simultanen Mehrgleichungsmodellen her.

4.3 Interpretationen

4.3.1 Strukturelle Form

Das SVAR-Modell (4.3) kann als die strukturelle Form eines dynamischen, simultanen Mehrgleichungsmodells interpretiert werden (vgl. u.a. WATSON [1994], BREITUNG [1998]). Der Begriff „strukturell" bedeutet in diesem Zusammenhang „ökonomisch interpretierbar", also dass die einzelnen Gleichungen eines Systems inhaltliche Zusammenhänge (vgl. HÜBLER [1989]), d.h. ökonomisch interpretierbare Bezie-

[22] Diese Eigenschaften machen sich die nachfolgend zu diskutierenden Verfahren von BLANCHARD / QUAH [1989] und KING / PLOSSER / STOCK / WATSON [1991] zu Nutze.

hungen, darstellen.[23] Auch die orthogonalen Störgrößen ε_t dieser strukturellen Form werden ökonomisch - nämlich als ökonomische Schocks - interpretiert.

Aus Sicht der dynamischen, simultanen Mehrgleichungsmodelle ist das Modell (4.3) ein formaler Extremfall, in dem (i) alle Variablen z_t endogen sind und damit eine maximale Zahl an Interdependenzen zulässt (lediglich die Störgrößen ε_t sind exogen), und (ii) alle Gleichungen eine identische, aber relativ allgemeine dynamische Struktur aufweisen.

Die Orthogonalität der Schocks wird hierbei explizit als eine „natürliche" Eigenschaft des ökonomischen Systems angesehen (vgl. WATSON [1994])[24]. Es sind die exogenen, strukturellen Schocks, die die Variablen treiben und über die Interaktionen die Entwicklung der beobachtbaren Systemvariablen bestimmen.

Wie bereits aus mehr technischen Sicht gezeigt wurde, sind es u.a. die orthogonalen Störgrößen, die für eine Anpassungsanalyse von besonderem Interesse sind (vgl. Unterabschnitt 4.2.3). Hinzu kommt nun, dass diese orthogonalen Störgrößen als ökonomische Schocks interpretiert werden.

Jedoch ist das SVAR-System (4.3) nicht identifziert. Ein Schwerpunkt der Anpassungsanalyse in SVAR-Modellen ist es, vor allem die Matrix B_0 und die strukturellen, ökonomischen Schocks ε_t zu identifizieren, um dann auch die Anpassungsprozesse ϕ_i^* hierauf zu untersuchen. Abschnitt (4.4) beschäftigt sich mit der Identifikation des SVAR-Modells.

4.3.2 Reduzierte Form

Wenn das SVAR-Modell (4.3) als eine strukturelle Form interpretiert werden kann, wie sieht dann seine reduzierte Form aus? Multiplikation mit B_0^{-1} von links liefert die folgende Form, die die Endogenen nur noch in Abhängigkeit der prädeterminierten

[23]Der Begriff „strukturell" hat viele Bedeutungen in der Literatur. HANSEN / SARGENT [1980] bezeichnen ein Modell als strukturell, wenn alle Modellparameter eine ökonomische Interpretation i.S.v. „tiefen Parameter" haben (wie z.B. Technologie- und Präferenzparameter). HENDRY [1994, S. 33] hingegen verwendet u.a. eine schwächere Charakterisierungen für strukturelle Parameter: It *„directly charcterizes the relations of the economy under analysis (i.e. is not derived from more basic parameters)"*. GARRATT / LEE / PESARAN / SHIN [2000] bezeichnen ein VECM mit einer ökonomisch interpretierbaren Langfrist- (Kointegrations-) beziehung als strukturell. LÜTKEPOHL [1993] z.B. verwendet den Begriff der „strukturellen Analyse" für die Auswertung von unrestringierten VAR-Modellen.

[24]Vgl. auch HANSEN [1993], HÜBLER [1989].

Variablen darstellt:

$$\begin{aligned} z_t &= B_0^{-1}B_1 z_{t-1} + ... + B_0^{-1}B_p z_{t-p} + B_0^{-1}\varepsilon_t \\ &= A_1 z_{t-1} + ... + A_p z_{t-p} + u_t, \\ \text{mit } A_0 &= I,\ A_i = B_0^{-1}B_i, i = 1, ..., p, \qquad (4.7) \\ u_t &= B_0^{-1}\varepsilon_t, \qquad (4.8) \\ \Sigma_u &= B_0^{-1}\Sigma_\varepsilon (B_0^{-1})' \qquad (4.9) \end{aligned}$$

Es zeigt sich, dass gerade das unrestringierte VAR-Modell 4.1 die reduzierte Form des strukturellen Modells (4.3) ist.

Das unrestringiertes VAR-Modell (4.1) kann als reduzierte Form eines zunächst unbekannten - genauer: nicht identifizierten - strukturellen, dynamischen simultanen Mehrgleichungsmodells (SVAR) interpretiert werden. Mittels der Gleichungssysteme (4.7) und (4.8) können die beiden Formen bei Kenntnis und Invertierbarkeit von B_0 ineinander überführt werden.

4.3.3 Finale Form

Die *finale Form* des strukturellen Modells (4.3), die z_t nur noch in Abhängigkeit der Exogenen (hier: ε_t) beschreibt, lautet:

$$\begin{aligned} z_t &= B(L)^{-1}\varepsilon_t \\ &= \phi_0^* + \phi_1^* L + \phi_2^* L^2 + \phi_3^* L^3 + .. = \sum_{i=0}^{\infty} \phi_i^* \varepsilon_{t-i} \qquad (4.10) \\ &= \phi^*(L)\varepsilon_t \qquad (4.11) \end{aligned}$$

mit $\phi_0^* = B_0^{-1}$. Es zeigt sich damit, dass die strukturelle VMA-Repräsentation des SVAR-Modells als die finale Form des strukturellen Modells (4.3) interpretiert werden kann (vgl. z.B. WATSON [1994]). Die orthogonalen Impuls-Antwort-Folgen ϕ_i^* können als dynamische Multiplikatoren gedeutet werden (vgl. a. a. O.).[25] Sie sind von zentralem Interesse, da sie die dynamischen Anpassungsprozesse der Variablen z_t auf strukturelle, ökonomische Schocks ε_t beschreiben. $\phi_0^* = B_0^{-1}$ beschreibt z.B. die kontemporären Schockimpulse. Die Langfristreaktionen des strukturellen Modells auf strukturelle Schocks stellt das Persistenzmaß $\phi^*(1)$ bereit.

[25] Häufig werden auch die nicht-orthogonalen Impuls-Antwort-Folgen ϕ_i als dynamische Multiplikatoren bezeichnet. Aus Sicht ökonomischer Mehrgleichungsmodelle ist diese Interpretation nicht korrekt, da ϕ_i aus einer reduzierten Form abgeleitet wird.

Vergleichen wir die VMA-Repräsentationen des VAR- und des SVAR-Modells (4.4) und (4.11). Unter Berücksichtigung von (4.7) und (4.8) gilt:

$$\phi^*(L) = \phi(L)B_0^{-1}. \tag{4.12}$$

D.h. bei Kenntnis der Matrix B_0^{-1} lassen sich die dynamischen Multiplikatoren ϕ_i^* des strukturellen Modells (SVAR) aus den (nicht-orthogonalen) Impuls-Antwort-Folgen ϕ_i der reduzierten Form (VAR) bestimmen.

Woher erhält man nun die Matrix der kontemporären Beziehungen B_0? Dies ist Gegenstand des nachfolgenden Unterabschnitts, der sich mit der Identifikation des strukturellen Modells beschäftigt.

4.4 Identifikation des SVAR-Modells

4.4.1 Identifkationsproblem

Wie in Abschnitt 4.3 festgestellt besteht für das strukturelle Modell ein Identifikationsproblem: Die Parameter des strukturellen SVAR-Modells können nicht eindeutig aus den Parametern der direkt schätzbaren reduzierten Form (des unrestringierten VAR-Modells) ermittelt werden. Auch für die orthogonalen Störgrößen ε_t (die ökonomischen Schocks) gilt, dass sie sich nur mit Kenntnis von B_0 aus den nicht-orthogonalen Störgrößen u_t des VAR-Modells ableiten lassen (vgl. Gleichung 4.7). Vor allem vor dem Hintergrund der Anpassungsanalyse ist eine Identifikation dieser Matrix notwendig, um die orthogonalen Impuls-Antwort-Folgen ermitteln zu können (vgl. 4.12). Es existieren viele, beobachtungsäquivalente SVAR-Modelle, die dem „beobachtbaren" VAR-Modell zugrunde liegen könnten.[26]

Das SVAR-Modell sei identifiziert, wenn Schätzungen für die strukturellen Parameter B_i, $i = 0,..,p$, für die strukturellen Schocks ε_t und damit auch für die orthogonalen Impuls-Antwort-Folgen $\{\phi_i^*, i = 0, ...\}$ eindeutig und vollständig aus der Schätzung des unrestringierten VAR-Modells und seiner VMA-Repräsentation bestimmt werden können. Die Identifikation erfolgt mittels Restriktionen im SVAR-Modell.

Für die Identifikation spielt die Matrix B_0 eine zentrale Rolle, so dass das Identifikationsproblem auf diese konzentriert werden kann.[27] Die Identifikation der n^2

[26] Zum Identifikationsproblem in Mehrgleichungsmodellen vgl. z.B. HÜBLER [1989, S. 265ff.].

[27] Die Reduzierung des Identifikationsproblems auf die Identifikation von B_0 ist gängig in der SVAR-Literatur (vgl. u.a. FAUST / LEEPER [1994], GREENSLADE / HALL / HENRY [1999]).

Elemente von B_0 anhand der direkt schätzbaren Parameter des unrestringierten VAR-Modells scheitert jedoch, da im SVAR-Modell n^2 mehr Parameter bestimmt werden müssen als Gleichungen in den Beziehungen (4.7)-(4.9) sowie (4.12) vorliegen.[28] [29]

Das Identifikationsproblem besitzt dabei zwei Ebenen (vgl. JOHANSEN / JUSELIUS [1994, S. 8])[30], die für die Beurteilung des identifizierten SVAR-Modells interessant sind. Mittels der identifizierenden Restriktionen gilt es, zum einen eine mathematisch eindeutige Abbildung des (statistischen) unrestringierten VAR-Modells auf das (statistische) SVAR-Modell sicherzustellen („generic identification"), und zum anderen die ökonomische Interpretierbarkeit des resultierenden SVAR-Modells zu ermöglichen („economic identification").

4.4.2 Identifikationsstrategien

In der Literatur kommmen unterschiedliche Identifikationsstrategien zur Anwendung, die dem SVAR-Modell mehr oder weniger ökonomisch begründete a priori-Restriktionen auferlegen. Überwiegend werden die n^2 Restriktionen gelegt auf (i) die Varianz-Kovarianzmatrix $E(\varepsilon_t \varepsilon_t^{'}) = \Sigma_\varepsilon$, (ii) die kontemporären Beziehungen B_0, (iii) die Langfristreaktionen, also auf die kumulierten, orthogonalen Impuls-Antwort-Folgen $\phi^*(1)$. Die ersten beiden Typen (i) und (ii) gehören zu den sog. Kurzfristrestriktionen, der letztere (iii) wird als Langfristrestriktionen bezeichnet (vgl. z.B. KNOPPIK [1997]).

Die Störgrößenorthogonalität (Annahme 5a) im SVAR-Modell stellt bereits $n(n-1)/2$ Kurzfristrestriktionen auf die Kovarianzmatrix Σ_ε bereit[31], die im Folgenden als

[28] Dass n^2 Parameter unbekannt sind, gilt nur bei Aufhebung der Orthogonalitätsannahme 5a und mit einer vollbesetzten aber symmetrischen Matrix Σ_ε. Diese temporäre Annahmenaufweichung ist hilfreich, um zu zeigen, dass die Orthogonalitätsannahme bereits identifizierende Restriktionen liefert.

[29] Das SVAR-Modell beinhaltet im allgemeinen Fall $n^2(1+p)+n(\frac{n+1}{2})$ unbekannte Parameter: n^2 in B_0, n^2p in $B_1, ..., B_p$, sowie im allgemeinen Fall $n(\frac{n+1}{2})$ Unbekannte in Σ_ε. Das unrestringierte VAR-Modell liefert nur $n^2p+n(\frac{n+1}{2})$ Parameter für $A_1, ..., A_p$ und die $n(\frac{n+1}{2})$ in der symmetrische (Ko-) Varianzen Σ_u. Es verbleiben damit $n^2(1+p)+n(\frac{n+1}{2})-n^2p-n(\frac{n+1}{2}) = n^2$ nicht identifizierte Parameter im SVAR-Modell. Folglich werden n^2 Restriktionen im SVAR benötigt.

[30] JOHANSEN / JUSELIUS [1994, S.8] ergänzen noch die „empirical identification" als den statistischen Aspekt der Identifikation. Vgl. auch JUSELIUS [1999].

[31] Auch andere Nullrestriktionen auf Σ_ε sind möglich (vgl. WATSON [1994, S. 2904] und die dort genannte Literatur).

Orthogonalitätsrestriktionen unterstellt werden. Normierung der Varianzen ($\Sigma_\varepsilon = I$,) liefert weitere n Restriktionen, womit noch $n^2 - n(n-1)/2 - n = n(n-1)/2$ identifizierende Restriktionen dem SVAR-Modells aufzuerlegen sind.

Restriktionen eines rekursiven Modells

SIMS [1980] legt $n(n-1)/2$ Nullrestriktionen als Dreiecksmatrix auf B_0. Die Dreiecksgestalt von B_0 legt eine ökonomische Rekursivität im SVAR-Modell fest. D.h. die Restriktionen definieren eine kausale Ordnung der Gleichungen und Variablen dergestalt, dass in der ersten Gleichung keine anderen kontemporären Variablen auftauchen, in der zweiten Gleichung zusätzlich nur die erste Variable kontemporär erscheint, usw. Die rekursive Struktur überträgt sich auch auf die Störgrößen.[32] Die Rekursivität zusammen mit $\Sigma_\varepsilon = I$ erlauben nun die Matrix B_0^{-1} aus Gleichung (4.9) mittels einer Choleski-Zerlegung von Σ_u zu gewinnen. Die rekursive Modellstruktur ermöglicht dann eine sukzessive Identifikation der strukturellen Parameter B_i, ε_t und ϕ_i^* mit Hilfe der Gleichungssysteme (4.7), (4.8) und (4.12).

Das im Unterabschnitt (4.2.3) betonte technische Problem der fehlende Eindeutigkeit bei der Orthogonalisierung von u_t mittels der Choleski-Zerlegung von Σ_u hat nun auch eine ökonomische Dimension. Die rekursive Modellstruktur ist abhängig von der Anordnung der Variablen. Ändert man die Anordnung der Variablen, wird durch die Zerlegung ein anderes rekursives strukturelles Modell implementiert. Entsprechend liefern auch die strukturellen Innovationen und Impuls-Antwort-Folgen andere Informationen. COOLEY / LEROY [1985] kritisieren daher eine willkürliche Variablenanordnung im SIMS-Ansatz. Sie betonen, dass ökonomische Modelle nur selten eine rein rekursive Struktur aufweisen und sich daher die Kurzfristrestriktionen von SIMS [1980] kaum ökonomisch rechtfertigen lassen.

Weitere ökonomische Kurzfristrestriktionen

Ist kein rekursives ökonomisches Strukturmodell begründbar, so werden auch andere B_0-Restriktionen herangezogen. Normiert man wieder die (Ko-)Varianz-Matrix Σ_ε, so können die benötigten $n(n-1)/2$ Parameterrestriktionen z.B. Nullrestriktionen, die kein rekursives strukturelles Modell formulieren (vgl. z.B. BERNANKE [1986], SIMS [1986]) oder von Null verschiedene Restriktionen sein (vgl. BLANCHARD / WATSON [1986], KING / WATSON [1993]).[33]

[32] Ein solches Modell wird in der Literatur nach WOLD [1960] auch als Wold chain system bezeichnet.

[33] Auch lineare Restriktionen zwischen den Parametern einer Gleichung in B_0 wie auch zwischen

Ferner haben CUSHMAN / ZHA [1997] und ZHA [1999] jüngst eine Identifikation vorgeschlagen, die anhand von Restriktionen sowohl auf den Parametern der kontemporären wie auch der verzögerten Variablen eine blockrekursive Modellstruktur unterstellt.[34]

Anstatt Kurzfristrestriktionen auf B_0 zu legen, kann auch die sog. Impact-Matrix $\phi_0^* = B_0^{-1}$ restringiert werden (vgl. WARNE [1993]). Damit werden nicht die kontemporäre Beziehungen zwischen z_{it} restringiert sondern die kontemporären Wirkungen der strukturellen Schocks auf z_{it}.

Die Kurzfristrestriktionen insgesamt sind umstritten, da die ökonomische Theorie überwiegend Aussagen über längerfristige Wirkungszusammenhänge formuliert und nur selten über dynamische und kontemporäre Strukturen. Die Kurzfristzusammenhänge lassen sich daher i.d.R. nur ad hoc restringieren, weswegen die resultierenden SVAR-Modelle als wenig ökonomisch begründet kritisiert werden.

Langfristrestriktionen

Diese Kritik führte zur Verwendung sogenannter Langfristrestriktionen, die die langfristigen Reaktionen des Systems auf einzelne strukturelle Schocks restringieren. Diese Identifikationsstrategie wurde von BLANCHARD / QUAH [1989] vorgeschlagen und bedeutet konkret, dass nun die finale Form des strukturellen Modells, also die Matrix der Langfristreaktionen des strukturellen Modells $\phi^*(1)$ restringiert wird. Zur Illustration: Für $n = 2$ lautet $\phi^*(1)$ z.B.:

$$\phi^*(1) = \begin{bmatrix} \phi_{11}^*(1) & \phi_{12}^*(1) \\ \phi_{21}^*(1) & \phi_{22}^*(1) \end{bmatrix} = \begin{bmatrix} \sum_{i=0}^{\infty} \phi_{11,i}^* & \sum_{i=0}^{\infty} \phi_{12,i}^* \\ \sum_{i=0}^{\infty} \phi_{21,i}^* & \sum_{i=0}^{\infty} \phi_{22,i}^* \end{bmatrix}$$

Zur Identifikation seien wieder die Orthogonalitätsrestriktionen unterstellt sowie $\Sigma_\varepsilon = I$, was aus der Beziehung der Kovarianzen $\Sigma_u = B_0^{-1}(B_0^{-1})'$ (vgl. Gleichung (4.9)) ein nichtlineares Gleichungssystem zur Bestimmung von 3 der $n^2 = 4$ Parameter in B_0^{-1} bereitstellt.[35] Die noch fehlende $n(n-1)/2$ =1 Restriktion wird nun mit einer Langfristrestriktion auf das SVAR-Modell gelegt. Nimmt man beispielsweise an, dass der ökonomische Schock ε_{2t} langfristig keine Wirkung auf z_{1t} hat, so

verschiedenen Gleichung (cross-equation-Restriktionen) sind möglich.

[34] Für spezielle Modelltypen wurden weitere Identifikationsstrategien entwickelt. Vgl. weiterführend z.B. KEATING [1990], HAMILTON [1994, S. 334].

[35] Mit $\widetilde{b}_{ij}$ als den Elementen von B_0^{-1} lauten die Gleichungen: $\sigma_1^2 = \widetilde{b}_{11}^2 + \widetilde{b}_{12}^2$; $\sigma_{12} = \widetilde{b}_{11}\widetilde{b}_{21} + \widetilde{b}_{12}\widetilde{b}_{22}$; $\sigma_{12} = \widetilde{b}_{21}\widetilde{b}_{11} + \widetilde{b}_{22}\widetilde{b}_{12}$;$\sigma_2^2 = \widetilde{b}_{21}^2 + \widetilde{b}_{22}^2$. Da die 2. und 3. Gleichung identisch sind, können nur 3 Parameter identifiziert werden; das Gleichungssystem ist unteridentifiziert.

impliziert dies, dass die Summe der entsprechenden dynamischen Multiplikatoren auf Null restringiert wird: $\phi^*_{12}(1) = 0$. Die Annahme lässt zu, dass es im Zuge des Anpassungsprozesses auf den Schock ε_{2t} durchaus zu positiven und/oder negativen Änderungen kommen kann; in ihrer kumulativen Wirkung sollen sich diese aber dann zu Null addieren. Damit belässt der Schock ε_{2t} (z.B. interpretiert als ein Nachfrageschock) die Variable z_{1t} (z.B. eine Realvariable) langfristig auf ihrem Referenzpfad. Zusammen mit $\phi^*(1) = \phi(1)B_0^{-1}$ aus Gleichung (4.12) mit $L = 1$

$$\begin{bmatrix} \sum_{i=0}^{\infty} \phi^*_{11,i} & 0 \\ \sum_{i=0}^{\infty} \phi^*_{21,i} & \sum_{i=0}^{\infty} \phi^*_{22,i} \end{bmatrix} = \begin{bmatrix} \sum_{i=0}^{\infty} \phi_{11,i} & \sum_{i=0}^{\infty} \phi_{12,i} \\ \sum_{i=0}^{\infty} \phi_{21,i} & \sum_{i=0}^{\infty} \phi_{22,i} \end{bmatrix} B_0^{-1}$$

lässt sich nun eine weitere Gleichung in den Elementen von B_0^{-1} finden, die die exakte Identifikation dieser Matrix und der strukturellen Schocks ermöglicht.[36].

Das BLANCHARD / QUAH- (BQ-) Verfahren ist die am häufigsten angewendete Identifizierungsstrategie in nicht-kointegrierten SVAR-Modellen.[37] Im Vergleich zu den Kurzfristrestriktionen besteht bezüglich der „generic identification" - im Sinne von JOHANSEN / JUSELIUS [1994] - grundsätzlich kein Vorteil gegenüber den Kurzfristrestriktionen. Jedoch werden die Langfristrestriktionen bevorzugt, weil die ökonomische Theorie eher nutzbare Aussagen bezüglich der langfristigen Wirkungen von Schocks als hinsichtlich der kurzfristigen Wirkungen, die für Kurzfristrestriktionen genutzt werden können, liefert. Daher wird gerade der „economic identification" in dieser Strategie ein höheres Gewicht beigemesen wird.

Kombinationen von Kurz- und Langfristrestriktionen finden sich vor allem dann, wenn die Anzahl der Variablen (n) des VAR-Modells steigt, und damit die Anzahl der benötigten identifizierenden Restriktionen überproportional (n^2) zunimmt.[38]

Zwei Ergänzungen sind erforderlich: Die Verwendung des BQ-Verfahrens erfordert, dass zumindest eine Niveauvariable integriert ist und durch Differenzenbildung stationarisiert wurde. Nur dann sind die Langfristreaktionen von Null verschieden (vgl. S. 45). Die Verwendung des differenzenstationären Modells erfordert dann wiederum, dass keine Kointegrationsbeziehungen zwischen integrierten Niveauvariablen vorliegen.

---

[36] Diese letzte Gleichung lautet: $0 = \sum_{i=0}^{\infty} \phi_{11,i} \cdot \widetilde{b}_{11} + \sum_{i=0}^{\infty} \phi_{12,i} \cdot \widetilde{b}_{12}$. Aufgrund der identifizierten Elemente $\widetilde{b}_{ij}$ erhält man die gesuchte Matrix B_0 dann durch Inversion.

[37] Ähnliches wurde auch von SHAPIRO / WATSON [1988] vorgeschlagen (vgl. KNOPPIK [1995]).

[38] Vgl. hierzu z.B. KUGLER [1994], BHATTACHARYA / BINNER [1998], GALI [1992], HUH [1999, S. 398], FISCHER / HUH / SUMMERS [2000]).

4.5 Diskussion

Abschnitt 4.2.1 stellt das nicht-kointegierte unrestringierte VAR-Modell und das SVAR-Modell dar und erläutert einführend und rein technisch unterschiedliche Konzepte von Impuls-Antwort-Folgen, mit denen grundsätzlich Anpassungsanalysen vorgenommen werden können. Die Impuls-Antwort-Konzepte wurden danach unterschieden, wie sie Störgrößenkorrelationen berücksichtigen.

Wie sich die rein statistischen SVAR-, VAR- und VMA-Modelle in den Kontext der ökonomischen simultanen Mehrgleichungsmodelle stellen lassen wird in Abschnitt 4.3 gezeigt. Das SVAR-Modell kann grundsätzlich als die strukturelle Form eines dynamischen Mehrgleichungsmodells interpretiert werden. Die orthogonalen Störgrößen lassen sich dann als ökonomische Schocks deuten. Das unrestringierte VAR-Modell liefert die reduzierte Form, und die orthogonalen Impuls-Antwort-Folgen stellen die dynamischen Multiplikatoren der finalen Form des strukturellen Modells bereit.

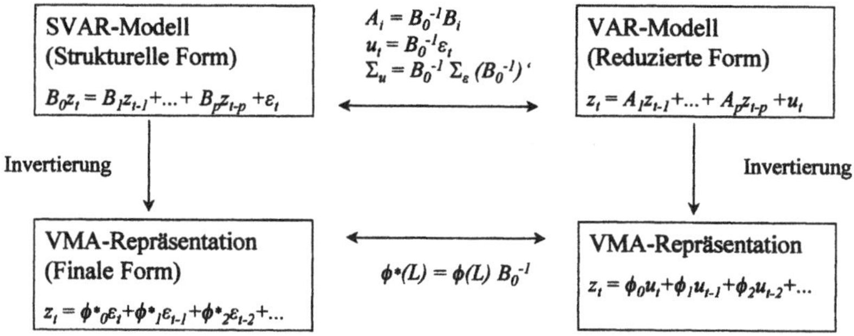

Abbildung 4.2: Nicht-kointegrierte Modelle: Zusammenhänge und Interpretationen

Diese Zusammenhänge sind in Abbildung 4.2 zusammengefasst. Die Abbildung lässt zudem erkennen, dass ausgehend vom direkt schätzbaren VAR-Modell, über Transformationen und Reparametrisierungen das ökonomisch interessante SVAR-Modell mit den ökonomischen Schocks ε_t und den dynamischen Multiplikatoren (ϕ_i^*) abgeleitet werden kann. Jedoch stellt sich dabei das Problem der Identifikation des SVAR-Modells (der strukturellen Parameter, der ökonomischen Schocks und der dynamischen Multiplikatoren) anhand der Parameter des unrestringierten VAR-Modells.

Abschnitt 4.4 gibt daher einen Überblick über die Identifikationsproblematik der SVAR-Modelle und diskutiert verschiedene Identifikationsstrategien. Die behandelten Identifikationsstrategien der nicht-kointegierte SVAR-Modelle sind in Tabelle 4.2 zusammengestellt. Langfristrestriktionen sind hierbei am weitesten verbreitet, vor allem, weil sie sich auf ökonomische, langfristige Wirkungsaussagen stützen und so eine ökonomisch eingängigere und gehaltvolle Identifikation ermöglichen.

restringierte Parameter	Kurzfristrestriktionen: Rekursives Modell[1]	Kurzfristrestriktionen: Nicht-rekursives Modell[2]	Langfrist-restrik.[3]	Kombi-nationen
1. Σ_ε:				
a) Orthogonalität	X	X	X	X
b) Normierung	X	(X)	X	(X)
2. B_0:				
a) Nullrestrik.	X	X		(X)
b) Normierung		(X)		(X)
c) sonst. Restrik.		X		(X)
3. $\phi^*(1)$			X	(X)

Anm: (X): wahlweise implementierbar

[1]SIMS [1986]; [2]BERNANKE [1986], BLANCHARD / WATSON [1986]; [3]BLANCHARD /QUAH [1989], SHAPIRO / WATSON [1988]

Quelle: Eigene Darstellung.

Tabelle 4.2: Identifikationsstrategien für SVAR-Modelle

An dieser Stelle ist eine Einordnung des ökonomischen Gehalts der SVAR-Modelle angebracht. Dies vor allem, bevor Kointegrationsaspekte im nächsten Kapitel hinzutreten. Eine ausführliche Diskussion hierzu bezüglich der für die Anpassungsanalyse wichtigen orthogonalen Störgrößen und der orthogonalen Impuls-Antwort-Folgen erfolgt gesondert in Abschnitt 6.2.

Ein Hauptkritikpunkt an den SVAR-Modellen ist sicherlich, dass sie sich im wesentlichen auf nur gerade identifizierende n^2 a priori -Restriktionen stützen, die keinen statistischen Tests zugänglich sind. Dabei sind es i.d.R. weniger die - auch diskussionswürdigen - Orthogonalitätsrestriktionen als vielmehr die übrigen $n(n-1)/2$ Restriktionen mit ökonomischem Bezug, die kritisiert werden. Es sind eine

Vielzahl verschiedener $n(n-1)/2$ Restriktionen und damit SVAR-Modelle denkbar, die zu einer beobachtungsäquivalenten reduzierten VAR-Form führen, wie PAGAN [1994] betont (vgl. COOLEY / DWYER [1998]).

Ob eine Identifikation „gelungen" ist, wird i.d.R. an der ökonomischen Plausibilität des Verlaufs der orthogonalen Impuls-Antwort-Folgen beurteilt. Einschränkend sei hierbei angemerkt, dass diese aber zum Teil die identifizierenden Annahmen z.B. bezüglich der Langfristwirkungen widerspiegeln.

Im Vergleich zu traditionellen simultanen, makrökononomischen Mehrgleichungssystemen sind die aus minimalen Restriktionsets resultierenden SVAR-Modelle „without much theory", so COOLEY / DWYER [1998]). Die ökonomische Theorie des SVAR-Modells ist schwach in dem Sinne, dass die identifizierenden Restriktionen nicht aus einem vollspezifizierten ökonomischen Modell anhand von Präferenz und Technologieparametern abgeleitet werden, sondern lediglich mit der ökonomischen Theorie konsistent sind (vgl. a.a.O.). Es kann sogar als eine Absicht dieser Modelle angesehen werden, durch die wenigen Annahmen mit einer ganzen Klasse von strukturellen Modellen und Theorien konsistent zu sein (vgl. FAUST / LEEPER [1994]). Dies steht im Einklang damit, dass SVAR-Modelle eher darauf ausgelegt sind, Schocks mit plausiblen Eigenschaften auszustatten und zu identifizieren als strukturelle Parameter zu schätzen (vgl. BREITUNG [1998]). Das resultierende SVAR-Modell ist dabei nur in dem Maße strukturell (ökonomisch interpretierbar), wie seine jeweiligen identifizierenden Restriktionen ökonomisch konsistent sind bzw. ökonomisch plausibel erscheinen.[39] In wie weit eine ökonomische Identifikation der wahren ökonomischen Modellstruktur erfolgt, ist objektiv nicht nachprüfbar. Dafür besitzen sie jedoch den VAR-Modell-Vorteil, dass ihre Dynamik flexibler ist und sie daher attraktiv für eine Anpassungsanalyse sind.

Insgesamt lassen sich SVAR-Modelle daher als Interimsmodelle[40] zwischen den zeitreihenanalytischen, unrestringierten VAR-Modellen (i.S. von SIMS [1980]) und den vollständig spezifizierten makroökonometrischen Mehrgleichungsmodellen (i.S. der Cowles-Commisson) einstufen, und dies sowohl bezüglich ihrer ökonomischen Aussagekraft als auch ihrer dynamischen Flexiblität.

Im folgenden Kapitel werden nun die kointegrierten Modelle behandelt, die zusätzliche strukturelle Aspekte ergänzen.

[39] Die ist wohl die Ursache für den Erfolg des BQ-Verfahrens.

[40] Zum SVAR-Modell als „Mittelweg" siehe auch BREITUNG [1998], WREN-LEWIS [2000].

Kapitel 5

Kointegrierte VAR-Modelle

Der erste Abschnitt greift zunächst das Kointegrationskonzept auf. In Abschnitt 5.2 werden das VECM, das SVECM, deren VMA- und common trends-Repräsentation präsentiert und in den Kontext dynamischer simultaner Mehrgleichungsmodelle eingeordnet. Schließlich erfährt in Abschnitt 5.3 das Identifkationsproblem eine erweiterte Betrachtung. Eine Zusammenfassung schließt das Kapitel.

5.1 Vorbemerkungen

Wie in Abschnitt 4.1 eingeführt, liegt der Kointegrationseigenschaft zugrunde, dass (mindestens) ein gemeinsamer stochastischer Trend die $I(1)$ -Variablen treibt, die so stationäre Linearkombinationen (die Kointegrationsbeziehungen) bilden. Unstrittig ist dabei, dass es sich um eine statistische, längerfristige Beziehung zwischen den $I(1)$- Systemvariablen handelt (vgl. z.B. JUSELIUS [1999, S 279]).

Ein statistisches Standardmodell, das diese Dateneigenschaften explizit im Eingleichungfall für eine Kointegrationsbeziehung berücksichtigt, ist das aus Unterabschnitt (3.2) bekannte Fehler-Korrektur-Modell (3.2):[1]

$$\Delta z_{1t} = -\alpha_1(z_{1t-1} - \beta_2 z_{2t-1}) + \sum_{i=1}^{p-1} \overline{b}_i \Delta z_{1t-i} + \sum_{i=0}^{q-1} \overline{c}_i \Delta z_{2t-i} + v_{1t}.$$

Wir wollen diesen Eingleichungsfall nutzen, die Kointegrationsbeziehung genauer zu interpretieren.[2] Technisch betrachtet nestet das ECM zunächst eine Vielzahl statistischer, dynamischer Eingleichungsmodellen (vgl. Unterabschnitt 3.2). Durch die

[1] Deterministische Komponenten werden wieder vernachlässigt. Zur Verwendung des ECM im Rahmen kointegrierter Zeitreihen vgl. GRANGER / WEISS [1983].

[2] Im ECM wird die Interpretation vereinfacht, da nur eine Variable endogen ist und explizit Exo-

Kointegrationstheorie erfährt das ECM eine erweiterte Bedeutung, denn die stationäre Kointegrationsbeziehung der $I(1)$-Variablen $\beta' z_t = (1 \ \ \text{-}\beta_2)[z_{1t} \ \ z_{2t}]'$ taucht explizit auf.[3] Dies bedeutet vor allem, dass das ECM den gemeinsamen stochastischen Trendprozess berücksichtigt: Durch die explizite Formalisierung der Kointegrationsbeziehung wird ein geeignetes „detrending" vorgenommen. Alle Terme des ECM sind damit stationär.

In der ökonometrischen Anwendung wird die Kointegrationsbeziehung gesehen als der verbindende Baustein zu längerfristig gültigen ökonomischen Beziehungen, wie sie aus der ökonomischen Theorie abgeleitet werden (vgl. z.B. LÜTKEPOHL [1999a], WICKENS [1995]). Z.T. unterschiedliche Einschätzungen bestehen jedoch darüber, welche ökonomischen Informationen diese statistischen Beziehungen bereitstellen (vgl. WICKENS [1996]). Die übliche Interpretation ist die einer *ökonomischen Gleichgewichtsbeziehung*, daher auch equilibrium correction model.[4] JOHANSEN [1995a, S. 41] ist bzgl. des ökonomischen Gehalts vorsichtiger: „*...the long-run relations ... are not ... relations between the variables in equillibrium, but they are relations between the variables in the economy, as described by the statistical model, which show themselves in the adjustment behaviour of the agents in the sense that the agents try to force the variables back towards the attractor set defined by the relations.*" Ähnlich auch JUSELIUS [1999, S. 279f.]: „*Hence, cointegration between variables is a statistical property of the data that only exceptionally can be given a direct interpretation as an economic steady-state relation.*"

Wir schließen hieraus auf eine vorsichtige, ökonomische Interpretation der Kointegrationsbeziehungen. Wird eine Kointegrationsbeziehung festgestellt, kann daraus nicht geschlossen werden, dass es sich dabei immer um eine ökonomisch interpretierbare Beziehung handelt. Liefert die ökonomische Theorie langfristig gültige Zusammenhänge, so ist es überaus plausibel, dass sich diese auch in kointegrierten Beziehungen niederschlagen. [5]

---

genitätsannahmen (hier bzgl. z_{2t}) getroffen sind. Ebenfalls ist im angegebenen Modell bereits eine Normierung $\beta_1 = 1$ vorgenommen. Zu unterschiedlichen ECM-Interpretationen vgl. ALGOSKOUFIS / SMITH [1991]. Im Mehrgleichungsfall des VECM wird die Interpretation zusätzlich durch Identifikationsprobleme der Kointegrationsbeziehung kompliziert (vgl. Unterabschnitt 5.3.1).

[3] ENGLE / GRANGER [1987] haben gezeigt, dass bei Vorliegen von kontegrierten Variablen ein ECM existiert, und dass umgekehrt ein ECM auch kointegrierte Beziehungen erzeugt (vgl. hierzu ausführlicher z.B. HARRIS [1995]).

[4] So z.B. HARRIS [1995, S. 22].

[5] Im Fall des VECM tritt zusätzlich ein Identifikationsproblem der verschiedenen Kointegrati-

Bevor eine analytische Behandlung des kointegrierten VAR-Modells bzw. VECM erfolgt, soll zunächst die Analyse „in Richtung VECM" motivierend vorangetrieben werden. Wie könnte das VECM die Anpassungsanalyse im VAR-Modell bereichern? Drei Hinweise sollten an dieser Stelle genügen:

Die erste Antworten ist rein technischer Natur: Sind integrierte Variablen des VAR-Modells kointegriert, so muss dieser Eigenschaft explizit Rechnung getragen werden (vgl. z.B. WICKENS [1996]). Dieser Fall tritt umso eher ein, je größer die betrachteten Modelle sind. Werden die Kointegrationsbeziehungen nicht berücksichtigt, so hat dies Konsequenzen für die Schätzung des VAR-Modells und der Impuls-Antwort-Folgen (vgl. Kapitel Anhang AIII).

Eine zweite Antwort liefert der ökonomische Informationsgehalt der Kointegrationsbeziehungen: Im Vergleich zum obigen (S)VAR-Modell liefert die Kointegrationsbeziehung eine Modellkomponente, die - mit der gegebenen Vorsicht - zusätzlich strukturelle Informationen in Form ökonomisch interpretierbarer Langfristbeziehungen bereitstellen kann. Somit kann ein (strukturelles) VECM „ein Stück ökonomischer" als das nicht-kointegrierte (S)VAR- Modell sein.[6]

Der Kointegrationsterm hat auch - drittens - eine Bedeutung für die Fähigkeit des Modells, die Dynamik der Systemvariablen zu beschreiben: Nicht nur Schocks und stochastische Trendprozesse (Push-Faktoren) prägen die Dynamik, zusätzlich werden durch die Kointegrationsbeziehungen auch Pull-Kräfte explizit, die die Systemvariablen in ein Gleichgewicht zurückziehen (vgl. z.B. JOHANSEN [1995a]).

Widmen wir uns nun also dem VECM und seinen Transformationen und Repräsentationen genauer.

5.2 Konzepte und Interpretationen

5.2.1 Reduzierte Form: VECM

Das Vektor-Fehler-Korrektur-Modell (VECM) ist eine Reparametrisierung eines unrestringierten VAR-Modells, in der explizit die Kointegrationsbeziehungen berücksichtigt werden. Ausgangspunkt ist das unrestringierte VAR-Modell aus Gleichung

onsvektoren auf (vgl. Unterabschnitt 5.3.1).

[6] Diesen Aspekt betonen vor allem GARRAT et al. [2000, 2001], die das VECM (nicht das strukturelle VECM) als eigenständiges Werkzeug des makroökonomischen Modellbaus diskutieren.

(4.1). Es gelten weiterhin die dortigen Annahmen 1, 2, 4 und 5. Jedoch wird die Stationaritätsannahme 3 nun ersetzt durch:

3a. *Die Variablen in z_t seien sämtlich integriert vom Grade 1. Es seien Kointegrationsbeziehungen zugelassen.*

Das VECM lautet dann:[7]

$$\Delta z_t = \Pi z_{t-1} + \sum_{i=1}^{p-1} \Gamma_i \Delta z_{t-i} + u_t \tag{5.1}$$

$$mit\ \Pi = -(I - \sum_{j=1}^{p} A_j) \text{ und } \Gamma_i = - \sum_{j=i+1}^{p} A_j, i = 1, ..., p-1. \tag{5.2}$$

Für die Kointegrationsanalyse entscheidend ist der Rang r der $n \times n-$Matrix Π.[8] Da Δz_t und $\Gamma_i \Delta z_{t-i}$ stationär sind und u_t weißes Rauschen darstellen soll, sollte auch Πz_{t-1} stationär sein. Dies ist in drei Fällen denkbar, die sich anhand des Rangs r beschreiben lassen:[9]

- z_t ist stationär. In diesem Fall gilt $r = n$.[10]
- Alle n^2 Elemente von Π sind Null. Damit gibt es keine Kointegrationsbeziehungen ($r = 0$).
- Πz_{t-1} ist stationär, wenn die n Variablen z_t bis zu maximal $r^{\max} = (n-1)$ Kointegrationbeziehungen existieren. Der Rang der Matrix Π ist dann $r < n$. Im diesem Fall ist eine - nicht eindeutige - Zerlegung von Π in die $n \times r-$Matrix der Ladungskoeffizienten α und die $n \times r-$Kointegrationsmatrix β möglich:

$$\Pi = \alpha \beta'. \tag{5.3}$$

  Die r Spalten in β liefern die Kointegrationsvektoren, die mit den n Variablen in z_t die r stationären Kointegrationsbeziehungen $\beta' z_{t-1}$ bilden.

---

[7] Die Wurzeln des charakteristischen Polynoms $\det(I - A_1\lambda - ... - A_p\lambda^p) = 0$ seien $|\lambda| \geq 1$, d.h. es werden Einheitswurzeln zugelassen.

[8] Vgl. im Folgenden z.B. LÜTKEPOHL [1993], HARRIS [1995].

[9] Der Rang r liefert die Anzahl der linear unabhängigen Spalten in Π; es ist dies die Anzahl der stationären, unabhängigen Linearkombinationen - also die Anzahl der Kointegrationsbeziehungen - der Variablen in z_t

[10] Dieser Fall ist jedoch durch Annahme 3a ausgeschlossen.

In den ersten beiden Fällen vereinfacht sich das System zum nicht-kointegrierten VAR-Modell, entweder mit stationären Niveauvariablen (Fall $r = n$) oder mit stationären Differenzen (Fall $r = 0$).[11] Der dritte Fall $r < n$ ist von zentralem Interesse, da er zum VECM

$$\Delta z_t = \alpha\beta' z_{t-1} + \sum_{i=1}^{p-1} \Gamma_i \Delta z_{t-i} + u_t, \tag{5.4}$$

führt.[12] Analog zum ECM kombiniert es über die Differenzen die Kurzfristdynamik und über den Kointegrationsterm $\beta' z_{t-1}$ die längerfristigen Beziehungen. Nach Abschluss aller Anpassungen ($\Delta z_{t-i} = 0, z_t = z_{t-i} = z, u_t = 0$) verbleibt nur noch ein System der Niveauvariablen in Form der Kointegrationsbeziehungen ($\beta' z = 0$).

Die Zerlegung von Π in die Ladungsmatrix α und Kointegrationsmatrix β' ist nicht eindeutig.[13] Eine eindeutige Zerlegung erfordert Restriktionen bzgl. α oder β. Typische Restriktionen auf den Ladungskoeffizienten α sind z.B. Annahmen über die schwache Exogenität einiger Variablen.[14]

Verzichtet man auf diese Restriktionen, benötigt man $\beta-$Restriktionen. Diese werden vor allem für die Identifikation und ökonomische Interpretierbarkeit der Kointegrationsvektoren benötigt. Denn liegen $r \geqq 2$ Kointegrationsbeziehungen vor, so sind diese wie im folgenden Beispiel für $r = 2$ und $n = 3$ nicht identifiziert:

$$\beta' z_t = \begin{bmatrix} \beta_{11} z_{1t} + \beta_{12} z_{2t} + \beta_{13} z_{3t} \\ \beta_{21} z_{1t} + \beta_{22} z_{2t} + \beta_{23} z_{3t} \end{bmatrix}.$$

Die Identifikation der Kointegrationsvektoren ist durch Normierung und $(r-1)$ Restriktionen auf jedem der r Kointegrationsvektoren von β möglich (vgl. JOHANSEN / JUSELIUS [1994, S. 20], JUSELIUS [1999, S. 280]). Diese r^2 Restriktionen, die a priori der ökonomischen Theorie entnommen werden sollten, ermöglichen die ökonomische Interpretation der Kointegrationsbeziehungen als längfristige ökonomische Zusammenhänge. Wir sprechen hier von der Identifikation der Kointegrationsvektoren (vgl. z.B. JOHANSEN [1995, Abschnitt 5.2]).[15] Im Folgenden gehen wir

[11] In diesen Fällen befinden wir uns wieder in Kapitel 4. Vgl. hierzu die Abbildung 4.1.

[12] Es lässt sich unmittelbar mit dem Johansen-Verfahren schätzen (vgl. JOHANSEN [1988,1995a])

[13] Die Zerlegung kann in $\Pi = \alpha H H^{-1\prime}\beta'$ mit beliebigem H erfolgen.

[14] Vgl. hierzu z.B. GREENSLADE / HALL / HENRY [1999].

[15] Diese Identifikation der Kointegrationsvektoren kann als erster Schritt unabhängig von der Identifikation des gesamten SVECM (bzw. von B_0) vorgenommen werden. Siehe hierzu Unterabschnitt 5.3.1.

zur Vereinfachung davon aus, dass β normiert ist und weitere ökonomisch sinnvolle $r(r-1)$ Restriktionen auf den Kointegrationsvektoren liegen.

Die Matrix der Ladungskoeffizienten α liefert Informationen über die unmittelbare Änderung jeder einzelnen Systemvariablen in der Periode t, wenn Abweichungen von den einzelnen r Kointegrationsbeziehungen vorliegen. Die Elemente der Matrix α sind jedoch nicht als ökonomisch gehaltvolle Anpassungskoeffizienten zu interpretieren, auch nicht nach Identifikation der Kointegrationsvektoren, da es sich beim VECM um die reduzierte Form eines immer noch unbekannten strukturellen dynamischen Modells handelt.[16]

Der reduzierte Rang r impliziert zweierlei: Zum einen liegen r Kointegrationsbeziehungen $\beta' z_{t-1}$ vor. Zum anderen bedeutet dies, dass $k = (n - r)$ unabhängige stochastische Trends vorliegen; diese werden auch als common trends bezeichnet.[17]

5.2.2 Strukturelle Form: SVECM

Für den kointegrierte Fall des SVAR-Modells aus Gleichung (4.3), S. 41, lässt sich ebenfalls ein strukturelles VECM, kurz SVECM, reparametrisieren:

$$B_0 \Delta z_t = \Pi^* z_{t-1} + \sum_{i=1}^{p-1} \Gamma_i^* \Delta z_{t-i} + \varepsilon_t. \tag{5.5}$$

Es gelten die Annahmen 1, 2, 3a, 4a und 5a. Mit $r < n$ kann Π^* wieder zerlegt werden in:

$$\Pi^* = \alpha^* \beta' \tag{5.6}$$

Die Kointegrationsmatrix β dieses SVECM ist aufgrund der vorgenommenen Normierungen und $r(r-1)$ Restriktionen (i) ökonomisch interpretierbar als die strukturelle Parametermatrix der ökonomischen Langfristbeziehungen und (ii) mit der des VECM identisch.[18] Die Matrix der Ladungskoeffizienten α^* des SVECM enthält nun strukturelle Parameter, die sich nun als strukturelle Anpassungskoeffizienten interpretieren lassen (vgl. z.B. JACOBSEN / VREDIN / WARNE [1998, S. 76]).

[16] Vgl. HOFFMAN / RASCHE [1997, S. 18]. ROSSANA [1998] beschäftigt sich ausführlich mit den Ladungskoeffizienten des VECM und demonstriert diese Problematik anhand zweier Beipiele.

[17] Siehe hierzu Abschnitt 5.2.4.

[18] Auf eine Unterscheidung in β für die reduzierte Form und β^* für die strukturelle Form wird im Folgenden verzichtet. Denn es wurden bereits die notwendigen Normierungen und $(r-1)$ Restriktionen auf den r Vektoren in β angenommen, die die ökonomische Identifikation der Langfristbeziehung ermöglichen. Eine Unterscheidung ist damit hier nicht notwendig.

Die reduzierte Form von (5.5) mit (5.6) lautet

$$\Delta z_t = B_0^{-1}\alpha^*\beta' z_{t-1} + \sum_{i=1}^{p-1} B_0^{-1}\Gamma_i^*\Delta z_{t-i} + B_0^{-1}\varepsilon_t.$$

Der Vergleich mit dem VECM (5.4) zeigt, dass das VECM als eine reduzierte Form eines strukturellen Mehrgleichungsmodells in Form eines SVECM gedeutet werden kann. Dabei sind die Parameter der reduzierten und der strukturellen Form durch

$$\varepsilon_t = B_0 u_t \tag{5.7}$$

$$\alpha^* = B_0 \alpha \tag{5.8}$$

$$\Gamma_i^* = B_0 \Gamma_i \tag{5.9}$$

und ihre Varianzen-Kovarianz-Matrix wieder über $\Sigma_\varepsilon = B_0 \Sigma_u B_0$ verknüpft. Diese Gleichungssysteme verdeutlichen, dass sich die strukturellen Parameter Γ_i^*und α^* aus Linearkombinationen der jederzeit schätzbaren Parameter Γ_i, α der reduzierten Form (des VECM) bilden. Gleiches gilt für die strukturellen, orthogonalen Schocks ε_t, die sich linear aus den Störgrößen u_t der reduzierten Formen ergeben. Bei der Bestimmung von B_i, α^* und ε_t ergibt sich hier analog zu den nicht-kointegrierten Modellen ein Identifikationsproblem, vor allem für B_0.

Betont sei, dass die Kointegrationsmatrix β anhand der Schätzung der reduzierten Form (des VECM) einer sinnvollen strukturellen Interpretation zugänglich ist, und zwar weil die Kointegrationsmatrix β bereits durch a priori Restriktionen identifiziert und normiert ist. Damit lassen sich die ökonomischen Langfristbeziehungen bereits aus der reduzierten Form (VECM) ohne Identifikation des gesamten strukturellen Modells ermitteln.[19]

5.2.3 Finale Form und VMA-Repräsentationen

VMA-Repräsentation der reduzierten Form

Für die Anpassungsanalyse benötigen wir die nicht-orthogonalen Impuls-Antwort-Folgen aus der VMA-Repräsentation des unrestringierten VAR-Modells. Im Falle integrierter Niveauvariablen ist dieses VAR-Modell der Niveauvariablen nicht invertierbar; eine woldsche VMA-Repräsentation der I(1)-Variablen

$$z_t = \sum_{i=0}^{\infty} \Upsilon_i u_{t-i}, \tag{5.10}$$

[19] Beachte dabei die Einschränkungen aus den Vorbemerkungen in diesem Kapitel.

mit $\Upsilon_0 = I$, existiert daher nicht (vgl. LÜTKEPOHL[1991, 1999a,b]). Um dennoch Impuls-Antwort-Folgen Υ_i zu integrierten Prozessen zu finden, kann ausgenutzt werden, dass Δz_t stationär ist. Hiermit lässt sich zunächst ein infiniter VMA-Prozess für die ersten Differenzen finden (vgl. z.B. JOHANSEN [1995, Kapitel 4]),

$$\Delta z_t = \sum_{i=0}^{\infty} \phi_i u_{t-i} = \phi(L) u_t, \tag{5.11}$$

mit $\phi_0 = I$. Die Matrizenfolge $\{\phi_i, i = 0, 1, 2, ...\}$ ist die nicht-orthogonale Impuls-Antwort-Folge für die stationären Differenzen Δz_t.[20] Mit $\phi_i = \Upsilon_i - \Upsilon_j$ können nun die Matrizen

$$\Upsilon_h = \sum_{j=0}^{h} \phi_j$$

aus ϕ_i ermittelt und als die gesuchten nicht-orthogonalen Impuls-Antwort-Folgen der integrierten Prozesse z_t aus (5.10) betrachtet werden.[21]

Sind die I(1)-Variablen z_t nun kointegriert, so lässt sich eine alternative Darstellung für (5.10) in Abhängigkeit von ϕ_i finden. Dazu lässt sich Gleichung (5.11) zunächst mit einer multivariaten Beveridge-Nelson-Zerlegung darstellen als[22]

$$\Delta z_t = \phi(1) u_t + (1 - L)\tilde{\phi}(L) u_t, \tag{5.12}$$

mit $\phi(1) = \sum_{i=0}^{\infty} \phi_i$; $\tilde{\phi}(L) = \sum_{i=0}^{\infty} \tilde{\phi}_i L^i$; $\tilde{\phi}_j = -\sum_{i=j+1}^{\infty} \phi_i$. Da $\Delta z_t = (1 - L) z_t$ folgt nach Multiplikation mit $(1 - L)^{-1}$ von links hieraus

$$z_t = \phi(1) \sum_{i=1}^{\infty} u_i + \tilde{\phi}(L) u_t. \tag{5.13}$$

Gleichung (5.13) lässt sich als VMA-Repräsentation der reduzierten Form in den Niveauvariablen auffassen.[23] Hieran lassen sich vor allem Aussagen über die permanenten bzw. transitorischen Wirkungen von Schocks treffen. Der erste Term liefert die permanente Komponente von z_t: Die $n \times n$-Matrix $\phi(1)$ lässt sich interpretieren als Langfristwirkungen der Schocks u_t, die nach Abschluss aller Anpassungsprozesse

[20] WICKENS [1996] bezeichnet (5.11) als VMA-Repräsentation des VECM.

[21] Vgl. die Anmerkungen auf Seite 45.

[22] Vgl. WARNE [1990], JOHANSEN [1995a, Lemma 4.1] für Details.

[23] Grangers Repräsentationstheorem (ENGLE / GRANGER [1987]) zeigt, dass die Repräsentation (5.13) die Lösung des VECM (5.4) ist. Die exakten notwendigen und hinreichenden Bedingungen hierfür sind auch in JOHANNSEN [1995, Theorem 4.2] wiedergegeben.

permanent zu beobachten sind. Der Summand zeigt an, dass einmalige Schocks dauerhaft erhalten bleiben und mit $\phi(1)$ die Variablen z_t permanent beeinflussen. Der Term $\tilde{\phi}(L)$ hingegen beschreibt den transitorischen Teil, also die Schockwirkungen, die bei $t \longrightarrow \infty$ ausklingen.

VMA-Repräsentation der strukturellen Form

Analog lässt sich eine VMA-Repräsentation des SVECM zunächst bezüglich Δz_t und dann aufgrund der Kointegrationseigenschaften für z_t finden. Wegen $\varepsilon_t = B_0 u_t$ können wir diese verkürzt aus (5.12) und (5.13) gewinnen:

$$\begin{aligned} \Delta z_t &= \sum_{i=0}^{\infty} \phi_i B_0^{-1} B_0 u_{t-i} \\ &= \sum_{i=0}^{\infty} \phi_i^* \varepsilon_{t-i} = \phi^*(L)\varepsilon_t. \end{aligned}$$

Die VMA-Repräsentation für die Niveauvariablen z_t lautet:

$$z_t = \phi^*(1) \sum_{i=1}^{\infty} \varepsilon_i + \tilde{\phi}^*(L)\varepsilon_t. \tag{5.14}$$

Gleichung (5.14) ist die finale Form des strukturellen Modells in den Niveauvariablen z_t. Sie präsentiert die Wirkungen der ökonomischen Schocks auf die Systemvariablen z_t getrennt nach permanenten und transitorischen Effekten. Der erste Term liefert die permanente Komponente von z_t: Mit Hilfe der Langfristmultiplikatoren $\phi^*(1)$ werden permanente Wirkungen von ε_t auf einzelne Systemvariablen erfasst. Haben einzelne ökonomische Schocks keine Langfristwirkungen, so lässt sich dies mittels Nullrestriktionen in $\phi^*(1)$ ausdrücken. Für die VMA-Repräsentationen (5.13) und (5.14) gilt neben $\tilde{\phi}^*(L) = \tilde{\phi}^*(L)B_0^{-1}$ wieder für die Langfristwirkungen.

$$\phi^*(1) = \phi(1)B_0^{-1} \tag{5.15}$$

5.2.4 Common trends-Modell

Ausgehend von der VMA-Repräsentation lässt sich das sog. common trends-Modell ableiten. Diese Darstellung beschreibt die kointegrierten Variablen z_t nicht wie das VECM explizit durch die r Kointegrationsbeziehungen, sondern aus Sicht der $k = (n-r)$ unabhängigen stochastischen Trends, den common trends, die das System treiben.[24]

[24] Zentrale Arbeiten zum common trends-Modell sind HYLLEBERG / MIZON [1989], KING / PLOSSER / STOCK / WATSON [1991], STOCK / WATSON [1988], und WARNE [1990, 1993].

Common trends-Modell der reduzierten Form

Ausgehend von dem VMA-Modell (5.13) lässt sich in der permanenten Komponente der Summenterm ersetzen:

$$\begin{aligned} z_t &= \phi(1) \sum_{i=1}^{\infty} u_i + \tilde{\phi}(L) u_t \\ &= \phi(1) \xi_t + \tilde{\phi}(L) u_t, \end{aligned} \tag{5.16}$$

mit

$$\xi_t = \sum_{i=1}^{\infty} u_i = \xi_{t-1} + u_t.$$

ξ_t liefert nun die gemeinsamen stochastischen Trends der reduzierten Form. Wir bezeichnen (5.16) als common trends-Modell der reduzierten Form (vgl. WARNE [1990, 1993]). Es ist eine zum VECM korrespondierende Darstellung der Kointegrationsidee, die die stochastischen Trends (in einer reduzierten Form) in den Mittelpunkt rückt.

Common trends-Modell der strukturellen Form

Analog lässt sich aus (5.14) das direkt ökonomisch interpretierbare, strukturelle common trends - Modell ableiten:

$$\begin{aligned} z_t &= \phi^*(1) \sum_{i=1}^{\infty} \varepsilon_i + \tilde{\phi}^*(L) \varepsilon_t \\ &= \phi^*(1) \theta_t + \tilde{\phi}^*(L) \varepsilon_t. \end{aligned} \tag{5.17}$$

Dabei liefert

$$\theta_t = \sum_{i=1}^{\infty} \varepsilon_i = \theta_{t-1} + \varepsilon_t$$

die $k = (n-r)$ ökonomisch interpretierbaren, stochastischen Trends. Wir bezeichnen das System (5.17) als common trends-Modell der strukturellen Form. Es ist eine zum SVECM korrespondierende Darstellung der Kointegrationsidee, die zeigt, dass die n Variablen linear von k stochastischen Trends getrieben werden, also nur k Schocks in ε_t permanent wirken und diese die Trends erzeugen. Zugleich ist es, wie die VMA-Repräsentation (5.14), eine finale Form des SVECM, in der nun explizit die exogenen strukturellen Trends zu Tage treten.

Da im System mit r Kointegrationsbeziehungen nur $k = (n - r)$ permanente Schocks (und stochastische Trends) vorliegen, und damit zugleich nur r Schocks in

ε_t transitorisch wirken, können r Spalten in der Matrix der Langfristmultiplikatoren $\phi^*(1)$ mit Nullen belegt werden:

$$\phi^*(1) = \begin{bmatrix} F_{(n\times k)} & 0_{(n\times r)} \end{bmatrix}. \tag{5.18}$$

Eine Anmerkung zum Sprachgebrauch: Selten findet in der Literatur eine Trennung in reduzierte und strukturelle Darstellung des common trends-Modells statt. Vielmehr wird zwar einheitlich von common trends gesprochen, gemeint wird damit i.d.R. θ_t. Im Folgenden verwenden wir diesen verkürzten Sprachgebrauch.

Zusätzlich zum parametrischen Zusammenhang der VMA-Darstellungen sind auch die Trendprozesse $\xi_t = \sum_{i=1}^{t} u_i$ und $\theta_t = \sum_{i=1}^{t} \varepsilon_i$ verbunden: Einsetzen von $\varepsilon_t = B_0 u_t$ liefert

$$\begin{aligned} \theta_t &= \sum_{i=1}^{\infty} \varepsilon_i = B_0 \sum_{i=1}^{\infty} u_i \\ &\Leftrightarrow \xi_t = B_0^{-1}\theta_t, \end{aligned}$$

und zeigt, dass die jederzeit beobachtbaren Trends der reduzierten Form ξ_t eine Funktion der ökonomischen Trends θ_t sind. Auch hier besteht ein Identifikationsproblem für die strukturellen common trends, analog zur Identifkation der strukturellen Schocks (vgl. den nachfolgenden Abschnitt).

Dualität

Da das common trends- und das Fehler-Korrektur-Modell alternative Darstellungen des Kointegrationskonzepts sind, bestehen parameterische Zusammenhänge (Dualität), die in der Identifikationsprozedur berücksichtigt werden müssen (vgl. hierzu vor allem WARNE [1990]). So gilt

$$\beta'\phi^*(1) = 0. \tag{5.19}$$

Diese Orthogonalität stellt die Konsistenz von VMA-Repräsentation und Stationarität der Kointegrationsbeziehung $\beta' z_t$ nach Abschluß aller Anpassungsprozesse sicher und gilt analog auch für β' und $\phi(1)$.[25] Zudem existiert der Zusammenhang

$$\phi(1)\alpha' = 0.$$

[25] Jedoch ist $\beta'\phi(1) = 0$ für die Identifikationsproblematik nicht von zentralem Interesse.

Ferner gilt, dass die Matrix der Langfristreaktionen, z.B. der reduzierten Form $\phi(1)$, auch direkt in Abhängigkeit der Kointegrationsvektoren und der Ladungskoeffizienten geschrieben werden kann (vgl. JOHANSEN [1991]):

$$\begin{aligned} \Upsilon_\infty &= \phi(1) = I - \alpha(\beta'\Gamma\alpha)^{-1}\beta' \\ mit\, \Gamma &= I - \sum_{i=1}^{p-1} \Gamma_i \end{aligned} \tag{5.20}$$

Betrachten wir nun noch das Identifikationsproblem.

5.3 Identifikationen im SVECM

5.3.1 Identifikationsproblem

Das Identifikationsproblem im SVECM umfasst auch hier die Ebenen (i) der mathematisch eindeutigen Abbildung vom VECM auf das SVECM als auch (ii) der ökonomischen Identifikation (vgl. 4.4.1). Es lassen zudem sich zwei Stufen der Identifikation unterscheiden:

- die Identifkation der Kointegrationsbeziehungen; erst diese Identifikation ermöglicht die ökonomische Interpretierbarkeit der Kointegrationsvektoren.
- die Identifkation von B_0; erst diese Identifikation ermöglicht eine Anpassungsanalyse anhand orthogonaler Impuls-Anwort-Folgen.

Die Identifikation der r Kointegrationsvektoren erfordert r Normierungen und $r(r-1)$ weitere Restriktionen, also r^2 Restriktionen (vgl. Unterabschnitt 5.2.1).[26]

Die Identifikation von B_0 hingegegen erfordert wieder $n(n-1)/2$ Restriktionen (analog zu Abschnitt 4.4).

Es drängt sich an dieser Stelle die Frage auf, ob die identifizierenden Restriktionen der beiden Stufen unabhängig voneinander erfolgen können. JOHANSEN / JUSELIUS [1994] weisen darauf hin, dass die β-Restriktionen unabhängig von den

[26] Vgl. hierzu auch WICKENS [1996]. Diese Bedingung erfüllt die „generic identification" der Kointegrationsvektoren im Sinne von JOHANSEN / JUSELIUS [1994]. Im Fall $r = 1$ z.B. reicht die Normierung aus. Ob die β–Restriktionen notwendig und hinreichend zur Identifikation sind, lässt sich mit dem Rangkriterium aus Theorem 3 in JOHANSEN [1995b] überprüfen.

zur Identifikation des gesamten Modells benötigten Restriktionen auf die *„short-term parameter"* - hier: $B_0, \alpha^*, \Gamma_i^*$–, gesetzt werden können. Diese Unabhängigkeit ist intuitiv verständlich, da es verschiedene kurzfristige Anpassungen geben kann, die die Langfristbeziehungen nach einer Störung wieder herstellen.[27] HSIAO [1997] hingegen vertritt die Auffassung, dass es nur ein Restriktionenset gibt, dass sowohl die Kurzfristdynamik als auch die Langfristbeziehungen identifziert. Die Positionen sind nur scheinbar konträr (vgl. MADDALLA / KIM [1998]), denn sie resultieren aus unterschiedlichen Ausgangspositionen: Wenn a priori ökonomische Informationen und Restriktion vorliegen, die das gesamte strukturelle Modell (inklusive Kurzfristgefüge) identifizieren, dann sind diese auch ausreichend, die Langfristbeziehungen zu identifizieren (HSIAO-Position). Wenn jedoch a priori nur ökonomische Informationen und identifzierende Restriktionen bzgl. der ökonomischen Langfristbeziehungen vorliegen, dann reichen diese nicht aus, das vollständige dynamische, strukturelle Modell zu identifzieren (JOHANSEN / JUSELIUS - Position). Damit startet HSIAO von einem vollständigen strukturellen Modell und folgt eher dem Modellierungsansatz der Cowles Commission mit vielen (ad hoc) Restriktionen. Bei JOHANSEN / JUSELIUS wird hingegen der Ansatz der VAR- bzw. VECM-Vertreter offensichtlich, der viele (ad hoc) Restriktionen auf die ökonomisch wenig erschlossenen dynamischen Beziehungen zunächst vermeiden möchte und sich auf die Langfristbeziehungen konzentriert.

Im Folgenden gehen wir weiter davon aus, dass die Kointegrationsbeziehungen in einer ersten Stufe identifiziert sind. Offen ist die Identifkation von B_0 und somit der orthogonale Impuls-Antwort-Folgen, die für eine Anpassungsanalyse benötigt werden.

5.3.2 Identifkationsstrategien

Kurzfrist- und Langfristrestriktionen

Die Identifikation von B_0 kann wieder über Kurzfrist- und / oder Langfristrestriktionen erfolgen.[28] JOHANSEN / JUSELIUS [1994] z.B. verwenden $n(n-1)$ SVECM-

---

[27] Auch GREENSLADE / HALL / HENRY [1999] weisen darauf hin, dass die kontemporäre und die dynamische Struktur (B_0 und α^*, Γ_i^*) im Allgemeinen nicht behilflich sind bei der Identifzierung der Langfristzusammenhänge; und dass umgekehrt die Identifikation von B_0 ohne β erfolgen kann (vgl. die Beziehungen auf Seite 63).

[28] Es sei darauf hingewiesen, dass sich der Begriff der Langfristrestriktionen auf Restriktionen bzgl. der Langfristreaktionen von Schocks bezieht und nicht auf Restriktionen bzgl. der Langfrist-

identifzierende Restriktionen auf $B_0, \alpha^*, \Gamma_i^*$ und nutzen damit Kurzfristrestriktionen.[29] Eine Identifikation mittels Langfristrestristiktionen i.S.d. BQ-Verfahrens für kointegrierte VAR-Modelle haben KING / PLOSSER / STOCK /WATSON [1991] und WARNE [1993] eingeführt. Eine vollständige Identifikation mit gemischten Restriktionen in kointegrierten Modellen zeigen z.B. FISHER / HUH / SUMMERS [2000]) auf.

Betrachten wir die Strategie der Langfristrestriktionen im SVECM genauer. Die Idee ist - wie schon im BQ-Verfahren - zwischen permanenten und transitorischen ökonomischen Schocks zu unterscheiden und die langfristigen Reaktionen der Systemvariablen auf strukturelle Schocks, also die Langfristmultiplikatoren $\phi^*(1)$, zu restringieren. Mit dieser Identifikationsstrategie werden die strukturellen common trends identifiziert: Mit der Anzahl der Kointegrationsbeziehungen r ist festgelegt, dass $n-r$ permanente Schocks (ε_{it} mit $i = 1, .., n-r$) und common trends ($\theta_{it} = \theta_{it-1} + \varepsilon_{it}, i = 1, .., n-r$) vorliegen; über die weiteren Restriktionen auf $\phi^*(1)$ werden die Wirkungen der einzelnen common trends auf die Systemvariablen festgelegt, und so die einzelnen common trends schließlich identifziert.

Ein solcher multivariater BQ-Ansatz zur Identifikation kointegrierter Modelle geht auf KING /PLOSSER /STOCK / WATSON [1991] und WARNE [1993] zurück.[30] Dabei gehen KING et al. [1991] nur auf die permanenten strukturellen Schocks und deren orthogonalen Impuls-Antwort-Folgen ein. Die Ermittlung auch der transitorischen strukturellen Schocks und resultierender Systemreaktionen wird in WARNE [1993] erörtert.[31]

Im Folgenden wird eine Identifkationsprozedur skizziert, mit der Lang- und Kurzfristrestriktionen dem strukturellen SVECM bzw. common trends Modell auferlegt werden können.[32] Diese kommt im letzten Teil dieser Arbeit zur Anwendung.

---

beziehungen (Kointegrationsvektoren).

[29] KIM / ROUBINI [2000] und MITCHELL [2000] z.B. nutzt ausschließlich Restriktionen auf B_0 zur Identifkation eines 10-dimensionalen SVECM zur Anpassungsanalyse auf montäre Schocks.

[30] KING / PLOSSER / STOCK / WATSON [1991] und die genannten Folgearbeiten nehmen eine multivariate Beveridge-Nelson-Zerlegung in permanente und transitorische Komponenten vor. Es sei darauf hingewiesen, dass alternative Zerlegungen von PARK [1990] und GONZALO / GRANGER [1995] vorgeschlagen werden.

[31] Siehe z.B. auch CARSTENSEN / HANSEN [1998b]. YANG [1998] liefert eine zusammenfassende Prozedur zur Identifikation der *Gruppe* der permanenten und der *Gruppe* der transitorischen Schocks. Eine vollständige Prozedur zur Identifikation aller Schocks und orthogonalen Impuls-Antwort-Folgen wird in FISHER / HUH / SUMMERS [2000] angeboten.

[32] Die Ausführungen sind angelehnt an KING / PLOSSER / STOCK /WATSON [1991], WARNE

Implementierung von Lang- und Kurzfristrestriktionen im SVECM / common trends - Modell

Ausgangspunkt für diese Arbeiten ist die Schätzung des VECM (Gleichung (5.4)) und seiner VMA-Repräsentation (5.13).

Restriktionen und Partitionierungen

Die Identifikation der Matrix B_0 und schließlich der orthogonalen Impuls-Antwort-Folgen $\phi^*(L)$ ist möglich, wenn das strukturelle System die folgenden Restriktionen erfüllt:[33]

R1: Die Schocks ε_t sind orthogonal i.S.v. $\Sigma_\varepsilon = I$. Dies impliziert:

R1.1 $E(\varepsilon_t^p \varepsilon_t^{t\prime}) = 0$

R1.2 $E(\varepsilon_t^p \varepsilon_t^{p\prime}) = I$

R1.3 $E(\varepsilon_t^t \varepsilon_t^{t\prime}) = I$

R2: Es existieren r Kointegrationsbeziehungen.

R3: In der Gruppe der permanenten Schocks lässt sich eine rekursive Struktur in den Langfristwirkungen $\phi^*(1)$ der Schocks unterstellen.

R4: In der Gruppe der transitorischen Schocks lässt sich eine rekursive Struktur in den Kurzfristwirkungen unterstellen.

Aufgrund der Restriktion $R2$ kann die Matrix der Langfristmultiplikatoren $\phi^*(1)$ partitioniert und geschrieben werden als (vgl. die Gleichungen (5.15) und (5.18)):

$$\phi^*(1) = \begin{bmatrix} F_{(n\times k)} & 0_{(n\times r)} \end{bmatrix} = \phi(1)B_0^{-1}. \tag{5.21}$$

Die k Spalten von F erfassen die langfristigen Wirkungen der k permanenten strukturellen Schocks ε_t^p auf die n Variablen in z_t. Die r Nullspalten zeigen an, dass die r transitorischen strukturellen Schocks ε_t^t keine nachhaltigen Wirkungen haben. Ferner wird B_0 ebenso wie ε_t in die ersten $k = (n - r)$ und letzten r Zeilen partitioniert.

$$\varepsilon_t = B_0 u_t = \begin{bmatrix} G^p_{(k\times n)} u_t \\ G^t_{(r\times n)} u_t \end{bmatrix} = \begin{bmatrix} \varepsilon_t^p \\ \varepsilon_t^t \end{bmatrix} \tag{5.22}$$

[1993], CARSTENSEN / HANSEN [1998b].

[33] Im Folgenden steht das Superskript p (t) für „permanent" („transitorisch").

Von den notwendigen Partitionierungen nun zu den Restriktionen: Die erste Restriktion $R1$ gehört zu den Basisrestriktionen (vgl. 4.4.2) und ist aufgrund von Annahme 5a erfüllt. Sie umfasst eigentlich drei Annahmen: Die Gruppe der permanenten Schocks ist unabhängig von der Gruppe der transitorischen Schocks ($R1.1$); innerhalb der Gruppe der permanenten Schocks herrscht Unabhängigkeit ($R1.2$), ebenso innerhalb der Gruppe der transitorischen Schocks ($R1.3$). Die Kointegrationsaussage $R2$ liefert nicht nur die Anzahl der r Kointegrationbeziehungen, sondern legt zugleich die Anzahl der common trends ($k = n - r$) und die Anzahl transitorischer Schocks r fest (vgl. Abschnitt 5.2.4). Die Restriktion $R3$ ist eine Langfristrestriktion à la BLANCHARD / QUAH [1989] und sichert die Identifikation der k permanenten Schocks. Die Restriktion $R4$ stellt eine typische Kurzfristrestriktionen dar, die zur Identifikation der transitorischen Schocks benötigt wird. Die Rekursivität in $R3$ und $R4$ stellt eine Vereinfachung dar.

Identifikationsprozedur

Die Prozedur beginnt mit der Bestimmung der strukturellen Langfristmultiplikatoren F von $\phi^*(1)$, identifizieren dann G^p und schließlich G^t von B_0.

Zunächst zur Bestimmung der Matrix F. Sie muss zwei Anforderungen erfüllen

a) $\beta' F = 0$

b) F soll eine rekursive Struktur aufweisen.

Anforderung a) stellt die sog. Dualität im strukturellen Modell (vgl. Beziehung (5.19)) sicher. Die zweite Anforderung ist notwendig, um die Restriktion $R3$ zu implementieren, sie reflektiert mindestens $k(k-1)/2$ ökonomische Restriktionen hinsichtlich der Langfristwirkungen der permanten Schocks; diese sollten aus dem ökonomischen Modell vorgegeben werden. Wir können die Anforderungen a) und b) erfüllen, indem wir F weiter zerlegen in

$$F = \beta_\perp \varkappa.$$

$\varkappa$ ist $k \times k$ und soll der Einfachheit halber eine untere Dreiecksmatrix sein. $\beta_\perp$ kann nun anhand von $\beta'\beta_\perp = 0$ bestimmt werden (damit ist a) erfüllt), wobei $\beta_\perp$ so festgelegt werden muss, dass zudem die $k(k-1)/2$ Langfristrestriktionen aus b) erfüllt werden. Mit diesem gegebenen $\beta_\perp$ kann $\varkappa$ nun bestimmt werden. Dazu multipliziert man (5.21) mit ε_t von rechts und erhält $\phi(1)u_t = F\varepsilon_t^p$. Setzt man $F = \beta_\perp\varkappa$

ein, so gilt $\phi(1)u_t u_t'\phi(1)' = \beta_\perp \varkappa \varepsilon_t^p \varepsilon_t^{p\prime} \varkappa \beta_\perp$. Durch Bildung der Erwartungswerte, Berücksichtigung von $R1.2$ und unter Verwendung der verallgemeinerten Inversen ist $\varkappa$ mittels einer Choleski-Zerlegung von

$$\varkappa\varkappa' = (\beta_\perp'\beta_\perp)^{-1}\beta_\perp'\phi(1)\Sigma_u\phi(1)'\beta_\perp'(\beta_\perp'\beta_\perp)^{-1} \tag{5.23}$$

bestimmbar. Mit $\beta_\perp'$ und $\varkappa$ ist F und so $\phi^*(1)$, die Matrix der Langfristmultiplikatoren, vollständig bekannt und geeignet restringiert, um die permanenten Schocks zu identifizieren. Die Restriktionen $R1.2$, $R2$ und $R3$ sind berücksichtigt.

Nun lassen sich die Elemente von G^p, die Elemente der ersten k Zeilen von B_0, sowie die transitorischen Schocks wie folgt identifizieren. Durch Multiplikation von (5.21) mit ε_t von rechts folgt zunächst $F\varepsilon_t^p = \phi(1)u_t$. Mittels der verallgemeinerten Inversen folgt hieraus direkt eine Bestimmungsgleichung für die permanenten Schocks $\varepsilon_t^p = (F'F)^{-1}F'\phi(1)u_t$, die im Vergleich mit (5.22) die Lösung für G^p impliziert:

$$G^p = (F'F)^{-1}F'\phi(1)$$

Konzentrieren wir uns abschließend auf die Identifikation von G^t. In einem ersten Schritt berücksichtigen wir $R1.1$ und $R1.3$. Dazu zerlegen wir $G^{t\prime}$ zunächst in

$$G^{t\prime} = \Sigma_u^{-1}H'$$

und formulieren zwei Ersatzbedingungen für $R1.1$ und $R1.3$ in Bezug auf H: Wegen $E(\varepsilon_t^p\varepsilon_t^{t\prime}) = G^p\Sigma_u G^{t\prime} = (F'F)^{-1}F'\phi(1)\Sigma_u G^{t\prime} = 0$ ist $R1.1$ gegeben, wenn H ersatzweise

r1.1 $\phi(1)H' = 0$

erfüllt. Einsetzen von $G^{t\prime} = \Sigma_u^{-1}H'$ in $E(\varepsilon_t^t\varepsilon_t^{t\prime}) = G^t\Sigma_u G^{t\prime} = I$ zeigt ferner, dass $R1.3$ gegeben ist, wenn H ersatzweise

r1.3 $H\Sigma_u^{-1}H' = I$

erfüllt. Wegen der Dualität $\phi(1)\alpha' = 0$ (vgl. Gleichung 5.2.4) ist $r1.1$ und somit $R1.1$ erfüllt, wenn wir unterstellen, dass sich H wiederum aufspalten lässt in

$$H = \alpha(\omega')^{-1}.$$

Setzen wir dies nun in $r1.3$ erhalten wir

$$\omega\omega' = \alpha'\Sigma_u^{-1}\alpha.$$

Eine Choleski-Zerlegung hiervon würde nun ein ω liefern, das $r1.3$ und somit $R1.3$ erfüllt. Einsetzen von ω in $H = \alpha(\omega')^{-1}$ und dies in $G^{t\prime} = \Sigma_u^{-1}H'$ würde dann eine Lösung $G^t = \omega^{-1}\alpha'\Sigma_u^{-1}$, liefern, in der $R1.1$ und $R1.3$ berücksichtigt sind.

Jedoch wäre dann noch nicht $R4$ implementiert; die strukturellen transitorischen Schocks und deren orthogonale Impuls-Antwort-Folgen sind noch unbekannt. Um $R4$ zu erfüllen und die strukturellen transitorischen Schocks vollständig zu identifizieren benötigt man noch $r(r-1)/2$ Restriktionen auf die kurzfristige Dynamik. Die Restriktionen können nun auf die kurzfristigen Wirkungen der transitorischen Schocks in der Impuls-Periode - enthalten in letzten r Spalten der Impact-Matrix B_0^{-1}, hier: $(G^{t\prime})^{-1}$ - gelegt werden, indem man

$$(G^{t\prime})^{-1} = \alpha(\omega')^{-1}$$

nutzt (vgl. Theorem 2, WARNE [1993]), und die Matrix ω aufspaltet in $\omega = (\delta')^{-1}\gamma$, wobei γ eine untere Dreiecksmatrix sein soll. Einsetzen dieser Faktorisierung von ω liefert

$$(G^{t\prime})^{-1} = \alpha\delta(\gamma')^{-1} \tag{5.24}$$

und zeigt, dass δ jetzt genutzt werden kann, um z.B. im einfachsten Fall Nullrestriktionen auf $G^{t\prime}$ zu legen. Ist δ geeignet bestimmt, dann zeigt das Einsetzen der Faktorisierung von ω in $\omega\omega' = \alpha'\Sigma_u^{-1}\alpha$, dass sich γ aus einer Choleski-Zerlegung von

$$\gamma\gamma' = \delta'\alpha'\Sigma_u^{-1}\alpha\delta$$

berechnen lässt. Damit sind alle Schocks vollständig identifiziert und B_0 bekannt.

Die gesuchten orthogonalen Impuls-Antwort-Folgen erhält man schließlich aus Gleichung (4.12).

Allerdings tritt in dieser Identfikationsstrategie das Problem der Festlegung von $\beta_\perp$ und δ auf, um die Restriktionen R3 und R4 zu implementieren. Keine dieser Matrizen ist eindeutig bestimmbar. Die Festlegung obliegt dem modellierenden Empiriker. Anhang AIV zeigt explizit am Beispiel, wie $\beta_\perp$ und δ bestimmt werden können.

5.4 Diskussion

Dieses Kapitel ergänzt die VAR-Analyse aus Kapitel 4 um kointegrierte Modelle. Die Kointegrationsbeziehungen können dabei längerfristige ökonomische Zusammenhänge zwischen (integrierten) Niveauvariablen einfangen und liefern damit zusätzliche strukturelle Informationen.

Im zweiten Abschnitt dieses Kapitels werden das SVECM, das VECM, die VMA-Repräsentation und das common trends-Modell erneut mit Blick auf strukturelle, reduzierte und finale Formen skizziert. Die Zusammenhänge sind in Abbildung 5.1 dargestellt.

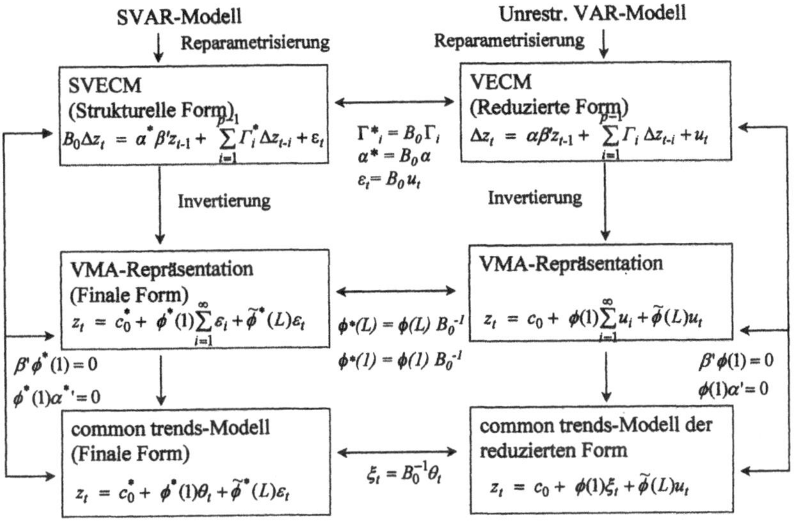

Abbildung 5.1: Kointegrierte Modelle: Zusammenhänge und Interpretationen

Hierbei wird deutlich, dass das Kointegrationskonzept hilft, die Dynamik der Systemvariablen im Zusammenspiel von „Push & Pull"-Kräften zu beschreiben: Für die dynamischen Analyse gilt hier, dass nicht nur Schocks und Trendprozesse die Dynamik prägen, indem sie die Variablen treiben. Zusätzlich werden durch die Kointegrationsbeziehungen Kräfte herausgehoben, die die Systemvariablen ins Gleichgewicht zurückziehen (vgl. CARSTENSEN / HANSEN [2000], JOHANSEN [1995a]).

Für die Interpretation im kontegrierten Modell ist festzuhalten: Die strukturellen Langfristbeziehungen, die sich in den Kointegrationsvektoren widerspiegeln, können aus dem VECM (der reduzierten Form) ermittelt werden, und zwar mit Hilfe von r Normierungen und $r(r-1)$ Restriktionen auf β. Die Ladungskoeffizienten der reduzierten Form, des VECM, können nicht als Anpassungskoeffizienten interpretiert werden. Lediglich die Ladungskoeffizienten in der strukturellen Form (α^*) sind als statistisches Maß der Anpassungsgeschwindigkeit interpretierbar. Dies setzt aber - wie auch für die übrigen strukturellen Parameter und die orthogonalen Impuls-Antwort-Folgen - eine Identifizierung der Matrix B_0 voraus.

Unterabschnitt 5.3.2 zeigt, wie die strukturellen Schocks (und common trends) und die orthogonalen Impuls-Antwort-Folgen im kointegrierten Modell mit Hilfe von Langfrist- aber auch Kurzfristrestriktionen identifiziert werden könnnen. Ein so identifiziertes strukturelles Modell hat - wie mit dem BQ-Verfahren - den Vorteil, dass die verwendeten Restriktionen auf Aussagen der Theorie bzgl. der langen Frist basieren.

Dies gilt im SVECM nun in zweifacher Weise, da sowohl ökonomische Aussagen hinsichtlich der längerfristigen Kointegrationszusammenhänge als auch bezüglich der langfristigen Wirkungen von Schocks genutzt werden. Bezüglich beider Aspekte liefert die ökonomische Theorie häufig detailliertere Aussagen als über die kontemporären und dynamischen Zusammenhänge.

Hatten wir das unrestringierte VAR-Modell als ein mehr zeitreihenanalytisches Modell betrachtet und das nicht kointegrierte SVAR-Modell als ein Interimsmodell eingeordnet, so kann das (S)VECM nun als „ein Stück struktureller" betractet werden: Denn hier steht nicht allein die Ermittlung von strukturellen Schocks mit minimalen ökonomischen Restriktionen im Vordergrund, sondern zusätzlich die Identifikation und Schätzung von strukturellen Langfristbeziehungen und deren (Kointegrations-) Parametern.

Jedoch tritt das Problem der fehlenden eindeutigen Festlegung von benötigten Matrizen ($\beta_\perp$, δ) im Identifikationsprozess auf. Die Festlegung obliegt dem modellierenden Empiriker.

Kapitel 6

Impuls-Antwort-Folgen im Vergleich

Betrachten wir nun die unterschiedlichen Konzepte zur Anpassungsanalyse im kointegrierten VAR-Modell genauer.

Die eingangs skizzierten, verschiedenen Impuls-Antwort-Folgen können hinsichtlich der Behandlung der Störgrößenkorrelationen unterschieden werden (vgl. Unterabschnitt 4.2.3). Die vorliegende Arbeit interpretiert dies wie folgt: Die behandelten Impuls-Antwort-Folgen lassen sich als Ausgang eines Schockexperiments mit unterschiedlichen zugrunde liegenden Schockkonzepten verstehen (Abschnitt 6.1). Das Experiment mit orthogonalen Störgrößen und den resultierenden orthogonalen Impuls-Antwort-Folgen wird in Abschnitt 6.2 als erstes diskutiert. Die verallgemeinerten Impuls-Antwort-Folgen und Persistenzprofile werden anschließend formal behandelt und interpretiert. Das Kapitel schließt mit einem Vergleich.

6.1 Vorbemerkungen

Neben der Spezifikation des eigentlichen - hier: linearen - dynamischen, simultanen Mehrgleichungsmodells ist bei Untersuchung von Anpassungen entscheidend, wie der Schock ausgestaltet ist, der das System trifft. Um die unterschiedlichen Konzepte der Impuls-Antwort-Folgen zu diskutieren, wird in der vorliegenden Arbeit der Blickwinkel des Schockexperiments gewählt.

Der auslösende Schock ist in seiner konkreten Ausprägung zu spezifizieren, z.B. (i) hinsichtlich der Stärke, (ii) des zeitlichen Verlaufs und (iii) des Schocktyps (vgl.

hierzu KOOP / PESARAN / POTTER [1996]; vgl. Abschnitt 2.2).[1] Für eine Anpassungsanalyse müssen diese Aspekte geeignet festgelegt werden: Es ist sinnvoll (i) die Schockstärke zu normieren, um einen Vergleich der Reaktionen zu vereinfachen. (ii) Ist keine zeitliche Schocksequenz a priori vorgegeben, ist es sinnvoll die Schockvariable nur in einer Periode zu ändern. Der letztgenannte Aspekt, die Festlegung (iii) des Schocktyps, ist für eine allgemeine Anpassungsanalyse mit Hilfe von Impuls-Antwort-Folgen entscheidend. Die im Folgenden ausführlich diskutierten Impuls-Antwort-Folgen lassen sich als das Ergebnis eines Schockexperiments mit unterschiedlichen, zugrunde liegenden Schocktypen verstehen.

Vergegenwärtigen wir uns hierzu kurz den Ausgangspunkt der unterschiedlichen Impuls-Antwort-Konzepte. Nach Schätzung des VECM und Invertierung sind auch Schätzungen für die *nicht-orthogonalen Impuls-Antwort-Folgen* $\phi(L)$ unmittelbar verfügbar. Diese Anpassungsprozesse sind das Ergebnis eines Schockexperiments, das die Variation *einer* nicht-orthogonalen Störgröße u_{it} unterstellt. So wird z.B. in $t = 0$ der Schockvektor $u_0 = [\ 1 \quad 0 \quad \dots \quad 0\ ]'$ angenommen, um so die Reaktionen des Systems auf einen Schock $u_{10} = 1$ zu ermitteln. Die resultierenden Anpassungsprozesse dieses Experiments, $\phi(L)$, sind in ihrer Aussagekraft beschränkt und zwar aufgrund der Eigenschaften von u_t:

- Sind die Störgrößen u_t korreliert, so wird diese beobachbare Eigenschaft im obigen Schockexperiment vernachlässigt. Der Impulsvektor u_0 stellt dann kein realitätsnahes Experiment dar (vgl. PESARAN / SMITH [1998]). Dies kann dazu führen, dass die resultierenden Impuls-Antwort-Folgen ein artifizielles Bild der dynamischen Anpassungen zeigen (vgl. hierzu LÜTKEPOHL [1993]).

- Aus Sicht der strukturellen, dynamischen Mehrgleichungssysteme handelt es sich bei u_t um die Störgrößen der reduzierten Form, die sich in unbekannter Weise aus den strukturellen Schocks zusammensetzen. Ein Schockexperiment auf dieser Basis lässt sich also nicht ökonomisch-strukturell interpretieren.

Um aussagekräftigere Anpassungsprozesse zu ermitteln, werden Konzepte vorgeschlagen, die entweder unkorrelierte Störgrößen für das Schockexperiment nutzen (orthogonale Impuls-Antwort-Folgen) oder die Störgrößenkorrelation explizit berücksichtigen (verallgemeinerte Impuls-Antwort-Folgen, aber auch Persistenzprofile).

[1] Zudem hängen in nichtlinearen Systemen die Anpassungsprozesse von der konkreten Ausprägung der Systemvariablen (Zustand) zum Zeitpunkt der Schockeinführung ab (vgl. a.a.O).

6.2 Orthogonale Impuls-Antwort-Folgen

Dieses Schockexperiment beruht auf den orthogonalen Störgrößen ε_{it}. Es zieht seine Bedeutung daraus, dass ε_{it} aufgrund der identifzierenden Restriktionen als ökonomische Schocks interpretiert werden. Im Folgenden wird daher zur Beurteilung dieses Schockexperiments auch die ökonomische Aussagekraft der orthogonalen Schocks herangezogen.

Wie vor allem im Unterabschnitt 4.5 (und in 5.4 speziell für das SVECM) diskutiert, nehmen strukturelle VAR-Modelle eine statistisch-ökonomische Interimsposition ein. Das strukturelle VAR-Modell ist dabei mit einer ganzen Bandbreite von theoretischen Modellen kompatibel. Hieraus wird in der Literatur der Vorteil abgeleitet, dass die resultierenden strukturellen VAR-Modelle und somit deren orthogonalen Impuls-Antwort-Folgen in ihrer ökonomischen Aussage relativ robust sind.[2] Aus Sicht eines Schockexperiments kann aber eingewendet werden, dass die Aussagekraft von $\phi^*(L)$ vielmehr an der ökonomischen Aussagekraft der orthogonalen Schocks ε_t ansetzen sollte. Rekapitulieren und ergänzen wir dazu die Einschätzungen aus Unterabschnitt 4.5:

- Die ökonomisch motivierten $n(n-1)/2$ Restriktionen sind nicht direkt testbar. Hauptsächlich erfolgt eine Plausibilitätsüberprüfung der Restriktionen selbst und / oder der resultierenden orthogonalen Impuls-Antwort-Folgen (vgl. z.B. RAPACH [1996]); bei letzterem wird z.T. das gefunden, was in den Restriktionen enthalten ist.[3]

- COOLEY / DWYER [1998] betonen, dass den Orthogonalitätsrestriktionen - wie auch der Annahme der Differenzen- oder Trendstationarität - die gleiche Bedeutung zukommen sollte, wie den zuvor genannten Restriktionen. Denn Verletzungen dieser Annahmen können die Identifikation genauso beeinflussen, wie falsche, ökonomisch motivierte Restriktionen. Unabhängig davon, ob die Orthogonalitätsannahme als atheoretische Restriktion (vgl. a.a.O.) oder als eine natürliche Annahme der ökonomischen Schocks (siehe WATSON [1994]) verstanden wird, ein *„nonissue"* (so BLANCHARD / QUAH [1989]) ist sie zumindest nicht. So kann die Annahme der unkorrelierten Schocks verletzt

[2] Vgl. zu diesem Argument die Diskussion in COOLEY / DWYER [1998].

[3] Im (S)VECM kommt zusätzlich durch die Kointegrationsbeziehungen eine strukturelle Komponente hinzu, die der ökonomischen Beurteilung der Gesamtspezifikation dienen kann.

sein, wenn z.B. im i.d.R. kleinen Modell relevante Variablen vernachlässigt werden, gemeinsame Einflussfaktoren hinter den im SVAR-Modell definierten Schocks stehen[4], oder eine zeitliche Datenaggregation (z.B. eines auf Quartalsfrequenz gültigen Modells zu einem Jahresdatenmodell) vorgenommen wird (vgl. FAUST / LEEPER [1994]).

- Ferner ist fraglich, ob das sparsame, oft ad hoc gesetzte Restriktionengeflecht ausreicht, um die vielen möglichen exogenen Störungen korrekt zu den vorgegebenen n identifizierten ökonomischen Schocks ε_{it} zu aggregieren (vgl. FAUST / LEEPER [1994], KARRAS [1994]). FAUST / LEEPER [1994] weisen darauf hin, dass der Aggregationsfehler auch von der geeigneten Wahl der Variablen abhängt.

Schließlich ist bei diesen dynamischen Multiplikatoren ϕ_i^* zu beachten, dass gerade bei der Identifikation über Langfristrestriktionen derjenige Teil von vorn herein beschränkt wird, an dem bei einer Anpassungsanalyse i.d.R. ein besonderes Interesse besteht: die Langfristmultiplikatoren.

Insgesamt ergeben sich eine Reihe von Einwänden und Einschränkungen, die die ökonomische Aussagekraft der orthogonalen Schocks und damit die orthogonalen Impuls-Antwort-Folgen begrenzen.

6.3 Verallgemeinerte Impuls-Antwort-Folgen

KOOP / PESARAN / POTTER [1996] und PESARAN / SHIN [1998]) schlagen das Konzept der verallgemeinerten Impuls-Antwort-Folgen vor, das die kontemporäre Störgrößenkorrelation nicht beseitigt sondern explizit berücksichtigt.

Ausgangspunkt ist die allgemeine Definition der verallgemeinerten Impuls-Antwort-Folgen GI (vgl. KOOP / PESARAN / POTTER [1996]):

$$GI_h = E(z_h|u_0 = \delta; I_{-1}) - E(z_h|I_{-1}). \tag{6.1}$$

[4]Vgl z.B. KNUDSEN /STAHLECKE / WOHLERS [1999, S. 530]: *„Daß z.B. die Impuls-Response-Analyse die Trennung der Schocks in unkorrelierte Angebots- und Nachfrageschocks vornimmt, ist ökonomisch kaum zu rechtfertigen. Vielmehr kann davon ausgegangen werden, daß viele wirtschaftspolitische Entscheidungen, aber auch exogene Schocks sowohl Angebots- als auch Nachfragewirkungen haben und dadurch korreliert sind."*

Der Schock, der das System der Variablen z_t in der Periode $t = 0$ trifft und die Entwicklung im Zeitraum $h = 0, 1, 2...$ beeinflusst, erfolgt in der konkreten Ausprägung des $n \times 1-$Vektors δ. I_{-1} ist eine Informationsmenge, die die Vergangenheit des ökonomischen Systems vor der Schockperiode $t = 0$ widerspiegelt. Die Definition (6.1) beschreibt also die erwartete Abweichung der durch den Vektor δ geschockten Variablen vom schocklosen Pfad. Konditioniert man GI_h auf nur einen der n Schocks in δ, nämlich den $j-$ten Schock δ_j, erhält man

$$GI_{j,h} = E(z_h|u_{jt} = \delta_j; I_{-1}) - E(z_h|I_{-1}). \tag{6.2}$$

Wendet man die Operation (6.2) auf den stationären Prozess Δz_t an, indem man die VMA-Repräsentation des unrestringierten VAR-Modells mit den nicht-orthogonalisierten Impuls-Antwort-Folgen einsetzt und die Annahme multivariat normalverteilter Störgrößen berücksichtigt, so ergeben sich die *verallgemeinerten Impuls-Antwort-Folgen* (vgl. PESARAN / SHIN [1998]):

$$GI\Delta z_{j,h} = \frac{\phi_h \Sigma_u e_j \delta_j}{\sigma_j^2} = \frac{\phi_h \Sigma_u e_j}{\sigma_j} \frac{\delta_j}{\sigma_j}.$$

Erfolgt der Schock in Höhe einer Standardabweichung ($\delta_j = \sigma_j$) erhält man die *normierten, verallgemeinerten Impuls-Antwort-Folgen*

$$GIN\Delta z_{j,h} = \sigma_j^{-1} \phi_h \Sigma_u e_j \tag{6.3}$$

mit e_j als $n \times 1$-Einsvektor. $GIN\Delta z_{j,h}$ liefert nun die Systemreaktionen der n Variablen in Δz_t auf einen normierten Schock der $j-$ten Störgröße u_{jt}, wobei im Gegensatz zu den nicht-orthogonalen Impuls-Antwort-Folgen hier die Korrelationen zwischen den Störgrößen explizit über die Varianz-Kovarianz-Matrix Σ_u berücksichtigt werden (vgl. KOOP / PESARAN / POTTER [1996]). Diese Anpassungsprozesse tragen dem direkten Einfluss der Schockvariablen u_{it} auf Δz_{it} Rechnung, aber auch - über die Korrelation von u_{it} und u_{jt} - den weiteren, indirekten Anpassungsnotwendigkeiten für Δz_{it}.

Die normierten *verallgemeinerten Impuls-Antwort-Folgen für die Niveauvariablen* z_t erhält man dann durch Kumulation $\Upsilon_h = \sum_{k=0}^{h} \phi_k$ (vgl. PESARAN / SHIN [1998]):

$$GINz_{j,h} = \sigma_j^{-1} \Upsilon_h \Sigma_u e_j \quad , \tag{6.4}$$

mit Υ_h als der Matrix der kumulierten, nicht-orthogonalen Impuls-Antwort-Folgen. $GINz_{j,h}$ berücksichtigt also nicht nur die unmittelbaren Wirkungen eines Schocks durch die $j-te$ Störgröße auf z_t, sondern auch Einflüsse von anderen Schocks, mit denen der betrachtete Schock historisch einhergeht.

Die Idee der verallgemeinerten Impuls-Antwort-Folgen lässt sich an folgender Illustration verdeutlichen:

- *Betrachten wir ein zweidimensionales VAR(1)-Modell mit den integrierten Variablen* $z_t = \begin{bmatrix} z_{1t} & z_{2t} \end{bmatrix}'$ *und* $u_t = \begin{bmatrix} u_{1t} & u_{2t} \end{bmatrix}'$:

$$\begin{aligned} z_t &= A_1 z_{t-1} + u_t, \\ \text{mit } \Sigma_u &= \begin{bmatrix} \sigma_1^2 & \sigma_{12} \\ \sigma_{12} & \sigma_2^2 \end{bmatrix}. \end{aligned}$$

Die infinite VMA-Repräsentation der stationären ersten Differenzen

$$\Delta z_t = \phi(L)u_t = u_t + \phi_1 u_{t-1} + \phi_2 u_{t-2} + \ldots.$$

liefert zunächst die nicht-orthogonalen Impuls-Antwort-Folgen

$$\phi_k = \begin{bmatrix} \phi_{11,k} & \phi_{12,k} \\ \phi_{21,k} & \phi_{22,k} \end{bmatrix}$$

für $\Delta z_t = \begin{bmatrix} \Delta z_{1t} & \Delta z_{2t} \end{bmatrix}'$. *Durch Aufsummierung dieser erhalten wir die kumulierten nicht-orthogonalen Impuls–Antwort-Folgen für* z_t:

$$\begin{aligned} \Upsilon_h &= \sum_{k=0}^{h} \phi_k = \begin{bmatrix} \sum_{k=0}^{h} \phi_{11,k} & \sum_{k=0}^{h} \phi_{12,k} \\ \sum_{k=0}^{h} \phi_{21,k} & \sum_{k=0}^{h} \phi_{22,k} \end{bmatrix} \\ &= \begin{bmatrix} \Upsilon_{11,h} & \Upsilon_{12,h} \\ \Upsilon_{21,h} & \Upsilon_{22,h} \end{bmatrix} \end{aligned}$$

Das Element $\Upsilon_{11,h}$ *z.B. zeigt die Reaktion der Variable* z_{1h}, *h Perioden nach dem Schock durch die Störgröße* u_{1t}. $\Upsilon_{11,h}$ *berücksichtigt nicht, dass der Schock* u_{1t} *über die Kovarianz* σ_{12} *auch auf* u_{2t} *wirkt und so eine weitere Reaktion von* z_{1t} *entsteht.*

Die verallgemeinerten Impuls-Antwort-Folgen aus Gleichung (6.4) für einen Schock u_{1t} *in Höhe von* $\delta_1 = \sigma_1$ *lauten in diesem Beispiel:*

$$GINz_{1,h} = \Upsilon_h \Sigma_u e_1 \sigma_1^{-1} \quad .$$

Normierung des Schocks auf 1 *ergibt*

$$\begin{bmatrix} GINz_{11,h} \\ GINz_{21,h} \end{bmatrix} = \begin{bmatrix} \Upsilon_{11,h} & \Upsilon_{12,h} \\ \Upsilon_{21,h} & \Upsilon_{22,h} \end{bmatrix} \begin{bmatrix} \sigma_1^2 \\ \sigma_{12} \end{bmatrix} \sigma_1^{-2}$$

bzw.

$$\begin{bmatrix} GINz_{11,h} \\ GINz_{21,h} \end{bmatrix} = \begin{bmatrix} \Upsilon_{11,h} + \varphi\Upsilon_{12,h} \\ \Upsilon_{21h} + \varphi\Upsilon_{22,h} \end{bmatrix}$$

$$\text{mit } \varphi = (\frac{\sigma_{12}}{\sigma_1^2})$$

Das Beispiel von $GINZ_{11,h}$ zeigt , *dass die Reaktion von* z_{1h} *auf einen Schock* u_{1t} *nicht nur bestimmt wird von der unmittelbaren Schockwirkung* $\Upsilon_{11,h}$. *Zusätzlich wird berücksichtigt, dass* u_{1t} *und* u_{2t} *korreliert sind; die hieraus resultierende Wirkung von* u_{2t} *auf* z_{1t} *fließt durch* $\Upsilon_{12,h}$ *ein. Als Gewicht dient* φ, *ein Zusammenhangsmaß für* u_{2t} *und* u_{1t}, *das nichts anderes ist als der KQ-Schätzer einer Regression von* u_{2t} *auf* u_{1t}.

$GINZ_{11,h}$ *berücksichtigt also nicht nur die unmittelbaren Anpassungen infolge des Schocks* u_{1t}, *sondern auch Anpassungsnotwendigkeiten durch weitere Schocks, mit denen der betrachtete Schock in historisch typischer Weise einhergeht.*

6.4 Persistenzprofil

Die Persistenzprofile nach LEE / PESARAN / PIERSE [1992], LEE / PESARAN [1993], PESARAN / SHIN [1996], LEE [1998] verwenden ebenfalls die nicht-orthogonalen Impuls-Antwort-Folgen und berücksichtigen zusätzlich die Störgrößenkorrelation Σ_u, jedoch nun um einen *systemweiten Schock* in das System geben.

Eine Herleitung des Persistenzprofils ist u.a. aus den oben definierten verallgemeinerten Impuls-Antwort-Folgen möglich (vgl. KOOP / PESARAN / POTTER [1996, S. 133]).Da es ein varianzgestütztes Maß ist und auf der Matrix H_h

$$H_h = Var(z_h|\Omega_{-1}) - Var(z_{h-1}|\Omega_{-1})$$

basiert, lässt es sich auch auf Basis der Prognosefehlervarianz motivieren (vgl. a.a.O.). Es ist die Änderung der auf die Informationen zum Zeitpunkt vor dem

Schock bedingten Varianz der Prognose z_h. Das *nicht normierte Persistenzprofil* ist dann allgemein definiert als (vgl. LEE / PESARAN [1993]):

$$H_h = \Upsilon_h \Sigma_u \Upsilon_h', \ h = 0, 1, 2, ...$$

Die $n \times n$ – *Matrix* H_h nutzt nicht nur Informationen der kumulierten, nicht-orthogonalen Impuls-Antwort-Folgen Υ_h. Zusätzlich fließt über Σ_u explizit die Information ein, dass die Störgrößen u_t korreliert sind. Die *normierten Persistenzprofile* sind definiert durch die Matrix P_h, deren Elemente $P_{ij,h}$ sich ergeben aus (vgl. LEE [1998])

$$P_{ij,h} = \frac{e_i' H_h e_j}{\sqrt{(e_i' H_0 e_i)(e_j' H_0 e_j)}} = \frac{e_i' \Upsilon_h (\Sigma_u) \Upsilon_h' e_j}{\sqrt{(e_i' \Sigma_u e_i)(e_j' \Sigma_u e_j)}}, \tag{6.5}$$

wobei e_i ein Vektor mit einer 1 an i-ter Stelle und sonst Nullen ist. Die Informationen des Persistenzprofils lassen sich unterschiedlich auswerten. LEE [1998, S. 373] bevorzugt

$$P_{i,h} = \sqrt{P_{ii,h}} \tag{6.6}$$

und interpretiert $P_{i,h}$ als die Reaktion, das Zeitprofil über $h = 0, 1, 2, ...$, der i-ten Variable nach einem systemtypischen (vgl. LEE [1998, S. 372]) oder auch systemweiten Schock (vgl. PESARAN / SHIN [1996, S. 119]), der die i-te Variable um 1 erhöht. Der unterstellte systemweite Schock berücksichtigt die historisch beobachteten relativen Stärken der einzelnen Schocks und ihre Korrelationen. Dies lässt sich auch hier wieder an einer Illustration verdeutlichen:

- *Wir verwenden wieder das einfache Modell der Illustration von S. 82. Für lautet $P_{ii,h}$ in Gleichung (6.5) ergibt sich für die erste Variable:*

$$\begin{aligned} P_{11,h} &= \frac{\sigma_1^2 \Upsilon_{11,h} + 2\Upsilon_{11,h}\Upsilon_{12,h}\sigma_{12} + \sigma_2^2 \Upsilon_{12,h}}{\sigma_1^2} \\ &= \Upsilon_{11,h} + \varphi_1 \Upsilon_{12,h} + 2\varphi_2 \Upsilon_{11,h} \Upsilon_{12,h} \\ \text{mit } \varphi_1 &= \left(\frac{\sigma_2}{\sigma_1}\right)^2, \varphi_2 = \frac{\sigma_{12}}{\sigma_1^2}, \end{aligned}$$

  und damit das Persistenzprofil $P_{i,h}$ aus *(6.6)*

$$P_{1,h} = \sqrt{\Upsilon_{11,h} + \varphi_1 \Upsilon_{12,h} + 2\varphi_2 \Upsilon_{11,h} \Upsilon_{12,h}}.$$

Der unterstellte systemweite Schock ist so normiert, dass die erste Variable im Impulsmoment auf 1 erhöht wird. Dieser simultan auf alle Störgrößen wirkende Schock lässt sich hinsichtlich seiner Wirkung auf z_{1h} *verdeutlichen: Der erste Term* $\Upsilon_{11,h}$ *spiegelt zunächst die unmittelbare Reaktion von* z_{1h} *auf den Einheitsschock* u_{10} *wider. Zusätzlich wird mit dem zweiten Term* ($\Upsilon_{12,h}$) *berücksichtigt, dass ein Schock auf* u_{10} *mit anderen Schocks* (u_{20}) *einhergeht. Dieser zweite Einfluss geht mit dem Gewicht* φ_1 *ein, das die historisch beobachtete, durchschnittliche Ausprägung dieses Schocks relativ zum ersten Schock berücksichtigt. Schließlich fließt ein, dass die Schocks korreliert sind, und dies erfordert den Korrekturterm* $2\varphi_2\Upsilon_{11,h}\Upsilon_{12,h}$, *wobei als Zusammenhangsmaß wieder der OLS-Schätzer* φ_2 *der Regression* u_{2t} *auf* u_{1t} *dient.*

Der unterstellte systemweite Schock berücksichtigt sowohl die historisch beobachteten relativen Stärken der einzelnen Schocks u_{it} *als auch ihre Korrelationen.*

Bei Vorliegen von Kointegrationsbeziehungen ermöglicht das Persistenzprofil auch Aussagen über die Anpassungsgeschwindigkeit mit der ein systemweiter Schock in einer Kointegrationsbeziehung verarbeitet wird.[5] Die Frage lautet nun also nicht, wie reagieren die einzelnen Variablen im Zeitablauf, sondern wie schnell ist ein langfristiges Gleichgewicht - repräsentiert duch die Kointegrationsbeziehung - wieder hergestellt. Auch wenn die Wirkungen des systemweiten Schocks in Bezug auf die Niveauvariablen z_t permanent sind, so hat er keinen Langfristeffekt auf die stationäre Kointegrationsbeziehung. Für die r Kointegrationsbeziehung $\beta_i' z_t$, $i = 1, .., r$, lautet das nicht-normierte Persistenzprofil:

$$PR_{ih} = \beta_i' H_h \beta_i = \beta_i' \Upsilon_h \Sigma_u \Upsilon_h' \beta_i \ , \ h = 0, 1, 2, ...$$

mit $H_h = \Upsilon_h \Sigma_u \Upsilon_h'$ und dem jeweiligen Kointegrationsvektor β_i. Das normierte Persistenzprofil lautet

$$PRN_{i,h} = \frac{\beta_i' H_h \beta_i}{\beta_i' H_0 \beta_i} = \frac{\beta_i' \Upsilon_h \Sigma_u \Upsilon_h' \beta_i}{\beta_i' \Sigma_u \beta_i}, h = 0, 1, 2, ... \tag{6.7}$$

und ist in der Impulsperiode auf 1 normiert. Letzteres Persistenzprofil für die Kointegrationsbeziehungen liefert also Informationen über die Geschwindigkeit, mit der systemweite Schocks auf die Kointegrationsbeziehung $\beta_i' z_t$ verarbeitet werden.

[5] Auch die bisher diskutierten Konzepte können können auf die Kointegrationsbeziehung angewendet werden (vgl. z.B. PESARAN / SHIN [1996]).

6.5 Diskussion

Dieses Kapitel zeigt, wie - aus dem Blickwinkel des Schockexperiments - sich die unterschiedlichen Impuls-Antwort-Konzepte durch unterschiedliche, zugrundeliegenden Schockkonzepte begründen lassen (vgl. Tabelle 6.1).

<table>
<tr><th rowspan="2">Schockkonzept</th><th colspan="4">Impuls-Antwort-Folgen</th></tr>
<tr><th>ϕ_h^*</th><th>ϕ_h</th><th>GI_h</th><th>P_h</th></tr>
<tr><td>Anzahl der variierten Störterme</td><td colspan="2">1</td><td colspan="2">>1</td></tr>
<tr><td>Sind die verwendeten Störterme korreliert?</td><td>Nein</td><td colspan="3">Ja</td></tr>
<tr><td>Wird die Korrelation der Störterme berücksichtigt?</td><td>—</td><td>Nein</td><td colspan="2">Ja</td></tr>
<tr><td colspan="5">Anm: ϕ_h^*: orthogonale, ϕ_h: nicht-orthogonale, GI_h: verallgemeinerte Impuls-Antwort-Folgen, P_h: Persistenzprofil.
Quelle: Eigene Darstellung.</td></tr>
</table>

Tabelle 6.1: Impuls-Antwort-Folgen und Schockkonzept

Schockkonzepte

Die orthogonalen Impuls-Antwort-Folgen basieren auf der Annahme unkorrelierter Schocks. Die Orthogonalisierung erfährt ihre Begründung aus entsprechenden Annahmen in den strukturellen Modellen. Insgesamt werden orthogonale Störgrößen aufgrund von identifizierenden Restriktionen als ökonomische Schocks interpretiert. Aus Sicht eines Schockexperiments kann eingewendet werden, dass die Aussagekraft von $\phi^*(L)$ an der ökonomischen Aussagekraft der zugrundeliegenden orthogonalen Schocks ε_t ansetzen sollte. Insgesamt ergeben sich hier aber eine Reihe von Einwänden und Einschränkungen, die die ökonomische Interpretierbarkeit begrenzen.

Die verallgemeinerten Impuls-Antwort-Folgen berücksichtigen die Abhängigkeiten der Störterme u_t, indem sie Informationen über deren historische Korrelation einfließen lassen. Auf diese Weise - so die Begründung für dieses Vorgehen - lassen sich realitätsnahe Schocks unterstellen, wie sie historisch zu beobachten sind. Dieses Konzept benötigt dabei keine identifizierenden Restriktionen, sondern lediglich die historische Korrelation der Störgrößen, die direkt schätzbar ist. Der entscheidende Vorteil der verallgemeinerten Impuls-Antwort-Folgen ist damit ihre Eindeutigkeit (vgl. PESARAN / SHIN [1996]). Jedoch ist eine strukturelle Interpretation nicht möglich, der Term u_t kann allenfalls als Bestandteil einer reduzierten Form interpretiert werden, in der sich u_{jt} aus einer Linearkombination der unbekannten strukturellen Schocks zusammensetzt.

Die Persistenzprofile stellen die Systemreaktionen auf systemweite Schocks dar. Wie bei den verallgemeinerten Impuls-Antwort-Folgen fließen auch hier die Störgrößenkorrelationen ein, nun aber um einen systemweiten Schock zu konstruieren. Bei der Konstruktion dieses systemweiten Schocks werden die historisch beobachteten relativen Stärken der einzelnen Störgrößen und ihre Korrelationen berücksichtigt. Eine ökonomische Interpretation dieser systemweiten Schocks kann jedoch nicht erfolgen.

Welches Schockkonzept ist für eine allgemeine Anpassungsanalyse sinnvoll?

Die Verwendung orthogonaler Schocks ist zu bevorzugen, wenn strukturelle „Ursachenforschung" betrieben werden soll, d.h. wenn die (begrenzte) ökonomische Interpretierbarkeit der Schocks im Vordergrund steht.

Die verallgemeinerten Impuls-Antwort-Folgen sind frei von Restriktionen. Ist man nicht an den ökonomischen Ursachen der Schocks interessiert, so liefern diese Impuls-Antwort-Folgen unrestringierte, ebenfalls wertvolle Informationen über die kurz- und langfristige Dynamik des Systems. Sie zeigen die gesamten Anpassungsnotwendigkeiten nach einem einzelnen Schock, da auch die indirekten Schockeffekte über die Störgrößenkorrelationen in historisch typischer Weise eingehen. Für eine allgemeine Anpassungsanalyse einer Volkswirtschaft ist ein möglichst realitätsnaher Schock interessant, der eine systemtypische Herausforderung darstellt, und nicht die Betrachtung von Anpassungsprozesse auf Schocks, die für eine Volkswirtschaft höchstens Seltenheitswert haben.

Aus dem gleichen Grund liefert auch das Persistenzprofil nützliche Informationen über die Anpassungsfähigkeit eines Systems. Insbesondere für die Kointegrationsbeziehung kann die Anpassung nach systemweiten Schocks untersucht werden.

Die nachfolgenden beiden Teile dieser Arbeit wenden das VECM und die diskutierten Anpassungskonzepte auf verschiedene Arbeitsmarktmodelle an. Nachfolgend werden makroökonomische Arbeitsmarktmodelle vorgestellt, die in ein VECM umsetzbar sind.

Teil III

Arbeitsmarktmodelle als VECM

Dieser Teil stellt Arbeitsmarktmodelle im neukeynesianischen Stil vor, die in ein makroökonometrisches Modell in Form eines VECM umgesetzt werden können.

Aus ökonomischer Sicht führen sie die international divergierenden Trends und Fluktuationen von z.B. Beschäftigung, Reallohn und Arbeitslosenquote auf permanente (und transitorische) Schocks sowie länderspezifische Anpassungsprozesse zurück.

Aus ökonometrischer Sicht erfüllen die Modelle verschiedene Anforderungen zur Abbildung und Anpassungsanalyse in einem VECM: (i) Die Modelle stellen ökonomische Beziehungen bereit, die als Kointegrationsbeziehungen interpretiert werden können; (ii) liegen mehrere Kointegrationsbeziehungen vor, so ist eine Identifikation der einzelnen Kointegrationsvektoren möglich; (iii) für das Konzept der orthogonalen Impuls-Antwort-Folgen werden geeignete identifzierende Langfristrestriktionen angeboten, die sich zudemaus dem Modellrahmen heraus (z.T. durch ökonomische Restriktionen auf den Kointegrationsparametern) begründen lassen.

Die Beiträge von JACOBSEN / VREDIN / WARNE [1997, 1998] bilden den Arbeitsmarkt einer geschlossenen Volkswirtschaft ab. HANSEN / WARNE [1997] erweitern dieses Modell um eine kleine offenen Volkswirtschaft, indem zwischen Konsumenten - und Produzentenreallohn unterschieden und so der sogenannte Preiskeil modelliert wird. CARSTENSEN / HANSEN [1998, 2000] fügen zudem einen Nominallohnkeil ein, um Lohnzusatzkosten abzubilden. Die Schockwirkungen und Identifikationsmöglichkeiten werden im Folgenden jeweils ausführlich diskutiert.

Kapitel 7

Modell einer geschlossenen Volkswirtschaft

Die Arbeitsmarktmodelle von JACOBSEN / VREDIN / WARNE [1997, 1998] einer geschlossenen Volkswirtschaft bilden den Referenzpunkt für die Modelle dieses Kapitels. Das 1998 veröffentlichte Papier fokussiert die Anpassungsdynamik der Arbeitsmarktvariablen Produktivität, Reallohn, Arbeitslosenquote und Beschäftigung auf verschiedene Schocks, fragt nach den permanenten Schocks, die die Arbeitslosenquote treiben, und untersucht vor allem den Zusammenhang zwischen Reallohn und Arbeitslosenquote. Das Papier aus dem Jahre 1997 untersucht die Hysteresehypothese für die skandinavischen Länder und vergleicht, in wie fern verschiedene Schocks relevant sind für das Niveau der Arbeitslosenquoten.

7.1 Struktur und Lösung

Deterministische Modellgleichungen

Unter Verwendung der Variablen der logarithmierten Produktion y_t, der log-Beschäftigung e_t, den log-Erwerbspersonen l_t, dem log-Reallohn wp_t, der log - Arbeitsproduktivität $prod_t$ und der Arbeitslosenquote UR_t lautet das lineare Gleichungssystem:

$$y_t = \lambda e_t + \theta_{1t} \tag{7.1}$$

$$l_t = \pi wp_t + \theta_{2t} \tag{7.2}$$

$$e_t = \eta_1 y_t - \eta_2 wp_t + \theta_{3t} \tag{7.3}$$

$$wp_t = -\gamma_1 UR_t + \gamma_2 prod_t + \theta_{4t} \tag{7.4}$$

Man erhält einen einfachen Produktionszusammenhang[1] (7.1), eine einfache Arbeitsangebotsfunktion (7.2), eine Arbeitsnachfragefunktion (7.3) und eine Reallohngleichung (7.4). Der Parameter λ erfasst Skalenerträge. Die (bedingte) Arbeitsnachfrage wird durch den Output und die Arbeitskosten bestimmt. Der Parameter η_1 stellt die Outputelastizität und η_2 die Reallohn- bzw. Substitutionselastizität dar. Die Reallohngleichung bildet das gewerkschaftliche Lohnsetzungsverhalten ab und spiegelt einfache Insider-Outsider-Überlegungen wider, wobei z.B. $\gamma_1 = 0$ ein reines Insider-Modell wäre[2] (vgl. LAYARD / NICKEL / JACKMAN [1991]). Insbesondere die Beziehungen (7.3) und / oder (7.4) könnten Kointegrationsbeziehungen bilden.

Schockprozesse

Die Variablen $\theta_{it}, i = 1, ..., 4$ erfassen den Einfluss von ökonomischen Schocks und werden als nicht direkt empirisch beobachtbare Variablen interpretiert. Als autoregressive Prozesse (7.5)-(7.8) modelliert liefern diese Variablen den stochastischen Modellteil:

$$\theta_{1t} = \rho_1 \theta_{1t-1} + \varepsilon_{1t} \tag{7.5}$$

$$\theta_{2t} = \rho_2 \theta_{2t-1} + \varepsilon_{2t} \tag{7.6}$$

$$\theta_{3t} = \rho_3 \theta_{3t-1} + \varepsilon_{3t} \tag{7.7}$$

$$\theta_{4t} = \rho_4 \theta_{4t-1} + \varepsilon_{4t} \tag{7.8}$$

mit ε_{it} als den strukturellen ökonomischen Schock.[3]

Die Beziehungen (7.1)-(7.4) liefern die langfristig gültigen, ökonomischen Zusammenhänge. Die Dynamik des Modells wird ausschließlich durch die autoregressiven Prozesse (7.5)-(7.8) bestimmt. Das Anpassungsverhalten des Systems infolge der Schocks ε_{it} ist damit durch die Parameter $\rho_i, i = 1, ..., 4$, gegeben.[4]

---

[1] Der Zusammenhang in Gleichung (7.1) ist als Approximation eines allgemeineren Funktionstyps zu verstehen. Vgl. hierzu HANSEN / WARNE [1997, Appendix A].

[2] Es sei darauf hingewiesen, dass γ_1 hier eine Semi-Elastizität ist.

[3] Auf deterministische Variablen (Konstante, Trend) wird hier in der Darstellung verzichtet. Die autoregressiven Prozesse erster Ordnung stellen ebenfalls eine Vereinfachung dar.

[4] Dies lässt sich exemplarisch an der Arbeitsnachfrage verdeutlichen. Aus den Gleichungen (7.3) und (7.7) folgt mit $\theta_{3t-1} = e_{t-1} - \eta_1 y_{t-1} + \eta_2 wp_{t-1}$:

$$e_t = \rho_3 e_{t-1} + \eta_1 y_t - \rho_3 \eta_1 y_{t-1} - \eta_2 wp_t + \rho_3 \eta_2 wp_{t-1} + \varepsilon_{3t}.$$

In dieser einfachen dynamischen Arbeitsnachfragegleichung gewichtet ρ_3 Informationen der Vergangenheit. ρ_3 bestimmt damit (bei gegebenen, exogenem Reallohn und gegebener, exogener Produktivität) die Dynamik der Beschäftigung infolge des Schocks ε_{3t}.

Es werden sowohl transitorische ($|\rho_i| < 1$) als auch permanente Wirkungen ($|\rho_i| = 1$) der Schocks ε_{it} zugelassen. Im ersten Fall wäre θ_{it} ein stationärer Prozess und die i-te Linearkombination von Variablen dann eine Kointegrationsbeziehung. Im letzteren Fall wäre θ_{it} ein nichtstationärer Prozess, hier ein random walk; θ_{it} wäre dann ein nicht direkt beobachtbarer, stochastischer Trendprozess (oder: ein common trend), der die Niveauvariablen des Systems treibt. Die Entscheidung über transitorische oder permanente Schockwirkungen hängt also davon ab, ob es sich bei den Beziehungen (7.1)-(7.4) um Kointegrationsbeziehungen handelt oder nicht.

Zur Vereinfachung werden einige Annahmen zu den Schockwirkungen und den Schockinterpretationen formuliert. ε_{1t} (ε_{2t}) wird als permanenter Produktivitäts- (Arbeitsangebots-) schock interpretiert. θ_{1t} sei eine exogene Technologievariable und θ_{2t} eine exogene Arbeitsangebotsvariable, die beide einem random walk folgen ($\rho_1 = \rho_2 = 1$). Es sind dies zwei common trends, die die Niveauvariablen des Systems treiben.

Die Schocks ε_{3t} und ε_{4t} werden als Arbeitsnachfrageschock und Lohnsetzungsschock interpretiert.[5] Für diese Schocks sei eine transitorische oder permanente Wirkung zugelassen ($|\rho_3| \leq 1, |\rho_4| \leq 1$). Die Entscheidung über die permanente oder transitorische Wirkung dieser Schocks wird empirisch bestimmt und hängt davon ab, ob es sich bei der Arbeitsnachfrage und / oder der Lohngleichung um Kointegrationsbeziehungen handelt. Liegen hierfür Kointegrationsbeziehungen vor, so müssen die Prozesse $\theta_{it}, i = 3, 4$ stationär ($|\rho_i| < 1, i = 3, 4$) und die jeweiligen Schocks transitorisch sein.

Die Variable θ_{3t} misst den Einfluss von Arbeitsnachfrageschocks ε_{3t} auf die Beschäftigung. Bei ausschließlich transitorischer Wirkung des Arbeitsnachfrageschocks ($|\rho_3| < 1$) folgt die Variable θ_{3t} einem $I(0)$-Prozess und der Parameter ρ_3 wird als partieller Anpassungsparameter interpretiert (vgl. HANSEN / WARNE [1997]). Wäre Gleichung (7.3) keine Kointegrationsbeziehung, dann würde θ_{3t} als dritter common trend zu den bestehenden (θ_{1t}, θ_{2t}) hinzutreten; ein Arbeitsnachfrageschock ε_{3t} hätte dann eine permanente Wirkung ($|\rho_3| = 1$); HANSEN / WARNE [1997] bezeichnen diesen Fall als Hysterese am Arbeitsmarkt.[6]

---

[5] JACOBSEN / VREDIN / WARNE [1997, 1998] deuten die Schocks ε_{3t} und ε_{4t} z.T. unterschiedlich. Der Schock ε_{3t} wird von JACOBSEN / VREDIN / WARNE [1998] als aggregierter Nachfrageschock, in JACOBSEN / VREDIN / WARNE [1997] hingegen als Arbeitsnachfrageschock interpretiert. Wir folgen der letzteren Interpretation; so auch HANSEN / WARNE [1997], CARSTENSEN /HANSEN [2000], BLANCHARD/WOLFERS [2000, S. 5].

[6] Die Beschränkung des Begriffs der Hysterese auf diesen Fall der permanenten Wirkung von

Die Variable θ_{4t} misst den Einfluss von Lohnschocks ε_{4t} auf die Lohnsetzung. Der Parameter ρ_4 bestimmt dann, ob es sich dabei um einen transitorischen Schock mit abklingender Wirkung handelt ($|\rho_4| < 1$), oder ob ein dritter permanenter Schock ($|\rho_4| = 1$) hinzutritt, der ebenfalls permanent wirkt. Falls dieser Schock transitorisch ist, kann $|\rho_4| < 1$ als ein Indikator interpretiert werden, der Rigiditäten des Lohnsetzungsverhaltens widerspiegelt.[7] Bei $|\rho_4| = 1$ wird eine alternative Interpretation für ε_{4t} mit Blick auf die neukeynesianische Theorie deutlich. Anhand der Lohngleichung 7.4 in Form von

$$wp_t = -\gamma_1(UR_t - \frac{\theta_{4t}}{\gamma_1}) + \gamma_2 prod_t \tag{7.9}$$

lässt sich $UR_t^* = \frac{\theta_{4t}}{\gamma_1}$ als das Niveau der gleichgewichtigen oder „natürlichen" Arbeitslosenquote interpretieren, das im Lohnsetzungsprozess akzeptiert wird. Nur Abweichungen von diesem Niveau führen zum Lohndruck. θ_{4t} reflektiert dann Änderungen der natürlichen Arbeitslosenquote, getrieben von permanenten Schocks ε_{4t} auf die natürliche Arbeitslosenquote. Im Folgenden wird ε_{4t} verkürzt als Lohnschock bezeichnen.

Wir lassen an dieser Stelle offen, ob ε_{3t} und ε_{4t} transitorische oder permanente Schocks sind. Damit wird zugelassen, dass die Arbeitsmarktvariablen langfristig nicht nur von Produktivitäts- und Arbeitsangebotsschocks sondern auch von Hystereseeffekten oder permanenten Schocks auf die natürliche Arbeitslosenquote getrieben werden. Erst im Zuge der empirischen Untersuchung wird anhand der Anzahl und der Interpretation der Kointegrationsbeziehungen empirisch entschieden, welche Eigenschaften die Schocks ε_{3t} und ε_{4t} besitzen.

Das Modell wird geschlossen durch die Annahme, dass die Schocks ε_{it} identisch und unabhängig normalverteilt sind mit konstanten Varianzen σ_{ε_i}, $i = 1, ..., 4$.[8] Die

Arbeitsnachfrageschocks ($|\rho_3| = 1$) ist aus Sicht der Hystereseliteratur relativ eng gefasst. BLANCHARD / SUMMERS [1986] oder auch FRANZ [1994] beziehen den Begriff auf das grundsätzliche *Vorliegen einer Einheitswurzel*, also z.B. auch $|\rho_4| = 1$. Nach BEAN [1992, S. 60, zitiert nach ROED [1997]] und LAYARD / NICKEL / JACKMAN [1991] ist eine noch allgemeinere Definition möglich: Auch *stark persistente Schockwirkungen auf die Arbeitslosenquote*, d.h. z.B. ein $|\rho_i|$ nahe 1, erfüllen den Tatbestand der Hysterese. Zum Begriff der Hysterese vgl. auch ROED [1997, Abschnitt 2.3].

[7]Nach JACOBSEN / VREDIN / WARNE [1997, S. 1785] repräsentiert ρ_4 lediglich „*some rigidities in the labour market*".

[8]Die Anfangswerte der exogenen Schocks werden der Einfachheit halber auf Null gesetzt ($\varepsilon_{i0} = 0$, $i = 1, ..., 4$).

Unkorreliertheit der Schocks $E(\varepsilon_{it}\varepsilon_{jt}) = 0, i \neq j$, impliziert die Unkorreliertheit der Variablen θ_{it} und ist eine entscheidende Annahme für die Schockidentifikation.

Matrixdarstellung und Lösung

Durch geeignete Erweiterungen konzentrieren wir das Modell auf die Variablen $prod_t := (y_t - e_t)$, e_t, wp_t und $UR_t \approx (l_t - e_t)$.[9] Dies hat den Vorteil der Reduktion der Systemvariablen. Ferner wird damit explizit die Produktivität in der mittleren Frist endogenisiert und die Arbeitslosenquote explizit abgebildet. In Matrixform geschrieben lautet das System der 4 endogenen Variablen $prod_t$, UR_t, e_t und wp_t :

$$\begin{aligned} \begin{bmatrix} 1 & 0 & 1-\lambda & 0 \\ 0 & 1 & 1 & -\pi \\ -\eta_1 & 0 & (1-\eta_1) & \eta_2 \\ -\gamma_2 & \gamma_1 & 0 & 1 \end{bmatrix} \begin{bmatrix} prod_t \\ UR_t \\ e_t \\ wp_t \end{bmatrix} &= \begin{bmatrix} \theta_{1t} \\ \theta_{2t} \\ \theta_{3t} \\ \theta_{4t} \end{bmatrix}, \\ Bz_t &= \theta_t \end{aligned} \tag{7.10}$$

mit B der Parametermatrix, den Endogenen $z_t = \begin{bmatrix} prod_t & UR_t & e_t & wp_t \end{bmatrix}'$ und den Exogenen $\theta_t = \begin{bmatrix} \theta_{1t} & \theta_{2t} & \theta_{3t} & \theta_{4t} \end{bmatrix}'$.

Ausgehend von diesem Modell lassen sich jetzt verschiedene Parameterrestriktionen hinsichtlich ihrer Konsequenz für die langfristige Wirkung von Schocks untersuchen. Dazu wird die Lösung des Systems in Abhängigkeit von θ_t dargestellt:

$$z_t = B^{-1}\theta_t, \tag{7.11}$$

mit

$$B^{-1} = \frac{\begin{bmatrix} \gamma_1\eta_2+(1+\pi\gamma_1)(1-\eta_1) & \gamma_1\eta_2(\lambda-1) & (\lambda-1)(1+\gamma_1\pi) & \eta_2(\lambda-1) \\ \gamma_2(\eta_2+\pi)-\eta_1(1+\pi\gamma_2) & 1-\eta_1\lambda-\gamma_2\eta_2(1-\lambda) & \gamma_2\pi(\lambda-1)-1 & \eta_2+\pi(1-\eta_1\lambda) \\ \eta_1(1+\pi\gamma_1)-\gamma_2\eta_2 & \gamma_1\eta_2 & 1+\pi\gamma_1 & -\eta_2 \\ \eta_1\gamma_1+\gamma_2(1-\eta_1) & \gamma_1(\eta_1\lambda-1) & \gamma_1+\gamma_2(\lambda-1) & 1-\eta_1\lambda \end{bmatrix}}{\det(B)}.$$

[9] Dazu subtrahieren wir e_t auf beiden Seiten von Gleichung (7.1) und (7.2) sowie λe_t in Gleichung (7.3). Da die Arbeitslosenrate definiert ist als $UR_t = \frac{L_t - E_t}{L_t}$, lässt sich wegen $\ln(1 - UR_t) = -(UR_t + \frac{UR_t^2}{2} + \frac{UR_t^3}{3} + ...) \approx -UR_t$ und $\frac{1}{1-UR_t} = \frac{L_t}{E_t}$ dann approximativ $\ln\left(\frac{L_t}{E_t}\right) = l_t - e_t \approx UR_t$ in Gleichung (7.2) verwenden.

Für $\det(B) = (1+\gamma_1\pi)(\eta_1\lambda\text{-}1)+\eta_2(\gamma_2(1\text{-}\lambda)\text{-}\gamma_1) \neq 0$ existiert eine eindeutige Lösung. Die Lösung (7.11) zeigt die Wirkungen der Variablen θ_t auf die Niveauvariablen z_t. Dabei ist zu beachten, dass nach Ausklingen aller transitorischen Schocks und nach Abschluss aller Anpassungsprozesse in der langen Frist nur noch die permanenten Schocks bzw. die common trends (insbesondere θ_{1t}, θ_{2t}) für Niveauveränderungen verantwortlich sind.

Welchen Zweck haben Restriktionen auf den strukturellen Parameter B im Folgenden? Durch geeignete Restriktionen auf B lassen sich die langfristigen Schockwirkungen in diesem Modell restringieren. Die Parameterrestriktionen implizieren also Langfristrestriktionen. Sie helfen damit, eine ökonomische Begründung für die Restringierung der „long-run-multipliers" zu finden. Diese Langfristrestriktionen werden wiederum für eine Identifikation der *permanenten*, strukturellen Schocks und deren orthogonalen Impuls-Antwort-Folgen benötigt.[10]

7.2 Schockanalyse und Parameterrestriktionen

Im obigen Modell wurden *mindestens* $k = 2$ common trends angenommen. D.h. es liegen *höchstens* $r = 2$ Kointegrationsbeziehungen im System (7.10) vor, nämlich eine Arbeitsnachfrage- und eine Lohnsetzungsbeziehung; wir bezeichnen diesen Fall mit $k = r = 2$ als Fall I. Jedoch ist es auch möglich, dass $k = 3$ common trends vorliegen könnten und so $(n - k) = r = 1$ Kointegrationsbeziehung zwischen den $n = 4$ Systemvariablen besteht. Bei dem dritten permanenten Schock kann es sich entweder um den Lohnschock handeln (die einzige Kointegrationsbeziehung ist dann die Arbeitsnachfragegleichung; Fall II) oder um den Arbeitsnachfrageschock (die Kointegrationsbeziehung repräsentiert eine Lohngleichung; Fall III). Je nachdem, um welchen dritten common trend es sich handelt, können verschiedene Parameterrestriktionen nützlich sein, um die Langfristwirkungen zu restringieren. Zur Analyse der Wirkungen der permanenten Schocks bzw. common trends nehmen wir also die folgende Fallunterscheidung vor:[11]

[10] Für die Identifikation der einzelnen strukturellen *transitorischen* Schocks und der dazugehörigen orthogonalen Impuls-Antwort-Folgen sind diese Langfristrestriktionen unbedeutend; hierfür werden Kurzfristrestriktionen verwendet (vgl. zur Identifikationsstrategie des Abschnitt 5.3.2).

[11] Der Fall $k = 0$ impliziert, dass alle Variablen in z_t stationär sind und ist daher irrelevant. Der Fall $k = 1$ tritt in den nachfolgenden empirischen Analysen nicht auf. Der Fall $k = 4$ ist für eine Kointegrationsanalyse irrelevant, da hier keine Kointegrationsbeziehung zwischen den integrierten

- Fall I: 2 common trends $(\theta_{1t}, \theta_{2t})$, eine Arbeitsnachfrage- und eine Lohnsetzungsbeziehung;
- Fall II: 3 common trends $(\theta_{1t}, \theta_{2t}, \theta_{4t})$ und eine Arbeitsnachfragebeziehung;
- Fall III: 3 common trends $(\theta_{1t}, \theta_{2t}, \theta_{3t})$ und eine Lohnsetzungsbeziehung.

Im Folgenden untersuchen wir für jeden Fall alternative Parameterrestriktionen, die geeignet sind, die verschiedenen permanenten Schocks zu identifizieren. Die Parameterrestriktionen sind zur Identifikation der k common trends dann geeignet, wenn sie mindestens $k(k-1)/2$ Restriktionen auf die Langfristwirkungen der permanenten Schocks implizieren. [12]

Fall I: Identifikation bei zwei common trends

In diesem Fall mit $k = 2$ common trends $(\theta_{1t},\theta_{2t})$ existieren zwischen den Variablen in z_t eine Arbeitsnachfragebeziehung (normiert auf die Beschäftigungsvariable)

$$e_t + \beta_{11} prod_t + \beta_{41} wp_t = \frac{1}{1-\eta_1}\theta_{3t} \tag{7.12}$$

mit $\beta_{11} = -\frac{\eta_1}{1-\eta_1}$ und $\beta_{41} = \frac{\eta_2}{1-\eta_1}$ und eine Lohnsetzungsgleichung

$$wp_t + \gamma_1 UR_t - \gamma_2 prod_t = \theta_{4t}. \tag{7.13}$$

Die Parameter der Arbeitsnachfrage lassen sich aus $\eta_1 = \frac{\beta_1}{\beta_1 - 1}$ und $\eta_2 = \beta_{41}(1 - \eta_1)$ bestimmen; die Parameter γ_1 und γ_2 der Lohngleichung können direkt (mit umgekehrten Vorzeichen) abgelesen werden. In Matrixform geschrieben lauten die Kointegrationsbeziehungen des VECM im Fall I:

$$\beta' z_t = \begin{bmatrix} \beta_{11} & 0 & 1 & \beta_{41} \\ -\gamma_2 & \gamma_1 & 0 & 1 \end{bmatrix} \begin{bmatrix} prod_t \\ UR_t \\ e_t \\ wp_t \end{bmatrix} = \begin{bmatrix} \theta_{3t} \\ \theta_{4t} \end{bmatrix} \tag{7.14}$$

mit β als der Kointegrationsmatrix. Der Arbeitsnachfrageschock ε_{3t} und der Lohnsetzungsschock ε_{4t} sind damit transitorischer Natur.

Es lassen sich dann die folgende Parameterrestriktionen auferlegen, die die permanenten Schocks identifizieren (vgl. Tabelle 7.1).[13]

Variablen vorliegt.

[12] Soweit es sich um Parameter der Kointegrationsbeziehungen handelt, können die Restriktionen direkt im VECM testen.

[13] Auf eine Vorzeichenanalyse der Langfristeffekte wird an dieser Stelle verzichtet, da sich hier auf die Nullrestriktionen konzentriert wird.

2 common trends: Technologie θ_{1t}, Arbeitsangebot θ_{2t} 2 Kointegrationsbeziehungen:												
Arbeitsnachfragegleichung, Lohnsetzungsgleichung												
	Parameterrestriktionen											
	Set 1 λ=1		Set 2 $\lambda=1/\eta_1$		Set 3 $\lambda=\eta_1=1$		Set 4 $\lambda=1/\eta_1$, $\eta_1=\eta_2=1$		Set 5 $\gamma_1=0$		Set 6 $\eta_1=\eta_2$, $\gamma_2=1,\pi=0$	
	θ_{1t}	θ_{2t}	θ_{1t}	θ_{2t}	θ_{1t}	θ_{2t}	θ_{1t}	θ_{2t}	θ_{1t}	θ_{2t}	θ_{1t}	θ_{2t}
$prod_t$	✓	0	✓	✓	✓	0	✓	0	✓	0	✓	✓
UR_t	✓	✓	✓	✓	✓	0	✓	0	✓	✓	0	✓
e_t	✓	✓	✓	✓	✓	✓	✓	✓	✓	0	0	✓
wp_t	✓	✓	✓	0	✓	0	✓	0	✓	0	✓	✓
Anm.: („0")„✓": (keine) langfristige Wirkung von θ_{it} auf z_{jt} Quelle: Eigene Berechnungen.												

Tabelle 7.1: Restriktionen und Schockanalysen (geschl. Volkswirtschaft, Fall I)

Die Tabelle 7.1 zeigt, wie die einzelnen common trends bzw. die dazugehörigen permanenten Schocks langfristig auf die Systemvariablen wirken. „✓" symbolisiert, dass sich die entsprechende Variable nach Abschluss aller Anpassungsprozesse dauerhaft ändert. „0" signalisiert keine Langfristwirkung auf die Systemvariable.[14]

- Set 1: $\lambda = 1$: Dies ist eine typische identifizierende Annahme, die auch BEAN [1992] verwendet. Die Konsequenz ist, dass die Arbeitsproduktivität langfristig nur von der Technologievariable θ_{1t} und so von den Technologieschocks ε_{1t} bestimmt wird.

- Set 2: $\lambda\eta_1 = 1$: Mit dieser Parameterrestriktion aus JACOBSEN / VREDIN / WARNE [1997, 1998], HANSEN /WARNE [1997] werden ebenfalls die langfristigen Wirkungen von permanenten Arbeitsangebotsschocks beschränkt: Die Reallöhne werden nur durch Technologieschocks getrieben. Dies erlaubt eine Identifikation der common trends. Der Vorteil der Restriktion $\lambda\eta_1 = 1$ ist, dass von einer Spezifikation mit konstanten Skalenerträgen (wie in Set 1) ab-

[14]Ein Teil der Restriktionen sind auch in JACOBSEN / VREDIN / WARNE [1997] diskutiert.

gewichen werden kann, um die Schocks zu identifizieren. Es ist jedoch fraglich, ob diese Restriktion auch ökonomisch zu rechtfertigen ist. Zumindest lässt sich die äquivalente Hypothese $\eta_1 = \frac{1}{\lambda}$ nicht direkt aus einem mikroökonomischen, neukeynesianischen Ansatz ableiten, wie in Anhang B gezeigt ist. Wir sehen diese Restriktion daher als ökonomisch schwer begründbar an. Sie stellt jedoch eine geeignete Parameterkonstellation zur Identifikation der permanenten Schocks dar.

- Set 3: $\lambda = \eta_1 = 1$ (oder: $\lambda\eta_1 = 1$ und $\lambda = 1$) : Diese Kombination der Restriktionensets 1 und 2 impliziert drei identifizierende Nullrestriktionen auf die Langfristwirkungen der Arbeitsangebotsschocks. Das zusätzliche Arbeitsangebot führt langfristig nur zu einer Änderung (genauer: Zunahme) der Beschäftigung, d.h. das zusätzliche Arbeitsangebot wird unter dieser Parameterkonstellation vollständig vom Arbeitsmarkt aufgenommen. Die Arbeitslosenquote wird daher langfristig nur von Produktivitätsschocks getrieben.

  Die zu schätzende Kointegrationsbeziehung der Arbeitsnachfrage in diesem Set[15] lautet

$$-prod_t + \eta_2 wp_t = \theta_{3t}.$$

- Set 4: Sets 3 und $\eta_2 = 1$: Die Arbeitsnachfragefunktion spiegelt nun eine Cobb-Douglas-Technologie wider und impliziert eine stationäre (log)-Lohnquote, definiert als $\log(\frac{W_t E_t}{P_t Y_t}) = wp_t - prod_t$, bzw. stationäre reale Lohnstückkosten.[16] Die resultierenden Nullrestriktionen auf die Langfristwirkungen der permanenten Schocks sind die gleichen wie in Set 3.

  Ausgehend von Set 4 lässt sich mit $\gamma_2 = 1$ der in JACOBSEN / VREDIN / WARNE [1998] analysierte Fall ableiten, den sie als die Layard-Nickel-Bedingung bezeichnen. Die zusätzliche Restriktion hat zur Folge, dass die

---

[15] Zu Problemen der Identifikation der Kointegrationsbeziehungen in diesem Set kommen wir in der empririschen Analyse zurück.

[16] Im Gegensatz hierzu führt die Annahme einer Substitutionselastizität $\eta_2 \neq 1$ zu einer im Zeitablauf ab-/ zunehmenden Lohnquote; dies ist der Fall den BLANCHARD / WOLFERS [2000] für die "kurze Frist" unterstellen und den BERTHOLD / FEHN / THODE [1999] zur Erklärung fallender Lohnquoten verwenden. Diese Möglichkeit ist in Set 3 enthalten. Für den langfristigen Zusammenhang, der hier durch die Kointegrationbeziehung abgebildet wird, unterstellen BLANCHARD / WOLFERS [2000] eine konstante Lohnquote, also $\eta_2 = 1$.

Arbeitslosenquote langfristig nicht auf die beiden permanenten Trendprozesse θ_{1t}, θ_{2t} reagiert[17] und somit stationär ist.

- Set 5: $\gamma_1 = 0$: In diesem Insidermodell wirken Arbeitsangebotsschocks langfristig nur auf die Arbeitslosenquote und ermöglichen so eine Identifikation der permanenten Schocks.
- Set 6: $\eta_1 = \eta_2, \gamma_2 = 1, \pi = 0$: In diesem Szenario mit exogenem Arbeitsangebot ($\pi = 0$) werden die Arbeitslosenquote und die Beschäftigung nur vom Arbeitsangebotsschock getrieben. Der Arbeitsangebotsschock wirkt hier langfristig auf alle Systemvariablen, der Produktivitätsschock hingegen treibt nur die Technologievariable und die Reallöhne und ermöglicht so eine Identifikation der permanenten Schocks.

Ob der Fall II ($k = 2$) vorliegt, ist ebenso eine empirische Frage, wie die Auswahl des relevanten Restriktionensets, das die strukturellen Schocks zu identifizieren hilft und so die orthogonalen Impuls-Antwort-Folgen zu bestimmen ermöglicht.

Fall II: Identifikation bei 3 common trends und einer Arbeitsnachfragebeziehung

Wir nehmen nun an, dass 3 common trends vorliegen. Zunächst wird unterstellt, dass es sich bei der einzigen Kointegrationsbeziehung um die Arbeitsnachfrage handelt:

$$\beta' z_t = \begin{bmatrix} \beta_{11} & 0 & 1 & \beta_{41} \end{bmatrix} \begin{bmatrix} prod_t \\ UR_t \\ e_t \\ wp_t \end{bmatrix} = \theta_{3t}.$$

Damit tritt zu den beiden common trends θ_{1t}, θ_{1t} die Variable θ_{4t} hinzu. Nun hinterlässt auch der Lohnschock ε_{4t} eine permanente Wirkung auf die Systemvariablen ($|\rho_4| = 1$).

Es lassen sich dem System (7.10) wieder Parameterrestriktionen auferlegen, die die folgenden identifzierenden Nullrestriktionen auf die Langfristwirkungen der permanenten Schocks begründen.[18]

[17] Diese Eigenschaft formuliert Lindbeck als eine Anforderung an realistische, makroökonomische Arbeitsmarktmodelle (vgl. JACOBSEN / VREDIN / WARNE [1997, S. 1787])

[18] Die Sets 1, 2 und 6 (aus Tabelle 7.1) sind ausgespart, da mit ihnen nicht alle permanenten Schocks identifiziert werden können.

3 common trends: Technologie θ_{1t}, Arbeitsangebot θ_{2t}, Lohnsetzung θ_{4t} 1 Kointegrationsbeziehung: Arbeitsnachfragegleichung															
	Parameterrestriktionen														
	Set 3 η_1=λ=1			Set 4 λ=1/η_1, η_1=η_2=1			Set 7 γ_1=0 η_1=η_2=1			Set 8 γ_1=0 λ=1/η_1			Set 9 γ_1=0 λ=1		
	θ_{1t}	θ_{2t}	θ_{4t}	θ_{1t}	θ_{2t}	θ_{4t}	θ_{1t}	θ_{2t}	θ_{4t}	θ_{1t}	θ_{2t}	θ_{4t}	θ_{1t}	θ_{2t}	θ_{4t}
$prod_t$	✓	0	0	✓	0	0	0	0	✓	✓	0	✓	✓	0	0
UR_t	✓	0	✓	✓	0	✓	✓	✓	✓	✓	✓	✓	✓	✓	✓
e_t	✓	✓	✓	✓	✓	✓	✓	0	✓	✓	0	✓	✓	0	✓
wp_t	✓	0	0	✓	0	0	0	0	✓	✓	0	0	✓	0	✓
Anm.: („0")„✓": (keine) langfristige Wirkung, von θ_{it} auf z_{jt} Quelle: Eigene Berechnungen.															

Tabelle 7.2: Restriktionen und Schockanalysen (geschl. Volkswirtschaft, Fall II)

- Set 3: Unter diesen Annahmen lassen sich die 3 permanenten Schocks identifzieren, da im Gegensatz zum Produktivitätsschock der Lohnschock (oder: der Schock auf die natürliche Arbeitslosenquote) die Produktivität und die Reallöhne langfristig nicht berührt, und im Gegensatz hierzu wiederum der Arbeitsangebotsschock nur die Beschäftigung treibt.

- Set 4 ist auch für k=3 ein Spezialfall von Set 3.

- Set 7 zeigt, dass das reine Insidermodell (Set 5, Tabelle 7.1) und die Annahme der Cobb-Douglas-Technologie $\eta_1 = \eta_2 = 1$ dazu führen, dass langfristig der permanente Lohnschock alle Variablen beeinflusst. Der Arbeitsangebotsschock treibt langfristig nur die Arbeitslosenquote, hingegen berührt langfristig die Techologievariable zusätzlich noch die Beschäftigung.

- Set 8: Kombiniert man das reine Insidermodell mit Set 2 (Tabelle 7.1), so treibt der Produktivitätsschock langfristig alle Variablen, der Angebotsschock wieder nur die Arbeitslosenquote und im Vergleich hierzu der Lohnschock zusätzlich die Produktivität und die Beschäftigung.

- Set 9: Das Insidermodell in Kombination mit konstanten Skalenerträgen (Set 1 und 5 aus Tabelle 7.1) unterscheidet sich von Set 8 dadurch, dass langfristig der Lohnschock nur die Produktivität unbeeinflusst lässt.

Dieser Fall mit $k = 3$ und einer Arbeitsnachfrage erlaubt es, dass ε_{4t} als Lohnschocks (bzw. als Schocks auf die natürliche Arbeitslosenquote) die Arbeitslosenquote permanent beeinflussen (vgl. hierzu auch Gleichung (7.9)). Die identifizierenden Restriktionen 7-9 erlauben zudem, dass alle 3 permanenten Schocks für eine mögliche Nichtstationarität der Arbeitslosenquote verantwortlich sein können (vgl. Tabelle 7.2).

Fall III: Identifikation bei 3 common trends und einer Lohnsetzungsgleichung

Wir unterstellen nun den Fall, dass es sich bei der einzigen Kointegrationsbeziehung um eine Lohnsetzungsgleichung handelt:

$$\beta' z_t = \begin{bmatrix} -\gamma_2 & \gamma_1 & 0 & 1 \end{bmatrix} \begin{bmatrix} prod_t \\ UR_t \\ e_t \\ wp_t \end{bmatrix} = \theta_{4t}.$$

Dies impliziert, dass zu den beiden bisherigen common trends die Variable θ_{3t} hinzutritt, d.h. der Arbeitsnachfrageschock ε_{3t} hinterlässt nun eine permanente Wirkung auf das System ($|\rho_3| = 1$). Es ist dies der Fall, der hier als den Hysteresefall bezeichnen (s.o.). Verkürzt dargestellt lassen sich die folgenden Parameterrestriktionen auferlegen, die die permanenten Schocks identifizieren helfen (vgl. Tabelle 7.3).

- Die Sets 3 und 4 helfen auch in diesem Fall die permanenten Schocks zu identfizieren, wobei in beiden Sets der Arbeitsnachfrageschock langfristig nur die Produktivität unberührt lässt.

- Auch die reinen Insidermodelle Set 7 und Set 9 ermöglichen eine Identifikation von θ_{1t}, θ_{2t} und θ_{3t}. In Set 7 wirkt der Arbeitsnachfrageschock permanent auf alle Systemvariablen, in Set 9 hingegen nur auf die Arbeitslosenquote und die Beschäftigung.

3 common trends: Technologie θ_{1t}, Arbeitsangebot θ_{2t}, Arbeitsnachfrage θ_{3t} 1 Kointegrationsbeziehung: Lohnsetzungsgleichung												
	Parameterrestriktionen											
	Set 3			Set 4			Set 7			Set 9		
	$\lambda=\eta_1=1$			$\lambda=1/\eta_1$, $\eta_1=\eta_2=1$			$\gamma_1=0$ $\eta_1=\eta_2=1$			$\gamma_1=0$ $\lambda=1$		
	θ_{1t}	θ_{2t}	θ_{3t}	θ_{1t}	θ_{2t}	θ_{3t}	θ_{1t}	θ_{2t}	θ_{3t}	θ_{1t}	θ_{2t}	θ_{3t}
$prod_t$	✓	0	0	✓	0	0	0	0	✓	✓	0	0
UR_t	✓	0	✓	✓	0	✓	✓	✓	✓	✓	✓	✓
e_t	✓	✓	✓	✓	✓	✓	✓	0	✓	✓	0	✓
wp_t	✓	0	✓	✓	0	✓	0	0	✓	✓	0	0
Anm.: („0")„✓": (keine) langfristige Wirkung von θ_{it} auf z_{jt} Quelle: Eigene Berechnungen.												

Tabelle 7.3: Restriktionen und Schockanalysen (geschl. Volkswirtschaft, Fall III)

7.3 Diskussion

JACOBSEN / VREDIN / WARNE [1997, 1998] untersuchen mit diesem Modell die Schocks und Anpassungsprozesse auf den nordeuropäischen Arbeitsmärkten.

Der Vorteil dieses einfachen Arbeitsmarktmodells liegt vor allem darin, dass es – wie die Erläuterungen zu den Restriktionensets zeigen – einen Teil der empirischen, makroökonomischen Arbeitsmarktliteratur widerspiegelt. Zudem ist das Modell zur Anpassungsanalyse in ein (S)VECM umsetzbar. Als makroökonomischen Erklärungsansatz für international unterschiedlich beharrliche Arbeitslosenquoten bietet wird eine Kombination aus permanenten Schocks und / oder unterschiedlichen Anpassungsprozessen angeboten.[19] Unbeantwortet bleibt aber, welche Faktoren die Dynamik der Anpassungsprozesse bestimmen.

Obwohl ein einheitlicher Analyserahmen vorhanden ist, wird hier kein einheitliches „one-size-fits-all"-Modell unterstellt, sondern eine ausreichende Modellflexibilität zugelassen. Über unterschiedliche Lagordnungen im VECM kann der länderspe-

[19]Siehe hierzu BLANCHARD / WOLFERS [2000] sowie die Einleitung der vorliegenden Arbeit.

zifischen Dynamik Rechnung getragen werden. Zudem messen die Kointegrationsparameter die länderspezifischen Elastizitäten der längerfristigen Arbeitsnachfrage- und/oder Lohnsetzungsbeziehung. Für die Identifikation der strukturellen Schocks und der orthogonalen Impuls-Antwort-Folgen liefert das Modell eine Vielzahl von Langfristrestriktionen, die z.T. auf die Kointegrationsparameter zurückgeführt werden können.

Das 1997er Papier untersucht die Hysteresehypothese der Arbeitslosenquote für Dänemark, Norwegen und Schweden und vergleicht die Relevanz einzelner Schocks für die Entwicklung der Arbeitslosenquoten in den jeweiligen Ländern. Das zentrale Ergebnis ist, dass es kaum Hinweise auf permanente Wirkungen der (Arbeits-) Nachfrageschocks und somit auf Hystereseeffekte gibt; vielmehr spielen die permanenten Lohnsetzungschocks eine zentrale Rolle für die langfristige Entwicklung der Arbeitslosenquote. Denn sämtliche spezifizierten VECMs entsprechen in der hier vorgestellten Systematik dem Fall II und implizieren damit ausschließlich transitorische Arbeitsnachfrageschocks und keine Hystereseeffekte. Dennoch gibt es Unterschiede zwischen den Länder-VECMs: sie unterscheiden sich in den auferlegten Restriktionensets dieses Falls.

Das 1998 veröffentlichte Papier spezifiziert ein VECM, das dem Fall I ($k = 2$), Set 4 mit $\gamma_2 = 1$ entspricht; die Kointegrationsbeziehungen lauten also:

$$\begin{aligned} -prod_t + wp_t &= \theta_{3t} \\ wp_t - prod_t + \gamma_1 UR_t &= \theta_{4t}. \end{aligned}$$

Dieses Restriktionenset impliziert, dass die Arbeitslosenquote stationär ist (vgl. die Erläuterungen zu Fall I, Set 4). Die Schätzung der zweiten Kointegrationsbeziehung bei einer stationären Arbeitslosenquote ist sinnvoll, wenn der Reallohn und die Produktivität eine stationäre Linearkombination $wp_t - prod_t$ bilden, was gerade durch die Existenz der ersten (Arbeitsnachfrage-)Beziehung bestätigt wird. Problematisch ist jedoch, dass eine Identifikation der beiden Kointegrationsbeziehungen dann nicht möglich ist, was auch schon für Set 3 gilt. Dies ist vermutlich der Grund, warum JACOBSEN / VREDIN / WARNE [1998] als zweite Kointegrationsbeziehung $UR_t = \frac{1}{\gamma_1}\theta_{4t}$ im VECM unterstellen[20], eine ökonomisch wenig informative Gleichung.

[20] Die Kointegrationsmatrix β aus Gleichung (7.14) lautet dann

$$\beta = \begin{bmatrix} 1 & 0 & 0 & 1 \\ 0 & 1 & 0 & 0 \end{bmatrix}.$$

Für das weitere Vorgehen sollten die Restriktionen der Sets 3 und 4 herausgehoben werden. Hiermit können in allen Fällen I - III, d.h. sowohl bei $k = 2$ als auch $k = 3$, die permanenten strukturellen Schocks identifiziert und die orthogonale Impuls-Antwort-Folgen ermittelt werden. Das gleiche gilt für das Set 7 und das Set 9. Unter den schockidentifizierenden Sets sind aber diejenigen als kritisch anzusehen, die die Restriktion $\lambda = 1/\eta_1$ enthalten, da sich diese Bedingung kaum ökonomisch begründen lässt (vgl. Anhang B).

Eine Annahme des Modells ist, dass alle Marktteilnehmer mit dem gleichen Reallohn kalkulieren. D.h. es wird keine Unterscheidung zwischen Konsumentenreallohn und Produzentenreallohn vorgenommen. Mit dem Übergang in eine offene Volkswirtschaft wird diese Annahme in den Arbeiten von HANSEN / WARNE [1997] und CARSTENSEN / HANSEN [2000] aufgelöst.

Die Auferlegung der Nullrestriktionen in der zweiten Zeile stellt zugleich einen Stationaritätstest für die Arbeitslosenquote dar.

Kapitel 8

Modell einer offenen Volkswirtschaft

HANSEN / WARNE [1997] verwenden ein Arbeitsmarktmodell einer kleinen offenen Volkswirtschaft, um den dänischen Arbeitsmarkt (1902-1992) mittels einer Kointegrations- und common trends-Analyse zu untersuchen. Die Autoren sind an den permanenten Schockprozessen interessiert, die die Arbeitslosenquote und die Lohnquote treiben.

Die Besonderheit dieses Modells besteht darin, dass die Autoren eine Unterscheidung von Konsumenten- und Produzentenpreise vornehmen und die Differenz, den sogenannten Preiskeil, im VECM endogenisieren. Aus Sicht der theoretischen makroökonomischen Literatur ist dies eine Standarderweiterung. Die Einführung des Preiskeils impliziert einen sog. „real wages resistence effect“ (vgl. ELLIS / FENDER [1987], SCARTH [1995]), der es ermöglicht, Wirkungen von Wechselkursänderungen auf die Lohnsetzung zu modellieren.[1] HANSEN / WARNE [1997] liefern einen Rahmen, der diesen Effekt in ein Arbeitsmarkt-VECM integriert.

[1]Zum Preiskeil im traditionellen IS-LM-Modell siehe z.B. SACHS [1985] und im sog. Modell der neoklassischen Synthese siehe SCHMIDT-RINCK / BENDER [1992]. Im Rahmen der neukeynesianischen Makroökonomie siehe hierzu LAYARD / NICKEL / JACKMAN [1991], CARLIN / SOSKICE [1990]. Eine alternative Modellierung von realen Wechselkurseffekten auf den Arbeitsmarkt ist über die Einbeziehung von importierten Vorleistungen möglich (vgl. SCARTH [1995]).

8.1 Struktur und Lösung

Deterministische Modellgleichungen

Das log-lineare Modell besteht aus den folgenden deterministischen Gleichungen[2]:

$$
\begin{aligned}
y_t &= \lambda e_t + \theta_{1t} && (8.1)\\
l_t &= \pi w p_t^c + \theta_{2t} && (8.2)\\
e_t &= \eta_1 y_t - \eta_2 w p_t + \theta_{3t} && (8.3)\\
w p_t^c &= -\gamma_1 U R_t + \gamma_2 prod_t + \theta_{4t} && (8.4)\\
(w p_t - w p_t^c) &= (p_t^c - p_t) && (8.5)\\
p_t^c &= \zeta_1 p_t^* + (1 - \zeta_1) p_t && (8.6)
\end{aligned}
$$

Zusätzlich zum Modell aus Abschnitt 7 wird nun mittels des heimischen Produzentenpreises (p_t) und des Konsumentenpreises (p_t^c) zwischen einem Produzentenreallohn $wp_t = w_t - p_t$ und einem Konsumentenreallohn $wp_t^c = w_t - p_t^c$ unterschieden, mit w_t als Nominallohn. Damit kann der jeweils relevante Reallohn in der Arbeitsangebotsgleichung (8.2), in der Arbeitsnachfragegleichung (8.3) und in der Lohnsetzungsgleichung (8.4) genauer spezifiziert werden. Der sog. Reallohnkeil ergibt sich dann aus dem Preiskeil $(p_t^c - p_t)$ (vgl. Identität 8.5).

Preiskeil

Der Preiskeil selbst lässt sich anhand der Definition des Konsumentenpreisindexes (8.6) bestimmen:

$$(p_t^c - p_t) = \zeta_1 (p_t^* - p_t). \tag{8.7}$$

Das rechte Preisverhältnis setzt sich aus Importpreis p_t^*, also dem ausländischen Produzentenpreis ausgedrückt in heimischer Währung, und dem heimischen Produzentenpreis p_t zusammen; ζ_1 bezeichnet den Importanteil. Der Relativpreis $(p_t^* - p_t)$ kann als realer Wechselkurs bzw. als ein Maß für die internationale (preisliche oder kostenseitige) Wettbewerbsfähigkeit interpretiert werden.[3] Ein Anstieg stellt eine

[2] Das hier präsentierte Modell ist zu Gunsten einer einheitlichen Darstellung allgemeiner gehalten als in HANSEN / WARNE [1997]. Die Autoren beginnen die Modellpräsentation mit den Parameterrestriktionen $\eta_2 = 1$ und $\lambda\eta_1 = 1$.

[3] Zu unterschiedlichen Maßen der preislichen oder kostenseitigen Wettbewerbsfähigkeit und deren Aussagekraft vgl. CARLIN / SOSKICE [1990], DEUTSCHE BUNDESBANK [1994], BANK OF ENGLAND [1982].

reale Abwertung der heimischen Währung dar, die die Importgüter verteuert, und so den Konsumentenpreis über den Produzentenpreis hebt. Alternativ kann ein Anstieg als ein Zugewinn an internationaler Wettbewerbsfähigkeit betrachtet werden, die einen Produzentenpreis unter dem Konsumentenpreis erlaubt. Die Differenz $(p_t^c - p_t)$ ist also ausschließlich auf den endogenen realen Wechselkurs bzw. die endogene Wettbewerbsfähigkeit zurückzuführen.

Die Endogenisierung des Relativpreises $(p_t^* - p_t)$ erfolgt in HANSEN / WARNE [1997] nur rudimentär unter Verwendung einer mark-up Regel, die lediglich verbal mit *„the mark-up of prices over unit labour costs"* (vgl. HANSEN / WARNE [1997, S. 3]) spezifiziert wird. Ohne weitere Interpretationen unterstellen sie:

$$\begin{aligned}(p_t^* - p_t) &= -\frac{1}{\zeta_1}\delta\left[p_t - (w_t + e_t - y_t)\right] + \frac{1}{\zeta_1}\theta_{5t} \\ &= \frac{1}{\zeta_2}\delta[wp_t - prod_t] + \frac{1}{\zeta_2}\theta_{5t}.\end{aligned} \tag{8.8}$$

θ_{5t} soll den Einfluss der Gütermarkt- oder (Relativ-)Preisschocks abbilden (vgl. a.a.O., S. 4). Die Gleichung (8.8) gibt letztlich den Einfluss der Lohnstückkosten auf die Wettbewerbsfähigkeit wieder. Demnach führen *steigende* Lohnstückkosten (verursacht durch einen steigenden Lohn und/oder eine sinkende Arbeitsproduktivität) zu einer realen Abwertung bzw. einer *Verbesserung* der preislichen Wettbewerbsfähigkeit. HANSEN / WARNE [1997] geben für diese kontra-intuitive Beziehung keine ökonomische Begründung. Wir diskutieren diesen Zusammenhang in Abschnitt 8.3 ausführlicher. Festzuhalten ist an dieser Stelle, dass die Wettbewerbsfähigkeit $(p_t^* - p_t)$ und damit der Preiskeil durch die Lohnstückkosten, also durch den Reallohn und die Produktivität, endogenisiert wird.

Reallohnkeil

Mit dem Preiskeil (8.7), dem Relativpreis (8.8) und der Identität (8.5) erhält man eine Gleichung für den Reallohnkeil:

$$(wp_t - wp_t^c) = \delta(wp_t - prod_t) + \theta_{5t}. \tag{8.9}$$

Der Reallohnkeil wird ebenfalls durch die Lohnstückkosten endogenisiert. Steigen die Löhne oder sinkt die Produktivität, so steigt der Produzentenreallohn stärker als der Konsumentenreallohn, da eine Verbesserung der Wettbewerbsfähigkeit stattfindet.

Eine Änderung der Wettbewerbsfähigkeit hat aber auch Konsequenzen für die Lohnsetzung. Eine reale Abwertung z.B. erhöht den Konsumentenpreis und führt zu Kaufkraftverlusten, die im Lohnsetzungsprozess eingefordert werden und damit auch die Produzentenlöhne treibt („real wage resistance effect“).[4] Damit existiert ein weiterer, indirekter Wirkungskanal von Lohnstückkostenänderungen über die Wettbewerbsfähigkeit auf die Lohnsetzung und damit auf die Produzentenlöhne. Die obige Reallohnkeilgleichung lässt sich letztlich als Bestimmungsgleichung für den Produzentenreallohn verstehen:

$$wp_t = \delta(wp_t - prod_t) + wp_t^c + \theta_{5t}.$$

Lohnstückkostenänderungen beeinflussen die Wettbewerbsfähigkeit und wirken so direkt (erster Term) und indirekt über den „real wage resistance effect“ (über wp_t^c) auf den Produzentenreallohn.

Die Gleichungen (8.1)-(8.4) und die Reallohnkeilgleichung (8.9) bilden den deterministischen Teil für dieses Modell der offenen Volkswirtschaft.

Schockprozesse

Die Variablen θ_{it} werden wieder durch stochastische Prozesse modelliert:

$$\theta_{it} = \rho_i \theta_{it-1} + \varepsilon_{it}, i = 1, .., 5. \tag{8.10}$$

Die Produktivitätsvariable θ_{1t} und der Arbeitsangebotsterm θ_{2t} werden durch random walks abgebildet ($|\rho_1| = |\rho_2| = 1$), d.h. sowohl der Produktivitätsschock (ε_{1t}) als auch der Arbeitsangebotsschock (ε_{2t}) haben eine permanente Wirkung auf die Systemvariablen. θ_{3t} erfasst den Einfluss von Arbeitsnachfrageschocks (ε_{3t}), die in HANSEN /WARNE [1997] transitorisch sind und deren Beharrlichkeit durch $|\rho_3| < 1$ bestimmt wird. θ_{4t} misst wieder den Einfluss von Lohnschocks (ε_{4t}) auf den Lohnsetzungsprozess, θ_{5t} erfasst, so HANSEN / WARNE [1997], den Einfluss der Gütermarkt- oder (Relativ-)Preisschocks ε_{5t}. Ob der Lohnschock und der

[4] Anhand der Lohngleichung (8.4), geschrieben als

$$w_t - p_t = (p_t^c - p_t) - \gamma_1 UR_t + \gamma_2 prod_t + \theta_{4t},$$

und mit (8.7) wird anhand von

$$w_t = \frac{1}{\zeta_2}(p_t^* - p_t) + p_t - \gamma_1 UR_t + \gamma_2 prod_t + \theta_{4t}$$

deutlich, dass nicht nur der inländische Preis, die Arbeitsmarktsituation und die Produktivität den Nominallohn bestimmen, sondern auch z.B. Kaufkraftverluste durch Abwertungen zu höheren (Produzenten-) Löhnen führen.

Gütermarktschock transitorische ($|\rho_i| < 1, i = 4,5$) oder permanente Wirkungen ($|\rho_i| = 1, i = 4,5$) haben, wird in HANSEN / WARNE [1997] der Empirie überlassen. Im Unterschied zum Modell der geschlossenen Volkswirtschaft interpretieren HANSEN / WARNE [1997] den Fall $|\rho_5| = 1$ und nicht $|\rho_3| = 1$ als den Hysteresefall.

Matrixdarstellung und Lösung

Zur Lösung des Modells in Abhängigkeit von θ_t konzentriert man das Modell wieder auf die 5 Variablen $z_t = \begin{bmatrix} prod_t & UR_t & e_t & wp_t^c & wp_t \end{bmatrix}'$:[5]

$$\begin{bmatrix} 1 & 0 & 1-\lambda & 0 & 0 \\ 0 & 1 & 1 & -\pi & 0 \\ -\eta_1 & 0 & 1-\eta_1 & 0 & \eta_2 \\ -\gamma_2 & \gamma_1 & 0 & 1 & 0 \\ \delta & 0 & 0 & -1 & (1-\delta) \end{bmatrix} \begin{bmatrix} prod_t \\ UR_t \\ e_t \\ wp_t^c \\ wp_t \end{bmatrix} = \begin{bmatrix} \theta_{1t} \\ \theta_{2t} \\ \theta_{3t} \\ \theta_{4t} \\ \theta_{5t} \end{bmatrix}. \tag{8.11}$$

Die Lösung des Systems lautet

$$z_t = B^{-1}\theta_t,$$

mit $\det(B) = (1-\delta)(1+\gamma_1\pi)(1-\eta_1\lambda) + \eta_2(\gamma_1 + (1-\lambda)(\delta-\gamma_2) + \delta\gamma_1(\pi-\lambda)$ $\neq 0$ existiert eine eindeutige Lösung, die vollständig im Anhang AII angegeben ist. Die Matrix B^{-1} der Lösung zeigt die Wirkung der einzelnen Schocks θ_{it} auf die Niveaus der Variablen z_t. Dabei ist zu beachten, dass nur wieder die permanenten Schocks bzw. die common trends (insbesondere θ_{1t}, θ_{2t}) langfristig für Niveauveränderungen verantwortlich sind. Im Folgenden untersuchen wir die Konsequenzen von Parameterrestriktionen hinsichtlich der Langfristwirkungen der Schocks.

8.2 Schockanalyse und Parameterrestriktionen

HANSEN / WARNE [1997] unterstellen in ihrer Analyse, dass $k = 2$ common trends (θ_{1t}, θ_{2t}) und $(n-k) = r = 3$ Kointegrationbeziehungen vorliegen, nämlich für die Arbeitsnachfrage, die Lohnsetzung und den Reallohnkeil. Die einzigen permanenten

[5] Dazu nehmen wir die gleichen Erweiterungen vor wie in Abschnitt 7, vgl. Fußnote 9. Ferner wird Gleichung (8.9) aufgelöst:

$$(1-\delta)(wp_t) = wp_t^c - \delta prod_t + \theta_{5t}.$$

Schocks sind damit der Produktivitäts- und der Arbeitsangebotsschock. Neben dem Arbeitsnachfrageschock ε_{3t} haben der Lohnsetzungsschock ε_{4t} und der Gütermarktschock / Preisschock ε_{5t} nur transitorische Wirkungen.

Wir folgen der Einfachheit halber der Annahme $k = 2$, die auf den empirischen Kointegrations- und common trends-Analysen der Autoren beruhen, und untersuchen verkürzt die Parameterrestriktionen und Schockwirkungen nur für diesen Fall.[6]

- Die Restriktionen des Set 1 und Set 2 führen zu den gleichen Nullrestriktionen wie im Modell der geschlossenen Volkswirtschaft: Der permanente Arbeitsnachfrageschock wirkt langfristig nicht auf die Produktivität bzw. im Set 2 nicht auf den Produzentenreallohn.

- Mit den Restriktionen des Set 3 (der Kombination von Set 1 und 2) erhält man das Ausgangsmodell von HANSEN / WARNE [1997]. Die Langfristwirkungen der Arbeitsangebotsschocks sind deutlich stärker beschränkt als zur Identifikation der permanenten Schocks nötig und wirken langfristig nur auf die Beschäftigung. Die Produktivität, die Arbeitslosenquote und die beiden Reallöhne werden langfristig nur vom Produktivitätsschock getrieben.

- Set 8 ergibt sich aus dem Set 2 zuzüglich der Restriktion eines Insidermodells ($\gamma_1 = 0$) und führt auch hier - wie im Modell der geschlossenen Volkswirtschaft nur zu langfristigen Wirkungen des permanenten Arbeitsangebotsschocks auf die Arbeitslosenquote.

Die Restriktionen in Set 10-12 werden in HANSEN / WARNE [1997] eingeführt.[7] Sie enthalten Set 1 und unterstellen zusätzlich ein exogenes Arbeitsangebot ($\pi = 0$) und eine Substitutionselastizität von 1 ($\eta_2 = 1$).

---

[6]Da die empirischen Analysen in der vorliegenden Arbeit auf dem Modell aus Abschnitt 7 beruhen, nehmen wir in diesem Abschnitt keine weiteren Fallunterscheidungen vor. Die Angaben in Tabelle 8.1 sind umfassender als in HANSEN / WARNE [1997], da die Autoren von vornherein bereits $\lambda = 1/\eta_1$ und $\eta_2 = 1$ annehmen.

[7]HANSEN / WARNE [1997] untersuchen ferner noch das Set 2 mit exogenem Arbeitsangebot ($\pi = 0$) ergänzt um das Insidermodell ($\gamma_1 = 0$) und $\gamma_2 = \frac{1}{\lambda}$. Diese Restriktion werden hier vernachlässigt, u.a. weil der letzte Teil dieses Sets, der besagt, dass die Produktivitätselastizität der Lohnsetzungsbeziehung dem Kehrwert des Skalenertragsparameters entsprechen soll, ausgesprochen willkürlich ist.

2 common trends: Technologie θ_{1t}, Arbeitsangebot θ_{2t}

3 Kointegrationsbeziehungen:

Arbeitsnachfrage-, Lohnsetzung-, Reallohnkeilgleichung

Parameterrestriktionen

	Set 1 $\lambda=1$		Set 2 $\lambda=1/\eta_1$		Set 3 $\lambda=\eta_1=1$		Set 8 $\gamma_1=0, \lambda=1/\eta_1$	
	θ_{1t}	θ_{2t}	θ_{1t}	θ_{2t}	θ_{1t}	θ_{2t}	θ_{1t}	θ_{2t}
$prod_t$	✓	0	✓	✓	✓	0	✓	0
UR_t	✓	✓	✓	✓	✓	0	✓	✓
e_t	✓	✓	✓	✓	✓	✓	✓	0
wp_t^c	✓	✓	✓	✓	✓	0	✓	0
wp_t	✓	✓	✓	0	✓	0	✓	0

(Fortsetzung Tabelle)

Parameterrestriktionen

	Set 10 $\lambda=\eta_1=1, \pi=0,$ $\eta_2=1$		Set 11 $\lambda=1/\eta_1, \pi=0,$ $\eta_2=1,$ $\delta=\gamma_2=1$		Set 12 $\lambda=1/\eta_1, \pi=0,$ $\eta_2=1,$ $\delta=0$	
	θ_{1t}	θ_{2t}	θ_{1t}	θ_{2t}	θ_{1t}	θ_{2t}
$prod_t$	✓	0	✓	✓	✓	✓
UR_t	✓	0	0	0	✓	✓
e_t	✓	✓	0	✓	✓	✓
wp_t^c	✓	0	✓	✓	✓	0
wp_t	✓	0	✓	0	✓	0

Anm.: („0")„✓": (keine) langfristige Wirkung, von θ_{it} auf z_{jt}

Quelle: Eigene Berechnungen.

Tabelle 8.1: Restriktionen und Schockanalysen (offene Volkswirtschaft)

- Set 10 nimmt zusätzlich konstante Skalenerträge an. Damit ist es ein Spezialfall von Set 3 und besitzt auch die gleichen Nullrestriktionen auf die Langfristwirkungen der Schocks.
- Set 11 nimmt zusätzlich $\delta = \gamma_2 = 1$ an. Der Arbeitsangebotsschock treibt demnach langfristig nur die Produktivität, die Beschäftigung und den Konsumentenreallohn. Der Produzentenreallohn, die Produktivität und der Konsumentenreallohn werden langfristig von dem Produktivitätsschock getrieben. Dieser Fall ist deshalb interessant, da kein common trend die Arbeitslosenquote treibt und diese somit stationär ist.
- Set 12 nimmt zusätzlich $\delta = 0$ an. Damit sind der Reallohnkeil und der Preiskeil stationär.[8] Der Arbeitsangebotsschock lässt die Reallöhne langfristig unverändert.

Von einer ausführlichen Schockanalyse für 3 (oder 4) common trends mit den notwendigen Fallunterscheidungen sehen wir ab. Angedeutet sei nur dies: Im Falle $k = 3$ common trends könnte ein dritter permanenter Schock z.B. der Lohnschock ε_{4t} oder der Gütermarktschock ε_{5t} sein. Durch den dritten common trend könnten zusätzlich permanente Schocks der gleichgewichtigen Arbeitlosenquote durch ε_{4t} oder permanente (Hysterese-)Effekte durch Gütermarktschocks ε_{5t} zugelassen werden. In beiden Fällen ist eine Identifikation der common trends mit den Restriktionensets $8, 10, 11$ und 12 möglich.

8.3 Diskussion

Das Modell von HANSEN / WARNE [1997] liefert ebenfalls ein makroökonomisches Modell, das in ein VECM umgesetzt werden kann, und das Langfristrestriktionen liefert, die eine Identifikation der strukturellen Schocks ermöglichen. Dabei wird nun eine offene Volkswirtschaft betrachtet und der internationale Relativpreis $(p_t^* - p_t)$, interpretiert als ein Maß der internationalen Wettbewerbsfähigkeit, berücksichtigt und endogenisiert.

Kritisch ist anzumerken, dass - erstens - diese Endogenisierung des Relativpreises durch die nicht weiter erläuterte Gleichung (8.8) erfolgt, die u.a. eine ebenfalls nicht näher spezifizierte mark-up-Gleichung für die heimischen Güterpreise enthält (wir

[8] Dies ergibt sich auch mit $\delta = 0$ aus der Gleichung (8.9).

kommen hierauf zurück). Ferner sollte - zweitens - in diesem Modell beachtet werden, dass die Interpretation von θ_{5t} als eine Variable, die Einflüsse von Gütermarktschocks erfasst, ohne weitere Begründungen wenig plausibel ist. Obwohl ebenfalls ohne weitere Fundierung, so erscheint die folgende Interpretation geeigneter: θ_{5t} erfasst Einflüsse von Relativpreisschocks / Schocks auf die internationale preisliche Wettbewerbsfähigkeit, die nicht auf die Lohnstückkosten zurückzuführen sind, wie z.B. Schocks durch Energie- oder Kapitalkosten oder durch exogene nominale Auf- und Abwertungen. Und drittens erfolgt die Einführung der Wettbewerbsfähigkeit nicht in der für die neukeynesianische Makroökonomie typischen Weise; denn hiernach wird der mark-up selbst als eine Funktion der Wettbewerbsfähigkeit angesehen (vgl. hierzu LAYARD / NICKEL / JACKMAN [1991]).

Zurück zur fraglichen Relativpreisgleichung: Wie lässt sich diese exakter begründen und interpretieren? Welche impliziten Annahmen könnten hinter dem positiven Zusammenhang, den diese Gleichung für die Lohnstückkosten und die Wettbewerbsfähigkeit suggeriert, stehen? Um diese Fragen zu klären, wird das Modell wie folgt erweitert.

Angenommen sei *explizit* eine (ad hoc) mark-up-Regel der Form

$$p_t = \overline{\delta}(w_t + e_t - y_t).$$

Der heimische Produzentenpreis ergibt sich aus einem mark-up $\overline{\delta} > 1$ auf die Lohnstückkosten. Sinkende Löhne wie auch eine steigende Produktivität senken damit den Produzentenpreis.

Zudem ergibt sich mit dem Leistungsbilanzsaldo (tb_t)

$$tb_t = \zeta_2 p_t^* - p_t - \theta_{5t}$$

der (asymmetrisch) vom inländischen Preisniveau p_t und von den Importpreisen p_t^* abhängt, sowie mit der Annahme eines langfristigen Gütermarktgleichgewichts ($tb_t = 0$), nun

$$p_t^* = \frac{1}{\zeta_2} p_t + \frac{1}{\zeta_2}\theta_{5t}.$$

Diese Gleichung lässt sich als Bestimmungsgleichung für den nominalen Wechselkurs[9] wk_t^n interpretieren. Denn wenn man den Importpreis definiert als $p_t^* = \overline{p}^* - wk_t^n$

[9] Ein Anstieg von wk_t^n bedeutet eine Aufwertung.

und das ausländische Preisniveau (in ausländischer Währung) $\overline{p}^*$ als exogen animmt, dann bedeutet ein Anstieg von p_t^* letztlich immer auch eine nominale Abwertung. Ein steigendes inländisches Preisniveau (p_t) oder ein expansiver inländischer Güternachfrageschock (θ_{5t}) führen demnach also in der Wechselkursgleichung - über den Handel - zu einer nominalen Abwertung.

Aus der mark-up-Gleichung und der Wechselkursgleichung lässt sich dann für den Relativpreis die in HANSEN / WARNE [1997] gegebene Gleichung (8.8) ableiten:

$$\begin{aligned}(p_t^* - p_t) &= \frac{1}{\zeta_2}\delta[wp_t - prod_t] + \frac{1}{\zeta_2}\theta_{5t} \\ \text{mit } \delta &= \frac{\overline{\delta}(1-\zeta_2)}{\overline{\delta}-1}.\end{aligned}$$

Da $\overline{\delta} > 1$ und δ positiv definiert ist, wird hiernach implizit angenommen, dass $\zeta_2 < 1$ gilt, was bedeutet, dass der Leistungsbilanzsaldo stärker auf Änderungen des heimischen Preises reagiert als auf Änderungen des Importpreises. An der Relativpreisgleichung wird der besagte positive Zusammenhang zwischen *steigende* Lohnstückkosten und einer *Verbesserung* der preislichen Wettbewerbsfähigkeit deutlich. Dieser lässt sich nun über zwei gegenläufige Effekte erklären: Steigende Lohnstückkosten führen zwar unmittelbar zu steigenden heimischen Preisen und so direkt zu einem Verlust an Wettbewerbsfähigkeit (direkter Preiseffekt). Doch das resultierende Leistungsbilanzdefizit bewirkt zugleich eine Abwertung, die über steigende Importpreise einen Zugewinn an Wettbewerbsfähigkeit für die heimischen Importsubstitute impliziert (indirekter Wechselkurseffekt).[10] Ein *positiver* Zusammenhang ($\delta > 0$) zwischen Lohnstückkosten und Wettbewerbsfähigkeit - wie in HANSEN /WARNE [1997] unterstellt - ergibt sich demnach, weil der Wechselkurseffekt den Preiseffekt überkompensiert, was letztlich in der Annahme $\zeta_2 < 1$ begründet liegt, denn es gilt:

$$\zeta_2 \lesseqgtr 1 \Rightarrow \delta \gtreqless 0.$$

Im Falle $\zeta_2 > 1$ ($\delta < 0$) hingegen überwiegt der Preiseffekt ($\delta < 0$). Falls $\zeta_2 = 1$ (symmetrischer Preiseinfluss auf den Leistungsbilanzsaldo), so gleichen sich der Preiseffekt und der Wechselkurseffekt aus ($\delta = 0$); dann gilt die Kaufkraftparität mit

[10] Die beiden Effekte werden deutlich, wenn man die Relativpreisgleichung (8.8) in

$$(p_t^* - p_t) = -\overline{\delta}[w_t + e_t - y_t] + \frac{1}{\zeta_2}\overline{\delta}[w_t + e_t - y_t] + \frac{1}{\zeta_2}\theta_{5t},$$

zerlegt. Der erste Term repräsentiert den Preiseffekt, der zweite Term ist der Wechselkurseffekt.

der Folge, dass die Lohnstückkosten neutral in Bezug auf die internationale preisliche Wettbewerbsfähigkeit sind. Ob der unterstellte Fall $\delta > 0$ vorliegt, ist letztlich eine empirische Frage. HANSEN / WARNE [1997] finden sowohl Hinweise auf einen positiven Koeffizienten (und damit einen dominierenden Wechselkurseffekt) als auch auf die Gültigkeit der Kaufkraftparität ($\delta = 0$).

Die hier vorgestellten Ergänzungen liefern Begründungen und Interpretationen für die Relativpreisgleichung, die in HANSEN / WARNE [1997] für eben diesen Kern der Modellerweiterung fehlen. Die dazu formulierte ad hoc mark-up-Regel ist sicherlich nicht konsistent mit z.B. der unterstellten Arbeitsnachfrage, da die Regel u.a. von der üblichen additiven mark-up-Modellierung im log-linearen Modell abweicht (vgl. LAYARD /NICKEL /JACKMAN [1991]).

Für dieses Modell einer offenen Volkswirschaft halten wir zusammenfassend fest: Die Erweiterung um einen Reallohnkeil durch Endogensierung des Preiskeils wird in HANSEN / WARNE [1997] nur unvollständig vorgenommen. Auch die Interpretation des zusätzlichen Schocks kann in Frage gestellt werden. Die hier eingebrachten Ergänzungen erlauben eine exaktere Interpretation, bringen jedoch neue Inkonsistenzen mit sich.

Wir nehmen daher Abstand von dieser Erweiterung und betrachten im nächsten Abschnitt ein Modell, das den Reallohnkeil vollständig herleitet und den staatlichen Einfluss auf diesen Keil ergänzt.

Kapitel 9

Modell einer offenen Volkswirtschaft mit Staat

In CARSTENSEN / HANSEN [2000] erfolgt eine weiterführende Endogenisierung des Relativpreises $(p_t^* - p_t)$. Ihr Hauptanliegen ist es jedoch, den Reallohnkeil um staatliche Einflüsse zu erweitern und ihn nicht nur auf einen Preiskeil $(p_t^c - p_t)$ zurückzuführen, sondern auch auf einen Nominallohnkeil, der sich aus der Differenz von Bruttonominallöhnen (w_t^b) und Nettonominallöhnen (w_t^n) ergibt. Der Reallohnkeil wird damit nicht nur vom realen Wechselkurs bestimmt, sondern auch von den exogenen Lohnzusatzkosten, also von Steuern und Abgaben auf Löhne und Gehälter.

Die Autoren motivieren ihre Erweiterung anhand einer Graphik [a.a.O., S. 477], die einen engen Verbund des soeben definierten Reallohnkeils und der Arbeitslosenquote zeigt.[1] Mit dieser Modellerweiterung wird dann die Dynamik insbesondere der Arbeitslosenquote am westdeutschen Arbeitsmarkt anhand von saisonbereinigten Quartalsdaten (1964-1994) näher untersucht.

9.1 Struktur und Lösung

Deterministische Modellgleichungen

Im Vergleich zum Modell des vorangegangenen Abschnitts orientieren sich die Produzenten nun am *Brutto*produzentenreallohn $wp_t^b = w_t^b - p_t$, die Haushalte /

[1] Der Zusammenhang zwischen den steigenden Lohnzusatzkosten (als Ursache für einen breiteren Reallohnkeil) und einer zunehmenden Arbeitslosigkeit wird auch von der Bundesbank gesehen (vgl. DEUTSCHE BUNDESBANK [2000]). Siehe hierzu ebenfalls die Simulationsrechungen in HANSEN [1996].

Gewerkschaften am *Netto*konsumentenreallohn $wp_t^{c,n} = w_t^n - p_t^c$:

$$
\begin{aligned}
y_t &= \lambda e_t + \theta_{1t} && (9.1)\\
l_t &= \pi wp_t^{c,n} + \theta_{2t} && (9.2)\\
e_t &= \eta_1 y_t - \eta_2 wp_t^b + \theta_{3t} && (9.3)\\
wp_t^{c,n} &= -\gamma_1 UR_t + \gamma_2 prod_t + \theta_{4t} && (9.4)\\
wp_t^b - wp^{c,n} &= (p_t^c - p_t) + \log(1+\tau_t) && (9.5)\\
p_t^c &= \zeta_1 p_t^* + (1-\zeta_1)p_t && (9.6)\\
p_t &= \overline{\delta}_1 wp_t^b + \overline{\delta}_2 prod_t + \overline{\delta}_3 y_t && (9.7)\\
tb_t &= \zeta_2 p_t^* - p_t + \overline{\theta}_{5t} && (9.8)
\end{aligned}
$$

Der Reallohnkeil (Gleichung 9.5) besteht nun nicht nur aus einem Preiskeil sondern enthält ferner noch die staatliche Komponente der Lohnzusatzkosten.[2] Die mark-up-Regel der Produzenten ist nun explizit spezifiziert (Gleichung (9.7)). Der heimische Güterpreis ergibt sich unter Berücksichtigung der Lohnkosten und der Produktivität; mit dem Term $\overline{\delta}_3 y_t$wird zusätzlich angenommen, dass der mark-up zumindest teilweise mit dem Niveau der Nachfrage schwankt.[3] Die Leistungsbilanzgleichung ist bereits aus den Ergänzungen des vorangegangenen Kapitels bekannt, wobei der Gütermarktschock nun als $\overline{\theta}_{5t}$ bezeichnet wird.

Preiskeil

Unter der Annahme $tb_t = 0$ lässt sich mit (9.7) und (9.8) der Relativpreis $(p_t^* - p_t)$ bestimmen als :

$$(p_t^* - p_t) = -\frac{(\zeta_2 - 1)}{\zeta_2}[\overline{\delta}_1 wp_t^b + \overline{\delta}_2 prod_t + \overline{\delta}_3 y_t] + \frac{1}{\zeta_2}\overline{\theta}_{5t}. \qquad (9.9)$$

Die Wirkung der preisbestimmenden Komponenten (wp_t^b, $prod_t$, y_t) auf die Wettbewerbsfähigkeit wird wieder vom direkten Preiseffekt und vom indirekten Wechselkurseffekt einer Preisänderung bestimmt.

---

[2]Die Definition (9.5) ist die log-linearisierte Form von

$$\frac{W_t^b}{P_t} = \frac{W_t^n(1+\tau_t)}{P_t} = \frac{W_t^n(1+\tau_t)}{P_t^c}\frac{P_t^c}{P_t}.$$

τ_t repräsentiert sowohl den Einkommenssteuersatz als auch den Beitragssatz der Sozialversicherungen.

[3]Es wird angenommen, dass der mark-up prozyklisch schwankt. Insbesondere die Vorzeichen von $\overline{\delta}_2$ und $\overline{\delta}_3$ können aber auch negativ sein (vgl. LAYARD / NICKEL / JACKMAN [1991]).

Um hieraus eine Gleichung für den Preiskeil $(p_t^c - p_t)$ zu erhalten, nehmen CARSTENSEN / HANSEN [2000] Umformungen vor, die deutlich herausgestellt werden sollten. Löst man die Arbeitsnachfragebeziehung (9.3) nach wp_t^b auf und setzt dies in Gleichung (9.9) ein, so ergibt sich nach Erweiterung und Einsetzen in die Definition für den Konsumentenpreis (9.6) die folgende Preiskeilgleichung:

$$(p_t^c - p_t) = -\delta_1 prod_t - \delta_2 e_t + \widetilde{\theta}_{5t} \tag{9.10}$$

$$\text{mit } \widetilde{\theta}_{5t} = \frac{\zeta_1}{\zeta_2}\bar{\theta}_{5t} - \frac{\zeta_1(\zeta_2 - 1)\bar{\delta}_1}{\zeta_2 \eta_1}\theta_{3t} \tag{9.11}$$

$$\text{und } \delta_1 = \frac{\zeta_1(\zeta_2 - 1)}{\zeta_2}\left(\frac{\bar{\delta}_1\eta_1 + (\bar{\delta}_2 + \bar{\delta}_3)\eta_2}{\eta_2}\right),$$

$$\delta_2 = \frac{\zeta_1(\zeta_2 - 1)}{\zeta_2}\left(\frac{\bar{\delta}_1(\eta_1 - 1) + \bar{\delta}_3\eta_2}{\eta_2}\right). \tag{9.12}$$

Hieran wird deutlich, was in CARSTENSEN / HANSEN [2000] beim Übergang von $\bar{\theta}_{5t}$ in Gleichung (9.9) zu $\widetilde{\theta}_{5t}$ in Gleichung (9.10) unerwähnt bleibt: Die Variable $\widetilde{\theta}_{5t}$ besteht aus *zwei* Schockeinflüssen, nämlich aus den Gütermarktschocks $\bar{\theta}_{5t}$ und den Arbeitsnachfrageschocks θ_{3t}. CARSTENSEN / HANSEN [2000, S. 477f.] interpretieren Gleichung (9.10) als Gütermarktgleichung und $\widetilde{\theta}_{5t}$ – trotz des enthaltenen Arbeitsnachfrageschocks θ_{3t} – als Gütermarktschock. Wir kommen auf die hieraus resultierenden Identifikations- und Interpretationsprobleme zurück.

Reallohnkeil

Einsetzen von (9.10) in die Definition (9.5) liefert eine Gleichung für den Reallohnkeil:

$$wp_t^b - wp_t^{c,n} = -\delta_1 prod_t - \delta_2 e_t + \theta_{5t} \tag{9.13}$$

$$\text{mit } \theta_{5t} = \widetilde{\theta}_{5t} + \widetilde{\theta}_{6t} \tag{9.14}$$

$$\text{und } \widetilde{\theta}_{6t} = \log(1 - \tau_t).$$

θ_{5t} enthält neben der bereits zusammengesetzten Komponente $\widetilde{\theta}_{5t}$ die Variable $\widetilde{\theta}_{6t}$, die die staatliche Einflussnahme auf die Lohnkosten erfasst. CARSTENSEN / HANSEN [2000, S. 479] interpretieren θ_{5t} als "goods market or government shock".

Der deterministische Teil des Modells besteht dann aus den Gleichungen (9.1)-(9.4) und der Reallohnkeilbeziehung (9.13).

Schockprozesse

Der stochastische Teil wird wieder durch die Schockprozesse aus (8.10) modelliert. Es sei an dieser Stelle noch einmal explizit darauf hingewiesen, dass zu Identifikationszwecken die Annahme der Unkorreliertheit von $\varepsilon_{it}, i = 1, ...5$, und somit auch $\theta_{it}, i = 1, ..., 5$ benötigt wird.

Wie zuvor werden der Produktivitäts- und Arbeitsangebotsschock als die treibenden permanenten Schocks angenommen ($|\rho_1| = 1$, $|\rho_2| = 1$). Für den Arbeitsnachfrageschock wird wieder nur eine transitorische Wirkung unterstellt ($|\rho_3| < 1$). Ob die verbleibenden beiden Schockvariablen ε_{4t} und ε_{5t} transitorischer oder permanenter Natur sind, wird der Empirie überlassen. Damit ergibt sich die Möglichkeit, dass staatliche Lohnkostenschocks, eingebracht über den Reallohnkeil (9.13), dauerhaft u.a. auf die Arbeitslosenquote wirken.

Matrixdarstellung und Lösung

Auf die Variablen $z_t = \begin{bmatrix} prod_t & UR_t & e_t & wp_t^{c,n} & wp_t^b \end{bmatrix}'$ konzentriert lautet die Matrixform

$$\begin{bmatrix} 1 & 0 & 1-\lambda & 0 & 0 \\ 0 & 1 & 1 & -\pi & 0 \\ -\eta_1 & 0 & 1-\eta_1 & 0 & \eta_2 \\ -\gamma_2 & \gamma_1 & 0 & 1 & 0 \\ \delta_1 & 0 & \delta_2 & -1 & 1 \end{bmatrix} \begin{bmatrix} prod \\ UR_t \\ e_t \\ wp_t^{n,c} \\ wp_t^b \end{bmatrix} = \begin{bmatrix} \theta_{1t} \\ \theta_{2t} \\ \theta_{3t} \\ \theta_{4t} \\ \theta_{5t} \end{bmatrix} \tag{9.15}$$

Die Lösung des Systems lautet

$$z_t = B^{-1}\theta_t$$

mit $det(B)$=$(1+\gamma_1\pi)[1\text{-}\eta_1\lambda+\eta_2(\delta_1(1\text{-}\lambda)\text{-}\delta_2)]+\eta_2(\gamma_1+\gamma_2(\lambda\text{-}1)) \neq 0$. DieLösung ist vollständig in Anhang AII angegeben.

9.2 Schockanalyse und Parameterrestriktionen

CARSTENSEN / HANSEN [2000] unterstellen schließlich auf Basis ihrer empirischen Kointegrations- und common trends-Analysen, dass $k = 2$ common trends $(\theta_{1t}, \theta_{2t})$ vorliegen. Dies impliziert $(n - k) = r = 3$ Kointegrationsbeziehungen, nämlich die Beziehungen (9.3), (9.4) und (8.10) für die Arbeitsnachfrage, die Lohnsetzung und den Reallohnkeil. Die Kointegrationsbeziehungen implizieren, dass der

Arbeitsnachfrageschock ε_{3t}, der Lohnsetzungsschock ε_{4t} und der zusammengesetzte Schock ε_{5t} nur transitorisch wirken. Die einzigen permanenten Schocks sind damit der Produktivitäts- und der Arbeitsangebotsschock.

2 common trends: Technologie θ_{1t}, Arbeitsangebot θ_{2t}
3 Kointegrationsbeziehungen:
Arbeitsnachfrage-, Lohnsetzungs-, Reallohnkeilgleichung

	Parameterrestriktionen											
	Set 1		Set 2		Set 3		Set 8		Set 10		Set 13	
	λ=1		λ=1/η_1		λ=η_1=1		λ=1/η_1, γ_1=0		π=0 λ=η_1=1, η_2=1		λ=η_1=1 η_2=1 γ_2=1	
	θ_{1t}	θ_{2t}	θ_{1t}	θ_{2t}	θ_{1t}	θ_{2t}	θ_{1t}	θ_{2t}	θ_{1t}	θ_{2t}	θ_{1t}	θ_{2t}
$prod_t$	✓	0	✓	✓	✓	0	✓	0	✓	0	✓	0
UR_t	✓	✓	✓	✓	✓	✓	✓	✓	✓	✓	✓	✓
e_t	✓	✓	✓	✓	✓	✓	✓	0	✓	✓	✓	✓
wp_t^c	✓	✓	✓	✓	✓	✓	✓	0	✓	✓	✓	✓
wp_t	✓	✓	✓	0	✓	0	✓	0	✓	0	✓	0

Anm.: („0")„✓": (keine) langfristige Wirkung von θ_{it} auf z_{jt}

Quelle: Eigene Berechnungen.

Tabelle 9.1: Restriktionen und Schockanalysen (offene Volkswirtschaft mit Staat)

Auch für diesen Fall sind Parameterrestriktionen formulierbar, die bei der Begründung einer Restringierung der langfristigen Wirkungen der permanenten Schocks behilflich sind. Wir untersuchen verkürzt die Parameterrestriktionen und Schockwirkungen nur für den genannten Fall mit $k = 2$.

- Set 1, 2 und 8 implizieren die gleichen Nullrestriktionen wie in Kapitel 8.2.
- Auch Set 3 und Set 10 sind bereits bekannt und hier ebenfalls geeignet, die permanenten Schocks zu identifzieren. Im Gegensatz zum vorangegangen Modell der offenen Volkswirtschaft werden nun 2 statt 4 Nullrestriktionen durch diese Parameterkonstellation auf die Langfristwirkungen der Arbeitsangebotsschocks gelegt, so dass hier nur die Produktivität und der Produzentenreallohn langfristig unberührt bleiben.

- Set 13 ($\eta_1 = \eta_2 = \lambda = \gamma_2 = 1$) findet in CARSTENSEN / HANSEN [2000] Anwendung. Unter der Annahme einer Cobb-Douglas-Produktionsfunktion mit konstanten Skalenerträgen und einer Produktivitätselastizität der Lohnsetzung von 1 erhält man die gleichen Nullrestriktionen für die langfristigen Wirkungen der permanenten Schocks wie im Set 3.

9.3 Diskussion

Die Erweiterung des Reallohnkeils durch Einbeziehung der Entwicklung der Lohnnebenkosten ist intuitiv einleuchtend. Die Diskussion kann an dieser Stelle kurz gehalten werden und sich auf die Frage konzentrieren, ob dies in der hier vorgestellten Form gelungen ist.

Dabei ist das Interpretationsproblem des Schockprozesses θ_{5t}, das ein Konglomerat aus Gütermarktschock $\tilde{\theta}_{5t}$ (so CARSTENSEN / HANSEN [2000, S. 478]) und staatlichen Schocks $\tilde{\theta}_{6t}$ darstellt, eher nachrangig. Schwerwiegender ist, dass $\tilde{\theta}_{5t}$ auch den Arbeitsnachfrageschock θ_{3t} enthält (vgl. Gleichung (9.11)). Ein Arbeitsnachfrageschock würde somit nicht nur direkt auf die Arbeitsnachfrage wirken sondern auch indirekt (über $\widetilde{\theta}_{5t}$ und θ_{5t}) den Reallohnkeil berühren. Dies bedeutet, dass die strukturellen Schocks ε_{5t} und ε_{3t} wie auch θ_{5t} und θ_{3t} nicht unkorreliert sind. Es lässt sich zeigen, dass die Kovarianz von θ_{5t} und θ_{3t}

$$E(\theta_{5t}\theta_{3t}) = \left(\frac{\zeta_1(\zeta_2 - \zeta_3)\overline{\delta}_1}{\zeta_2\eta_1}\right)^2 \left(\frac{1}{1-\rho_3^2}\right)\sigma_{\varepsilon_3}^2 \neq 0$$

lautet, wobei $E(\cdot)$ der Erwartungsoperator ist und $\sigma_{\varepsilon_3}^2$ die konstante Varianz des Arbeitsnachfrageschocks.[4] Dies widerspricht der Annahme der Unkorreliertheit der

[4] Die Kovarianz ergibt sich mit wenigen vereinfachenden Annahmen wie folgt: Aus den Gleichungen (9.11) und (9.14) folgt für θ_{5t}

$$\theta_{5t} = \frac{\zeta_1}{\zeta_2}\overline{\theta}_{5t} + \left(-\frac{\zeta_1(\zeta_2 - \zeta_3)\overline{\delta}_1}{\zeta_2\eta_1}\right)\theta_{3t} + \widetilde{\theta}_{6t}.$$

Zusätzlich unterstellen wir - analog zu den übrigen Prozessen und wie in HANSEN / WARNE [1997] - für den transitorischen reinen Gütermarktschock den Prozeß $\overline{\theta}_{5t} = \overline{\rho}_5\overline{\theta}_{5t-1} + \overline{\varepsilon}_{5t}$, mit $|\overline{\rho}_5| < 1$. Mit den Annahmen $E(\overline{\varepsilon}_{5t}) = E(\varepsilon_{3t}) = 0$ und somit $E(\overline{\theta}_{5t}) = E(\theta_{3t}) = 0$ sowie $E(\widetilde{\theta}_{6t}) = 0$ folgt die Kovarianz $E(\theta_{5t}\theta_{3t})$ zunächst als

$$E(\theta_{5t}\theta_{3t}) = \frac{\zeta_1}{\zeta_2}E(\overline{\theta}_{5t}\theta_{3t}) + \left(\frac{\zeta_1(\zeta_2 - \zeta_3)\overline{\delta}_1}{\zeta_2\eta_1}\right)^2 E(\theta_{3t}^2) + E(\widetilde{\theta}_{6t}\theta_{3t}).$$

Einsetzen und Auflösen der autoregressiven Prozesse für $\overline{\theta}_{5t}$ und θ_{3t} und unter der Annahme, dass strukturellen Schocks, die als Orthogonalitätsrestriktion zu Identifikationszwecken benötigt wird. Mit dieser Inkonsistenz wird die Zulässigkeit der Orthogonalisierung der Störgrößen in Frage gestellt, weswegen wir auch dieses Modell nicht für die nachfolgenden empirischen Analysen verwenden.

Die genauere Untersuchung der einzelnen makroökonomischen Modelle zeigte, dass hinsichtlich der Anwendung des Konzepts der orthogonalen Impuls-Antwort-Folgen die einfachste Variante zu bevorzugen ist. Der nachfolgende empirische Teil wendet daher die veschiedenen Konzepte zur Anpassungsanalyse im VECM auf das einfache Modell von JACOBSEN / VREDIN / WARNE [1997, 1998] an.

ε_{3t} sowohl mit $\overline{\varepsilon}_{5t}$ als auch mit $\widetilde{\theta}_{6t}$ unkorreliert ist, ergibt sich

$$E(\theta_{5t}\theta_{3t}) = \left(\frac{\zeta_1(\zeta_2 - \zeta_3)\overline{\delta}_1}{\zeta_2\eta_1}\right)^2 E\left(\sum_{i=0}^{\infty}\rho_3^{2i}\varepsilon_{3t-1}^2\right).$$

Mit $E(\theta_{3t}^2) = E\left(\sum_{i=0}^{\infty}\rho_3^{2i}\varepsilon_{3t-1}^2\right) = \frac{1}{1-\rho_3^2}\sigma_{\varepsilon_3}^2$ folgt die im Text angegebene Kovarianz.

Alternativ lässt sich zeigen, dass $E(\varepsilon_{5t}\varepsilon_{3t}) \neq 0$ gilt.

Teil IV

Empirische Untersuchungen

In diesem empirischen Teil werden verschiedene Arbeitsmarkt-VECM geschätzt und Anpassungsanalysen vorgenommen.

Wir beginnen jedoch in Kapitel 10 mit der Diskussion der Datenbasis, und untersuchen hier die Möglichkeit der Verwendung von - besser verfügbaren - saisonbereinigten Daten.

Die Schätzungen für Großbritannien, die USA und Deutschland (Kapitel 11 - 13) sind das Ergebnis einer Vielzahl von Spezifikationsversuchen und Sensitivitätsüberprüfungen in einem ausgesprochen komplexen Spezifikationsprozess. Dabei werden je Land zwei Spezifikationen geschätzt, um Sensitivitäten der Anpassungsprozesse und Modellierungsprobleme zu untersuchen.

Kapitel 10

Zum Einfluss der Saisonbereinigung

10.1 Vorbemerkungen

Um eine aussagekräftige, empirische Anpassungsanalyse vornehmen zu können, formulieren wir Mindestanforderungen an die Daten. Die Daten sollten über einen *statistisch* ausreichenden und *ökonomisch* aussagekräftigen Zeitraum verfügbar sein: Statistische Gründe sprechen für einen möglichst langen Stützbereich; Datenverfügbarkeit und das Problem einer fehlenden Konstanz der Strukturparameter stehen dem entgegen. Ein ökonomisch geeigneter Zeitraum sollte u.a. sicherstellen, dass überhaupt (ex ante bekannte) Schocks, wie z.B. die Ölkrisen, und Anpassungsprozesse stattgefunden haben. Als „geeignet" wird der Zeitraum ab 1970 unterstellt.

Falls Schocks stattgefunden haben, dann sollten die Daten so gewählt sein, dass sie die empirischen Anpassungsprozesse enthalten. Da sich Anpassungsprozesse vorrangig in der „kurzen und mittleren" Frist abspielen, sind Daten höherer Frequenz - letztlich mindestens Quartalsdaten - zu bevorzugen, um einen Informationsverlust durch die zeitliche Aggregation zu vermeiden.[1] Hier stellt sich die Frage, ob eine Saisonfigur und / oder die sog. irregulärer Komponenten bereinigt werden sollte.[2]

[1] Die Literatur verwendet Daten aller Frequenzen. Untersuchungen zu den Anpassungsprozessen auf den Arbeitsmärkten anhand von Jahresdaten finden sich z.B. bei BALMASEDA / DOLADO / LÓPEZ-SALIDO [2000]. Quartalsdaten werden verwendet in den Arbeitsmarktstudien von z.B. JACOBSEN / VREDIN / WARNE [1997, 1998], ANDERSEN / HYLLEBERG [2000]. BERTHOLD / FEHN / THODE [1999] verwenden Jahres- und Halbjahresdaten.

[2] Zudem könnte man formulieren, dass die Daten möglichst konsistent abgegrenzt sein sollten,

Vom Standpunkt der Verfügbarkeit aus sind saisonbereinigte Daten zu bevorzugen. Denn die statistischen Ämter und internationalen Organisationen stellen überwiegend saisonbereinigte Quartalsdaten bereit (vgl. Anhang CI). Dabei steht die Verwendung von saisonbereinigten Daten grundsätzlich im Einklang mit dem breiten Strang der empirischen, makroökonomischen Literatur.[3] Andererseits besteht in der Literatur eine grundlegende Skepsis gegenüber den Saisonbereinigungsverfahren, häufig verbunden mit der Forderung, die unbereinigten Daten zu verwenden. Auch Schätzungen im Vorfelde dieser Arbeit zeigten anhand von saisonbereinigten Daten zu ausgesprochen unbefriedigenden Ergebnisse.[4]

Für eine Anpassungsanalyse wären saisonbereinigte Reihen bereits dann auszuschließen, wenn die Saisonfilter die empirische Dynamik in den Daten bzw. die Spezifikation des VECM beeinflussen. Nachfolgend wird daher der Einfluss der Bereinigungsverfahren genauer untersucht. Wir sind daran interessiert, ob saisonbereinigte oder -unbereinigte Daten verwendet werden sollten, um eine Anpassungsanalyse in einem zu noch spezifizierenden VECM vorzunehmen.

In einem ersten Schritt wird zunächst die Literatur herangezogen (vgl. Unterabschnitt 10.2). Dann wird - mehr exemplarisch - ein empirisch-experimentellen Spezifikationsvergleich vorgenommen (vgl. Unterabschnitt 10.3).

10.2 Literaturskizze

Diese Literaturskizze filtert die Literatur vor dem Hintergrund der Verwendung (un-)bereinigter Daten in dynamischen, makroökonometrischen Modellen, wie des VECM.[5] Diese Skizze betrachtet nacheinander die folgenden Aspekte der Saison-

sowohl innerhalb eines Länderdatensatzes als auch zwischen den Länderdatensätze. Dies gilt aber für jede empirische Untersuchung, und ist nicht der dynamischen Analyse eigen.

[3] „*The combination of (1) seasonally adjusting each series separately and (2) studying impulses and responses with adjusted data is a commonly accepted way of conducting empirical research.*" (vgl. GHYSELS [1994, S. 264])

[4] Schätzungen für Großbritannien, Norwegen und Österreich zeigten unplausible Kointegrationsbeziehungen und instabile Anpassungsprozesse. Auffallend war, dass die empfohlenen Lagordnungen relativ kurz, d.h. nie länger als drei Quartale, waren. Zudem fiel eine starke Verletzung der Normalverteilungsannahme auf, die nicht kontrolliert werden konnte.

[5] Es sei hier u.a. auf die Überblicksartikel von GHYSELS [1993], GHYSELS [1994], MIRON [1994], FRANSES [1996], FRANSES / MCALEER [1999] verwiesen, die auch weiterführende Aspekte, wie z.B. der stochastische Saison, saisonale Einheitswurzeln und der saisonalen Kointegration sowie einer variierenden Saionsfigur behandeln.

bereinigung (i) Ökonomische Aspekte, (ii) Ökonometrische Aspekte, (iii) Konsequenzen für die Regressionsanalyse, die Integrations-, Kointegrations- und VECM-Analyse.

Für die nachfolgende Auseinandersetzung mit den Einflüssen der Saisonbereinigung sind zunächst einige Begrifflichkeiten zu klären.

Die *ökonomische Modellierung* der Saison erfolgt im wesentlichen auf zwei Wegen. Zum einen kann sie als Ergebnis des ökonomischen Verhaltens der Wirtschaftssubjekte interpretiert werden. Die Saisonfigur wird als endogen angesehen und aus einem ökonomischen, dynamischen Modells mit seinen Technologie- und Präferenzparametern erklärt. Zum anderen kann die Saisonfigur als mehr exogene Variation verstanden werden, verursacht z.B. durch Kalender- und Wettereffekte oder institutionelle Regelungen. Die Unterscheidung ist bedeutend, da sich nur im letzteren Ansatz die Saisonfigur als „störende Variation" verstehen lässt, die keine Information über Präferenzen und Technologien enthält und somit vernachlässigbar für die Schätzung der „tiefen" strukturellen Verhaltensparameter ist.

Die *statistisch-ökonometrische Modellierung* der Saisonfigur erfolgt entweder in Form einer stochastischen Saison oder einer deterministischen Saison oder in Kombination beider. Ein einfaches Beispiel für eine stochastische Saison ist der univariate autoregressive Prozess $x_t = \rho x_{t-s} + \widetilde{x}_t$, mit $s = 4, 12$ für Quartals- bzw. Monatsdaten und $\widetilde{x}_t$ als Restkomponente.[6] Ein deterministisches Saisonmodell, z.B. $x_t = \delta_1 S_{1t} + ... + \delta_s S_{st} + \widetilde{x}_t$, hingegen modelliert die Saisonfigur mit den 1/0-Dummy-Variablen D_{it}.[7]

Tritt eine Saisonfigur auf, so liegt es häufig nahe, diese zu bereinigen. Alle *Saisonbereinigungsverfahren* nehmen dazu eine *Komponentenzerlegung* in eine Saisonkomponente und die sog. glatte Komponente[8] vor. Beides sind unbeobachtbare Komponenten, denn nur das gemeinsame Auftreten kann als Zeitreihe beobachtet werden. Die Komponenten werden als unabhängig betrachtet und in der Regel als additiv oder multiplikativ verknüpft angenommen. Die verwendete Bereinigungsverfahren lassen sich zum einen in *modellbasierte Verfahren* und *nicht-modelbasiert Verfahren*

[6] Wir nehmen $|\rho| < 1$ an und blenden damit saisonale Einheitswurzeln aus.

[7] Darüberhinaus kann die Saisonfigur mit sog. periodischen autoregressiven (PAR-) Modellen abgebildet werden. Diese Modelle unterstellen Parameter, die mit der Saison variieren. Siehe hierzu FRANSES [1996].

[8] Die glatte Komponenten enthält alle nichtsaisonalen Komponenten einer Zeitreihe, wie die zyklischen Schankungen, den Trend und irreguläre Komponenten.

einteilen. Nur erstere formulieren explizit ein Modell für die saisonale Komponente, das z.B. auf einem ökonomischen, dynamischen Makromodell basieren kann. Das X11-Verfahren mit seinen Varianten z.B. zählt zu den nicht-modellbasierten Zerlegungsverfahren. Für die praktische empirische Analyse wesentlich relevanter ist die Unterscheidung in *lineare* und *nichtlineare* Filter: Ein Saisonfilter heißt linear (nichtlinear), wenn er die Rohdatenreihe mittels einer linearen (nichtlinearen) Funktion in eine unbereinigte Reihe transformiert.

Ökonomische Aspekte der Saisonbereinigung

Ein Zweig der dynamischen, ökonomischen Theorie interpretiert die Saison als das Ergebnis eines ökonomischen, durch z.B. Präferenz- und Technologieparamter beschriebenen Modells.

Ausgehend von diesem Standpunkt der endogenen Saisonfigur lässt sich nun zeigen, dass es nicht eindeutig ist, ob der Empiriker saisonbereinigte oder -unbereinigte Daten verwenden sollte. Nehmen wir dazu zunächst an, dass das unterstellte ökonomische, dynamische Modell inklusive des Saisonmodells wahr und bekannt sei. In diesem Fall ist eine statistische Saisonbereinigung unangebracht, denn eine rein statistische Modellierung der Saisonfigur durch eine Komponentenzerlegung, wie sie alle Saisonbereinigungsverfahren vornehmen, steht in aller Regel nicht im Einklang mit dem ökonomischen Modell. GHYSELS [1994, S. 259] formuliert dies so: „*The dynamic models of production, investment, and consumer behaviour ... do not generate the type of mutually orthogonal unobserved component* **statistical** *models used to identify and extract seasonality from economic time series. The decomposition of economic time series into trend, cycle, and seasonal is not theory-free and the theory behind it does not correspond to the standard theoretical developments.*" (Hervorhebungen im Original.) Eine rein statistische Saisonbereinigung wird also der „wahren" ökonomischen Saisonfigur nicht gerecht. Schätzungen auf Basis der rein statistisch bereinigten Daten führen dann zu verzerrten Schätzung der ökonomischen Präferenz- und / oder Technologieparameter.[9] Um dieser *Verzerrung infolge der Saisonbereinigung* zu entgehen, kann die Empfehlung an dieser Stelle nur lauten: Verwende zur Schätzung der wahren strukturellen Parameter *unbereinigte* Rohdaten bei gleichzeitig expliziter (korrekter) Modellierung der Saisonfigur.

[9]Ein Grund für diese Verzerrung kann die Annahme der Unabhängigkeit der Komponenten im Saisonbereinigungsverfahren sein. Dass diese Annahme nicht im (wahren) ökonomischen Modell gegeben sein muss, illustriert z.B. GHYSELS [1994] anhand eines einfachen Beispiels.

Dieses Plädoyer für die Verwendung unbereinigter Daten untertellt, dass das wahre ökonomische Saisonmodell bekannt ist. Es ist aber realistischer anzunehmen, dass das formulierte ökonomische Saisonmodell mehr oder weniger fehlspezifiziert ist. Verwenden wir nun *unbereinigte* Daten - wie oben empfohlen - so kann diese Fehlspezifikation des Saisonmodells ebenfalls zu einer Verzerrung der zu schätzenden strukturell-ökonomischen Parameter führen. Um dieser Verzerrung zu entgehen, könnte ein Wechsel auf *bereinigte* Daten angebracht sein. In diesem Fall wird wieder implizit ein Komponentenmodell unterstellt, ein statistisches Saisonmodell. Entspricht dies nicht dem unbekannten wahren Saisonmodell, so kommt es bei anschließenden Schätzungen von gesuchten strukturellen Parameter auf Basis der bereinigten Daten wieder zu einer *Verzerrung infolge der Saisonbereinigung* (s.o.).

Es lohnt sich daher festzuhalten: Wenn also der anwendungsorientierte Makroökonom das wahre ökonomische Saisonmodell nicht kennt, wird er immer einen - mehr oder weniger großen - Spezifikationsfehler machen. Die Empfehlung für die Verwendung des bereinigten oder des unbereinigten Datensatz ist dann abhängig von der relativen Stärke der beiden Parameterverzerrungen. Ist z.B. die Verzerrung durch die Fehlspezifikation des ökonomischen Saisonmodells größer als die Verzerrung infolge einer Saisonbereinigung, dann sollten saisonbereinigte Reihen verwendet werden. Eine allgemeingültige Empfehlung kann bei diesem trade off nicht ausgesprochen werden.

Ökonometrische Aspekte der Saisonbereinigung

Das in dieser Arbeit verwendete ökonomische Modell aus Kapitel 7 besitzt jedoch keinen explizit ökonomisch fundierten Saisonteil. Wir können daher die Saison als exogen auffassen und sind vielmehr an einer adäquaten *ökonometrischen* Behandlung interessiert. Vor diesem Hintergrund finden sich in der Literatur folgende grundsätzlichen ökonometrischen Aspekte der Saisonbereinigung.

Angelehnt an die obige ökonomischen Diskussion ergibt sich aus der Tatsache, dass die einzelnen Komponenten der Zeitreihe unbeobachtbar sind (und das wahre Saisonmodell unbekannt ist), ein *empirisches Überprüfbarkeitsproblem.* Benutzt man ein nicht-modellbasiertes Verfahren, wie das X11-Verfahren mit seinen Varianten, dann ist es letztlich nicht möglich, empirisch zu überprüfen, ob ein Filter die Saisonkomponente korrekt entfernt hat (vgl. z.B. RIETZEL / STEPHAN / WOLTERS [2000, S.13]).[10] D.h. es kann zum einen nicht sichergestellt werden, dass

[10] Für die nicht-modellbasierten Filter betont BELL [1991, S.176], dass „...*in seasonal adjustment*

der Filter nur die Saisoninformation entfernt. Zum anderen könnten den bereinigten Reihen neue statistische Eigenarten hinzugefügt werden, die die Originalreihen nicht enthalten.[11]. Solange also nicht sichergestellt ist, dass durch die Bereinigung nur die Saisonkomponente kontrolliert wird, droht die Saisonbereinigung auch den Informationsgehalt der Zeitreihe zu verändern (vgl. FRANSES [1996]).

Was spricht denn grundsätzlich für eine Saisonbereinigung? SIMS [1974, 1993] argumentiert, dass bei der Schätzung anhand saisonhaltiger Daten die Saisonvariationen den Fit dominieren, so dass die übrigen Beobachtungen abseits der Saisonfrequenz unterrepräsentiert bleiben. Die Beispiele in seinen Papieren zeigen, dass anhand der bereinigten Daten deutlich bessere Parameterschätzungen erzielt werden können, da die Beobachtungen abseits der Saisonfrequenz besser repräsentiert werden.[12] Diese Papiere bestätigen im Prinzip folgendes intuitive Argument für die Saisonbereinigung: Im saisonbereinigten Datensatz treten die gesuchten Eigenschaften und Beziehungen deutlicher heraus, die in der unbereinigten Reihen hinter einer starken Saisonfiguren verborgen bleiben.

Welche allgemeinen Konsequenzen hat ein Saisonbereinigungsverfahren für die Eigenschaften einer Zeitreihe und die Regressionsanalyse? Die Antwort auf diese Frage wird von den Eigenschaften der Saisonfilter selbst bestimmt. Eine analytisch-geschlossene Bestimmung dieser Eigenschaften ist aber - wenn überhaupt - nur eingeschränkt für die Klasse der sog. linearer Saisonfilter möglich. Für die meisten angewandten Saisonbereinigungsverfahren hingegen ist dies nicht möglich, da sie in unterschiedlichem Ausmaß nichtlinear sind.[13]

Allgemeingültige Konsequenzen können also auf analytischem Wege kaum abgeleitet werden (vgl. STIER / EDEL [1997], BLOEM / DIPPELSMAN / MACHLE

the components are really artificial constructs presumed useful to estimate; there is no objektive truth."

[11] GRANGER / NEWBOLD [1977] finden anhand der Spektral-Analyse Hinweise darauf, dass die angewandten Saisonfilter tendenziell "zu viel" Saison entfernen, d.h. an der Stelle von Saisonspitzen werden nach der Bereinigung „Dellen" erzeugt. Für eine solche Aussage wird jedoch implizit ein wahres *statistisches* Modell unterstellt; die „*objective truth*" von BELL (vgl. Fußnote 10) findet sich dann in Annahmen über statistischen Eigenschaften der bereinigten Zeitreihe.

[12] Aber auch hier verbirgt sich ein trade off: Im unbereinigten Datensatz werden Informationen Abseits der Saisonfrequenz untergewichtet. Im bereinigten Datensatz werden Informationen an der Saisonfrequenz entfernt.

[13] Die Ursache der Nichtlinearität liegt z.B. in iterativen Algorithmen, die in einzelnen Verfahrensschritten zur Anwendung kommen, und / oder in speziellen Bereinigungen am aktuellen Rand.

[2000]). Dies gilt auch für das die Praxis dominierende X11-Verfahren mit seinen Varianten, das ebenfalls im unterschiedlichen Maße nichtlinear ist.[14] Daher werden entweder lineare Approximationen der Filterverfahren untersucht oder es werden empirische Experimente und Simulationen vorgenommen, um die Folgen der Bereinigung auf Zeitreiheneigenschaften und ökonometrische Analysen abzuschätzen.[15] Die Allgemeingültigkeit der erzielten Ergebnisse ist jedoch begrenzt und z.T. nur für den betrachteten Datensatz relevant.

In der nachfolgenden Diskussion ist daher eine strikte Unterscheidung der Wirkungen von linearen/linearisierten und nichtlinearen Saisonfilter notwendig.

Konsequenzen der Saisonbereinigung für die Regressionsanalyse, die Integrations-, Kointegrations- und VECM-Analyse

Für lineare Saisonfilter zeigen SIMS [1974] und WALLIS [1974] zunächst, dass die KQ-Schätzer asymptotisch unverzerrt sind.

Zwei Einschränkungen dieses Ergebnisses sind für die praktische Arbeit wichtig: Zunächst muss die asymptotische Unverzerrtheit nicht mehr gelten, wenn die Zeitreihen mit unterschiedlichen linearen Verfahren bereinigt werden. Gerade dies ist aber häufig der Fall, da in der praktischen Anwendung mehr oder weniger arbiträre Entscheidungen (Art und Ausmaß der Vorbereinigung, Art des Saisonmodells, Filterlänge, ...) getroffen werden (müssen) und eine auf die Zeitreihe zugeschnittene Bereinigung erfolgt. Die Bereinigung erfolgt also zeitreihenübergreifend nicht einheitlich und stellt damit die Regressionsanalyse selbst nach linearer Filterung in Frage. Gerade vom Standpunkt der multivariaten Analyse aus ist es also überaus fraglich, einzelne Zeitreihen zu bereinigen.[16]

Die zweite Einschränkung betrifft die dynamischen Modelle. Hier bleibt die von SIMS [1974] und WALLIS [1974] abgeleitete asympotische Unverzerrtheit des KQ-

[14]Zu den Ursachen der Nichtlinearität des X11-Verfahrens siehe GHYSELS / GRANGER / SIKLOS [1995]. Die Struktur und Komplexität des X11-Verfahrens verdeutlicht HYLLEBERG [1986] in einem Flowchart; siehe hierzu auch BLOEM / DIPPELSMAN / MACHLE [2000].

[15]Siehe z.B. die Arbeiten von GHYSLES / GRANGER / SIKLOS [1995], STIER / EDEL [1997], SPETH [1997], RIETZLE / STEPHAN / WOLTERS [2000], KIRCHNER [1999], DEN BUTTER / FASE [1991], GHYSES / PERRON [1993]. Zur Problematik des Filtervergleichs siehe unter u.a. den Sammelband von EDEL / SCHÄFER / STIER [1997, Kapitel III].

[16]Dies betont vor allem HYLLEBERG [1998, S. 168]): „*The whole idea of a univariate analysis may be qustioned, and it can be argued that very little economics is learned from considering single time series. In addition it is well known that the application of different filters to different series may cause severe bias in the multivariate context.*"

Schätzers erhalten, wenn nur die Exogenen verzögert eingehen. GHYSELS [1990] und GHYSELS / PERRON [1993] erweitern die Resultate verzögerte endogene Variablen. Für den KQ-Schätzer können sie zeigen, dass im Fall stationärer Variablen das linearisierte X11-Verfahren zu einem upwards-bias in den geschätzten Koeffizienten der verzögerten Endogenen führt. Diese asymptotische Inkonsistenz lässt sich noch genauer spezifizieren: Zwar wird durch das Verfahren die Autokorrelation auf Saisonfrequenz größtenteils eliminiert, aber es wird ein upwards-bias in den Koeffizienten der verzögerten Endogenen mit Lags kleiner als die Saisonfrequenz induziert. Diese Verzerrung der Autokorrelationskoeffizenten fällt dabei um so größer aus, je kleiner die Laglänge gewählt wird. Ferner ist die Verzerrung bei bereinigten Quartalsdaten größer als bei bereinigten Monatsdaten. Im Fall nichtstationärer Variablen hingegen sind die KQ-Schätzer der verzögerten Endogenen asymptotisch konsistent und der lineare Saisonfilter beeinflusst nicht die asymptotische Verteilung.

Für die *Nichtstationaritäts-Tests* haben die Resultate von GHYSELS / PERRON [1993] eine unmittelbare Konsequenz, die sie ebenfalls explizit untersuchen: Sind die Zeitreihen stationär, so werden u.a. die häufig verwendete ADF-Test hin zur Nullhypothese der Nichtstationarität verzerrt. Bei Verwendung von Daten, die mit dem linearisierten X11-Verfahren bereinigt werden, wird daher die Hypothese der Nichtstationarität seltener abgelehnt. Als praktische Implikation leiten die Autoren ab, dass für ADF-Tests die unterstellte Laglänge größer sein sollte als die Saisonfrequenz, also bei Verwendung von Quartalsdaten größer als 4. Aber selbst dann, so GHYSELS [1994, S. 291], verbleibt immer noch ein Rest des upwards-bias.[17] Die Autoren plädieren schließlich für eine Verwendung unbereinigter Daten und Jahresdaten, um den ADF-Test durchzuführen.

Aber auch Einheitswurzel-Tests, die unter der Nullhypothese die Stationarität testen, werden vom linearisierten X11- Verfahren verzerrt. Die Simulationsstudie von OLEKALNS [1996] zeigt für den KPSS-Test in kleinen Stichproben, dass in den bereinigten Daten die wahre Nullhypothese der Stationarität ausgesprochen häufig abgelehnt wird.

An dieser Stelle sei auf einen weiteren Effekt hingewiesen, der insbesondere in den empirischen Studien zu den Nichtstationaritäts-Tests auffällt. Die Stärke der Saisonvariation spielt offenbar eine Rolle. In GHYSELS [1990] finden sich Hinweise,

[17] Auch die von den Autoren vorgenommenen Simulationen in kleinen Stichproben zeigen, dass die Erhöhung der Lagordnung keine zufriedenstellende Lösung ist.

dass die Saisonvariation störend Einfluss auf die Tests nimmt. In den empirischen Anwendungen ist jedoch häufig unklar, ob die gesuchte Eigenschaft (z.B. Nichtstationarität) unentdeckt bleibt, weil die Saisonfigur störend Einfluss nimmt oder weil sie tatsächlich nicht vorliegt oder weil sie aufgrund der geringen Testpower nicht erkannt wird.

Welche Konsequenzen hat die Saisonbereinigung für die Kointegrationsanalyse?

Aus den obigen Ergebnissen von SIMS[1974], WALLIS [1974], GHYSELS / PERRON [1993] lässt sich für einheitliche, lineare Filter folgern, dass der KQ-Schätzer der Kointegrationsparameter asymptotisch unverzerrt bleibt.[18] [19]

Der Einfluss der nichtlinearen Filter auf die Kointegrationsanalyse ist nur partiell erforscht. Zunächst sei auf GRANGER / HALLMAN [1991] verwiesen, die zeigen, dass eine nichtlineare transformierte Zeitreihe nicht mit ihrer Originalreihe kointegriert sein kann. Eine unbereinigte Reihe und eine nichtlinear bereinigte Reihe können demnach theoretisch nicht kointegriert sein. In einigen empirischen Arbeiten findet sich diese Ergebnis und zwar sowohl auf Basis generierter Daten als auch anhand beobachteter Makrodaten (vgl. GYHSEL / GRANGER / SIKLOS [1996], RIETZLER / STEPHAN / WOLTERS [2000])[20]. Die Schlussfolgerung kann an deser Stelle daher nur lauten, keine gemischten Datensätze zu verwenden.

Damit ist zwar geklärt, dass die unbereinigte Reihe und die nichtlinear bereinigte Reihe grundsätzlich nicht kointegriert sind. Es bleibt aber offen, ob die Kointegrationseigenschaft zweier unbereinigter Reihen auch weiter erhalten bleibt, wenn sie mit dem *gleichen, nichtlinearen* Filterverfahren bereinigt werden.[21] Die Resultate der Literatur legen nahe, dass der Kointegrationsraum zumindest nicht unverändert

[18] So auch HECQ [1998]. Zu den genauen Eigenschaften die ein Saisonfilter erfüllen muss, damit der Kointegrationsraum unberührt bleibt, siehe auch CUBADDA [1999].

[19] Dies wird auch durch die empirischen Simulationen in GHYSLES / GRANGER / SIKLOS [1995] bestätigt, die in ihrer Simulationssutdie hier keine wesentlichen Einflüsse des linearisierten X11-Verfahrens finden.

[20] Die beiden Arbeiten finden zudem Hinweise darauf, daß die Kointegrationeigenschaft zwischen bereinigter und unbereinigter Reihe insbesondere bei Anwendung multiplikativer, nichtlinearer Filter zerstört wird. GHYSELS / GRANGER / SIKLOS [1996] vermuten zudem, dass bei starken saisonalen Schwankungen oder kleinen Stichproben die Rangtests zur Auffindung der Kointegrationsbeziehung empfindlich gestört werden, so dass dieser Effekt nicht mehr zu beobachten ist.

[21] GHYSELS / GRANGER / SIKLOS [1996] finden zwar Hinweise auf einen Scheinzusammenhang der nichtlinear bereinigten integrierten Reihen, dokumentieren aber nicht, ob ein Rangtest die tatsächlich fehlende Kointegrationsbeziehung auch in den bereinigten Daten richtig diagnostiziert.

bleibt (vgl. GHYSELS / PERRON [1993], JÄGER / KUNST [1990], OTERO / SMITH [1996]). So könnte es sein, dass zum einen durch diese Bereinigung die vorliegenden Kointegrationsbeziehung zerstört werden. Zum anderen könnte eine scheinbare Kointegrationsbeziehungen in die bereinigten Daten eingebracht werden, die im Rohdatensatz nicht existiert. Hinweise für letzteres finden sich in LEE / SIKLOS [1993, S. 581][22]; unklar ist hier zunächst, ob die Saisonvariation im Rohdatensatz störend Einfluss nimmt und deshalb dort keine Kointegrationsbeziehung gefunden wird. In einer anschließenden Simulationsstudie (vgl. GHYSELS / GRANGER / SIKLOS [1996]) findet sich dann aber in der Tat eine starke Tendenz, einen signifikanten, linearen Zusammenhang in den nichtlinear X11-bereinigten Daten zu finden, obwohl in den generierten Rohdaten kein solcher Zusammenhang vorliegt. Sie zeigen damit, dass durch das Saisonbereinigungsverfahren induzierte Nichtlinearitäten zu Scheinzusammenhängen im linearen Regressionmodell führen können.

Eine weitere Konsequenz des linearisierten X11-Verfahrens für die AR- und VAR/VECM-Analyse zeigt MARAVALL [1993, 1995] auf. Liegen I(1)- Prozesse vor, so dient die einfache Differenzenbildung der Trendkontrolle. Saisonfilter, wie das X11-ARIMA-Verfahren, nehmen jedoch eine weitaus häufigere Differenzenbildung vor, womit eine Überdifferenzierung stattfindet. Die Folge ist, dass die Invertierbarkeit des AR- oder VAR-Prozesses nicht mehr gewährleistet ist, eine fehlende Konvergenz des autoregressiven Prozesses eintreten kann und inkonsistente Parameterschätzungen vorgenommen werden, die auch sehr große Lags signifikant werden lassen (vgl. WALLIS [1998], CUBADDA [1999]). Dies hat zur Folge: Autoregressive Modelle und auch das VECM sind daher häufig nicht mehr anwendbar.

Abschließende Vorbehalte: Einheitliche, lineare Filter?

Der Literaturüberblick zeigt, dass die linearen Filter am wenigsten Probleme bereiten und z.B. den Kointegrationsraum unverändert lassen. Wie jedoch insbesondere GHYSELS / PERRON [1993] und MARAVALL [1993,1995] zeigen, beeinflussen offenbar auch die praxisrelevanten, linearisierten Verfahren die empirische Dynamik in den stationären Teilen der AR- und VAR-Modelle und somit auch des VECM.

[22] Anhand der Schätzung einer Konsumfunktion für Kanada stellen sie fest: „*It appears that the finding of cointegration between consumption and income may be due, at least in part, to seasonal adjustment at the source, since a finding of cointegration between the same two series is easily rejected for seasonal unadjusted data.*“ (vgl. a.a.O).

Jedoch auch die bestehenden Ergebnisse zur Neutralität der einheitlichen, linearen Saisonfilter gegenüber der Kointegrationsanalyse werden in der Praxis nahezu redundant, und zwar aufgrund von zwei Einschränkungen. Zum ersten erfolgen kaum zeitreihenübergreifende einheitliche Bereinigungen. Dies entspricht eher der Absicht des Statistikers (BELL/HILLMER [1985]-Position), und läuft der Absicht der Ökonometriker entgegen, der einen einheitlichen (linearen) Filter für alle Zeitreihen verlangt, damit die Beziehungen zwischen den Reihen erhalten bleiben (SIMS [1985]-Position). Zum anderen ist die Linearität eine in der Praxis kaum anzutreffende Eigenschaft der Filter.

Dieser Überblick legt nahe, dass der Einsatz von Saisonfiltern die Nichtstationaritäts-Tests, die dynamischen Analysen und die Kointegrationsanalysen in Eingleichungs- und Mehrgleichungsmodellen empfindlich beeinflusst. Der Ökonometriker kann nur hoffen, dass das Ausmaß dieser Verzerrungen begrenzt bleibt. In wie weit sich die Bereinigungsprozeduren voneinander unterscheiden und ob die Nichtlinearitäten in den Bereinigungsverfahren zur Geltung kommen, bliebt eine im Einzelfall zu klärende, empirische Frage.

10.3 Empirisches Experiment

Um einen Eindruck davon zu gewinnen, wie stark die Saisonbereinigung die nachfolgenden Analysen beeinflusst, wird folgendes Experiment vorgenommen. Unabhängig voneinander spezifizieren wir je ein VECM für einen saisonunbereinigten und einen bereinigten Datensatz. Die Spezifikation erfolgt entlang des Vorgehens, dass in Anhang AIII skizziert ist. Es werden Quartalsdaten für Österreich verwendet, da hier die Bereitstellung beider Datensätze weitgehend gegeben ist (vgl. Anhang CI).

Daten

Die benötigten Daten werden aus Tabelle 10.1 konstruiert, die sowohl bereinigt als auch unbereinigt vorliegen. Als Proxy für die gesamtwirtschaftliche Bruttolohnentwicklung werden die zu Quartalsdaten aggregierten Bruttomonatseinkommen des Produzierenden Gewerbes herangezogen[23]. Die Arbeitslosenquote wurde auf Basis der gesamten Erwerbstätigen berechnet. Diese Definition der Arbeitslosenquote ist damit konsistent mit der Beschäftigungsvariablen. Der bereinigte Datensatz wurde

[23] Im vorliegenden Datensatz ist dies die einzige Reihe, die kein gesamtwirtschaftliches Aggregat darstellt.

Saisonbereinigter und -unbereinigter Datensatz Sample: 1970:1-1995:4		
W_t	Bruttolohneinkommen, Index (1995=100)	IMF
P_t	Deflator des Bruttoinlandsprodukts, Index (1995=100)	OECD
YP_t	Bruttoinlandsprodukt zu laufenden Preisen, Millionen Schillinge	OECD
E_t	Erwerbstätige, in 1000 Personen, Index (1995=100)	OECD
UN_t	Registrierte Arbeitslose, in 1000 Personen, Index (1995=100)	OECD
$POIL_t$	Ölpreis, UK Brent, Index (1995=100)	IMF
Quelle: IMF/OECD: International Statistical Yearbook 1999.		

Tabelle 10.1: Österreich: Datensätze

für X11-ARIMA-saisonbereinigte Reihen zusammengestellt. Die Saisonbereinigung ist von der OECD vorgenommen worden. Für die Nominallöhne W_t liegen keine saisonbereinigten Daten in den IFS 1999 des IMF vor. Daher wurde eine Saisonbereinigung der Nominallöhne mit dem gleichen Verfahren vorgenommen.[24]

Die Arbeitsmarktvariablen sind dann wie folgt definiert:

$$\begin{aligned} wp_t &= ln(\frac{W_t}{P_t \cdot E_t}); \; prod_t = \ln(\frac{YP_t}{P_t \cdot E_t}); \\ e_t &= \ln(E_t); ur_t = \ln(\frac{UN_t}{UN_t + (E_t \cdot E_{1995})} \cdot 100) \end{aligned}$$

Die Abbildung 10.1 zeigt die Daten in Niveaus und ersten Differenzen.

Pretests

Wir untersuchen die Eigenschaften der beiden Datensätze hinsichtlich der Nichtstationarität, der Lagordnung und des Ranges. Da die Normalverteilung besondere Schwierigkeiten bereitet, gehen wir hierauf gesondert ein.

[24] Das X11-Verfahren ist als Prozedur unter www.census.gov/pub/ts/x11/x11v2.exe verfügbar. Diese ist u.a. als eigenständige Tool für die Software RATS erhältlich und auch im Programmpaket EVIEWS implementiert. Das X11-ARIMA-Verfahren ist im Paket SPSS enthalten und fand hier Anwendung. Die zu setzenden Parameter werden automatisch vom Programm gesetzt, um exogene Eingriffe zu vermeiden. Dieser Vorgehensweise folgen auch GHYSLES / GRANGER / SIKLOS [1995, S. 381]). Der Untersuchungszeitraum ist für den Datensatzvergleich auf 25 Jahre beschränkt, da die vorliegende Bereinigungsprozedur nur 100 Beobachtungen verarbeitet.

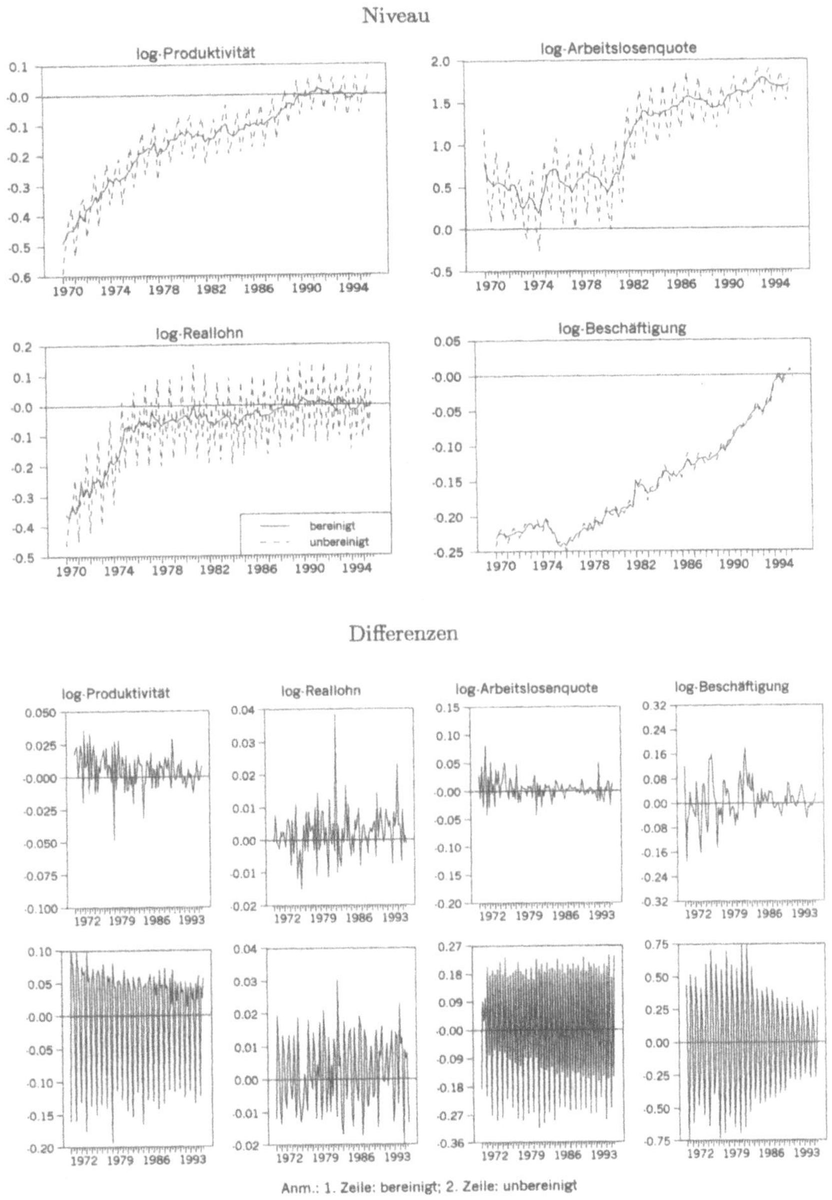

Abbildung 10.1: Datensätze Österreich

Nichtstationarität

Die Nichtstationaritätseigenschaften werden anhand des augmented Dickey-Fuller-(ADF-) Tests überprüft. Die Laglänge q der verzögerten Differenzen im ADF-Test und das dazu gehörige marginale Signifikanzniveau P eines univariaten LM-Tests sind in Tabelle 10.2 ausgewiesen. Zusätzlich wird ein Sargan-Bhargava-(SB-)Test vorgenommen (vgl. SARGAN / BHARGAVA [1983], BHARGAVA [1986]). Der SB-Test nutzt das Autokorrelationsmodell

$$x_t = \alpha_0 + w_t;\ w_t = \rho w_{t-1} + v_t.$$

Der Test überprüft anhand einer modifizierten Durbin-Watson-Statistik SB[25]

$$SB = \frac{\sum_{t=2}^{T}(x_t - x_{t-1})^2}{\sum_{t=1}^{T}(x_t - E(x_t))},$$

unter der Nullhypothese die Nichtstationarität ($\rho = 1$). Die SB-Statistik ist ebenfalls in Tabelle 10.2 angegeben.

Ein Vergleich liefert die folgenden Beobachtungen.

1. Die Herstellung von autokorrelationsfreien Residuen v_t in den ADF-Tests benötigt bei Verwendung unbereinigter Daten längere Lags als im Modell bereinigter Daten.

2. Eine Nichtstationarität der Niveauvariablen und eine Stationarität der Differenzen wird im saisonbereinigten Datensatz grundsätzlich deutlicher angezeigt, insbesondere in den SB-Tests.[26]

3. Die SB-Tests der beiden Datensätze unterscheiden sich stark: Der unbereinigte Datensatz besteht anscheinend nur aus stationären Variablen, der saisonbereinigte Datensatz enthält hiernach durchweg nichtstationäre Variablen.

4. In den Tests auf Basis der nicht saisonbereinigten Daten sind insbesondere die ADF-Tests weniger eindeutig. Zwar kann die Hypothese der Nichtstationarität in den Niveauvariablen durchweg auf 1%-Niveau nicht verworfen werden. Im Falle der Differenzenvariable $\Delta prod_t$ zeigt die ADF-Statistik die Nichtstationarität an, was als Hinweis gedeutet werden kann, dass $prod_t$ nicht einem I(1)-

[25] Dies ist die Statistik R1 aus SARGAN / BHARGAVA [1983].

[26] Ausnahme bildet die Beschäftigungsvariable: Hier wird eine explosive Einheitswurzel im ADF-Test gefunden; wir kommen hierauf zurück.

Sample: 1970:1-1995:4						
	Nicht saisonbereinigter Datensatz			Saisonbereinigter Datensatz		
	ADF-Test	*AK*(4)	*SB*	*ADF*-Test	*AK*(4)	*SB*
	$t_{(\hat{\rho}-1)}$	$q; P$		$t_{(\hat{\rho}-1)}$	$q; P$	
$prod_t$	$-2,48$	11 ;0,21	$0,33^{**}$	$-3,46^{**}$	4; 0,59	0,01
ur_t	$-0,49$	5 ;0,92	$0,43^{**}$	$-0,83$	1; 0,23	0,01
e_t	$-2,62^{*}$	4 ;0,59	0,24	1,80	4; 0,91	0,01
wp_t	$-3,32^{**}$	8 ;$0,23^{\dagger}$	$1,89^{**}$	$-2,74^{**}$	5; 0,32	0,00
$\Delta prod_t$	$-1,76$	16 ; 0,22	$2,64^{**}$	$-4,53^{***}$	2; 0,20	$2,52^{**}$
Δur_t	$-4,66^{***}$	4 ; 0,90	$1,92^{**}$	$-6,51^{***}$	0; 0,21	$0,98^{**}$
Δe_t	$-3,06^{**}$	8; 0,24	$1,06^{**}$	$-5,23^{***}$	2; 0,23	$2,44^{**}$
Δwp_t	$-3,78^{***}$	20 ; 0,45	$3,81^{**}$	$-4,32^{***}$	4; 0,31	$2,63^{**}$

AK(4): LM-Test auf Autokorrelation 4. Ordnung, † :LM-Test auf Autokorrelation 1.Ordnung.

***,**,*: Ablehnung der Nichtstationaritäts-Hypothese auf 1%, 5%-, 10%-Niveau.

Kritische Werte: vgl. FULLER [1996, S. 641ff], BHARGAVA [1986].

Quelle: Eigene Berechnungen.

Tabelle 10.2: Österreich: Nichtstationarität-Tests

sondern einem I(2)-Prozess folgen könnte. Dies ist ökonomisch nur schwer zu verstehen. Ferner fällt auf, dass im ADF-Test für wp_t die Autokorrelation vierter Ordnung durch Lags nicht zu beseitigen ist; daher wurde die Laglänge q anhand der Vermeidung der Autokorrelation erster Ordnung bestimmt.

Wie lassen sich diese Befunde interpetieren? Die Beobachtungen 1.-3. legen unmittelbar zwei Vermutungen nahe:

Zum einen könnten die nicht explizit modellierten Saisonvariationen störend Einfluss nehmen. Dies würde sowohl die tendenziell höhere Lagordnung im unbereinigten Datensatz (siehe 1.) erklären, als auch die Tendenz der Tests, die Nullhypothese abzulehnen (siehe 2. und 3.).[27] Wie im Abschnitt zuvor dokumentiert, finden sich in der Literatur Hinweise darauf, dass bei Verwendung saison*un*bereinigter Daten die Nichtstationaritätshypothese zudem ausgesprochen häufig abgelehnt wird. Dabei ist

[27] Um hier mehr Klarheit zu erhalten wurden die ADF-Tests mit deterministischen Saisonvariablen durchgeführt. Diese führten jedoch zu keinen weiteren Erkenntnissen.

jedoch unklar, ob dies aufgrund tatsächlich mangelnder Nichtstationarität geschieht, oder weil die Saisonfigur diese verdeckt und störend Einfluss nimmt. Letzteres, die störende Überlagerung der unit roots durch saisonale Prozesse, könnte zumindest durch die implausiblen I(2)-Ergebnisses für $prod_t$ und den Schwierigkeiten bei der Beseitigung der Residuenautokorrelation vierter Ordnung bei den Reallöhnen gestützt werden.

Die zweite Vermutung, dass das Saisonbereinigungsverfahren die Tests hin zur Akzeptanz der Nullhypothese „Nichtstationarität" verzerrt, könnte ebenfalls die genannten Beobachtungen 1.-3. rechtfertigen. Diesen Einfluss des Saisonbereinigungsverfahrens haben GHYSELS [1990] und GHYSELS / PERRON [1993] konkret am linearisierten X11-Filter nachgewiesen (vgl. den vorangegangenen Abschnitt). Der im Fall stationärer Variablen nachgewiesene upwards-bias in den Koeffizienten der verzögerten Endogenen hilft die oben genannten Beobachtungen zu interpretieren: Die kürzere Laglänge im saisonbereinigten Datensatz (vgl. 1.) ist offenbar Ausdruck einer Verzerrung der Koeffizienten der Lags $q<4$. Diese asymptotische Verzerrung hin zu höheren Autokorrelationskoeffizienten führt in 2. und 3. zu einer deutlicheren Akzeptanz der Nichtstationaritätshypothese. Insbesondere der SB-Test, der auf der Idee eines modifizierten Durbin-Watson-Tests und somit auf Autokorrelation erster Ordnung basiert, misst explizit diese Verzerrung und fällt entspechend deutlich aus (vgl. 3.). Im Fall integrierter Variablen ist die KQ-Schätzung jedoch asymptotische konsistent; dass die oben skizzierten Effekte dennoch auftreten, kann an der kleinen Stichprobe liegen.

Fassen wir zusammen: Erstens: Die I(1)-Hypothese wird im unbereinigten Datensatz seltener abgelehnt. Dies steht im Einklang damit, dass das Saisonbereinigungsverfahren zu einem upward-bias bei den Autokorrelationskoeffizienten niedrigerer Ordnung führt. Zweitens: Es ist zu vermuten, dass die Saisonfiguren die gesuchte Nichtstationaritätseigenschaft überlagert; Einheitswurzeltests werden damit erschwert. Der Konflikt um die Verwendung saisonbereinigter oder -unbereinigter Daten liegt damit auf der Hand.

Im Folgenden gehen wir daher davon aus, dass alle Zeitreihen integrierte Prozesse vom Grade 1 darstellen, aber wie GREENE [1997, S. 847] im Zusammenhang mit den ADF-Tests bemerkt: „*The results rest on the razor's edge.*"

Lagordnung

Um die Lagordnung p des unrestringierten VAR-Modells zu schätzen, werden zunächst die üblichen multivariaten Informationskriterien (AIC, BIC, HQC) berechnet. Ferner kommt in diesem Kapitel einen Likelihood-Ratio-(LR-)Test zur Anwendung. [28] Die Empfehlungen der Informationskriterien und die marginalen Signifikanzniveaus der LR-Tests, die sich aus den SUR-Schätzungen des Modells (14.1) ergeben, sind für die beiden Datensätze in den Tabellen 10.3 und 10.4 wiedergegeben.

Sample: 1970:1-1995:4 Driftterm, unrestringierter Trend			
	Empfohlene Lagordnung $\widehat{p}$ im		
	unbereinigten Datensatz		bereinigten
Kriterium	ohne Saisondum.	mit Saisondum.	Datensatz
AIC	$7(5-6, 8-9)$	5	$9(5-8)$
BIC	5(4)	3(4)	2(1)
HQC	5	5	1
Anm.: Lags mit Kriterien, die $\pm$0,1 um das Minimum liegen, werden in Klammern angegeben.			
Quelle: Eigene Berechnungen.			

Tabelle 10.3: Österreich: Lagordnung des VAR (Informationskriterien)

Bei den Lagempfehlungen der Informationskriterien ist folgendes zu beobachten:

1. Vergleichen wir zunächst die Ergebnisse des unbereinigten Datensatzes (ohne Saisondummies) und des bereinigten Datensatzes miteinander: Tendenziell

[28] D.h. unter der Nullhypothese H_o : "$|\widehat{\Sigma}_u(p)| = |\widehat{\Sigma}_u(p-1)|$" berechnen wir die Likelihood-Ratio-Statistik

$$LR(p-1) = (T - np - 1) \cdot ln \left[\frac{|\widehat{\Sigma}_u(p-1)|}{|\widehat{\Sigma}_u(p)|} \right] \sim \chi^2(n^2).$$

und ermitteln das marginale Signifikanzniveau. Ausgehend von der maximalen Laglänge 10 reduzieren wir p sukzessive und testen unter der Nullhypothese, ob der letzte Lag signifikant ist, ob also das VAR mit $p-1$ Lags an Erklärungskraft verliert. Wir fahren solange fort bis die Nullhypothese zum ersten Mal abgelehnt wird und wählen dann dasjenige p aus der zuletzt nicht abgelehnten Nullhypothese. Die sequentielle Vorgehensweise mit konstantem Signifikanzniveau führt nicht zu einer konsistenten Schätzung $\widehat{p}$ (vgl. LÜTKEPOHL [1993, S. 135]).

reduziert sich beim Übergang zum saisonbereinigten Datensatz die optimale Laglänge des VAR von 4-5 auf 1-2. Die Ausnahme bildet hier das *AIC*, und zwar in zweierlei Hinsicht: a) Innerhalb beider Datensätzen empfiehlt es deutlich höhere Laglängen und b) eine Lagreduktion beim Übergang zum bereinigten Datensatz ist nicht zu beobachten. Bei letzterer Aussage ist jedoch die Unschärfe der Empfehlung zu beachten.

2. Bei Einführung von Saisondummies lässt sich folgendes beobachten: Zum einen bleibt die obige Beobachtung der Lagreduzierung beim Übergang zum bereinigten Datensatz erhalten. Zum anderen zeigt sich, dass a) die grobe Lagempfehlung des Rohdatensatzes von 4-5 unverändert bleibt, und dass b) die Empfehlung des *AIC* an Schärfe gewinnt und den anderen beiden Kriterien im Rohdatensatz folgt.

Tabelle 10.4 weist die LR-Tests bezüglich der Lagordnung des Modells (14.1) aus. Betrachten wir zunächst die Lagempfehlungen im unbereinigten Datensatz unter Verwendung eines Signifikanzniveaus von 10 %.

Sample: 1970:1 - 1995:4 Konstante, deterministischer Trend									
p	9	8	7	6	5	4	3	2	1
Unber. Daten									
ohne S_t	0,35	0,42	0,21	0,23	0,10	0,00	0,00	0,00	0,00
mit S_t	0,20	0,25	0,23	0,17	0,71	0,00	0,00	0,00	0,00
Ber.Daten	0,86	0,02	0,13	0,18	0,10	0,02	0,03	0,18	0,10
Quelle: Eigene Berechnungen.									

Tabelle 10.4: Österreich: Lagordnung des VAR (LR-Tests)

3. Die sukzessive Reduzierung der Laglänge im unbereinigten Datensatz zeigt, dass überwiegend die Lagkürzung von 5 auf 4 abgelehnt und somit $\widehat{p} = 5$ empfohlen wird. Die Empfehlung $\widehat{p} = 5$ selbst wie auch die Beobachtung, dass die Empfehlung deutlicher ausfällt bei Verwendung von Saisondummies, steht im Einklang mit der Kriterienanalyse zuvor.

4. Im saisonbereinigten Datensatz findet sich kein Hinweis für den zuvor identifizierten Lagbereich (1-2). Tendenziell weisen die Tests auf 10 %-Niveau

eine Ablehnung im Lagbereich 3-4 auf. Zudem tritt im höheren Lagbereich eine (kuriose) Ablehnung der Nullhypothese bei $p = 8$ auf. Insgesamt ist die Lagempfehlung hier eher unklar.

Die Interpretation der Beobachtungen 1.- 4. schließt wieder an die vorangegangene Literaturskizze an: Es zeigt sich auch hier, dass das Saisonbereinigungsverfahren in die Autokorrelationsstruktur eingreift, zu einer Betonung der niedrigen Lags führt und so stark die Informationskriterien beeinflusst. Auch der LR-Test bleibt nicht unberührt: die Deutlichkeit der Aussagen schwindet. Zudem könnte die Ablehnung der Nullhypothese bei $p = 8$ ein Hinweis auf die von MARAVALL [1993,1995] beschriebenen Verzerrungen sein: Demnach können duch Überdifferenzierung im Zuge des Bereinigungsverfahren auch Lags höherer Ordnung signifikant werden.

Wir halten an dieser Stelle fest: Erstens: Der empirische Vergleich findet Hinweise darauf, dass die saisonbereinigten Daten zu verzerrten Lagempfehlungen führen. Damit zeigt sich der Einfluss des Saisonbereinigungsverfahrens in einem Spezifikationsschritt, der ausgesprochen relevant für die Dynamik des VECM ist. Zweitens: Bei Verwendung des saisonhaltigen Datensatzes liefern alle Test einheitliche und deutlichere Ergebnisse, wobei die Berücksichtigung von Saisondummies die Schärfe der Aussagen erhöht. Dieser Teil des Vergleichs spricht für eine Verwendung von nicht saisonbereinigten Daten und für die Einbeziehung von Saisondummies.

Wir schließen diesen Spezifikationsschritt ab, indem wir für die nachfolgenden Analysen von einer Laglänge $\widehat{p} = 5$ für den saisonlastigen Datensatz und – im Zusammenspiel von Informationskriterien und der LR-Tests – von einer Laglänge $\widehat{p} = 2$ für den saisonbereinigten Datensatz ausgehen. Dies wäre die Entscheidung des Empirikers, der sich nur auf jeweils einen der beiden Datensätze stützt.

Rang

Der Rang der Matrix Π bestimmt die Anzahl der Kointegrationsbeziehungen. Mit der Festellung der Anzahl der Kointegrationsbeziehungen wird zugleich eine Aussage über die Anzahl der common trends getroffen. Wir testen den Rang mit dem $\lambda max-$ und dem $\lambda trace-$ Test (vgl. Anhang AIII). Tabelle 10.5 zeigt die Rangentscheidungen der Tests für die beiden Datensätze unter Verwendung von deterministischen, zentrierten Saisondummies und – obwohl der empfohlenen Lagordnung grundsätzlich gefolgt werden soll – für alternative Lagordnungen an.

Sample: 1970:1-1995:4						
Driftterm, unrestring. Trend, zentrierte Saisondummies						
Laglänge	Rangtests[†]		$AK(1)$, $AK(4)$		DH-Test[††]	
p	λmax	$\lambda trace$	$P = ...$	$P = ...$	DH	P
Unbereinigte Daten						
2	4	4	0,00	0,00	42,72	0,00
3	0	0	0,02	0,35	41,51	0,00
4	1	1	0,00	0,06	35,00	0,00
5	1	1	0,67	0,18	30,66	0,00
6	0	0	0,45	0,10	30,47	0,00
7	1	0	0,74	0,12	21,93	0,01
8	1	1	0,37	0,25	14,90	0,06
9	1	0	0,64	0,47	13,17	0,11
Bereinigte Daten						
1	3	3	0,00	0,10	56,12	0,00
2	2	1	0,18	0,09	47,31	0,00
3	0	0	0,23	0,09	41,46	0,00
4	1	0	0,04	0,4	27,34	0,00
5	1	0	0,06	0,76	28,57	0,00
6	0	0	0,25	0,57	28,06	0,00
7	1	0	0,08	0,8	31,06	0,00

Anm.: AK: LM-Autokorrelationstest, 1. und 4. Ordnung.
P: marginales Signifikanzniveau. [†]Die Tabelle zeigt die Resultate der Rangtests, kritische Werte aus HANSEN / JOHANSEN [1995], HARRIS [1995], es erfolgt eine Anpassung nach CHEUNG / LAI [1993].
[††]Multivariater Normalverteilungstest nach DORNIK / HANSEN [1994], DH: Teststatistik. Quelle: Eigene Berechnungen.

Tabelle 10.5: Österreich: Rangtests

Betrachten wir zunächst die Ergebnisse für den saisonunbereinigten Datensatz:

1. Mit Ausnahme von $p = 2$ zeigen die Rangtests maximal einen Rang von 1 an. Insbesondere im relevanten Bereich von $4 - 5$ Lags findet die Hypothese einer Kointegrationsbeziehung Bestätigung.

2. Ab einer Laglänge von 5 verringert sich die Autokorrelation in den Residuen. Probleme bereitet die Normalverteilungsannahme, die erst ab einer Laglänge von 8 annähernd erfüllt ist.[29]

Die Rangtests auf Basis des bereinigten Datensatzes ergeben folgendes:

3. Im relevanten Bereich von 1-2 Lags stellen wir uneindeutige Rangempfehlungen von 1,2 und 3 fest. Für $p > 2$ findet insbesondere der $\lambda trace$-Test keinen Hinweis auf eine Kointegrationsbeziehung.

4. In beiden Datensätzen ist im jeweils relevanten Lagbereich (4-5 im unbereinigten, bzw. 1-2 im bereinigten) eine Verletzung der Normalverteilungsannahme festzustellen. Im bereinigten Datensatz ist die Verletzung jedoch ausgeprägter.

Was bedeutet dies für die VECM-Spezifikationen? Erstens: Im unbereinigten Datensatz finden wir im relevanten Lagbereich 4-5 Hinweise auf *eine* Kointegrationsbeziehung. Mit Rücksicht auf die Residuenautokorrelation wählen wir im Folgenden $\widehat{p} = 5$ für ein Modell mit $\widehat{r} = 1$. Zweitens: Im bereinigten Datensatz gestaltet sich die Rangfestlegung im relevanten Lagbereich problematischer. Wir entscheiden uns für die Empfehlung des $\lambda trace$-Tests ($\widehat{r} = 1$) bei einer Laglänge von $\widehat{p} = 2$, da dieser robuster gegen eine Verletzung der Normalverteilungsannahme ist.

Tendenziell würde der Empiriker an dieser Stelle in beiden Datensätzen *r=1* annehmen. Für beide Datensätze ist jedoch kritisch anzumerken, dass die Rangtests mit Vorsicht zu genießen sind, da die Normalverteilungsannahme verletzt ist (vor allem im bereinigten Datensatz). Daher sind weitere Vergleiche und Interpretationen wenig fruchtbar. Auch kann die in der Literaturskizze diskutierten Frage, ob der Saisonfilter zusätzliche Kointegrationsbeziehungen induziert oder bestehende zerstört, mit diesen Rangtests nicht weiter verfolgt werden. Stattdessen sollte nun den Ursachen der Verletzungen der Normalverteilungsannahme in den beiden Datensätzen nachgegangen werden.

[29] Wir untersuchen die Verletzung dieser Annahme im Anschluß an die Rangtests.

Normalverteilung

Um Tests durchführen zu können und z.B. den Hypothesen bezüglich der Kointegrationsparameter zu testen, ist die Normalverteilungseigenschaft der Störgrößen eine unabdingbare Voraussetzung.

Sample: 1970:1-1995:4			
Unbereinigte Daten $\widehat{p} = 5$, Driftterm, unrestr. Trend, S_t, unrestring. Rang			
	ohne Dummies	DUMMY821, DUMMY941	DUMMY821, DUMMY941, DPOIL
$\widehat{u}_{1t}$	$0,74$	$0,17$	$0,26$
$\widehat{u}_{2t}$	$0,34$	$3,43$	$2,87$
$\widehat{u}_{3t}$	$20,01$	$0,72$	$0,79$
$\widehat{u}_{4t}$	$5,05$	$2,13$	$1,05$
Bereinigte Daten $\widehat{p} = 2$, Driftterm, unrestr. Trend, unrestr.Rang			
$\widehat{u}_{1t}$	$6,344$	$7,271$	$8,626$
$\widehat{u}_{2t}$	$3,445$	$3,865$	$4,105$
$\widehat{u}_{3t}$	$29,708$	$0,577$	$0,327$
$\widehat{u}_{4t}$	$7,059$	$6,787$	$7,614$
Anm.: DH-Test, kritischer Wert: $\chi^2(2) = 4,605$ (Signifikanzniveau: 10%): Quelle: Eigene Berechnungen.			

Tabelle 10.6: Österreich: Univariate Normalverteilungstests

Im *unbereinigten* Datensatz zeigt eine genauere Analyse anhand von univariaten Normalverteilungstests nach DORNIK / HANSEN [1994] zunächst, dass vor allem die Beschäftigung diese Normalverteilungseigenschaft nicht besitzt (vgl. Tabelle 10.6, zweite Spalte).[30] Ein Blick auf die saisonbereinigten Daten (vgl. Abbildung 10.1, S. 139) lässt zwei starke positive Ausschläge (1982:1 und 1994:1) erkennen, denen im Folgenden mittels 1/0-Dummies Rechnung getragen wird.[31] Die Einführung

[30] Diese Annahmeverletzung ist vermutlich die Ursache für die explosive Einheitswurzel im ADF-Test für die Beschäftigungszeitreihe (vgl. Fußnote 26).

[31] Der erste Ausreißer lässt sich relativ gut als Datenproblem identifizieren: Eine Umstellung des Mikrozensus wurde in diesem Quartal eingeführt (vgl. OECD [1997, S. 76]). Der zweite

von 1/0-Dummies für jeden dieser Ausreißer verbessert die Normalverteilungseigenschaft (vgl. Tabelle 10.6, dritte Spalte). Lediglich die Eigenschaften der Residuen $\widehat{u}_{4t}$ verschlechtern sich. Eine weitere Verbesserung erzielen wir, indem wir den kurzfristigen Einfluss der Ölpreise explizit berücksichtigen und die Ölpreise in ersten Diffenzen ($DPOIL_t$) in die Kurzfristbeziehungen aufnehmen (vierte Spalte).[32]

Tabelle 10.6 zeigt ebenfalls für den *saisonbereinigten* Datensatz den Versuch, diese Annahmenverletzung durch die Einführung der Beschäftigungsdummies (Spalte 2 und 3) zu beseitigen. Dabei fällt jedoch auf, dass insgesamt die Normalverteilungsannahme stärker verletzt ist als im unbereinigten Datensatz. Die Beseitigung der Annahmenverletzung ist nicht mit den Ausreißerdummies möglich. Ob für die insgesamt stärkere Annahmeverletzung das Saisonbereinigungsverfahren verantwortlich ist, muss an dieser Stelle eine Vermutung bleiben.

Der Empiriker, der sich auf den *bereinigten* Datensatz stützt, muss an dieser Stelle die VECM-Spezifikation abbrechen.

Kointegrationsanalyse

Abschließend wird untersuchen, ob das bislang spezifizierte VECM des *unbereinigten* Datensatzes eine ökonomisch interpetierbare Kointegrationsbeziehung enthält. Das VECM mit einer Kointegrationsbeziehung und der Lagordnung 5, sowie restringiertem, deterministischen Trend Θt [33], Beschäftigungs- und zentrierten Saisondummies S_t sowie den Dummy-Variablen D_t lautet:

$$\begin{aligned} \Delta z_t &= \mu + \alpha\beta' z_{t-1} + \sum_{i=1}^{4} \Gamma_i \Delta z_{t-i} + \Psi S_t + \Xi D_t + \Theta t + u_t \qquad (10.1) \\ & \quad mit \\ z_t &= \begin{bmatrix} prod_t & ur_t & e_t & wp_t \end{bmatrix}' \\ D_t &= \begin{bmatrix} DUMMY821_t & DUMMY941_t & DPOIL_t \end{bmatrix}'. \end{aligned}$$

Der Kointegrationsvektor des geschätzen Systems (10.1) ist in Tabelle 10.7 als $\widehat{\beta}'_{(I)}$ angegeben. Für eine ökonomische Interpretation bedarf es jedoch noch der Iden-

Ausreißer lässt sich nicht eindeutig identifizieren. Da jedoch kein Grund für einen Schock auf die Beschäftigung ersichtlich ist, gehen wir auch hier von Problemen in der Datenbasis aus.

[32]Durch die Aufnahme senkt sich auch der Autokorrelationsgehalt in den Residuen. Die Aufnahme der Ölpreisvariable in Differenzenform in die Kurzfristbeziehungen kontrolliert lediglich temporäre Ölpreiseffekte. Zur Einführung dieser Variablen zwecks Verbesserung der Spezifikationstests vgl. z.B. JOHANSEN / JUSELIUS [1992], HANSEN / JUSELIUS [1995].

[33]Für Details bzgl. der Trenddarstellung vgl. z.B. HANSE / JUSELIUS [1995,S. 4ff.]

tifikation dieser Langfristbeziehung. Der Theorie nach könnte es sich hierbei insbesondere um eine langfristige Arbeitsnachfrage- oder eine Lohnsetzungsbeziehung handeln.

Unbereinigte Daten Sample: 1970:1-1995:4 $\widehat{p} = 5$, $\widehat{r} = 1$, Driftterm, unrestr. Trend, Dummies					
	Kointegrationsmatrix $\widehat{\beta}'$				
	$prod_t$	ur_t	e_t	wp_t	t
$\widehat{\beta}'_{(I)}$:	$-11,045$	$-0,116$	1	$4,931$	$0,026$
	AK(1): P = 0,18	AK(4): P= 0,32	DH: P = 0,21		
$\widehat{\beta}'_{(II)}$:	$-4,212$	0	1	$2,109$	$0,007$
	(1,268)	-	-	(0,940)	(0,003)
	AK(1): P = 0,17	AK(4): P = 0,32	DH: P = 0,20		
	Restr.: P = 0,83				
$\widehat{\beta}'_{(III)}$:	$-2,396$	$-0,034$	0	1	$0,006$
	(0,321)	(0,066)	-	-	(0,002)
	AK(1): P = 0,18	AK(4): P = 0,32	DH: P = 0,21		
	Restr.: P = 0,92				
$\widehat{\beta}'_{(IV)}$:	$2,276$	0	0	1	$0,005$
	(0,241)	-	-	-	(0,001)
	AK(1): P = 0,18	AK(4): P = 0,31	DH: P = 0,17		
	Restr.: P = 0,90				
Anm.: Standardfehler in Klammern. AK: LM-Autokorrelationstest, 1. und 4. Ordnung. DH: Normalverteilungstest nach DORNIK / HANSEN [1994]. Restr.: χ^2- Test überidentifizierender Restriktionen. P: marginales Signifikanzniveau. Quelle: Eigene Berechnungen.					

Tabelle 10.7: Österreich: Kointegrationsanalyse

Die Hypothese einer Arbeitsnachfrage ist in Schätzung II implementiert. Die Restriktion eines fehlendes Einflusses der Arbeitslosenquote kann hier nicht verworfen werden ($P = 0,83$). Dies spricht ebenso für eine Interpretation als Arbeitsnachfrage wie die ökonomisch sinnvollen und signifikanten Vorzeichen der geschätzten Parameter. Ferner lassen sich überaus plausible Schätzungen für die impliziten Output- und Reallohnelastizitäten in Höhe von $\widehat{\eta}_1 = 0,808$ und $-\widehat{\eta}_2 = -0,405$ bestimmen.

Eine Identifikation als langfristige Lohnsetzungsbeziehung hingegen liefert einen insignifikanten Einfluss der Arbeitslosenquote mit ökonomisch falschem Vorzeichen (vgl. $\widehat{\beta}'_{(III)}$). Eine weitere Restringierung durch Ausschluss der Arbeitslosenquote ergibt Schätzung IV. Hier fällt der ausgesprochen hohe Einfluss der Produktivität mit einer Elastizität von 2,276 auf. Zwar können die überidentifizierenden Restriktionen in III und IV nicht abgelehnt werden, jedoch liefern diese Schätzungen aus Sicht einer Lohngleichung problematische Strukturparameter.[34] Wir entscheiden uns daher für die Interpretation der Kointegrationsbeziehung als Arbeitsnachfrage.

Betrachten wir abschließend die Schätzungen für die Ladungskoeffizienten $\widehat{\alpha}$.Für unsere geschätzte Arbeitsnachfragebeziehung $\widehat{\beta}'_{(II)} z_{t-1}$ lautet der $4 \times 1-$Vektor $\widehat{\alpha}$ (t-Werte in Klammern):

$$\widehat{\alpha} = \begin{pmatrix} 0,052 & -0,13 & -0,017 & 0,052 \\ (4,333) & (-2,202) & (-3,123) & (3,413) \end{pmatrix}'$$

Die Ladungskoeffizienten $\widehat{\alpha}$ weisen eine hinreichende Signfikanz auf (t-Werte in Klammern). Demnach reagieren alle Systemvariablen auf Abweichungen in dieser Kointegrationsbeziehung und keine Variable ist schwach exogen. Aufgrund von Identifikationsproblemen können diese jedoch nicht als strukturelle Anpassungskoeffizienten $\widehat{\alpha}^*$ interpretiert werden; dazu benötigt es erst einer Identifikation des SVECM aus diesem VECM (vgl. die Gleichungssystem auf S. 63).

Insgesamt ergibt sich aus dem unbereinigten Datensatz eine plausible Kointegrationsbeziehung, die wir als Arbeitsnachfrage deuten.

10.4 Zusammenfassung

Die Verfügbarkeit von makroökonomischen Quartalsdaten zur Anpassungsanalyse ist begrenzt. Insbesondere werden vorwiegend saisonbereinigte gesamtwirtschaftliche Daten generiert bzw. publiziert (vgl. Anhang CI).

Ob saisonbereinigte Daten vor allem für eine Anpassungsanalyse in einem VECM herangezogen werden sollten, ist Gegenstand des Abschnitts 10. Der Blick in die Literatur (Unterabschnitt 10.2) zeigt bezüglich der Wirkungen der in der Praxis

[34] Es lässt sich zeigen, dass die Schätzung IV und der unplausibel hohen Schätzwert vereinbar ist mit einer restringierten Arbeitsnachfrage.

angewandten Saisonfilter folgendes: Die Filterverfahren sind häufig nichtlinear und werden i.d.R. zeitreihenübergreifend nicht einheitlich angewendet. Anhand von Simulationen und Vergleichen formuliert die Literatur deutliche Vorbehalte gegen eine Verwendung von saisonbereinigten Daten: Informationsverluste, Verzerrungen der empirischen - insbesondere kurzfristigen - Dynamik, induzierte scheinbare aber auch zerstörte Kointegrationsbeziehungen und fehlgeleitete Einheitswurzeltests sind nur einige der in der Literatur genannten möglichen Konsequenzen der Verwendung von saisonbereinigten Daten.

Eine vergleichende VECM-Spezifikation (Unterabschnitt 10.3) für einen exemplarischen Datensatz findet z.T. Hinweise auf die genannten Wirkungen. Die Pretests zeigen, dass der verwendete Saisonfilter einen Einfluss auf die Spezifikation des VECM hat. Eine Ablehnung der Nichtstationaritätshypothese anhand des ADF-Tests findet im saisonbereinigten Datensatz seltener statt. Auch die geschätzte Lagordnung reduziert sich deutlich.

Auf Basis der theoretischen Literatur könnten diese beiden Beobachtungen auf eine Veränderung der Autokorrelationsstruktur durch das Saisonbereinigungsverfahren zurückzuführen sein. Vermutlich spielen aber auch störende Einflüsse der saisonalen Variation im unbereinigten Datensatz eine Rolle; denn die Einführung von deterministischen Saisonvariablen schafft hier z.T. Abhilfe und schärft die Ergebnisse.

Die Rangfestlegung erweist sich insgesamt – wie in der Literatur bekannt – als schwierig, wobei die sie im saisonbereinigten Datensatz (noch) weniger eindeutig ist. Auch die Annahmenverletzungen (autokorrelierte Störgrößen, fehlende Normalverteilungseigenschaften) sind hier im bereinigten Datensatz schwerwiegender. Eine höhere Lagordnung erscheint in diesem Zusammenhang als nicht sinnvoll (vgl. Tabelle 10.5). Eine einfache Kointegrationsanalyse ist auf Basis des bereinigten Datensatzes nicht mehr sinnvoll, hingegen führt sie aber im unbereinigten Datensatz zu plausiblen Ergebnissen. Insgesamt verstärkt das empirische Experiment die Skepsis gegenüber dem Einsatz von bereinigten Daten für die Anpassungsanalyse.[35]

Für die nachfolgenden Analysen ziehen wir daher die folgende Konsequenzen:

[35] Gegen den Einsatz bereinigter Daten spricht im übrigen auch, dass z.T. auch eine Glättung der Zeitreihen erfolgt (vgl. Tabelle 14.2), mit der sog. irreguläre Komponenten entfernt werden: Diese Korrektur mildert zwar Mess- und Erfassungsfeher sowie Umstellungen in der Statistik, beseitigt aber auch ökonomische Schocks, die benötigtwerden, um mit den nachfolgend umgesetzten Methode die Anpassungsprozesse abbilden zu können.

- Wir folgen HYLLEBERG [1998, S. 168]: „*Hence in more serious economic analysis the sole use of seasonal adjusted data should be avoided.*“

- Liegen gesamtwirtschaftliche Daten nur saisonbereinigt vor, so wird auf einen Datenmix aus bereinigten und unbereinigten Daten verzichtet; ein Ausweg könnten geeignete, unbereinigte Proxyvariablen und Ersatzindikatoren anstelle der bereinigten Daten sein.

- Wie wird mit der Saisonfigur umgegangen? Wir nutzen den Einsatz von deterministischen Saisondummies, um die Saisonvariation zu kontrolliert; im vorangegangenen Abschnitt konnten die Ergebnisse so geschärft werden. Dass dabei ebenfalls ein Spezifikationsfehler entsteht, liegt auf der Hand: Ein Teil der Saison ist sicherlich endogen, was nicht durch das verwendete Arbeitsmarktmodell abgedeckt ist. Die Saisonfigur enthält ferner vermutlich auch eine stochastische Komponenten und variiert möglicherweise auch.

Kapitel 11

Großbritannien

11.1 Vorbemerkungen

Obwohl zu Beginn der 80er Jahre die Arbeitslosenquote mit gut 5% und die Erwerbsquote mit über 70% im internationalen Vergleich moderat war, erfuhr Großbritanniens Arbeitsmarkt in den folgenden Jahren zahlreiche Reformen („Thatcher-Reformen"); denn, " „*...most agree that the country's labour market performance was below par ...* " (vgl. BLANCHFLOWER / FREEMANN [1994, S. 53f.]).

Für das nachfolgende VECM und die Anpassungsanalyse folgt hieraus vor allem, dass ein besonderes Augenmerk auf die Konstanz der Strukturparameter, wie der Reallohnelastizität der Arbeitsnachfrage oder der Reagibilität der Löhne auf die Arbeitslosenquote, zu legen ist. Die Reformen bereiten das Problem, die Anpassungprozesse der Systemvariablen auf Schocks von möglichen Parametervariationen zu trennen. Ist dies im VECM nicht im zufriedenstellenden Maß möglich, so steht zu befürchten, dass die Anpassungsprozesse verzerrt geschätzt werden.

Im Folgenden werden nicht saisonbereinigte Quartalsdaten verwendet (vgl. Anhang CII). Die eingeschränkte Verfügbarkeit von nicht saisonbereinigten Daten macht es erforderlich, anstelle eines aggregierten Preisdeflators einen nicht saisonbereinigten, mehr disaggregierten Preisindex für das Produzierende Gewerbe zu verwenden. Abbildung 11.1 zeigt den konstruierten Datensatz.

In diesem Kapitel werden zwei VECM-Spezifikationen geschätzt. Das Modell GB1 enthält zunächst $r = 2$ Kointegrationsbeziehungen. Es zeigt sich hier, dass es vorteilhaft ist, die logarithmierte Arbeitslosenquote (ur_t) anstelle der nicht logarithmierten Arbeitslosenquote (UR_t) - wie es das ökonomische Modell in Abschnitt 7

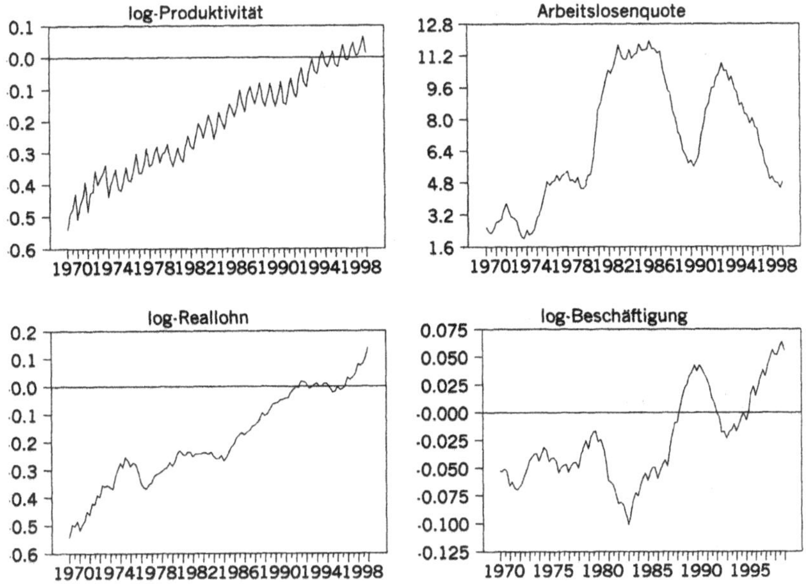

Abbildung 11.1: Datensatz Großbritannien

empfiehlt - zu verwenden. Angeregt durch einen ökonomisch unplausiblen Arbeitsnachfrageparameter wird in einem zweiten VECM (Modell GB 2) eine Kointegrationsbeziehung fallengelassen. Für beide Modelle werden jeweils die Anpassungsprozesse untrsucht.

11.2 Modell GB 1

11.2.1 Pretests

Nichtstationaritätstests

Die Überprüfung des Integrationsgrades erfolgt anhand des ADF-Tests (vgl. Tabelle 11.1). Demnach sind alle log-Variablen und auch die nicht logarithmierte Arbeitslosenquote integriert vom Grade 1. Das I(1)-Resultat hält auch für die log-Arbeitslosenquote; dies wird nachfolgend relevant.[1]

[1] Für die Arbeitslosenquote wurde zusätzlich ein KPSS-Test herangezogen, der unter der Nullhypothese der Stationarität eine höhere Güte besitzt (vgl. MADALLA / KIM [1998]). Dieser Test bestätigt die I(1)-Eigenschaft der Arbeitslosenquote sowohl in logarithmierter als auch nicht

Großbritannien, Sample: 1970:1-1999:1 ADF-Tests†					
	$t_{(\widehat{\rho}-1)}$	$AK(4), P = ...$		$t_{(\widehat{\rho}-1)}$	$AK(4), P = ...$
$prod_t$	$-3,55$	$0,34$	$\Delta prod_t$	$-4,61$	$0,20$
UR_t	$-1,97$	$0,25$	ΔUR_t	$-3,91$	$0,11$
ur_t	$-0,48$	$0,15$	Δur_t	$-4,65$	$0,12$
e_t	$-3,7$	$0,11$	Δe_t	$-3,76$	$0,17$
wp_t	$-3,56$	$0,44$	Δwp_t	$-3,41$	$0,17$

Anm: Alle Regressionen mit Konstante und zentr. Saisondummies, Niveaus zusätzlich mit Trend. AK(4): LM-Autokorrelationstest 4. Ordnung, P= marginales Signifikanzniveau.

†Krit. Werte 1%;5%;10%: Trend und Drift: -4,05;-3,45; -3,15; nur Konst.: –3,5; -2,90;-2,59; vgl. FULLER [1996, S. 641ff].

Quelle: Eigene Berechnungen.

Tabelle 11.1: Modell GB1: Nichtstationaritäts-Tests

Lagordnung

Die Lagordung bestimmt maßgeblich die Dynamik des empirischen Modells. Zur Bestimmung berechnen wir die üblichen multivariaten Auswahlkriterien (AIC, BIC, HQC). Die Kriterien, berechnet anhand einer SUR-Schätzung des VAR in Niveaus und der nicht-logarithmierten Arbeitslosenquote, sind in Tabelle 11.2 zusammengefasst. Die Empfehlungen sind ausgesprochen uneinheitlich. Das BIC empfiehlt eine Lagordnung von $\widehat{p} = 2$, das Minimum des HQC hingegen liegt bei $\widehat{p} = 5$. Das AIC konvergiert nicht im vorgegebenen Parameterbereich. Angesicht dieser Spannbreite entscheiden wir uns für $\widehat{p} = 5$ und hoffen damit, der Gefahr einer möglichen Fehlspezifikation i.S.e. zu kleinen Lagordnung zu begegnen.[2]

11.2.2 VECM-Analysen

Das VECM wird ausgehend von einer möglichst allgemeinen Variante mit Driftterm und einer auf den Kointegrationsraum beschränkten Trendvariable spezifiziert.

logarithmierter Form.

[2] Andere Lagordnungen ergaben, dass die nachfolgenden Misspezifikationstests des VECM deutlich schlechter ausfielen.

Großbritannien, Sample: 1970:1-1999:1 Konstant, determ. Trend, zentr. Saisondummies									
p	9	8	7	6	5	4	3	2	1
AIC	-32,61	-32,42	-32,59	-32,43	-32,37	-32,05	-31,93	-31,82	-31,26
BIC	-29,03	-29,26	-29,84	-30,09	-30,42	-30,51	-30,78	-31,05*	-30,88
HQC	-31,07	-31,15	-31,13	-31,47	-31,58*	-31,43	-31,47	-31,51	-31,11
*: Empfohlene Lagordnung; Quelle: Eigene Berechnungen.									

Tabelle 11.2: Modell GB1: Lagordnung des VAR

Kointegrationanalyse mit UR_t

Das VECM in Gleichung (5.1), S. 60, wird zunächst unter Verwendung der nicht logarithmierten Arbeitslosenquote UR_t mit dem Full-Information-Maximum-Likelihood-Verfahren (FIML) nach JOHANSEN [1988] geschätzt. Der Rang der Matrix Π bestimmt die Anzahl der Kointegrationsbeziehungen r. Wir testen den Rang mit dem $\lambda max-$ und dem $\lambda trace-$ Test (vgl. Tabelle 11.3). Als „small-sample"-Korrektur werden die kritischen Werte nach CHEUNG / LAI [1993] angepasst.

Der $\lambda\max-$Test fällt nur knapp gegen $r = 2$ zugunsten von $r = 3$ aus; der $\lambda trace-$Test spricht sich gerade noch für $r = 1$ aus, wobei nur ein leicht höherer Wert zu $r = 2$ führen würde. Auch angesichts des starken Abfalls des drittgrößten Eigenwerts im Vergleich zu den ersten beiden erscheint insgesamt die Entscheidung für zwei Kointegrationsbeziehungen begründbar. Die Annahme der Normalverteilung ist jedoch verletzt (vgl. Panel B.a.), womit die Rangtests nur eingeschränkt interpretierbar sind. Univariate Normalverteilungstests weisen darauf hin, dass eine Verletzung dieser Annahme für die Arbeitslosenquote vorliegt. Mit zwei Dummyvariablen in den Kurzfristbeziehungen, die mit der Ausprägung 1 in der jeweiligen Periode und sonst Null zwei Ausreißern zum Zeitpunkt 1983:4 (DUMMY834) und 1996:4 (DUMMY964) Rechnung tragen, kann die Normalverteilungseigenschaft erheblich verbessert werden (vgl. Panel B.b).[3]

[3] Der Ausreißer 1983:4 ist vermutlich auf eine Umstellung in der Erfassung der Arbeitslosenstatistik im 4. Quartal des Vorjahres zurückzuführen. „Arbeitslos" sind nicht mehr die gemeldeten Arbeitslosen, sondern diejenigen, die Leistungen der Arbeitslosenversicherung beziehen. Der Ausreißer 1996:4 könnte auf eine im April 1996 vorgenommene Leistungskürzung zurückzuführen sein, die im Oktober 1996 rechtskräftig wurde.

Großbritannien : $z_t = \left[\begin{array}{cccc} prod_t & UR_t & e_t & wp_t \end{array} \right]'$					
Sample: 1970:1-1999:1					
Panel A: Rangtests					
VAR(5), Driftterm, restr. Trend, zentr. Saisondummies					
		LR-Statistiken		Kritische Werte†: 90%	
Eigenwert	$H_0 : r = ...$	λmax	$\lambda trace$	λmax^{krit}	$\lambda trace^{krit}$
0,242	0	30,96	76,45	23,98	71,12
0,204	1	25,55	45,49	19,46	47,14
0,129	2	15,51	19,94	14,95	27,68
0,0388	3	4,43	4,43	12,74	12,74
Panel B‡					
a. VECM: wie in Panel A, mit $r = 2$					
AK(1): $P = 0,23$ AK(4): $P = 0,16$ DH: $P = 0,02$					
b. VECM: wie a) und mit $DUMMY964_t, DUMMY834_t$					
AK(1): $P = 0,16$ AK(4): $P = 0,18$ DH: $P = 0,21$					

†Die kritischen Werte wurden bei HARRIS [1995] und HANSEN / JOHANSEN [1995, Appendix B] entnommen; es erfolgte eine Anpassung nach CHEUNG / LAI [1993].

‡Anm: AK: LM-Autokorrelationstest, 1. und 4. Ordnung. DH: Normalverteilungstest nach DORNIK / HANSEN [1994]. P: marginales Signifikanzniveau.

Quelle: Eigene Berechnungen.

Tabelle 11.3: Modell GB1: Rangtests mit UR

Das VECM mit $p = 5$ und $r = 2$, einer unrestringierten Konstanten und einem restringierten Trend im Kointegrationsraum aus Panel B.b lautet:

$$\Delta z_t = \mu + \alpha\beta' z_{t-1} + \sum_{i=1}^{4} \Gamma_i \Delta z_{t-i} + \Psi S_t + \Xi D_t + \Theta t + u_t \qquad (11.1)$$

$$mit\ z_t' = \left[\begin{array}{cccc} prod_t & UR_t & e_t & wp_t \end{array} \right]$$

$$D_t = \left[\begin{array}{cc} DUMMY964_t & DUMMY834_t \end{array} \right]'.$$

wobei D_t und S_t die 1/0- und zentrierten Saisondummies sind und Θt der auf den Kointegrationsraum restringierte Trend. Der geschätzte Kointegrationsraum dieses Systems ist in Tabelle 11.4 als $\widetilde{\beta'}_{(I)}$ angegeben. Für eine ökonomische Interpretati-

Großbritannien: $z_t = \begin{bmatrix} prod_t & UR_t & e_t & wp_t \end{bmatrix}'$					
Sample: 1970:1-1999:1					
$\widehat{p} = 5$, $\widehat{r} = 2$, Driftterm, restr. Trend, D_t, S_t					
	Kointegrationmatrix $\widehat{\beta}'$				
	$prod_t$	UR_t	e_t	wp_t	$Trend$
$\widehat{\beta}'_{(I)}$:	0,267	0,006	0,192	1	−0,006
	4,799	0,016	1	0,384	0,017
	AK(1): P = 0,16	AK(4): P= 0,18	DH: P = 0,21		
$\widehat{\beta}'_{(II)}$:	1,280 (0,734)	0,003 (0,001)	0	1	0,010 (0,030)
	−11,10 (3,804)	0	1	−4,537 (0,240)	0,066 (0,017)
	AK(1): P = 0,16	AK(4): P = 0,18	DH: P = 0,21		
$\widehat{\beta}'_{(III)}$:	−1,072 (0,048)	0,007 (0,002)	0	1	0
	−3,024 (0,976)	0	1	−2,091 (0,257)	0,021 (0,004)
	AK(1): P = 0,18	AK(4): P = 0,18	DH: P = 0,25		
	Restr.: P = 0,52				
$\widehat{\beta}'_{(IV)}$:	−1,073 (0,049)	0,007 (0,002)	0	1	0
	1	0	0	0,31 (0,059)	−0,006 (0,000)
	AK(1): P = 0,24	AK(4): P = 0,18	DH: P = 0,30		
	Restr.: P = 0,47				

Anm.: Standardfehler in Klammern. AK: LM-Autokorrelationstest, 1. und 4. Ordnung. DH: Normalverteilungstest nach DORNIK / HANSEN [1994]. Restr.: χ^2- Test überidentifizierender Restriktionen. P: marginales Signifikanzniveau.
Quelle: Eigene Berechnungen.

Tabelle 11.4: Modell GB1: Kointegrationsanalyse mit UR

on bedarf es noch einer Identifikation der Langfristbeziehungen. Der Theorie nach könnte es sich um eine Arbeitsnachfrage- und eine Reallohngleichung handeln, weswegen $\widehat{\beta}'_{(I)}$ entprechend normiert ist.

Zur Identifikation der Vektoren werden neben der Normierung mindestens $r-1 = 1$ Restriktion je Langfristbeziehung benötigt.[4] Das Aussschließen der Arbeitslosenquote in der ersten Beziehung und der Beschäftigung im zweiten Kointegrationsvektor ($\beta_{31} = \beta_{22} = 0$) identifiziert eine Reallohn- und eine Arbeitsnachfragebeziehung (vgl. $\widehat{\beta}'_{(II)}$). Zur Beurteilung dieser Beziehungen nutzen wir statistische und ökonomische Kriterien. In der Lohngleichung fällt zunächst ein insignifkanter Einfluss der Produktivität auf. Die Arbeitsnachfrage weist zwar eine plausible Outputelastizität von $\widehat{\eta}_1 = 0,917$ auf, jedoch ist die Lohnelastizität mit $-\widehat{\eta}_2 = 0,375$ positiv und damit ökonomisch unplausibel.[5]

Der Ausschluss des deterministischen Trends aus der Lohngleichung (vgl. $\widehat{\beta}'_{(III)}$) wird als überidentifizierende und damit testbare Restriktion mit $P = 0,52$ deutlich akzeptiert. Die Lohngleichung besitzt damit eine Produktivitätselastizität von $\widehat{\gamma}_1 = 1,072$ und eine Semi-Elastizität von $-\widehat{\gamma}_2 = -0,007$ in Bezug auf die Arbeitslosenquote. Dieser niveauabhängige Parameter entspricht bei einer Arbeitslosenquote von z.B. 5% einer Elastizität von $-0,035$. Die geschätzten Koeffizienten der Arbeitsnachfrage sind nun signifikant; die Outputelastizität beträgt 0,75, jedoch impliziert die Schätzung eine immer noch unplausible Lohnelastzität von $-\widehat{\eta}_2 = 0,52$.

Wir restringieren das Modell weiter mit der Hypothese konstanter Skalenerträge, die laut Theorie die Restriktion $\eta_1 = 1$ impliziert (vgl. $\widehat{\beta}'_{(IV)}$).[6] Diese Restriktion - zusammen mit der Trendrestriktion - wird deutlich akzeptiert ($P = 0,47$).[7] Alle frei geschätzten Kointegrationsparameter sind nun signifikant. Das geschätzte VECM passiert die Spezifikationstests. Die Kointegrationsbeziehungen formulieren nun also die folgende langfristige Lohnsetzungs- und Arbeitsnachfragebeziehung:

$$
\begin{aligned}
wp_t &= 1,073prod_t - 0,007UR_t \\
e_t &= y_t + 0,31wp_t - 0,006t.
\end{aligned}
$$

[4] Vgl. in Unterabschnitt 5.2.1 die Erläuterungen zu Gleichung 5.4.

[5] Zur Ermittlung der positiv definierten Parameter η_1 und η_2 vgl. Unterabschnitt 7.2. Dass η_2 die Substitutionselastizität darstellt, ist in Anhang B gezeigt.

[6] Die Restriktion $\eta_1 = 1$ bedeutet für die Parameter des Kointegrationsvektors der Arbeitsnachfrage eine Umnormierung auf die Produktivitätsvariable $prod_t$ und die Restriktion $\beta_{32} = 0$.

[7] Es sei darauf hingewiesen, dass der Trend hier zur Identifikation der Kointegrationsvektoren benötigt wird.

Die Reallohnelastizität der Arbeitsnachfrage ist mit $-\widehat{\eta}_2 = 0,31 > 0$ unplausibel. Bevor die Kointegrationsvektoren weiter untersucht werden, betrachten wir zunächst die geschätzte Matrix der Ladungskoeffizienten $\widehat{\alpha}$. Für die geschätzten Kointegrationbeziehungen $\widehat{\beta}'_{(IV)} z_t$ lautet der Vektor der Ladungskoeffizienten (t-Werte in Klammern):

$$\widehat{\alpha}\widehat{\beta}'_{(IV)} z_t = \begin{pmatrix} 0,129 & -0,396 \\ \text{(2,331)} & \text{(-3,566)} \\ 1,169 & -3,291 \\ \text{(1,551)} & \text{(2,172)} \\ -0,055 & 0,083 \\ \text{(-3,011)} & \text{(2,267)} \\ -0,103 & -0,136 \\ \text{(-1,837)} & \text{(-1,212)} \end{pmatrix} \widehat{\beta}'_{(IV)} z_t.$$

Die Ladungskoeffizienten $\widehat{\alpha}$ weisen eine ausreichende Signifikanz auf.[8] Die reduzierte Form zeigt, dass alle Systemvariablen auf Abweichungen in den Kointegrationsbeziehungen reagieren und keine Variable schwach exogen ist.

Zurück zur ökonomisch unplausiblen Arbeitsnachfragebeziehung: Ein Grund könnte sein, dass die Schätzung der Elastizitäten von den Arbeitsmarktreformen der 80er Jahre beeinflusst worden ist. Anhang DI diskutiert diese Frage. Zwar variieren die geschätzten Kointegrationsparameter in der Zeit, jedoch nur moderat. Im Folgenden wird davon ausgegangen, dass diese Reformen die makroökonomischen, langfristigen Arbeitsnachfrage- und Reallohnelastizitäten nicht substanziell beeinflusst haben. Die beobachtbaren Parameterschwankungen könnten eher auf die Verwendung der nicht logarithmierten Arbeitslosenquote UR_t zurückzuführen sein. Diese wird im theoretischen Modell vorgegeben und impliziert eine vom Niveau der Arbeitslosigkeit abhängige Elastizität, die auch die Schätzung insgesamt beeinflussen könnte.[9] Ein VECM mit der logarithmierten Arbeitslosenquote ur_t weist in der Tat stabilere Parameter auf (vgl. Anhang DI). Bevor wir daher weiter der problematischen Arbeitsnachfragebeziehung nachgehen, spezifizieren wir das VECM verkürzt erneut mit der log-Arbeitslosenquote ur_t im Variablenvektor z_t.

[8] Aufgrund von Identifikationsproblemen (vgl. S. 63) können diese jedoch nicht strukturell interpretiert werden.

[9] Die Verwendung von UR_t in Arbeitsnachfragegleichung $\ln(WP_t) = wp_t = -\gamma_1 UR_t + \gamma_2 prod_t$ mit der Semi-Elastizität: $\frac{\Delta \ln(WP_t)}{\Delta UR_t} = -\gamma_1$ impliziert eine Elastizität, die vom Niveau der Arbeitslosenquote abhängt: $\frac{\Delta \ln(WP_t)}{\Delta \ln(UR_t)} = -\gamma_1 UR_t$.

Kointegrationsanalyse mit ur_t

Die Rangtests in Tabelle 11.5 (Panel A) sind erneut nur ein grober Anhaltspunkt für die Anzahl der Kointegrationsbeziehungen. Der $\lambda trace-$Test weist auf eine Kointegrationsbeziehung, der $\lambda \max -$Test schwach auf eine zweite hin. Wir arbeiten zunächst mit der Hypothese zweier Kointegrationsbeziehungen weiter. Panel Ba. zeigt wieder Annahmenverletzung der auf $r = 2$ restringierten Schätzung des VECM.

Großbritannien, $z_t = \left[prod_t \quad ur_t \quad e_t \quad wp_t \right]'$					
Sample: 1970:1-1999:1					
Panel A: Rangtests					
VAR(5), Drifterm, restr. Trend, S_t					
	LR-Statistiken			Kritische Werte†: 90%	
Eigenwert	$H_0 : r = ...$	λmax	$\lambda trace$	λmax^{krit}	$\lambda trace^{krit}$
0,279	0	36,59	76,93	23,98	71,12
0,169	1	20,63	40,34	19,46	47,14
0,119	2	14,16	19,72	14,95	27,68
0,048	3	5,55	5,55	12,74	12,74

Panel B‡

a. VECM: $p = 5$, $r = 2$, Driftterm, restr. Trend, S_t

AK(1): $P = 0,00$ AK(4): $P = 0,12$ DH: $P = 0,00$

b. VECM: wie a) und mit $DUM964_t, DUM834_t$

AK(1): $P = 0,01$ AK(4): $P = 0,11$ DH: $P = 0,00$

c. VECM: wie b) und mit $DUM7412$

AK(1): $P = 0,21$ AK(4): $P = 0,08$ DH: $P = 0,48$

†Die kritischen Werte wurden bei HARRIS [1995] und HANSEN / JOHANSEN [1995, Appendix B] entnommen und eine Anpassung nach CHEUNG / LAI [1993] vorgenommen.

‡Anm: AK: LM-Autokorrelationstest, 1. und 4. Ordnung. DH: Normalverteilungstest nach DORNIK / HANSEN [1994]. P: marginales Signifikanzniveau.

Quelle: Eigene Berechnungen.

Tabelle 11.5: Modell GB1: Rangtests mit ur

Die Schätzung Bb. zeigt, dass die bekannten Dummyvariablen kaum die Spezifikation verbessern. Eine erneute Betrachtung der Residuen $\widehat{u}_{2t}$ dieser Schätzung zeigt starke Ausreißer 1974:1 und 1974:2.[10] Auch auf die Gefahr hin, dass Teile der Ölpreisschocks eliminert werden, führen wir eine zusätzliche Dummyvariable ($DUM7412$) ein, die die Werte 1 und -1 in den Quartalen 1974:1 und 1974:2 annimmt und sonst Null ist. Die Residueneigenschaft verbessert sich, es verbleibt ein geringer Rest an Autokorrelation vierter Ordnung (vgl. Panel B.c in Tabelle 11.5).

Die Identifikation und Restringierung der Kointegrationsvektoren erfolgt analog zum obigen Vorgehen. Nun ist lediglich die Arbeitslosenquote logarithmiert und der Vektor der Dummyvariablen lautet

$$D_t = \begin{bmatrix} DUM964_t & DUM834_t & DUM7412 \end{bmatrix}'.$$

Bei analogem Vorgehen wird der Aussschluss der Trendvariablen aus der ersten Kointegrationsbeziehung nun auch statistisch empfohlen (vgl. Tabelle 11.6).

Im Vergleich zum VECM mit UR_t sind die Elastizitäten nahezu unverändert. Wiederum jedoch ist das Vorzeichen der Substitutionselastizität mit $-\widehat{\eta}_2 = 0,161$ ökonomisch nicht sinnvoll (vgl. $\widehat{\beta}'_{(IV)}$). Dennoch passiert auch dieses VECM mit logarithmierter Arbeitslosenquote und den Kointegrationsbeziehungen

$$\begin{aligned} wp_t &= 1,187prod_t - 0,064ur_t \\ e_t &= y_t + 0,161wp_t - 0,005t \end{aligned}$$

alle Spezifikationstests. Dabei sind die Kointegrationsparameter dieser Spezifikation in der Tat stabiler als die des VECM mit UR_t (vgl. Anhang DI).

Wir konzentrieren uns daher im Folgenden auf dieses VECM mit ur_t und $\beta_{(IV)}$; es ist dies nachfolgend das Modell GB1.

[10] Die - hier nicht dokumentierten - Residuen $\widehat{u}_{2t}$ lassen zu den Ölpreisschocks 1973/74, 1979/80 und 1991 Unterschätzungen der Arbeitslosenquote erkennen. Noch deutlicher fallen zudem starke Ausreißer 1974:1 und (eine technische Korrektur?) 1974:2 auf. Offenbar ist das Modell nicht in der Lage den drastischen Anstieg der Arbeitslosenquote in dieser Ölpreiskrise von 2% auf 4,8% zu erfassen. Dies ist insofern erstaunlich, als dass 1979/1981 ein Anstieg der Quote von 4,8% auf knapp 12% keinen Ausreißer hinterlässt. Es ist zu vermuten, dass an dieser Stelle noch andere Gründe eine Rolle spielen. Es sind aber gerade diese Ausreißer im ersten und zweiten Quartal 1971, die die Störgrößeneigenschaften beeinflussen.

Großbritannien: $z_t = \begin{bmatrix} prod_t & ur_t & e_t & wp_t \end{bmatrix}'$

Sample: 1970:1-1999:1

$\widehat{p} = 5$, $\widehat{r} = 2$, Driftterm, restr. Trend, S_t, D_t

Kointegrationmatrix $\widehat{\beta}'$

	$prod_t$	ur_t	e_t	wp_t	$Trend$
$\widehat{\beta}'_{(I)}$:	$-4,104$	$0,119$	$0,621$	1	$0,012$
	$-2,326$	$0,003$	1	$-1,224$	$0,015$
	AK(1): P = 0,21	AK(4): P= 0,08	DH: P = 0,48		
$\widehat{\beta}'_{(II)}$:	$-1,511$ (0,588)	$0,068$ (0,012)	0	1	$0,001$ (0,003)
	$-2,390$ (1,157)	0	1	$1,182$ (0,230)	$0,015$ (0,005)
	AK(1): P = 0,21	AK(4): P = 0,08	DH: P = 0,48		
$\widehat{\beta}'_{(III)}$:	$-1,194$ (0,048)	$0,066$ (0,011)	0	1	0
	$-2,910$ (0,869)	0	1	$-1,267$ (0,237)	$0,018$ (0,004)
	AK(1): P = 0,21	AK(4): P = 0,08	DH: P = 0,49		
	Restr.: P = 0,91				
$\widehat{\beta}'_{(IV)}$:	$-1,187$ (0,05)	$0,064$ (0,012)	0	1	0
	1	0	0	$0,161$ (0,055)	$-0,005$ (0,000)
	AK(1): P = 0,24	AK(4): P = 0,15	DH: P = 0,56		
	Restr.: P = 0,39				

Anm.: Standardfehler in Klammern. AK: LM-Autokorrelationstest, 1. und 4. Ordnung. DH: Normalverteilungstest nach DORNIK / HANSEN [1994]. Restr.: χ^2- Test überidentifizierender Restriktionen. P: marginales Signifikanzniveau.
Quelle: Eigene Berechnungen.

Tabelle 11.6: Modell GB1: Kointegrationsanalyse mit ur

Die Ladungskoeffizienten $\widehat{\alpha}$ dieser Spezifikation (t-Werte in Klammern):

$$\widehat{\alpha}\widehat{\beta}'_{(IV)}z_t = \begin{pmatrix} 0,072 & 0,069 \\ \text{(1,442)} & \text{(2,601)} \\ -0,134 & -0,078 \\ \text{(-0,992)} & \text{(-1,093)} \\ -0,077 & -0,04 \\ \text{(-4,688)} & \text{(-4,550)} \\ -0,103 & 0,047 \\ \text{(-2,208)} & \text{(1,875)} \end{pmatrix} \widehat{\beta}'_{(IV)}z_t$$

weisen eine insgesamt ausreichende Signifikanz aus. Die leichte Insiginikanz der Paramter $\widehat{\alpha}_{21}$ und $\widehat{\alpha}_{22}$ deutet auf eine möglicherweise schwache Exogenität der Arbeitslosenquote hin.[11]

Zurück zum ökonomisch widersprüchlichen Schätzergebnis für die Substitutionselastizität in der Arbeitsnachfrage. Die beiden Kointegrationsvektoren können einzeln in Eingleichungs-Fehler-Korrektur-Modellen (ECM, vgl. Modell (3.2)) überprüft werden Mit jeweils $\widehat{p} = 5$, dem Drifterm, der restringierten Trendvariablen sowie den jeweiligen Dummies wird das ECM in der Bardsen-Transformation (vgl. BARDSEN[1989]) mit der KQ-Methode geschätzt. Die dynamische Lohnsetzungsgleichung lautet:

$$\begin{aligned} \Delta wp_t &= b_o + \alpha_1 wp_{t-1} + b_1 prod_{t-1} + b_2 ur_{t-1} \\ &\quad + b_3 DUM964 + b_4 DUM834 + b_5 DUM7412_t \\ &\quad + b_7 S_t + Kurzfristterme + v_{1t}. \end{aligned}$$

Die Kointegrationsparameter der Lohnsetzungsgleichung ergeben sich wie folgt: $-\gamma_1 = \frac{b_1}{\alpha_1}$; $\gamma_2 = \frac{b_2}{\alpha_1}$. Das ECM für die dynamische Arbeitsnachfrage mit konstanten Skalenerträgen ergibt sich aus:

$$\begin{aligned} \Delta prod_t &= d_o + \alpha_2 prod_{t-1} + d_1 wp_{t-1} + d_2 DUM7412_t \\ &\quad + d_3 t + d_4 S_t + Kurzfristterme + v_{2t}. \end{aligned}$$

[11] Diese Restriktion der schwachen Exogenität von ur_t wird jedoch nicht auferlegt, um die nachfolgende Identifikationsstrategie über Langfristrestriktionen aufrechtzuerhalten.

Tabelle 11.7 zeigt zunächst die Kointegrationsvektoren der Lohnsetzungs- und Arbeitsnachfragegleichung (β_1, $\beta_{2(I)}$) sowie die entsprechenden Anpassungskoeffizienten (α_1, α_2).[12]

Großbritannien: Sample: 1970:1-1999:1					
$\widehat{p} = 5$, Drifterm, restr. Trend, S_t, D_t					
Ladungs-koeffizient $\widehat{\alpha}_i$	Kointegrationsvektor $\widehat{\beta}_i$				
	$prod_t$	ur_t	e_t	wp_t	$Trend$
$\widehat{\alpha}_1$	Lohngleichung: $\widehat{\beta}_1$				
$-0,152$	$-1,264$	$0,082$	0	1	0
t-Wert: -3,742	(0,079)	(0,023)			
(Krit.Wert†: -3,22)					
AK(1): P = 0,20 AK(4): P = 0,05					
	Arbeitsnachfrage				
$\widehat{\alpha}_{2(I)}$	$\widehat{\beta}_{2(I)}$				
$-0,304$	1	0	0	$0,103$	$-0,005$
t-Wert: -4,057				(0,114)	(0,001)
(Krit.Wert†: -3,43)					
AK(1): P=0,19 AK(1): P=0,15					
$\widehat{\alpha}_{2(II)}$	$\widehat{\beta}_{2(II)}$				
$-0,058$	1	0	0	$-0,834$	0
t-Wert: -1,828				(0,143)	
(Krit.Wert†:-2,94)					
AK(1): P=0,36 AK(4): P=0,23					
Anm.: Standardfehler in Klammern. AK: LM-Autokorrelationstest 1. und 4. Ordnung. †Krit.Werte (10%) aus BANERJEE /DOLADO/MESTRE [1998].					
Quelle: Eigene Berechnungen.					

Tabelle 11.7: Modell GB1: Kointegrationsanalyse im ECM

[12] Die Angaben berücksichtigen, dass sich die Trendvariable - wie schon im VECM - nur in der Arbeitsnachfragegleichung als signifikant erwies. Die Standardfehler der Kointegrationsparameter folgen aus einer IV-Schätzung der Bewley-Transformation (vgl. BEWLEY [1979], WICKENS / BREUSCH [1988]).

Die Hypothese der fehlenden Kointegration kann anhand der t-Werte der Anpassungskoeffizienten $\widehat{\alpha}_1$ und $\widehat{\alpha}_{2(I)}$ abgelehnt werden.[13] Die geschätzten Elastizitäten liegen nahe an denen der VECM-Schätzung. Dies gilt ebenfalls für die geschätzte Reallohnelastizität der Arbeitsnachfrage η_2, die auch hier in der Eingleichungsschätzung das ökonomisch falsche Vorzeichen aufweist.[14]

Um die Sensitivität der problematischen Arbeitsnachfragebeziehung gegenüber der deterministischen Trendkomponente zu überprüfen, wird diese herausgenommen. Es zeigt sich nun, dass die Elastizität $-\eta_2$ einen plausiblen Wert von $-0,83$ annimmt (vgl. die letzte Schätzung in Tabelle 11.7). Neben der Tatsache, dass mit der Eliminierung des Trends eine signifikante Variable entfernt wird, treten jedoch zwei neue Probleme auf: Zum einen ist ohne Trendvariable die Kointegrationseigenschaft in der Arbeitnachfrage nicht mehr gegeben; der Anpassungskoeffizient $\widehat{\alpha}_{2(II)}$ sinkt deutlich, und die Hypothese der fehlenden Kointegration kann mit einem t-Wert von $-1,828$ nicht verworfen werden. Zum anderen: Würde man die Spezifikation der Arbeitsnachfrage ohne Trendvariable ins VECM übernehmen, so ist dort keine Identifikation der Kointegrationsvektoren mehr möglich (vgl. die Diskussion Unterabschnitt 7.3).[15]

Wie lassen sich diese Ergebnisse interpretieren, und welche Schlussfolgerungen können für das weitere Vorgehen gezogen werden? Eine plausible Erklärung wäre das Fehlen einer relevanten Variable in der Arbeitsnachfrage, die für die Kointegrationseigenschaft benötigt wird: Die Aufnahme des Trendes erfasst den Einfluss dieser fehlenden Variable tendenziell, was die Signifikanz des Trends und die Stabilisierung der Kointegrationsbeziehung erklärt; jedoch ist die Trend-Proxy so ungeeignet, dass sie die Koeffizienten verzerrt.

Vor dem Hintergrund dieser Erklärung bieten sich dann unmittelbar drei Optionen für das VECM und die Anpassungsanalyse an:

- **Ignoranz:** Wir behalten die Spezifikation des VECM mit $r = 2$, dem deterministischen Trend und dem unplausiblen Parameter in $\widehat{\beta}_{IV}$ (in Tabelle 11.6) bei und führen hiermit eine Anpassungsanalyse durch. Die - schwache - Begrün-

[13] Vgl. zu diesem Kointegrationstest und den kritischen Werten BANERJEE / DOLADO / MESTRE [1998]).

[14] Ein Vergleich der Anpassungskoeffizienten zeigt ferner, dass in dieser ökonomisch unplausiblen Arbeitsnachfrage die Anpassungen schneller von statten geht als in der Lohngleichung.

[15] Schätzt man das System trotzdem, stellt man fest, dass die Impuls-Antwort-Folgen nicht konvergieren. Das System ist instabil.

dung hierfür lautet, dass der wahre Einfluss des Reallohns und der fehlenden Variable in den geschätzten Parametern aufgefangen wird. Für die Arbeitsmarktanalyse bedeutet die Beibehaltung der Arbeitsnachfragebeziehung ökonomisch, dass keine Hystereseeffekte zugelassen werden (vgl. Erläuterungen zum Prozess 7.7).

- **Rangvariation**: Angesichts der Rangtests (vgl. Tabelle 11.5) liegt es nun nahe, eine Fehlspezifikation des Rangs $r = 2$ zu vermuten, und statt dessen nur $r = 1$ (eine Lohnsetzungsbeziehung) zu unterstellen.

- **Erweiterung**: Welche Variable fehlt in diesem System? Die fehlende I(1)-Variable hätte die Aufgabe der Stabilisierung und Identifikation der zweiten Kointegrationbeziehung. Diese fehlende Variable kann dann entweder als fünfte Endogene in das VECM aufgenommen werden oder als exogene I(1)-Variable behandelt werden.[16]

In Folgenden wird zunächst die„Ignoranz"-Strategie verfolgt; Modell GB2 nimmt dann eine Rangreduktion vor.

11.2.3 Anpassungsanalyse

Ausgangspunkt der folgenden Anpassungsanalyse ist das VECM mit restringiertem Trend, $r = 2$ und mit den Kointegrationsvektoren $\widehat{\beta}_{IV}$ (Tabelle 11.6). Wir folgen zunächst der „Ignoranz"-Strategie, womit das Modell weiterhin das ökonomisch falsche Vorzeichen in der Arbeitsnachfrage enthält.

Die herkömmlichen, direkt ermittelbaren Impuls-Antwort-Folgen sind wenig aussagekräftig, da sie die Korrelation der Störgrößen nicht berücksichtigen. Tabelle 11.8 zeigt die symmetrische Matrix der Korrelationskoeffizienten für die Residuen $\widehat{u}_t$ des VECM. Die Hälfte der Korrelationskoeffizienten ist demnach signifikant von Null

[16]Mit einer zusätzlichen Endogenen müßte das theoretische Grundmodell mit seinen identifizierenden Restriktionen angepasst werden. Je nach Variable wären dann weitere Kointegrationsbeziehungen denkbar; dabei müsste sichergestellt sein, dass Parameterrestriktionen implementierbar sind, die eine Identifikation der orthogonalen Schocks und orthogonalen Impuls-Antwort-Folgen ermöglichen. Wie schwierig dies ist, zeigten die Erweiterungen in den Abschnitten 8 und 9. Um einen Eindruck zu erhalten, welche Variable fehlen könnte, bietet Anhang DII eine mögliche Erweiterung an.

Korrelationskoeffizienten				
$\widehat{corr}_{ij}$	$\widehat{u}_{1t}$	$\widehat{u}_{2t}$	$\widehat{u}_{3t}$	$\widehat{u}_{4t}$
$\widehat{u}_{1t}$	1			
$\widehat{u}_{2t}$	$-0,384$ (-4,34)	1		
$\widehat{u}_{3t}$	$-0,083$ (-0,87)	$-0,4$ (-4,54)	1	
$\widehat{u}_{4t}$	$0,147$ (1,544)	$0,006$ (0,06)	$-0,237$ (-2,54)	1
Varianzen				
	$\widehat{\sigma}_1^2$	$\widehat{\sigma}_2^2$	$\widehat{\sigma}_3^2$	$\widehat{\sigma}_4^2$
	$0,01^2$	$0,028^2$	$0,003^2$	$0,01^2$
Anm.: t-Werte in Klammern. Quelle: Eigene Berechnungen				

Tabelle 11.8: Modell GB1: Residuenkorrelationen und -varianzen

verschieden.[17] Zunächst werden daher die orthogonalen Impuls-Antwort-Folgen ermittelt, dann die verallgmeinerten Impuls-Antwort-Folgen und das Persistenzprofil.

Orthogonale Impuls-Antwort-Folgen

Um die orthogonalen Impuls-Antwort-Folgen bei $r = 2$ (dies ist Fall I in Abschnitt 7.2) zu berechnen, verwenden wird die Restriktionen

$$\text{Fall I, Set 3}: \eta_1 = 1,\ \lambda = 1/\eta_1,$$

(also die Hypothese $\lambda = \eta_1 = 1$,vgl. Tabelle 7.1). Die erste Parameterrestriktion wird deutlich akzeptiert (vgl. Tabelle 11.6), reicht aber zur Identifikation nicht aus. Die zweite Restriktion ist keiner Überprüfung zugänglich. Unter Berücksichtigung des Restriktionensets 3 erhalten wir als Lösung des restringierten ökonomischen

[17] Der t-Wert ergibt sich aus: $t = \sqrt{\frac{corr^2(n-2)}{1-corr^2}}$.

Modells für die Variablenanordnung $z_t = \begin{bmatrix} prod_t & ur_t & wp_t & e_t \end{bmatrix}'$

$$z_t = \widetilde{B}^{-1}\theta_t$$

$$\begin{bmatrix} prod_t \\ ur_t \\ wp_t \\ e_t \end{bmatrix} = \begin{bmatrix} 1 & 0 & 0 & 0 \\ \frac{\gamma_2\eta_2-1}{\gamma_1\eta_2} & 0 & \frac{1}{\gamma_1} & -\frac{1}{\gamma_1\eta_2} \\ \frac{1}{\eta_2} & 0 & 0 & \frac{1}{\eta_2} \\ -\frac{\gamma_2\eta_2-1-\pi\gamma_1}{\gamma_1\eta_2} & 1 & -\frac{1}{\gamma_1} & \frac{1+\pi\gamma_1}{\gamma_1\eta_2} \end{bmatrix} \cdot \begin{bmatrix} \theta_{1t\text{-}1}+\varepsilon_{1t} \\ \theta_{2t\text{-}1}+\varepsilon_{2t} \\ \rho_4\theta_{4t\text{-}1}+\varepsilon_{4t} \\ \rho_3\theta_{3t\text{-}1}+\varepsilon_{3t} \end{bmatrix}. \quad (11.2)$$

Hieran können die Implikationen dieser Parameterrestriktionen für die Langfristwirkungen $\phi^*(1)$ der strukturellen Schocks untersucht werden. Für die permanenten Schocks $\varepsilon_{1t}, \varepsilon_{2t}$ zeigt sich anhand von (11.2), dass diese Parameterrestriktionen unterschiedliche Langfristrestriktionen implizieren: Der Technologieschock ε_{1t} wirkt permanent auf alle Variablen, permanente Wirkungen von ε_{2t} sind auf die Beschäftigungsvariable beschränkt. Übertragen auf die strukturelle VMA-Repräsentation (5.14) - oder (5.17) - bedeutet dies, dass die erste Spalte von Matrix $\phi^*(1)$ voll besetzt ist, und in der zweiten Spalte nur das letzte Element ungleich von Null ist. Dies lässt eine Identifikation der permanenten Schocks zu. Da der Arbeitsnachfrage- und Lohnschock transitorischer Natur ist, kann für die Analyse der Langfristwirkungen eine Nullspalte in der dritten und vierten Spalte von $\phi^*(1)$ angenommen werden.[18]

Um diese Langfristrestriktionen ins VECM zu implementieren, formulieren wir die Matrix $\beta_\perp$:[19]

$$\beta_\perp = \begin{bmatrix} -\beta_{32} & 0 \\ \frac{\beta_{11}\beta_{32}-1}{\beta_{21}} & 0 \\ 1 & 0 \\ 0 & 1 \end{bmatrix}.$$

Um die transitorischen Schocks zu identifzieren, werden $r(r-1)/2 = 1$ Restriktion z.B. auf die kurzfristige Dynamik benötigt. Da die ökonomische Theorie kaum Aussagen über die kurzfristige Wirkung von Arbeitsnachfrage- und Lohnsetzungsschocks bereitstellt, verwenden wir die folgende Kurzfristrestriktion:[20]

---

[18]Damit werden die Restriktionen *R3* der Identifikationsstrategie in Unterabschnitt 5.3.2 über Parameterrestriktionen im ökonomischen Modell (hier: Set 3) begründet, die - soweit sie die Kointegrationsparameter betreffen - explizit getestet wurden.

[19]Vgl. Unterabschnitt 5.3.2, sowie Anhang AI)

[20]Mit dieser Nullrestriktion auf die Impact-Matrix ϕ_0^* wird auf diese Weise die Restriktion *R4* aus Unterabschnitt 5.3.2 implementiert.

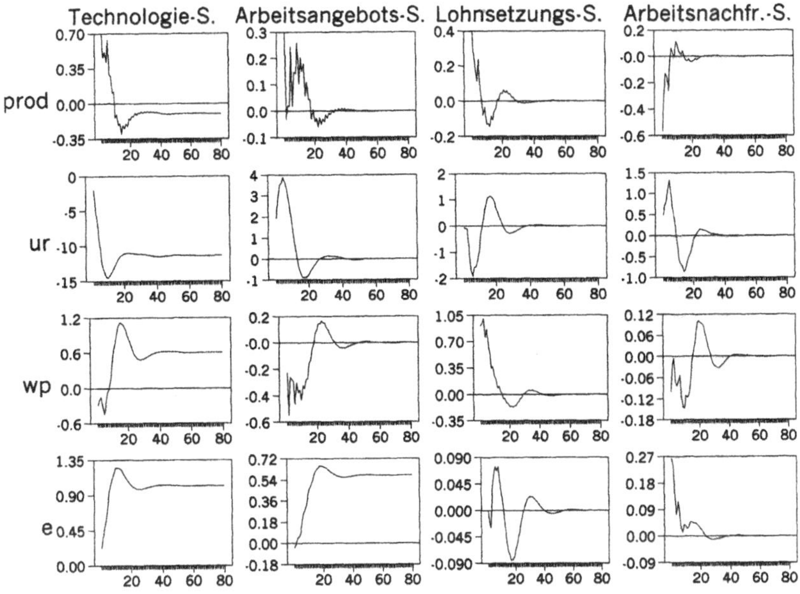

Anm.: Ordinate: kummulierte Änderungen in Prozent

Abbildung 11.2: Modell GB1: Orthogonale Impuls-Antwort-Folgen

Ein Lohnschock wirkt nicht in der Impulsperiode
auf die Nachfrage nach Arbeitskräften.

Diese Annahme ermöglicht es, die transitorischen Schocks zu identifizieren, sie ist jedoch keinem Test zugänglich.

Diese Identifikationsstrategie liefert nun die (normierten, kumulierten) orthogonalen Impuls-Antwort-Folgen (vgl. Abbildung 11.2), die wir als die Anpassungsprozesse infolge der strukturellen Schocks interpretieren. Der Technologieschock führt langfristig zu einer Beschäftigungszunahme, einem Abbau der Arbeitslosigkeit und einer Zunahme des Reallohns. Die Produktivität kehrt jedoch nach dem Schock unter ihr Ursprungsniveau zurück; dies lässt sich nur dadurch erklären, dass die Beschäftigung überproprortional zum Output zunimmt.

Der Arbeitsangebotsschock zeigt zunächst die Nullrestriktionen, die auf den Langfristwirkungen bezüglich der Produktivität, der Arbeitslosenquote und dem

Reallohn liegen. Da langfristig ausschließlich die Beschäftigungsvariable unrestringiert ist, wird theoretisch angenommen, dass diese das zusätzliche Arbeitsangebot vollständig aufnehmen kann. Tatsächlich zeigt sich dies, die Beschäftigung steigt. Das zusätzliche Arbeitsangebot führt temporär zu einem niedrigeren Reallohn und einer höheren Arbeitslosenquote.

Die Lohnsetzungs- und Arbeitsnachfrageschocks sind transitorisch, wie durch das Vorliegen der Kointegrationsbeziehungen unterstellt. Jedoch sind die Anpassungen hier nur schwer nachzuvollziehen. Möglicherweise ist die gewählte Kurzfristrestriktion zur Identifikation ungeeignet. Denkbar ist auch, dass die Arbeitsnachfragebeziehung nicht stationär ist ($r = 1$) und damit hier möglicherweise Hystereseeffekte vernachlässigt werden[21].

Insgesamt liefert dieses VECM mit $r = 2$ und der obigen Identifikationsstrategie zwar stabile, aber nur teilweise zufriedenstellende orthogonale Impuls-Antwort-Folgen.

Verallgemeinerte Impuls-Antwort-Folgen

Eine weitere Möglichkeit, um Anpassungsprozesse zu quantifizieren, sind die verallgemeinerten Impuls-Antwort-Folgen, die keine identifizierenden Restriktionen benötigen. Ziel ist die Abbildung der Anpassungen auf einen historisch typischen Schock durch Berücksichtigung der Korrelation der Störgrößen. Abbildung 11.3 zeigt zunächst, dass das System stabile Anpassungsprozesse generiert. Eine Erhöhung der Produktivität (Schocks auf u_{1t}) findet gemäß Tabelle 11.8 Eingang in das System. Nach zügigerer Anpassung sinkt schließlich die Arbeitslosenquote um ca. 8% (ca. 0,4%-Punkte); die Beschäftigung steigt um 0,8% und reagiert damit stärker als der Reallohn (+0,45%). Die Produktivität jedoch bleibt nicht permanent auf höherem Niveau, sondern fällt wieder.

Ein Schock auf die Arbeitslosenquote geht einher mit einer simultanen Reduzierung der Beschäftigung und Produktivität. Die kurz- und langfristigen Reaktionen sind plausibel: Mit der höheren Arbeitslosenquote ist eine Reduktion der Beschäftigung und des Reallohns zu beobachten. Die Produktivität steigt langfristig leicht.

Eine Zunahme der Beschäftigung ist insbesondere mit der Arbeitslosenquote und dem Reallohn korreliert. Die Anpassungen zeigen permanente Reaktionen dieses Schockbündels in Form einer Zunahme von Beschäftigung und Reallohn und einer

[21] Siehe Modell GB2 im nächsten Unterabschnitt.

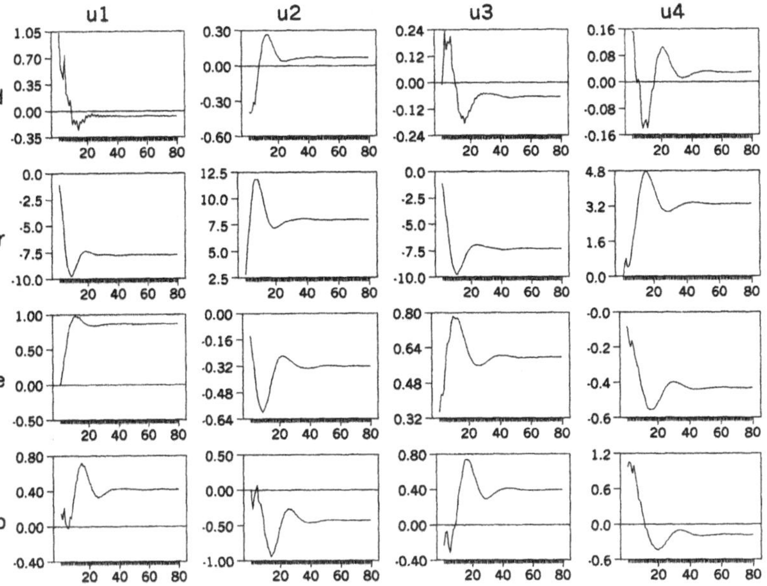

Anm.: Ordinate: kummulierte Änderungen in Prozent

Abbildung 11.3: Modell GB1: Verallgemeinerte Impuls-Antwort-Folgen

Abnahme der Arbeitslosenquote. Nach kurzfristiger Zunahme sinkt die Produktivität jedoch langfristig, was nach Abschluss aller Anpassungen eine unterproportionale Zunahme des Outputs zur Beschäftigung impliziert.

Der Schock auf den Reallohn mit seinen simultanen Wirkungen führt langfristig zur Zunahme (Abnahme) der Arbeitslosenquote (Beschäftigung). Jedoch fällt auch hier der Reallohn permanent unter den Benchmark-Fall.

Insgesamt zeigen die Reaktionen der Beschäftigung auf die historisch typischen Schocks stärkere permanente Effekte als der Reallohn. Typische Schocks gehen damit eher zu Gunsten/Lasten der Beschäftigung. Die Arbeitslosenquote zeigt dabei vom Betrag her nahzu identische permanente Wirkungen in den ersten drei Schockfällen.

Persistenzprofile

Die Persistenzprofile nutzen ebenfalls die kumulierten, nicht-orthogonalen Impuls-Antwort-Folgen und die Korrelation der Störgrößen, um einen *„systemweiten" Schock* zu betrachten. Mit diesem Konzept wird im Folgenden die Reaktion der Kointegrationsbeziehungen auf einen systemweiten Schock berechnet.

Abbildung 11.4 zeigt das Persistenzprofil der Lohngleichung und der Arbeitsnachfrage. Nach einem systemweiten Schock findet die Arbeitsnachfragebeziehung

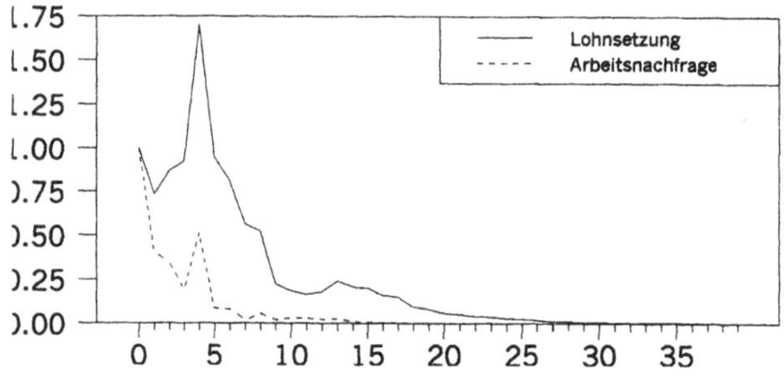

Abbildung 11.4: Modell GB1: Persistenzprofile der Kointegrationsbeziehungen

insgesamt schneller als die Lohngleichungsbeziehung zu ihrem Gleichgewicht zurück. Tabelle 11.9 zeigt die jeweils abgeschlossene Anpassung in %.

	Absolvierte Anpassung in %	
Quartal	Lohnsetzung	Arbeitsnachfrage
4	45	78
8	76	91
12	84	96
Quelle: Eigene Berechnungen		

Tabelle 11.9: Modell GB1: Persistenzprofile der Kointegrationsbeziehungen

Nach 4 Quartalen sind 75% (45%) der Anpassungen in der Arbeitsnachfragebeziehung (Lohnsetzungsbeziehung) nach einem systemweiten Schock abgeschlossen, d.h. die jeweilige Langfristbeziehung hat nach 4 Quartalen zu 75% (45%) zu ihrem langfristigen Gleichgewicht zurückgefunden.

11.3 Modell GB 2

Den obigen Hinweisen folgend schätzen wir das VECM erneut ohne deterministischen Trend und mit einem reduzierten Rang $r = 1$ (Option: Ranganpassung).

11.3.1 VECM-Analyse

In dem Modell ohne deterministische Trendvariable lässt sich die Hypothese einer Kointegrationsbeziehung nun in beiden Rangtests nicht ablehnen. Kein Test liefert Hinweise auf $r = 2$ (vgl. Tabelle 11.10). Durch die Einbeziehung der bekannten Dummy-Variablen $D_t = \begin{bmatrix} DUM964_t & DUM834_t & DUM7412 \end{bmatrix}'$ muss jedoch auf die eingeschränkte Aussagekraft der Tests hingewiesen werden. Ferner könnte noch Autokorrelation 4. Ordnung vorliegen.

Großbritannien, $z_t = \begin{bmatrix} prod_t & ur_t & e_t & wp_t \end{bmatrix}'$					
Sample: 1970:1-1999:1					
Rangtests					
VAR(5), Drifterm, S_t, D_t					
	LR-Statistiken			Kritische Werte†: 90%	
Eigenwert	$H_0 : r = ...$	λmax	$\lambda trace$	λmax^{krit}	$\lambda trace^{krit}$
0,25	0	32,07	55,94	30,11	53,38
0,15	1	16,91	23,87	22,65	32,50
0,05	2	5,91	6,96	14,69	16,20
0,01	3	1,05	1,05	3,28	3,29
AK(1): $P = 0,13$ AK(4): $P = 0,04$ DH: $P = 0,48$					
†Die kritischen Werte wurden bei HARRIS [1995] und HANSEN / JOHANSEN [1995, Appendix B] entnommen und eine Anpassung nach CHEUNG / LAI [1993] vorgenommen.					
Quelle: Eigene Berechnungen.					

Tabelle 11.10: Modell GB2: Rangtests

Die stationäre Linearkombination ist in Tabelle 11.11 als $\widehat{\beta}_{(I)}$ im VECM geschätzt.

Eine Interpretation dieser Beziehung als Arbeitsnachfrage durch Ausschluss der Arbeitslosenquote (vgl. $\widehat{\beta}_{(II)}$) wird deutlich abgelehnt, und auch die impliziten Elastizitäten ($\widehat{\eta}_1 = 24,809, \widehat{\eta}_2 = 28,238$) sind ökonomisch unplausibel. Der Ausschluss

Großbritannien: $z_t = \begin{bmatrix} prod_t & ur_t & e_t & wp_t \end{bmatrix}'$ Sample: 1970:1-1999:1 $\widehat{p} = 5$, $\widehat{r} = 1$, Driftterm, D_t, S_t				
	Kointegrationmatrix $\widehat{\beta}'$			
	$prod_t$	ur_t	e_t	wp_t
$\widehat{\beta}'_{(I)}$:	$-1,429$	$0,107$	$0,87$	1
	AK(1): P = 0,17	AK(4): P= 0,02		DH: P = 0,53
$\widehat{\beta}'_{(II)}$:	$-1,042$ (0,277)	0	1	$-1,029$ (0,205)
	AK(1): P = 0,06 Restr.: P = 0,00	AK(4): P = 0,01		DH: P = 0,36
$\widehat{\beta}'_{(III)}$:	$-1,188$ (0,053)	$0,064$ (0,014)	0	1
	AK(1): P = 0,14 Restr.: P = 0,15	AK(4): P = 0,01		DH: P = 0,46
Anm.: Standardfehler in Klammern. AK: LM-Autokorrelationstest, 1. und 4. Ordnung. DH: Normalverteilungstest nach DORNIK / HANSEN [1994]. Restr.: χ^2- Test überidentifizierender Restriktionen. P: marginales Signifikanzniveau. Quelle: Eigene Berechnungen.				

Tabelle 11.11: Modell GB2: Kointegrationsanalyse

der Beschäftigungsvariablen und somit eine Identifikation als Lohnsetzungsgleichung wird hingegen nicht verworfen und weist plausible Parameterschätzungen auf, die nahe an denen der ECM- und VECM-Schätzung für das Modell GB1 liegen. Es bleibt jedoch anzumerken, dass die Autokorrelation 4. Ordnung nicht vollständig beseitigt ist.

11.3.2 Anpassungsanalyse

Die Korrelationstabelle 11.12 zeigt wieder, dass die Residuenkorrelationen überwiegend signifikant sind, und so die Verwendung nicht-orthogonaler Impuls-Antwort-Folgen ausschließen.

$\widehat{corr}_{ij}$	$\widehat{u}_{1t}$	$\widehat{u}_{2t}$	$\widehat{u}_{3t}$	$\widehat{u}_{4t}$
	Korrelationskoeffizienten			
$\widehat{u}_{1t}$	1			
$\widehat{u}_{2t}$	$-0,392$ (-4,47)			
$\widehat{u}_{3t}$	$-0,118$ (-1,24)	$-0,34$ (-3,78)	1	
$\widehat{u}_{4t}$	$0,182$ (1,94)	$-0,006$ (-0,07)	$-0,27$ (-2,94)	1
	Varianzen			
	$\widehat{\sigma}_1^2$	$\widehat{\sigma}_2^2$	$\widehat{\sigma}_3^2$	$\widehat{\sigma}_4^2$
	$0,011^2$	$0,028^2$	$0,004^2$	$0,01^2$

Anm.: t-Werte in Klammern.
Quelle: Eigene Berechnungen

Tabelle 11.12: Modell GB2: Residuenkorrelationen und -varianzen

Orthogonale Impuls-Antwort-Folgen

Um die orthogonalen Impuls-Antwort-Folgen bei $r = 1$ Lohnsetzungsbeziehung (Fall III, in Unterabschnitt 7.2) zu bestimmen, kann wieder auf das Restriktionenset 3 zurückgegriffen werden

$$\text{Fall III, Set 3} : \eta_1 = 1, \ \lambda = 1/\eta_1.$$

Diese Parameterrestriktionen sind nun beide nicht testbar. Unter Berücksichtigung von Set 3 erhält man als Lösung des restringierten ökonomischen Modells für die geänderte Variablenanordnung $z_t' = \begin{bmatrix} prod_t & e_t & ur_t & wp_t \end{bmatrix}$:

$$
\begin{aligned}
z_t &= \widetilde{B}^{-1}\theta_t \\
\begin{bmatrix} prod_t \\ e_t \\ ur_t \\ wp_t \end{bmatrix} &= \begin{bmatrix} 1 & 0 & 0 & 0 \\ -\frac{\gamma_2\eta_2-1-\gamma_1\pi}{\eta_2\gamma_1} & \frac{1+\gamma_1\pi}{\eta_2\gamma_1} & 1 & -\frac{1}{\gamma_1} \\ \frac{\gamma_2\eta_2-1}{\eta_2\gamma_1} & -\frac{1}{\eta_2\gamma_1} & 0 & \frac{1}{\gamma_1} \\ \frac{1}{\eta_2} & \frac{1}{\eta_2} & 0 & 0 \end{bmatrix} \cdot \begin{bmatrix} \theta_{1t-1}+\varepsilon_{1t} \\ \theta_{3t-1}+\varepsilon_{3t} \\ \theta_{2t-1}+\varepsilon_{2t} \\ \rho_4\theta_{4t-1}+\varepsilon_{4t} \end{bmatrix}.
\end{aligned}
\quad (11.3)
$$

Hieran können wieder die Implikationen dieser Parameterrestriktionen für die Langfristwirkungen $\phi^*(1)$ der strukturellen Schocks näher untersuchen werden. Da lediglich der Lohnschock transitorischer Natur ist, kann von vornherein für die Analyse der Langfristwirkungen eine Nullspalte in der vierten Spalte von $\phi^*(1)$ angenommen werden. Für die permanenten ökonomischen Schocks $\varepsilon_{1t}, \varepsilon_{2t}, \varepsilon_{3t}$ zeigt sich anhand der Lösung (11.3), dass das Set 3 unterschiedliche Langfristwirkungen impliziert: ε_{1t} kann permanent auf alle Variablen wirken. Der Arbeitsnachfrageschock ε_{3t} ist nur bezüglich der permanenten Wirkung auf Beschäftigung, Arbeitslosenquote und Reallohn unrestringiert; damit sind also Hystereseeffekte zugelassen. Schließlich sind permanente Wirkungen des Arbeitsangebotsschocks ε_{2t} nur auf die Beschäftigung zugelassen. Übertragen auf die strukturelle VMA-Repräsentation (5.14) oder (5.17) bedeutet dies, dass die erste Spalte von Matrix $\phi^*(1)$ voll besetzt ist, in der zweiten Spalte nur das erste Element Null ist und die letzte Spalte lediglich in der zweiten Zeile ein Element ungleich Null enthält. Dies lässt eine Identifikation der permanenten Schocks zu.

Um diese Langfristrestriktionen ins VECM zu implementieren formulieren wir die Matrix $\beta_\perp$ (vgl. Unterabschnitt 5.3.2)

$$\beta_\perp = \begin{bmatrix} 1 & 0 & 0 \\ 1 & 1 & 1 \\ 1 & -\frac{1}{\beta_{31}} & 0 \\ -(\beta_{11} + \beta_{31}) & 1 & 0 \end{bmatrix}.$$

Diese Identifikationsstrategie liefert nun die orthogonalen Impuls-Antwort-Folgen, die die Anpassungsprozesse infolge der strukturellen Schocks zeigen (vgl. Abbildung 11.5) . Der Produktivitätsschock zeigt in der Tat die zugelassenen permanenten Effekte. Jedoch zeigt sich als Wirkung des Technologieschocks ein langfristiger Abbau der Beschäftigung verbunden mit einer Zunahme der Arbeitslosigkeit. Der Rückgang der Beschäftigung ist durchaus möglich, da der theoretische Langfristeffekt vom Vorzeichen her nicht eindeutig bestimmt ist [22], Dabei zeigt die Arbeitslosigkeit kurzfristig eine Abnahme. Der produktivitätssteigernde Technologieschock hebt auch den Reallohn langfristig über seinen schocklosen Pfad.

Der positive Arbeitsnachfrageschock zeigt tatsächlich - mit Ausnahme der restringierten, langfristigen Neutralität hinsichtlich der Produktivität - deutliche per-

[22] Gleichungssystem (11.3) zeigt, dass die Langfristwirkung der Beschäftigung auf einen Produktivitätsschock $-\frac{\gamma_2\eta_2 - 1 - \gamma_1\pi}{\eta_2\gamma_1}$ beträgt. Ein langfristig negativer Beschäftigungseffekt liegt dann bei $(\gamma_2\eta_2 - \gamma_1\pi - 1) > 0$. Für z.B. $\pi = 0$ ($\pi = 1$) ist dies dann der Fall, wenn mit $\widehat{\gamma}_2 = 1,18$ und $\widehat{\gamma}_1 = 0,064$ die Substitutionselastizität $\widehat{\eta}_2 > 0,847$ ($\widehat{\eta}_2 > 0,917$) ist. Die CD-Funktion würde dies erfüllen.

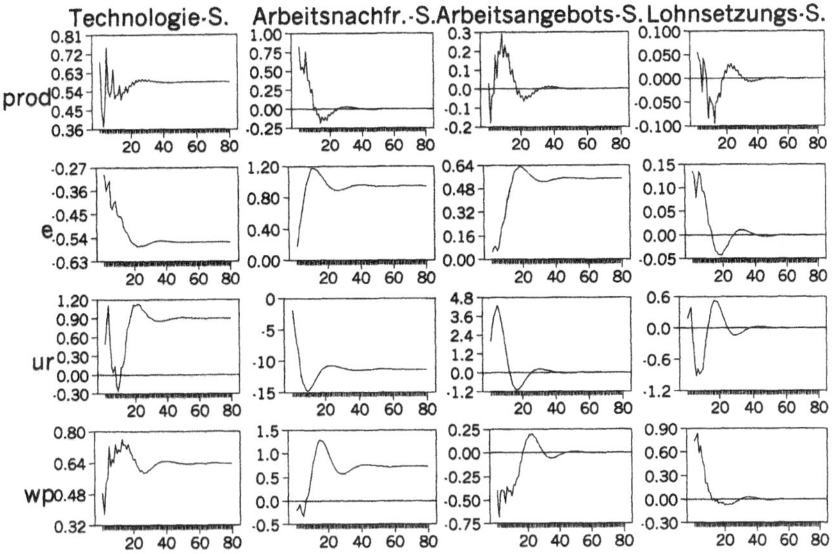

Anm.: Ordinate: kumulierte Änderungen in Prozent

Abbildung 11.5: Modell GB2: Orthogonale Impuls-Antwort-Folgen

manente Wirkungen, die langfristig zum Anstieg der Beschäftigung und zum Rückgang der Arbeitslosenquote sowie zur Zunahme des Reallohns führen.

Der Arbeitsangebotsschock ist dahingehend restringiert, dass langfristig nur (positive) Beschäftigungswirkungen möglich sind. D.h. das zusätzliche Angebot kommt langfristig vollständig am Arbeitsmarkt unter, womit Reallohn, Produktivität und Arbeitslosenquote sich nur im Übergang ändern. Auch diese Anpassungen liefern plausible Pfade.

Der einzige transitorische Schock, der Lohnsetzungsschock, hingegen zeigt unerwartete Anpassungen: Der positive Lohnsetzungsschock führt kurzfristig zu einer Zunahme der Beschäftigung und einem Rückgang der Arbeitslosenquote. Vielleicht spielen hier Kaufkraftargumente des Lohnes eine Rolle. Möglichweise ist aber auch die Identifikation nicht gelungen, so dass hier weitre transitorische Schocks erfasst werden, die eine solche Bewegung von Beschäftigung und Reallohn bewirken.

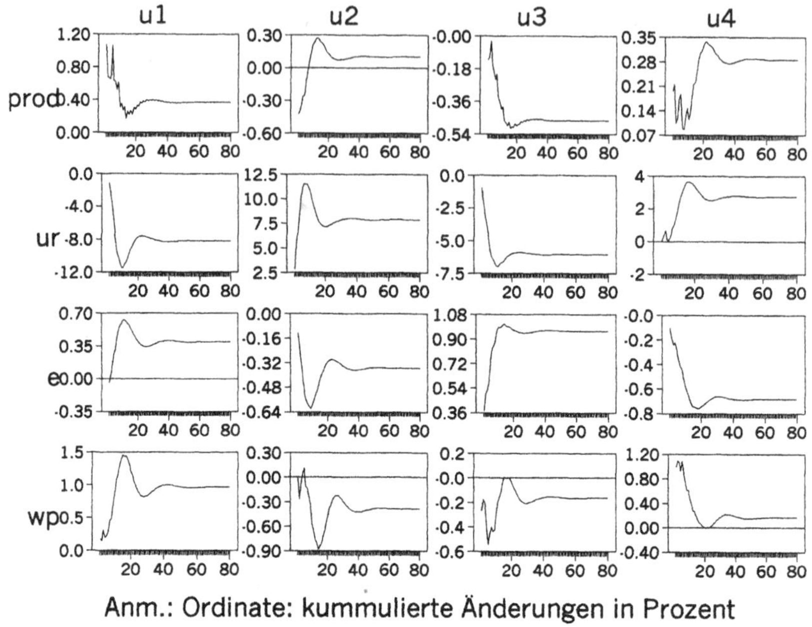

Abbildung 11.6: Modell GB2: Verallgemeinerte Impuls-Antwort-Folgen

Verallgemeinerte Impuls-Antwort-Folgen

Wir nutzen auch dieses Konzept, um die Anpassungsprozesse der einzelnen Variablen zu quantifizieren. Abbildung 11.6 zeigt zunächst ebenfalls stabile Anpassungsprozesse. Eine Erhöhung der Produktivität (Schocks auf u_{1t}) findet gemäß Tabelle 11.12 Eingang mit einer negativen Korrelation zur Arbeitslosenquote und einer positiven Korrelation mit dem Reallohn. Nach zügiger Anpassung sinkt - wie in Modell GB1 - die Arbeitslosenquote um ca. 8% (ca. 0,4%-Punkte); die Beschäftigung steigt um 0,4% und reagiert damit schwächer als der Reallohn (ca. +1 %). Die Produktivität verbleibt ebenfalls permanent auf höherem Niveau (+0,34%). Führt man also einen Schock auf die Produktivität in historisch „typischer Weise" ein, tritt nicht der Effekt einer Beschäftigungssenkung ein, vielmehr beobachtet man einen Anstieg der Beschäftigung.

Der Schock auf die Arbeitslosenquote wird eingeführt mit einer negativen Korrelation zur Beschäftigung und zur Produktivität. Mit der höheren Arbeitslosenquote geht zudem die Störgröße mit einer Reduktion des Reallohns einher. Die zunächst negativ eingebrachte Produktivitätsänderung weist langfristig leicht positive Effekte auf.

Eine Zunahme der Beschäftigung wird insbesondere mit einer negativen Korrelation zur Arbeitslosenquote und zum Reallohn eingebracht. Mit Ausnahme des Reallohns bauen sich die Wirkungen dieses Schockbündels relativ schnell und stark auf. Die Beschäftigung steigt langfristig um ca. 0,95%, die Arbeitslosenquote und die Produktivität fallen beide, und zwar um 0,6% und 0,47%. Der Reallohn hingegen oszilliert am stärksten und pendelt sich langfristig nur 0,2% unterhalb des Benchmarkpfads ein.

Eine Erhöhung des Reallohns schließlich führt mit seiner negativen (positiven) Korrelation auf den Reallohn (Produktivität) langfristig zur Zunahme der Arbeitslosenquote und Abnahme der Beschäftigung. Im Gegensatz zur Reallohnreaktion selbst akkumulieren sich hier die Effekte stark; der Reallohn kehrt nach dem Impuls langfristig mit einer Zunahme von 0,2% wieder in die Nähe des Benchmarkpfads zurück.

Persistenzprofile

Das Persistenzprofil für die langfristige Lohnsetzungsbeziehung ist in Abbildung 11.7 dargestellt.. Der systemweite Schock treibt zwar innerhalb der Jahresfrist die

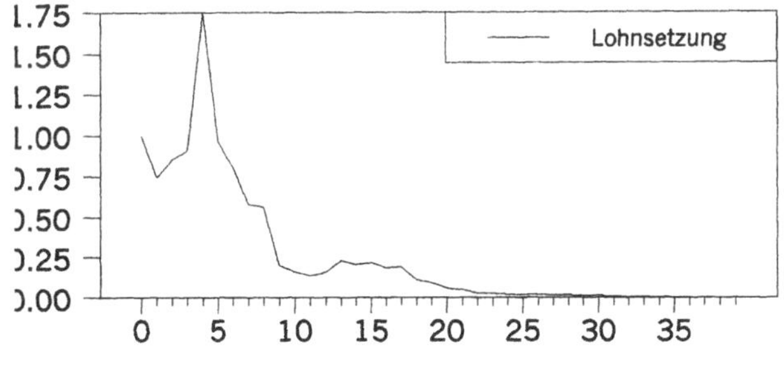

Abbildung 11.7: Modell GB2: Persistenzprofil der Kointegrationsbeziehung

langfristige Beziehung auseinander, jedoch reagieren die Systemvariablen auf dieses Ungleichgewicht dergestalt, dass bereits nach 8 (12) Quartalen 76,5% (83,4%) der Anpassungen abgeschlossen sind, d.h. die Lohnsetzungsgleichung hat durch die Anpassungen der einzelnen Variablen nach 8 (12) Quartalen wieder zu 76,5% (83,4%) zu ihrem langfristigen Gleichgewicht zurückgefunden. Nach 20 Quartalen sind schließlich 97% der Anpassungen abgeschlossen.

11.4 Zusammenfassung

Die Spezifikation eines VECM für den britischen Arbeitsmarkt erwies sich als ausgesprochen schwierig. In einem VECM mit deterministischem Trend und zwei Kointegrationsbeziehungen konnten zwar kaum Hinweise dafür gefunden werden, dass die „Thatcher-Reformen“ die relevanten Elastizitäten in der längerfristigen Arbeitsnachfrage- und Lohnsetzungsgleichung beeinflusst haben; auftretende moderate Schwankungen dieser Parameter sind vermutlich vielmehr auf eine funktionale Fehlspezifikation durch Verwendung der nicht logarithmierten Arbeitslosenquote UR_t zurückzuführen (vgl. Anhang DI). Dieses Resultat führte zur Neuspezifikation des VECM mit ur_t (Modell GB1).

Ein ökonomisch unplausibles Vorzeichen für die geschätzte Substitutionselastizität führte zur separaten Überprüfung der beiden Kointegrationsbeziehungen im ECM. Dabei erwies sich die Existenz der zweiten Kointegrationsbeziehung - der Arbeitsnachfrage - als ausgesprochen sensitiv gegenüber der deterministischen Trendvariablen. Diese Trendvariabe fängt vermutlich im Modell GB1 den Einfluss einer fehlenden Variablen, die für eine zweite stabile Kointegrationsbeziehung benötigt wird, unvollständig auf; für diese Vermutung findet sich in einer exemplarischen Erweiterung auch erste Evidenz (vgl. Anhang DII). In einer zweiten Spezifikation wird vereinfachend auf den Trend und die zweite Kointegrationsbeziehung verzichtet (Modell GB2).

Aus den Kointegrations- und Anpassungsanalysen lässt sich festhalten:

(i) Die Elastizitäten der längerfristigen Lohnsetzungsgleichung sind in allen Schätzungen relativ ähnlich. Nach den vertrauenswürdigsten Schätzungen (VECM GB2 und VECMX aus Anhang DII) besitzt der Reallohn eine Elastizität bezüglich der Produktivität von etwa 1,18. Dies liegt zwischen den übrigen Schätzergebnissen von 1,073 (VECM GB1) und 1,264 (ECM). Bezüglich der Arbeitslosenquote reagiert der Reallohn mit einer Elastizität von -0,064 bis - 0,082, wobei wieder die vertrauenswürdigsten Schätzungen (GB2, VECMX) in dieses Intervall fallen. Die einfachen Eingleichungsregressionen von LAYARD / NICKEL / JACKMAN [1991] finden bis Mitte der 80er Jahre hier einen leicht höheren Einfluss von -0,09.

(ii) Die Elastizitäten der Arbeitsnachfrage weisen hier erhebliche Probleme auf. Eine Schätzung für die langfristige Arbeitsnachfrage folgt aus dem VECMX im Anhang und weist auf eine Substitutionselastizität von -0,85 hin. Die Hypothese konstanter Skalenerträge ist hingegen in allen Schätzungen relativ robust.

(iii) Die orthogonalen Impuls-Antwort-Folgen zeigen im Modell GB2 insgesamt plausiblere Anpassungsprozesse als die des Modells GB1. Dies liegt vermutlich an der unzureichenden Approximation einer fehlenden Variablen durch die Trendvariable für eine zweite Kointegrationsbeziehung im Modells GB1 und / oder an den in Modell GB2 zugelassenen Hystereseeffekten. Unproblematisch sind die gefundenen Anpassungsprozesse aber auch hier nicht: Die Hystereseeffekte fallen ausgesprochen stark aus; diese Reaktionen könnten aber auch von einer fehlenden, relevante Variable oder den Arbeitsmarktreformen beeinflusst sein. Kritisch ist, dass der transitorische Arbeitsnachfrageschock fragliche Anpassungsprozesse liefert. Schließlich weist das Modell GB2 einen deutlichen beschäftigungsreduzierenden Effekt des Technologieschocks auf.

(iv) Die verallgemeinerten Impuls-Antwort-Folgen der beiden VECM (GB1, GB2) zeigen neben ähnlichen Residuenkorrelationen einige Gemeinsamkeiten: Eine Erhöhung der Produktivitätsvariablen lässt die Beschäftigung und den Reallohn steigen (im Modell GB2 jeweils stärker als im Modell GB1) und senkt die Arbeitslosenquote in vergleichbarem Umfang. Die exogene Erhöhung der Arbeitslosenquote zeigt nahezu identische Reaktionen in beiden Modellen. Treten Unterschiede zwischen den Anpassungsprozessen der Modelle GB1 und GB2 auf, so erweisen sich die Anpassungsprozesse im Modell GB2 als ökonomisch plausibler; dies gilt insbesondere für die unmittelbare Erhöhung des Reallohns (durch u_{3t}) und der Beschäftigung (u_{4t}).

(v) Die Persistenzprofile der längerfristigen Lohnsetzungsbeziehung weisen in beiden VECM-Spezifikationen eine ähnliche Dynamik auf: Innerhalb eines Jahres sind 45 %, nach zwei Jahren etwa 75% der Anpassungen abgeschlossen.

Kapitel 12

USA

12.1 Vorbemerkungen

VECM-Studien zu dem als flexibel geltenden Arbeitsmarkt der USA sind rar.

SCHREIBER [2000] schätzt ein bivariates VECM mit den Variablen Arbeitsproduktivität und Reallohn, das eine langfristige Arbeitsnachfragebeziehung enthält. Das Papier vergleicht den US–amerikanischen und den westdeutschen Arbeitsmarkt; im Mittelpunkt stehen die sogenannte Co-Breaking-Eigenschaft und die Kointegrationseigenschaften der Zeitreihen, weniger aber die Dynamik der Märkte. Aufgrund erheblicher Probleme mit der Verfügbarkeit vergleichbarer Datensätze verwendet der Autor einen saisonbereinigten Datensatz für die USA mit einem unbereinigten für Westdeutschland.

Nicht-kointegrierte strukturelle VAR-Modelle für den US-Arbeitsmarkt finden sich für den bivariaten Fall (Arbeitslosenquote und Output) u.a. bei BLANCHARD / QUAH [1987] und GAMBER / JOUTZ [1993a]; der trivariate Fall (Arbeitslosenquote, Output, Reallohn) wird z.B. in GAMBER / JOUTZ [1993b] und in der umfangreichen Länderstudie von BALMASEDA / DOLADO / LÓPEZ-SALIDO [2000] berücksichtigt. In diesen Arbeiten rückt die Dynamik und die Schockidentifikation in den Mittelpunkt. Langfristige Kointegrationsbeziehungen werden jedoch nicht untersucht. Die genannten Arbeiten verwenden Jahresdaten oder saisonbereinigte Quartalsdaten.

Im Vergleich zu SCHREIBER [2000] wird hier ein *vier*dimensionales Modell verwendet. Zudem steht die Anpassungsdynamik explizit im Mittelpunkt. Im Unterschied zu den genannten strukturellen VAR-Modellen wird ein kointegrierter Ansatz

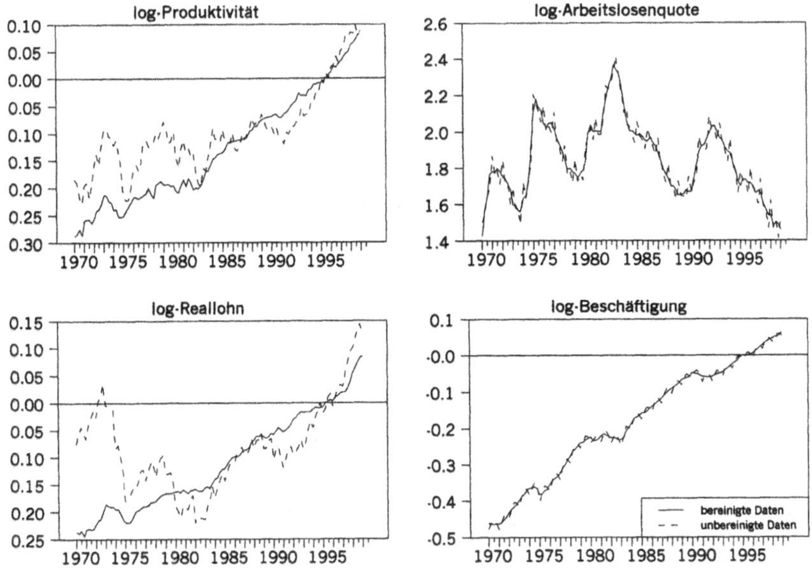

Abbildung 12.1: Datensätze USA

verwendet. Vor allem aber wird sich nicht ausschließlich auf einen saisonbereinigten Datensatz gestützt oder auf Jahresdaten gestützt. Da saison*un*bereinigte *und* hochaggregierter Daten nur begrenzt verfügbar sind, werden zwei Modelle auf Basis unterschiedlicher Datensätzen geschätzt (vgl. Anhang CI, CII).

- Modell USA1 verwendet einen *un*bereinigten „Proxy-Datensatz" auf einem *möglichst hohen* Aggregationsniveau. In diesem Datensatz sind jedoch vor allem der Dienstleistungssektor und der öffentliche Sektor unterrepräsentiert.
- Modell USA2 wird mit saisonbereinigten, gesamtwirtschaftlichen Daten aus den Konten der Volkswirtschaftlichen Gesamtrechnung (National Product and Income Accounts, NIPA) geschätzt.

Ein exakter Vergleich der beiden Modelle ist aufgrund der Probleme der Saisonbereinigung und der unterschiedlichen Aggregationsgrade nur begrenzt möglich, gleichwohl könnten Gemeinsamkeiten aufschlussreich sein. Abbildung 12.1 zeigt die beiden Datensätze. Deutlich fallen im Proxy-Datensatz die Einbrüche zu den

Ölpreisschocks und eine fluktuationsärmere und trendstärke Produktivitätsentwicklung in den 90er Jahren auf. Letzteres lässt sich vermutlich in Verbindung mit dem Phänomen der „new economy“ bringen.

Dier Spezifikationsprozess der Modelle USA1 und USA2 zeigt vier empirische Gemeinsamkeiten, die - zu Gunsten der Kürze - hier vorwegenommen seien: (i) Es wird keine deterministische Trendvariable im Kointegrationsraum aufgenommen. (iii) Es wird die logarithmierte Arbeitslosenquote verwendet. (iii) Die Ölpreiskrisen können nicht ohne explizite Berücksichtigung aufgefangen werden. Es sind daher Ölpreisdummies erforderlich. (iv) Für den Driftterm wird ein Strukturbruch zugelassen, indem ein Shift-Dummy in den Differenzenteil des VECM eingeführt wird, die 1990 den Wert 1 annimmt. Damit werden dauerhafte Konstantenverschiebungen und ein zusätzlicher Trend in den Niveauvariablen zugelassen; auf diese Weise sollen explizit Produktivitätseffekte der „new economy" berücksichtigt werden.

Zunächst wird der unbereinigte, mehr disaggregierte Proxy-Datensatz verwendet (Modell USA1). Anschließend wird mit dem bereinigten, aggrgierten NIPA-Datensatz (Modell USA2) fortgefahren.

12.2 Modell USA1

12.2.1 Pretests

Nichtstationarität

Die Nichtstationaritätshypothese kann anhand des ADF-Tests (vgl. Tabelle 12.1) für die Niveauvariablen nicht abgelehnt werden, für die Differenzen hingegen wird sie verworfen. Auch die Arbeitslosenquote ist demnach eine I(1)-Variable.Die Integrati-

USA: Sample: 1970:1-1999:1; Saisonunbereinigter Datensatz					
ADF-Tests†					
	$t_{(\hat{\rho}-1)}$	$AK(4)$, $P = ...$		$t_{(\hat{\rho}-1)}$	$AK(4)$, $P = ...$
$prod_t$	$-2,36$	$0,19$	$\Delta prod_t$	$-5,12$	$0,66$
ur_t	$-2,23$	$0,31$	Δur_t	$-3,59$	$0,18$
e_t	$-2,69$	$0,58$	Δe_t	$-4,47$	$0,69$
wp_t	$-1,01$	$0,23$	Δwp_t	$-4,27$	$0,61$
KPSS-Test‡:					
Lags	ur_t	Δur_t			
4	$0,38$	$0,05$			
8	$0,25$	$0,05$			
12	$0,21$	$0,06$			

Anm.: Alle Regressionen mit Konstanter und zentr. Saisondummies, Niveaus zusätzl. mit Trend.; AK(4): LM-Autokorrelationstest 4. Ord.; ,P = marg. Signifikanzniveau.
†Krit. Werte 1%; 5%; 10% : mit det.Trend.: -4,05; -3,45; -3,15; nur Konst.: –3,5; -2,90; -2,59. vgl. FULLER [1996, S. 641ff]).‡Krit. Werte 10%; 5%; 1%: mit det. Trend: 0,349; 0,463; 0,739; nur Konst.: 0,119; 0,149; 0,216.(Vgl. MADALLA/KIM [1998, S.122]). Quelle: Eigene Berechn.

Tabelle 12.1: Modell USA1: (Nicht-)Stationaritäts-Tests

onseigenschaft der Arbeitslosenquote wird zusätzlich mit dem KPSS-Test überprüft, und dieser kommt zu abweichenden Ergebnissen: Die Nullhypothese der Stationarität wird für die erste Differenz aber auch für die Niveauvariable ur_t bestätigt. Die empirische Integrationseigenschaft der US-(log-) Arbeitslosenquote ur_t fällt damit nicht eindeutig aus. Für die Kointegrationsanalysen wird im Folgenden dennoch ein (schwacher) I(1)-Prozess für ur_t angenommen.[1]

[1] Für ähnlichen Pragmatismus an dieser Stelle sei z.B. auf GARRATT et al. [2001] verwiesen.

Lagordnung

Tabelle 12.2 zeigt, dass zwei Mal das Kriterienminimum bei $\widehat{p} = 1$ liegt, wobei das HQC für $p = 2, 3$ nur wenig größer ausfällt. Die AIC-Empfehlung fällt mit 5 bzw. 7 wieder höher aus. Ein Lag von 2 dürfte als Ausgangshypothese geeignet sein.

USA: Sample: 1970:1-1999:4; deterministische Variablen: Konstante, S_t									
p	9	8	7	6	5	4	3	2	1
Informationskriterien									
AIC	-35,75	-35,90	-36,01	-35,94	-36,03*	-35,94	-35,90	-35,74	-35,62
BIC	-32,29	-32,83	-33,33	-33,64	-34,11	-34,41	-34,75	-34,98	-35,24*
HQC	-34,35	-34,65	-34,93	-35,01	-35,26	-35,32	-35,43	-35,43	-35,46*
*: Empfohlene Lagordnung; Quelle: Eigene Berechnungen.									

Tabelle 12.2: Modell USA1: Lagordnung des VAR

12.2.2 VECM-Analyse

Eine erste Untersuchung der Residueneigenschaften des VAR(2)-Modells zeigt eine deutliche Verletzung der Normalverteilungsannahme für die Residuen der Produktivitäts-, der Reallohn- und der Arbeitslosenquotengleichung. Diese Verletzungen sind zurückzuführen auf starke Einbrüche der Beschäftigungs- und Outputvariablen zum Zeitpunkt 1975:1 sowie auf Nominallohnextrema 1974:1 und 1975:1, vermutlich als Folge der ersten Ölpreiskrise. Diese Einflüsse können besser kontrolliert werden, indem zwei 1/0 -Dummyvariablen eingeführt werden, die nur im 1. Quartal 1974 bzw. 1975:1 den Wert 1 annehmen ($DUM741_t$, $DUM751_t$). Weitere Verbesserungen der statistischen Eigenschaften lassen sich erzielen, indem der starke Produktivitätsanstieg der 90er Jahre mit einem Shift-Dummy ($DUMPROD_t$) begegnet wird, der *ab* 1990:1 den Wert 1 annimmt. Alle Dummyvariablen werden in die Differenzenterme aufgenommen; mit $DUMPROD_t$ wird so implizit auch eine deterministische Trendänderungen zugelassen. Aus Panel A in Tabelle 12.3 ist ersichtlich, dass beide Rangtests Hinweise auf $r = 2$ Kointegrationsbeziehungen liefern. Die Residuen der resultierenden VECM-Spezifikation mit 2 Kointegrationsbeziehungen sind jedoch

Hier stellt die mögliche I(0)-Eigenschaft der Inflationsrate bei integriertem Nominalzinsniveau eine Kointegrationsbeziehung (eine Fisher-Parität) in Frage; die Autoren betrachten daher die problematischen Inflationszeitreihen pragmatisch als I(1).

USA : $z_t = \begin{bmatrix} prod_t & ur_t & e_t & wp_t \end{bmatrix}'$; Sample: 1970:1-1999:1					
Panel A					
VAR: $\widehat{p} = 2$, Driftterm, $S_t, DUMPROD_t, DUM741_t, DUM751_t$					
	LR-Statistiken			Kritische Werte†: 90%	
Eigenwert	$H_0 : r = ...$	λmax	$\lambda trace$	λmax^{krit}	$\lambda trace^{krit}$
0,253	0	33,51	78,80	21,37	63,37
0,241	1	31,78	45,29	17,34	42,00
0,104	2	12,67	13,51	13,32	24,67
0,007	3	0,84	0,84	11,35	11,35
Panel B‡					
VECM: wie in Panel A, mit $\widehat{r} = 2$					
AK(1): P = 0,12 AK(4): P = 0,00 DH: P = 0,53					
Anm:†Die kritischen Werte wurden bei HARRIS [1995] und HANSEN / JOHANSEN [1995, Appendix B] entnommen; es erfolgte eine Anpassung nach CHEUNG / LAI [1993].‡ AK: LM-Autokorrelationstest, 1. und 4. Ord. DH: Normalverteilungstest nach DORNIK / HANSEN [1994]; .P: marginales Signifikanzniveau. Quelle: Eigene Berechnungen.					

Tabelle 12.3: Modell USA1: Rangtests

nicht frei von Autokorrelation 4. Ordnung (vgl. Panel B). Ohne eine Erhöhung der Lagordnung ist diese nicht zu beseitigen.

Die superkonsistenten Schätzungen der Eigenvektoren sind als Matrix $\widehat{\beta}'_{(I)}$ in Tabelle 12.4 wiedergegeben. Normierungen und $(r-1)$ Restriktionen auf jeden Kointegrationsvektor liefern eine längerfristige Beziehung für das Lohnsetzungsverhalten und die Beschäftigungsnachfrage (Schätzung $\widehat{\beta}'_{(II)}$). Alle superkonsistent geschätzten Parameter weisen ökonomisch plausible und ausreichend signifikante Werte auf.

In der Lohnsetzungsbeziehung fällt neben dem Einfluss der Produktivität auf die Lohnsetzung von $\widehat{\gamma}_2 = 0,424$ vor allem die hohe Elastizität bezüglich der Arbeitslosenquote von $-\widehat{\gamma}_1 = -0,307$ auf. Der Einfluss der Outsider wirkt hier stärker auf den Reallohn als z.B. im Vergleich zu Großbritannien, wo der Wert bei etwa $-0,06$ bis$-0,08$ lag. Berechnet man die geschätzten Elastizitäten der Arbeitsnachfrage, so erhält man eine Outputelastizität von $\widehat{\eta}_1 = 1,806$ und eine Substitutionselastizität von $-\widehat{\eta}_2 = -0,796$.

USA: $z_t = \begin{bmatrix} prod_t & ur_t & e_t & wp_t \end{bmatrix}'$				
Sample: 1970:1-1999:4				
$\widehat{p} = 2$, $\widehat{r} = 2$, Driftterm, D_t, S_t				
Kointegrationsmatrix $\widehat{\beta}'$				
	$prod_t$	ur_t	e_t	wp_t
$\widehat{\beta}'_{(I)}$:	$13,214$	$0,747$	$6,358$	$-3,848$
	$-4,317$	$11,670$	$5,272$	$32,828$
	AK(1): P = 0,12	AK(4): P = 0,00		DH: P = 0,53
$\widehat{\beta}'_{(II)}$:	$-0,424$ (0,160)	$0,307$ (0,036)	0	1
	$2,241$ (0,682)	0	1	$-0,988$ (0,464)
	AK(1): P = 0,19	AK(4): P = 0,00		DH: P = 0,48
$\widehat{\beta}'_{(III)}$:	$-0,322$ (0,026)	$0,322$ (0,026)	0	1
	$1,918$ (0,536)	0	1	$-0,857$ (0,418)
	AK(1): P = 0,12	AK(4): P = 0,00		DH: P = 0,56
	Restr.: P = 0,82			
$\widehat{\beta}'_{(IV)}$	$-0,322$ (0,025)	$0,322$ (0,025)	0	1
	1	0	0	$-0,404$ (0,101)
	AK(1): P = 0,19	AK(4): P = 0,00		DH: P = 0,29
	Restr.: P = 0,05			

Anm.: Standardfehler in Klammern. AK: LM-Autokorrelationstest, 1. und 4. Ordnung. DH: Normalverteilungstest nach DORNIK / HANSEN [1994]. Restr.: χ^2- Test überidentifizierender Restriktionen. P: marginales Signifikanzniveau.
Quelle: Eigene Berechnungen.

Tabelle 12.4: Modell USA1: Kointegrationsanalyse

Eine weitere Restringierung der Kointegrationsvektoren ist aufgrund von Identifikationsproblemen nur begrenzt möglich Die Hypothese konstanter Skalenerträge, die dem zweiten Vektor aufzuerlegen ist, kann ohne weitere (identifizierende) Restriktionen auf dem ersten Vektor nicht getestet werden. Wir überprüfen daher zunächst in der Lohnsetzungsgleichung die naheliegende Hypothese eines vom Betrage her identischen Einflusses der Produktivität und der Arbeitslosenquote ($-\gamma_1 = \gamma_2$). Diese überidentifizierende Restriktion wird in der Systemschätzung nicht verworfen ($P = 0,82$) und liefert einen Schätzwert von $0,322$. Für die Arbeitsnachfrageparameter ergeben sich implizite Schätzungen von $\widehat{\eta}_1 = 2,09$ und $-\widehat{\eta}_2 = -0,922$. So restringiert kann nun auch die Hypothese $\eta_1 = 1$ der Arbeitsnachfrage auferlegt werden. Das marginale Signifikanzniveau des Tests dieses Sets überidentifizierender Restriktionen fällt ($P = 0,05$), und weist die Hypothese konstanter Skalenerträge als ausgesprochen streng aus. Zudem halbiert sich mit dieser Restriktion auch die Substitutionselastizität auf $-\widehat{\eta}_2 = -0,404$. Weitere Restringierungen der Kointegrationsvektoren empfiehlt sich nicht mehr.

Im Folgenden verwenden wir das VECM mit der Kointegrationsmatrix $\widehat{\beta}_{(IV)}$ aus Tabelle 12.4. Die Residuen sind nicht frei von Autokorrelation vierter Ordnung, was für die nachfolgende Anpassungsanalyse durchaus als problematisch angesehen werden kann.

12.2.3 Anpassungsanalyse

Die Residuen sind kontemporär korreliert, wie Tabelle 12.5 zeigt. Dies macht die Anwendung der nachfolgenden Konzepte notwendig.

Orthogonale Impuls-Antwort-Folgen

Die obigen Rangtests und die ökonomische sowie statistische Analyse der Kointegrationsmatrix rechtfertigten eine langfristige Lohnsetzungs- und eine Arbeitsnachfragebeziehung, also den Fall I in Kapitel 7. Zusammen mit den Restriktionen $-\gamma_1 = \gamma_2$ kann auch auch die Hypothese $\eta_1 = 1$ nicht ablehnt werden. Insgesamt ist daher die Verwendung des folgenden Restriktionensets angemessen:

$$\text{Fall I, Set 3}: \eta_1 = 1, \;\; \lambda = 1/\eta_1,$$

$\widehat{corr}_{ij}$	Korrelationskoeffizienten $\widehat{u}_{1t}$	$\widehat{u}_{2t}$	$\widehat{u}_{3t}$	$\widehat{u}_{4t}$
$\widehat{u}_{1t}$	1			
$\widehat{u}_{2t}$	$-0,55$ (-6,65)	1		
$\widehat{u}_{3t}$	$0,029$ (0,29)	$-0,549$ (-6,63)	1	
$\widehat{u}_{4t}$	$0,325$ (3,47)	$-0,28$ (-2,95)	$-0,064$ (-0,65)	1
Varianzen	$\widehat{\sigma}_1^2$	$\widehat{\sigma}_2^2$	$\widehat{\sigma}_3^2$	$\widehat{\sigma}_4^2$
	$0,012^2$	$0,035^2$	$0,004^2$	$0,01^2$

t-Werte in Klammern.Quelle: Eigene Berechnungen

Tabelle 12.5: Modell USA1: Residuenkorrelationen und -varianzen

was der Hypothese konstanter Skalenerträge $\lambda = \eta_1 = 1$ entspricht (vgl. Tabelle 7.1). Mit Set 3 und $-\gamma_1 = \gamma_2$ erhält man für die Variablenanordnung $z_t' = \begin{bmatrix} prod_t & ur_t & wp_t & e_t \end{bmatrix}$ die Lösung:

$$z_t = \widetilde{B}^{-1}\theta_t$$

$$\begin{bmatrix} prod_t \\ ur_t \\ wp_t \\ e_t \end{bmatrix} = \begin{bmatrix} 1 & 0 & 0 & 0 \\ \frac{\gamma_1\eta_2-1}{\gamma_1\eta_2} & 0 & \frac{1}{\gamma_1} & -\frac{1}{\gamma_1\eta_2} \\ \frac{1}{\eta_2} & 0 & 0 & \frac{1}{\eta_2} \\ -\frac{\gamma_1\eta_2-1-\pi\gamma_1}{\gamma_1\eta_2} & 1 & -\frac{1}{\gamma_1} & \frac{1+\pi\gamma_1}{\gamma_1\eta_2} \end{bmatrix} \cdot \begin{bmatrix} \theta_{1t-1}+\varepsilon_{1t} \\ \theta_{2t-1}+\varepsilon_{2t} \\ \rho_4\theta_{4t-1}+\varepsilon_{4t} \\ \rho_3\theta_{3t-1}+\varepsilon_{3t} \end{bmatrix} \quad (12.1)$$

Die Identifikationsstrategie für die permanenten Schocks entspricht damit der aus der Analyse des Modells GB1 für Großbritannien (vgl. die Erläuterungen zur Lösung (11.2) des Modells GB1 , S. 170).[2] Um diese Langfristrestriktionen ins VECM zu implementieren, formulieren wir die gleiche Matrix $\beta_\perp$, die bereits im Modell GB1

[2] Im Gegensatz zum Modell GB1 ist zusätzlich die Paramterrestriktion $-\gamma_1 = \gamma_2$ in der Kointegrationsmatrix zu berücksichtigen. Diese impliziert jedoch keine weiteren Nullrestriktion hinsichtlich der Langfristwirkung einzelner Schocks. Die Identifikationsstrategie des Modells GB1 kann daher auch hier angewendet werden.

zur Anwendung kam (vgl. Anhang AI):

$$\beta_{\perp} = \begin{bmatrix} -\beta_{32} & 0 \\ \frac{\beta_{11}\beta_{32}-1}{\beta_{21}} & 0 \\ 1 & 0 \\ 0 & 1 \end{bmatrix}.$$

Die transitorischen Schocks identifizieren wir wieder mit der Restriktion:[3]

Ein Lohnschock wirkt nicht in der Impulsperiode
auf die Nachfrage nach Arbeitskräften.

D.h. erst ein Quartal nach einem Lohnschock sind erste Beschäftigungswirkungen zu beobachten.

Diese Identifikationsstrategie liefert nun die (normierten) orthogonalen Impuls-Antwort-Folgen (vgl. Abbildung 12.2), die Anpassungsprozesse infolge der strukturellen Schocks, die wir als stochastischen Technologie-/Produktivitätsschock, Arbeitsangebotsschock, Lohnsetzungsschock und Arbeitsnachfrageschock interpretieren.

Die Wirkungen des Produktivitätsschocks kumulieren sich im Zeitablauf und zeigen eine simultane Zunahme der Produktivität, des Reallohns und der Beschäftigung. Entsprechend der Zunahme der Beschäftigung nimmt zudem die Arbeitslosenquote ab.

Die langfristige Wirkung des Arbeitsangebotsschocks ist hinsichtlich der Produktivität, der Arbeitslosenquote und des Reallohns auf Null restringiert. Nach Abschluss der Anpassungsprozesse ist nur eine dauerhafte Zunahme der Beschäftigung zugelassen, die empirisch nicht auftreten muss, hier aber anzutreffen ist. Kurzfristig ist dabei ein Anstieg der Arbeitslosigkeit und ein Lohnrückgang zu beobachten, was beides ökonomisch plausibel ist. Der transitorische Lohnsetzungsschock bewirkt kurzfristig eine Zunahme des Reallohns und der Produktivität. Beides könnte ein Hinweis darauf sein, dass die höheren Lohneinkommen kurzfristig die Nachfrage und die Produktion beleben. Dass die Beschäftigung hier verzögert reagiert, ist jedoch z.T. auf die identifizierende Kurzfristrestriktion zurückzuführen.

Dem transitorischen Arbeitsnachfrageschock folgen überaus plausible Reaktionen: die Arbeitslosenquote sinkt unmittelbar und ein höherer Lohndruck und -forderungen entsteht. Die Lohnerhöhungen fallen deutlich stärker aus als die Beschäftigungsreaktionen, vermutlich, weil sie zusätzlich von einer kurzfristig höheren

[3] Auf diese Weise wird die Restriktion $R4$ aus Unterabschnitt 5.3.2 implementiert.

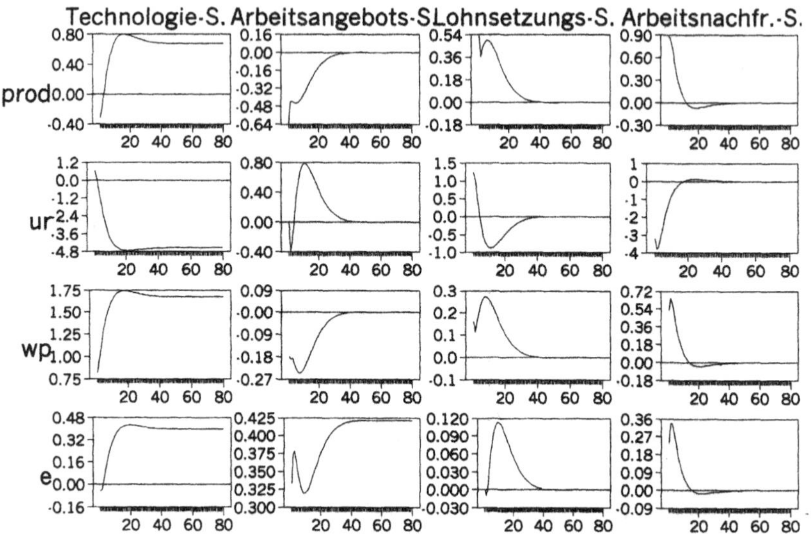

Anm.: Ordinate: kummulierte Änderungen in Prozent

Abbildung 12.2: Modell USA1: Orthogonale Impuls-Antwort-Folgen

Produktivität getrieben werden.Die Abbildung zeigt, dass die Reaktionen auf einen Arbeitsnachfrageschock schneller ausklingen als auf einen Lohnschock.

Insgesamt liefern die orthogonalen Impuls-Antwort-Folgen hier grundsätzlich zufriedenstellende Ergebnisse.

Verallgemeinerte Impuls-Antwort-Folgen

Abbildung 12.3 zeigt die verallgemeinerten Impuls-Antwort-Folgen. Die Anpassungen verlaufen insgesamt zügiger und fluktuationsfreier und zeigen permanente Wirkungen an. So lässt z.B. ein Schock auf die Produktivitätsvariable – unter Berücksichtigung der geschätzten Störgrößenkorrelation $\widehat{\Sigma}_u$ – diese langfristig unter ihr Ausgangsniveau fallen und führt zu einem Rückgang der Beschäftigung und des Reallohns und zu einem Anstieg der Arbeitslosenquote.

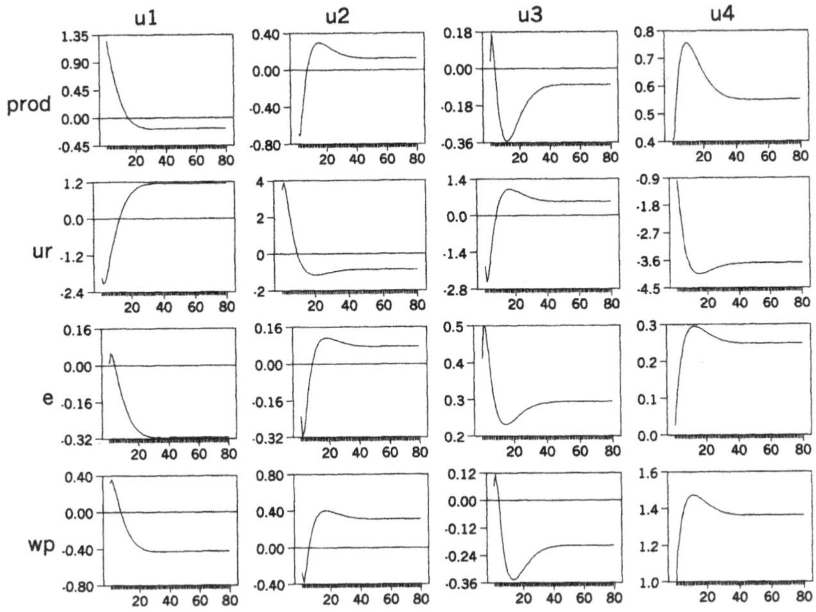

Anm.: Ordinate: kummulierte Änderungen in Prozent

Abbildung 12.3: Modell USA1: Verallgemeinerte Impuls-Antwort-Folgen

Persistenzprofile

Wenden wir das Experiment eines systemweiten Schocks in Höhe von 1 auf die beiden Kointegrationsbeziehungen an. Interessant ist, dass für das Modell USA1 die langfristige Reallohnbeziehung schneller ins Gleichgewicht zurückkehrt als die langfristige Beschäftigungsbeziehung (Tabelle 12.6). Nach 20 Quartalen sind jedoch beide Gleichgewichtsbeziehungen wieder zu 99% erreicht.

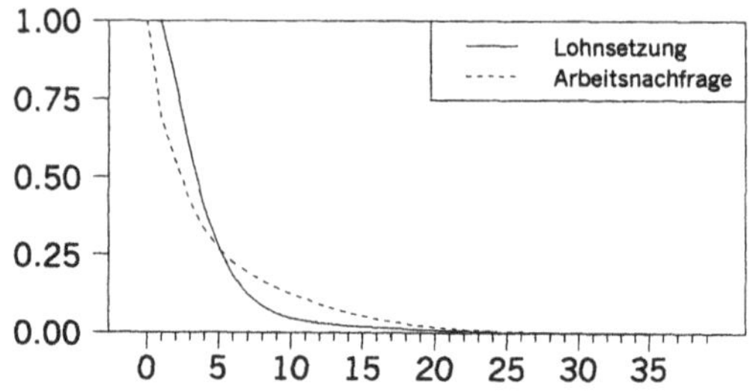

Abbildung 12.4: Modell USA1: Persistenzprofile der Kointegrationsbeziehungen

	Absolvierte Anpassung in %	
Quartal	Lohnsetzung	Arbeitsnachfrage
4	73,49	53,62
8	91,00	76,57
12	95,64	89,18
Quelle: Eigene Berechnungen		

Tabelle 12.6: Modell USA1: Persistenzprofile der Kointegrationsbeziehungen

12.3 Modell USA2

Das VECM USA1 - geschätzt anhand von unbereinigten, mehr *disaggregierten* Proxy-Daten - ist sicherlich nur begrenzt für die Abbildung der *Gesamt*ökonomie geeignet. Ein zweites Modell wird daher mit gesamtwirtschaftlichen NIPA-Aggregaten geschätzt, die jedoch nur saisonbereinigt vorliegen. Ein Vergleich der Modelle wird dadurch erschwert, dass der Einfluss der Saisonbereinigung nicht kontrolliert werden kann. Gleichwohl könnten Gemeinsamkeiten aufschlussreich sein.

12.3.1 Pretests

Nichtstationarität

Wiederum kann die Nichtstationaritätshypothese für die bereinigten Niveauvariablen nicht abgelehnt werden, für die Differenzen hingegen wird sie durchweg abgelehnt. Die (log-)Arbeitslosenquote ist nach diesem Test auch hier nichtstationär; ein ergänzender KPSS-Test findet wieder, dass die Nullhypothese der Stationarität für diese Niveauvariablen und deren erste Differenz nicht abgelehnt werden kann.

USA: Sample: 1970:1-1999:4; Saisonbereinigte NIPA-Daten					
ADF-Tests†					
	$t_{(\widehat{\rho}-1)}$	$P(LM(4))$		$t_{(\widehat{\rho}-1)}$	$P(LM(4))$
$prod_t$	$-0,66$	$0,86$	$\Delta prod_t$	$-10,74$	$0,95$
ur_t	$-2,47$	$0,65$	Δur_t	$-5,20$	$0,32$
e_t	$-2,60$	$0,52$	Δe_t	$-5,57$	$0,52$
wp_t	$-0,85$	$0,23$	Δwp_t	$-7,67$	$0,35$
KPSS-Test‡ :					
Lags	ur_t	Δur_t			
4	$0,479$	$0,038$			
8	$0,311$	$0,037$			
12	$0,256$	$0,045$			

Anm.: Alle Regressionen mit Konstante. Niveaus zusätzl. mit Trend.

AK(4): LM-Autokorrelationstest 4. Ordnung, P= marg. Signifikanzniveau.

†Kritische Werte 1%; 5%; 10%: Trend und Konst.: -4,05;-3,45; -3,15;

nur Konst.: -3,5; -2,90; -2,59. Vgl. FULLER [1996, S. 641ff].

‡Krit. Werte 10%; 5%; 1%: mit Trend und Konst.: 0,349; 0,463; 0,739;

nur Konst.: 0,119; 0,149; 0,216. Vgl. MADALLA/KIM [1998, S.122].

Quelle: Eigene Berechnungen.

Tabelle 12.7: Modell USA2: (Nicht-)Stationaritäts-Tests

Der KPSS-Test weist damit erneut auf eine stationäre Arbeitslosenquote hin. Wie im Modell USA1 wird jedoch auch hier eine schwach integrierte Arbeitslosenquote unterstellt. Ein Vergleich der ADF-Tests der beiden Datensätze (Tabelle 12.1 und Tabelle 12.7) zeigt, dass die Testentscheidung im saisonbereinigten Datensatz deutlicher zu Gunsten der Nichtstationarität der Niveauvariablen ausfällt. Dies steht im Einklang mit den Hinweisen aus Kapitel 10.

Lagordnung

Für den NIPA-Datensatz empfehlen nun alle Kriterien eine einheitliche Lagordnung von $\widehat{p} = 2$. Die in Unterabschnitt 10 festgestellte Verkürzung der Lagempfehlung im saisonbereinigten Datensatz tritt hier im Vergleich zum unbereinigten Datensatz des Modells USA1 nicht auf. Dass dieser Effekt nicht zu beobachten ist, könnte an den unterschiedlichen Aggregationsniveaus liegen.

USA: Sample: 1970:1-1999:4 Saisonbereinigte NIPA-Daten Deterministische Variable: Konstante									
p	9	8	7	6	5	4	3	2	1
Informationskriterien									
AIC	-39,61	-39,46	-39,49	-39,54	-39,66	-39,71	-39,84	-39,97*	-39,49
BIC	-36,20	-36,44	-36,84	-37,24	-37,78	-38,20	-38,71	-39,21*	-39,11
HQC	-38,23	-38,23	-38,41	-38,59	-38,89	-39,1	-39,38	-39,66*	-39,33
*: Empfohlene Lagordnung. Quelle: Eigene Berechnungen.									

Tabelle 12.8: Modell USA2: Lagordnung des VAR

12.3.2 VECM-Analyse

Analog zu Modell USA1 kurieren auch hier die Dummies $DUM751_t$ und $DUMPROD_t$ die Verletzungen der Residueneigenschaften. Zusätzlich sind in diesem hochaggregierten Datensatz jedoch in den geschätzten Störgrößen der Produktivitätsgleichung zwei Extremwerte in den Quartalen 1971:1 und 1978:2 auszumachen, die wir beide durch je einen Dummy eliminieren, der den Wert 1 zum Zeitpunkt 1971:1 bzw. 1978:2 annimmt und sonst Null ist ($DUM711_t$ bzw. $DUM782_t$).

Die Rangtests (vgl. Panel A in Tabelle 12.9) fallen hier weniger eindeutig aus als im Modell USA1. Zwar wird die Hypothese einer Kointegrationsbeziehung (die Signifikanz des größten Eigenwerts) von beiden Tests bestätigt. Im Gegensatz zum λmax–Test verwirft aber der $\lambda trace$-Test - wenn auch knapp - die Hypothese eines zweiten signifikant von Null verschiedenen Eigenwerts. Der λmax–Test hingegen empfiehlt – ebenfalls eine knappe Entscheidung – einen Rang von 3. Beide Tests lassen damit eine Tendenz hin zum Rang von 2 erkennen, zumal die beiden größeren Eigenwerte relativ ähnlich sind. Det Kompromiss zweier Kointegrationsbeziehungen ist zu rechtfertigen und steht damit im Einklang mit dem Modell USA1. Panel B zeigt, dass anhand eine LM-Test im VECM mit 2 Kointegrationsbeziehungen die Hypothese der Autokorrelationsfreiheit erster Ordnung nicht auf einem 1%-Testniveau verworfen werden kann. Die ist durchaus eine problematische Eigenschaft; ohne eine Erhöhung der Lagordnung ist sie jedoch nicht zu beseitigen lässt.[4]

[4]Da es sich hier um bereinigte Daten handelt, steht auch dieser Befund im Einklang mit den Resultaten aus Kapitel 10.

USA : $z_t = \left[\begin{array}{cccc} prod_t & ur_t & e_t & wp_t \end{array} \right]'$

Saisonbereinigte NIPA-Daten

Sample: 1970:1-1999:4

Panel A: Rangtests

VAR: $\hat{p} = 2$, Driftterm,

$DUMPROD_t$, $DUM751_t, DUM711_t, DUM782_t$

	LR-Statistiken			Kritische Werte†: 90%	
Eigenwert	$H_0 : r = ...$	λmax	$\lambda trace$	λmax^{krit}	$\lambda trace^{krit}$
0,266	0	36, 48	77, 09	21, 34	63, 29
0,200	1	26, 32	40, 62	17, 31	41, 95
0,114	2	14, 28	14, 3	13, 30	24, 63
0,000	3	0, 02	0, 02	11, 34	11, 34

Panel B:‡

VECM: wie in Panel A, mit $\widehat{r} = 2$

AK(1): P = 0,02 AK(4): P = 0,76 DH: P = 0,34

†Die kritischen Werte wurden bei HARRIS [1995] und HANSEN / JOHANSEN [1995, Appendix B] entnommen; es erfolgte eine Anpassung nach CHEUNG / LAI [1993].

‡Anm: AK: LM-Autokorrelationstest, 1. und 4. Ordnung. DH: Normalverteilungstest nach DORNIK / HANSEN [1994]. P: marginales Signifikanzniveau.

Quelle: Eigene Berechnungen.

Tabelle 12.9: Modell USA2: Rangtests

Tabelle 12.10 weist die beiden geschätzten Eigenvektoren aus (vgl. $\widehat{\beta}'_{(I)}$). Als langfristige Lohnsetzungs- und als Arbeitsnachfragebeziehung identifiziert (vgl. $\widehat{\beta}'_{(II)}$) liefern beide Schätzungen ökonomisch plausible und signifikante Schätzergebnisse. Die Lohngleichung weist im Vergleich zu Modell USA1 einen deutlich geringeren Einfluss der Arbeitslosenquote auf den gesamtwirtschaftlichen Reallohn auf. Die Arbeitsnachfrage besitzt die impliziten Elastizitäten $\widehat{\eta}_1 = 0,903$ und $-\widehat{\eta}_2 = -0,866$. Analog zum Modell USA1 implementieren wir die Restriktion $-\gamma_1 = \gamma_2$, die nun wesentlich strenger ist als im Modell USA1, aber trotzdem noch mit $P = 0,36$ in der Systemschätzung akzeptiert wird (vgl. $\widehat{\beta}'_{(III)}$), der Schätzwert ist mit $\widehat{\gamma}_1 = 0,170$

USA: $z_t = \left[prod_t \quad ur_t \quad e_t \quad wp_t \right]'$ Sample: 1970:1-1999:4 $\widehat{p} = 2$, $\widehat{r} = 2$, Driftterm, D_t				
Kointegrationmatrix $\widehat{\beta}'$				
	$prod_t$	ur_t	e_t	wp_t
$\widehat{\beta}'_{(I)}$:	$-92,817$	$-4,949$	$17,871$	$56,297$
	$-86,460$	$2,711$	$4,958$	$100,881$
	AK(1): P = 0,02	AK(4): P = 0,76		DH: P = 0,34
$\widehat{\beta}'_{(II)}$:	$-0,712$ (0,047)	$0,048$ (0,008)	0	1
	$-9,311$ (1,160)	0	1	$8,932$ (1,251)
	AK(1): P = 0,02	AK(4): P = 0,76		DH: P = 0,34
$\widehat{\beta}'_{(III)}$:	$-0,170$ (0,028)	$0,170$ (0,028)	0	1
	$-6,542$ (1,15)	0	1	$5,949$ (1,268)
	AK(1): P = 0,02 Restr.: P = 0,36	AK(4): P = 0,86		DH: P = 0,30
$\widehat{\beta}'_{(IV)}$	$-0,176$ (0,036)	$0,176$ (0,036)	0	1
	1	0	0	$-1,088$ (0,031)
	AK(1): P = 0,02 Restr.: P = 0,02	AK(4): P = 0,74		DH: P = 0,47

Anm.: Standardfehler in Klammern. AK: LM-Autokorrelationstest, 1. und 4. Ordnung. DH: Normalverteilungstest nach DORNIK / HANSEN [1994]. Restr.: χ^2- Test überidentifizierender Restriktionen. P: marginales Signifikanzniveau. Quelle: Eigene Berechnungen.

Tabelle 12.10: Modell USA2: Kointegrationsanalyse

jedoch nur halb so hoch wie derjenige aus Modell USA1. Eine zusätzliche Restringierung auf $\eta_1 = 1$ wird nur noch auf einem Signifikanzniveau von 1% akzeptiert (vgl. $\widehat{\beta}'_{(IV)}$). Die Arbeitsnachfrage weist dann eine Substitutionelastizität von gut 1 auf. Auf weitere Restringierungen wird verzichtet.[5] Kritisch anzumerken bleibt, dass vermutlich noch ein Rest von Autokorrelation erster Ordnung in den Residuen vorliegt.

12.3.3 Anpassungsanalyse

Die nachfolgenden Analysen stützen sich auf das VECM mit der Kointegrationsmatrix $\widehat{\beta}_{(IV)}$ aus Tabelle 12.10. Auch in diesem Modell sind mehr als die Hälfte der Korrelationskoeffizienten signifikant von Null verschieden (vgl. Tabelle 12.11). Im Vergleich zu Modell USA1 ist die Störgrößenkorrelation (und der t-Wert) hier in 4 der 6 symmetrischen Fälle höher.[6]

	Korrelationskoeffizienten			
$\widehat{corr}_{ij}$	$\widehat{u}_{1t}$	$\widehat{u}_{2t}$	$\widehat{u}_{3t}$	$\widehat{u}_{4t}$
$\widehat{u}_{1t}$	1			
$\widehat{u}_{2t}$	$-0,399$ (-4,67)	1		
$\widehat{u}_{3t}$	$0,122$ (1,32)	$-0,679$ (-9,95)	1	
$\widehat{u}_{4t}$	$0,602$ (8,08)	$-0,21$ (-2,30)	$-0,142$ (-1,54)	1
	Varianzen			
	$\widehat{\sigma}_1^2$	$\widehat{\sigma}_2^2$	$\widehat{\sigma}_3^2$	$\widehat{\sigma}_4^2$
	$0,06^2$	$0,035^2$	$0,003^2$	$0,004^2$

Anm.: t-Werte in Klammern.
Quelle: Eigene Berechnungen.

Tabelle 12.11: Modell USA2: Residuenkorrelationen und -varianzen

[5] Von der naheliegenden Restringerung der Substitutionselastizität auf 1 ($\eta_2 = 1$) wird abgesehen, da das maginale Signifikanzniveau des Test der überidentifizierender Restriktionen dann unter ein Testniveau von 1% fällt.

[6] Dies könnte auf gemeinsame, vernachlässigte Einflussfaktoren zurückzuführen sein, wie z.B. exogene staatliche Varibalen. Diese sollten in diesen Datensatz eine größere Rolle spielen als im disaggregierten Datensatz des Modells USA1.

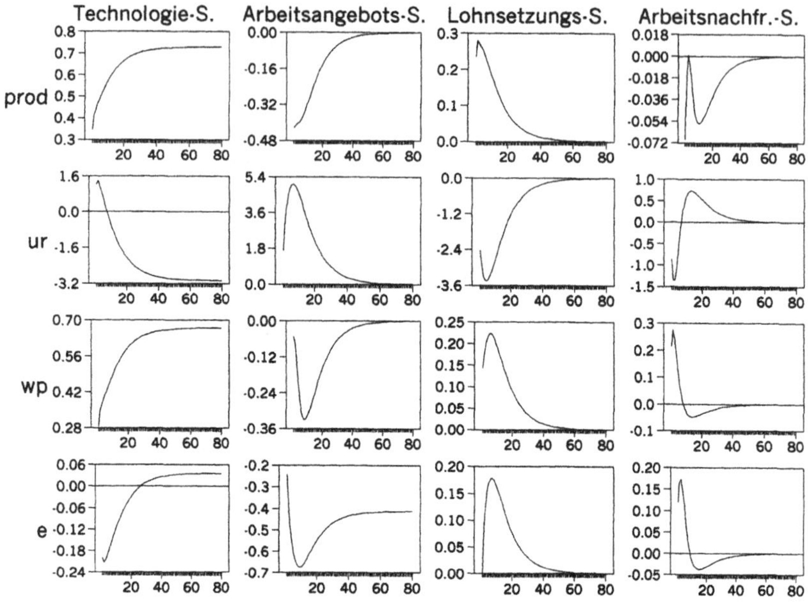

Anm.: Ordinate: kummulierte Änderungen in Prozent

Abbildung 12.5: Modell USA2: Orthogonale Impuls-Antwort-Folgen

Orthogonale Impuls-Antwort-Folgen

Das verwendete Identifikationsschema für die permanenten und transitorischen Komponenten ist hier exakt mit dem des Modells USA1 identisch. Die resultierenden Impuls-Antwort-Folgen finden sich in Abbildung 12.5.

Die Resultate zeigen für den permanenten Produktivitätsschock und den transitorischen Arbeitsnachfrageschock plausible Resultate. Der Produktivitätsschock kumuliert seine Wirkung über die Zeit, zugleich findet eine Zunahme des Reallohns statt. Trotz einer kurzfristigen Abnahme ist langfristig eine leichte Zunahme der Beschäftigten zu verzeichnen. Der temporäre Arbeitsnachfrageschock erhöht kurzfristig den Reallohn und senkt die Arbeitslosenquote. Der transitorische Lohnsetzungsschock führt kurzfristig zu einer Zunahme der Beschäftigung verbunden mit einer Abnahme der Arbeitslosenquote; erneut könnten hier Kaufkrafteffekte eine dominante Rolle spielen.

Im Gegensatz zu Modell USA1 ist hier jedoch die Beschäftigungsreaktion des Arbeitsangebotsschocks fraglich: Ein positiver Arbeitsangebotsschock senkt zwar kurzfristig den Reallohn, jedoch verringert dieser kurz- wie auch langfristig die Beschäftigung. Da alle übrigen Wirkungen dieses Schocks in der langen Frist auf Null restringiert sind, müsste die Beschäftigungsreaktion eigentlich positiv sein (wie im Modell USA1), und der Arbeitsmarkt die zusätzlichen Arbeitskräfte vollständig aufnehmen.[7]

Insgesamt sind die Anpassungsprozesse nach diesem Konzept hier von einem stärkeren Überschießen gekennzeichnet als im Modell USA1. Gemeinsam ist den orthogonalen Impuls-Antwort-Folgen der Modelle USA1 und USA2 - unabhängig von der Art des Schocks - die Prozyklizität von Reallohn und Beschäftigung und die Kontrazyklizität von Produktivität und Arbeitslosenquote.

Verallgemeinerte Impuls-Antwort-Folgen

Abbildung 12.6 zeigt die verallgemeinerten Impuls-Antwort-Folgen des Modells USA2, die sich beträchtlich von denen des Modells USA1 (vgl. Abbildung 12.3, S. 195) unterscheiden. Dies war angsichts der stärkeren Residuenautokorrelation zu erwarten gewesen.

Die Anpassungen verlaufen insgesamt träger als im Modell USA1. Die Erhöhung der Produktivität (eingebracht mit simultanen Erhöhungen der übrigen Variablen unter Berücksichtigung der Residuenkorrelationen) zeigen deutlich andere Effekte: Produktivitäts-, Beschäftigungs-, und Reallohnerhöhungen und der Rückgang der Arbeitslosenquote erfolgen mit einem kurzfristigen Überschießen parallel. Die Beschäftigungserhöhung - verbunden mit den historisch typischen Störgrößenvariationen - zeigt hingegen ähnliche, wenn auch trägere Raktionen wie im Modell USA1.

Die Erhöhung der Reallohnvariablen nach diesem Konzept neigt zu weniger starken, überschießenden Reaktionen als im Modell USA1. In beiden Modellen findet man eine prozyklische Entwicklung von Reallohn und Beschäftigung und eine kontrazyklische Entwicklung von Produktivität und Arbeitslosenquote.

[7] Um zu klären, ob die noch schwach vorliegende Autokorrelation erster Ordnung für die letztgenannten ökonomisch unplausiblen Reaktionen verantwortlich sein könnte, wurde - wie in allen anderen Modellen auch - eine Sensitivitätsanalyse bezüglich der Lagordnung vorgenommen. Zur Beseitigung der Autokorrelation erwiesen sich die Lagordnungen 3, 5, 6 als geeignet. Die fraglichen orthogonalen Impuls-Antwort-Folgen zeigten jedoch tendenziell den gleichen Verlauf. Wir schließen daraus, dass die Autokorrelation diese Ergebnisse nicht wesentlich beeinflusst.

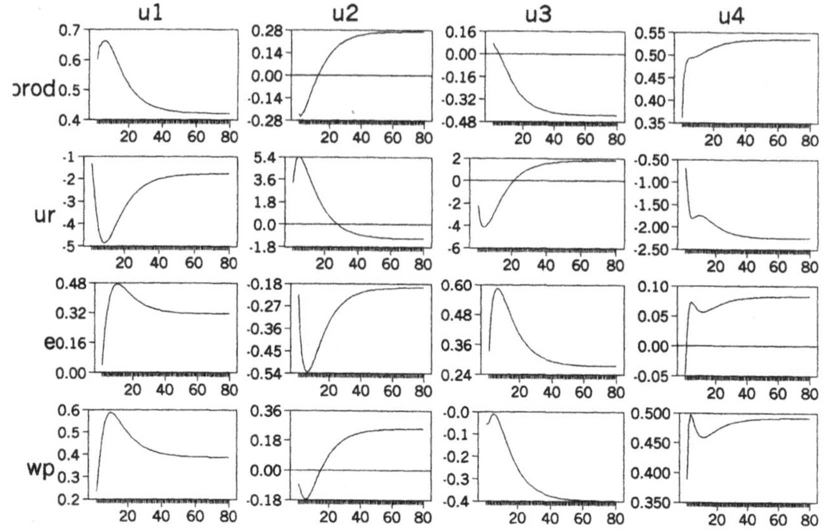

Anm.: Ordinate: kummulierte Änderungen in Prozent

Abbildung 12.6: Modell USA2: Verallgemeinerte Impuls-Antwort-Folgen

Persistenzprofile

Auch die Persistenzprofile unterscheiden sich deutlich von denen des Modells USA1. Im diesem aggregierten NIPA-Datensatz zeigt sich, dass Anpassungen infolge eines systemtypischen Schocks in der Lohnsetzungsbeziehung langsamer – und im vorliegenden Fall erheblich langsamer – erfolgen als in der Arbeitsnachfragebeziehung (vgl. Abbildung 12.7 und Tabelle 12.12).

	Absolvierte Anpassung in %	
Quartal	Lohnsetzung	Arbeitsnachfrage
4	34,64	85,82
8	62,32	92,22
12	80,05	94,82
Quelle: Eigene Berechnungen		

Tabelle 12.12: Modell USA2: Persistenzprofile der Kointegrationsbeziehungen

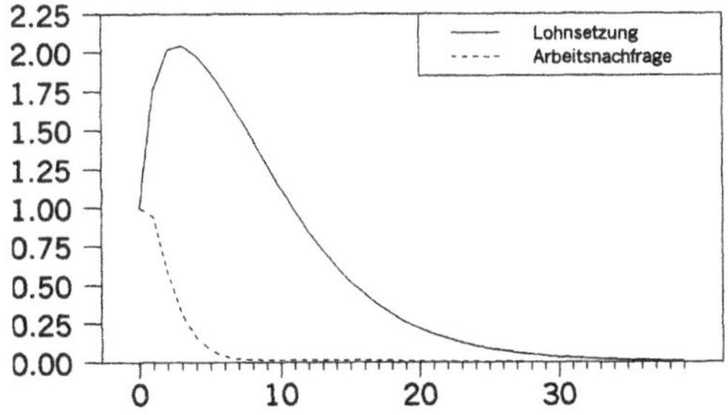

Abbildung 12.7: Modell USA2: Persistenzprofil der Kointegrationsbeziehungen

Nach 20 Quartalen stehen noch 4,6 % der Anpassungen in der Lohngleichung und weniger als 2% in der Arbeitsnachfragebeziehung aus. Diese Ergebnisse stehen damit im krassen Gegensatz zu denen des Modells USA1, in dem eine zügigere Gleichgewichtsfindung in der Arbeitsnachfrage festzustellen ist.[8]

12.4 Zusammenfassung

Da die benötigten Daten nicht *unbereinigt und hochaggregierte / gesamtwirtschaftlich* verfügbar sind, wurden in diesem Kapitel zwei vierdimensionale VECM-Varianten für den Arbeitsmarkt der USA spezifiziert:

- Zunächst wurde ein Modell mit einem *unbereinigten* aber mehr *disaggregierten* Datensatz spezifiziert (Modell USA1); in diesem sind jedoch der Dienstleistungsbereich und der Staatssektor unterrepräsentiert.
- Zudem werden *gesamtwirtschaftliche* aber *saisonbereinigte* Daten herangezogen (Modell USA2). Dieses Modell ist jedoch vermutlich durch die Saisonbereinigungen z.T. verzerrt.

Aus einem Vergleich der beiden Spezifikationen und der Anpassungsanalysen halten wir für den Arbeitsmarkt der USA fest:

(i) In beiden Modellen konnten ökonomisch plausible Arbeitsnachfrage- und Lohnsetzungsgleichungen spezifiziert werden. Erneut fielen die Rangtests im saisonbereinigten Datensatz wieder weniger eindeutig aus. Vor dem Hintergrund der

[8] Auch dieses Ergebnise ist robust gegen eine autokorrelationsfreie Spezifikation mit höherer Lagordnung.

strukturellen VECM-/ common-trends-Analyse impliziert dies, dass die Entwicklung der Arbeitsmarktvariablen langfristig von Produktivitätsschocks und Arbeitsangebotsschocks getrieben werden, und dass Hystereseeffekte (also permanente Arbeitsnachfrageschocks) ebensowenig eine Rolle spielen wie permanente Lohnschocks.

(ii) In den Arbeitsnachfragebeziehungen der beiden Modelle USA1 und USA2 finden sich Hinweise auf die Hypothese konstanter Skalenerträge. Zwar erweist sich eine zusätzliche Restringierung in Form einer Cobb-Douglas-Technologie (Substitutionselastizität von -1) vor allem sich im ersten Modell als statistisch zu restriktiv (Im Modell USA1 lag die Substitutionselastizität bei -0,404, im Modell USA2 bei -1,088.) Jedoch unterschätzt vermutlich USA 1 die Substitutionselastizität, da bei Auferlegung der hier strengeren Hypothese konstanter Skalenerträge ein deutlicher Abfall der Substitutionelastizität von zuvor -0,922 zu beobachten ist. Interpretiert man beide Modellschätzungen gemeinsam so könnte eine gesamtwirtschaftliche Cobb-Doulas-Technologie mit konstanten Skalenerträgen relevant sein, was im Einklang mit den Resultaten von SCHREIBER [2000] steht.

(iii) Beide längerfristigen Lohnsetzungleichungen akzeptieren grundsätzlich die Hypothese, dass Produktivität und Arbeitslosenquote von gleichgroßer Bedeutung für die Festlegung der Reallöhne sind. Der (absolute) Elastizitätswert ist jedoch im Modell USA1 mit 0,322 nahzu doppelt so hoch wie in Modell USA2 (0,176). Diese Restriktion des (absolut) gleichen Einflusses ist im saisonbereinigten gesamtwirtschaftlichen Datensatz (USA 2) aber strenger; unrestringierte Schätzungen lassen hier tendenziell einen höheren Produktivitätseinfluss erkennen (vgl. $\widehat{\beta}_{II}$ und $\widehat{\beta}_{III}$ in Tabelle 12.10). Der geringere Einfluss der Arbeitslosenquote auf die Lohnsetzung im Modell USA2 könnte vor allem aus dem größeren Gewicht des öffentlichen Sektors in diesem Datensatz resultieren, da die Lohngestaltung dort vermutlich weniger von der Arbeitsmarktsituation bestimmt wird.

(iv) In trivariaten, nicht-kointegrierten SVAR-Modellen von GAMBER / JOUTZ [1993] und BALMASEDA et al. [2000] wird die prozyklische Entwicklung von Reallohn und Beschäftigung nach einem Nachfrageschock als Besonderheit der USA herausgestellt.[9] Ein Vergleich der orthogonalen Impuls-Antwort-Folgen hier zeigt:

[9]Vgl. BALMASEDA et al. [2000, S. 11]: "... *the response of real wages with respect to aggregated demand shocks tends to be countercyclical in the short-run with exception of the US where there are clear signs of pro-cyclical behaviour. .... This may explain why Real Business Cycle theories, which stress the procyclical behaviour of real wages, have been most popular in the US...*"

Beide VECM (USA1 und USA2) bestätigen diese Zyklik nach einem - hier korrespondierenden - Arbeitsnachfrageschock. Ähnlich zyklisches Verhalten zeigt sich auch nach einer exogenen Erhöhung der Beschäftigungen (in historisch typischer Weise eingebracht) anhand der verallgemeinerten Impuls-Antwort-Folgen.

(v) Weitere Vergleiche der orthogonalen Impuls-Antwort-Folgen weisen zudem in beiden Modellen auf eine zügigere Anpassung auf Arbeitsnachfrageschocks als auf Lohnschocks hin.

(vi) Die Persistenzprofile der Kointegrationsbeziehungen zeigen konträre Resultate: Im Modell USA1 (mehr disaggregierter Datensatz) wurde ein systemtypischer Schocks in der Lohnsetzungsbeziehung schneller verarbeitet als in der Arbeitsnachfrage. Im bereinigten, hochaggregierten NIPA-Datensatz (Modell USA2) hingegen erfolgte die Anpassung in der Lohnsetzungsbeziehung deutlich langsamer als in der Arbeitsnachfragebeziehung. Diese Umkehrung der Resultate könnte durch die Einbeziehung des Staatssektor (USA2) begründet werden, wenn hier eine trägere Lohnbildung stattfindet. Da jedoch zudem ein bereinigter und ein unbereinigter Datensatz verglichen wurden, sind diese Interpretationen mit Vorsicht zu genießen.

(vii) Es ist kritisch anzumerken, dass beide Modelle mit Autokorrelationproblemen behaftet sind. Dabei könnten im Modell USA1 (unbereinigter Datensatz) die Reste der Autokorrelation vierter Ordnung möglicherweise auf eine stochastische Saison zurückgeführt werden; die verbleibende Autokorrelation erster Ordnung in Modell USA2 (bereinigter Datensatz) könnte eine Folge der Saisonbereinigung sein.

Kapitel 13

Deutschland

13.1 Vorbemerkungen

VECM-Schätzungen zur Anpassungsanalysen liefern vor allem die Arbeit von CARSTENSEN / HANSEN [2000] und HANSEN [2000]. Im Vergleich zum erstgenannten Papier verwendet das vorliegende Kapitel einen einfacheren ökonomischen Modellrahmen, der aber für die Identfikation der ökonomischen Schocks weniger problematisch ist (vgl. Unterabschnitt 9.3). Ferner ist der aktuellere Betrachtungszeitraum[1] und die Anwendung alternativer Impuls-Antwort-Folgen in diesem Kapitel hervorzuheben. Im Folgenden werden zwei Modelle spezifiziert, wobei Modell D1 lässt im Gegensatz zu Modell D2 eine Trendvariable in den Langfristbeziehungen zu.

Die Untersuchungen konzentriert sich auf westdeutsche Daten, um die Anpassungsprozesse möglichst frei von den Transformationsprozessen in den neuen Bundesländern zu halten. Um die benötigten Zeitreihen $wp_t, prod_t, e_t, UR_t$, zusammenzustellen, kann auf gesamtwirtschaftliche, unbereinigte Quartalsdaten aus nationalen Quellen zurückgegriffen werden (vgl. Anhang CII). Abbildung 13.1 zeigt den verwendeten Datensatz.

[1] Die Reihen in CARSTENSEN / HANSEN [2000] enden 1994, die dieser Arbeit gehen bis 1999.

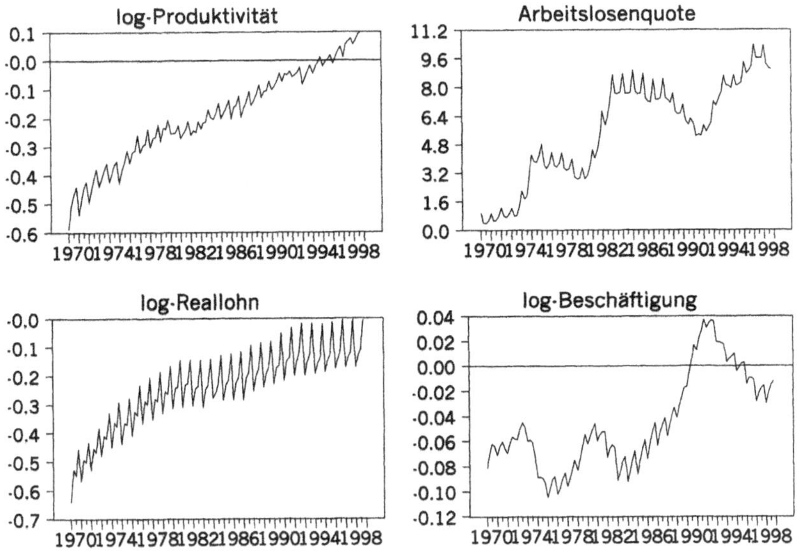

Abbildung 13.1: Datensatz Westdeutschland

13.2 Modell D1

13.2.1 Pretests

Nichstationarität

Die ADF-Tests zeigen, dass die Hypothese der Nichtstationarität der einzelnen Reihen für alle Niveauvariablen auf einem Testniveau von 10% nicht abgelehnt werden kann, wohl aber für die ersten Differenzen.

Lagordnung

Die Lagordnung des VAR-Modells ist im vorliegenden Datensatz weniger problematisch als in den Schätzungen für Großbritannien oder Österreich. Das BIC und das HQC empfehlen beide eine Lagordnung von 5, das AIC findet sein Minimum bei einer Laglänge von 7 (vgl. Tabelle 13.2). Für die nachfolgenden Spezifikationen erscheint 5 als geeignet.[2]

[2] Die empfohlene Laglänge reicht im übrigen aus, um die Residuen frei von Autokorrelation zu halten.

Westdeutschland: Sample: 1970:1-1998:4 ADF-Tests†					
	$t_{(\widehat{\rho}-1)}$	$AK(4),\ P = ...$		$t_{(\widehat{\rho}-1)}$	$AK(4), P = ...$
$prod_t$	$-2,95$	$0,12$	$\Delta prod_t$	$-4,55$	$0,85$
UR_t	$-1,67$	$0,33$	ΔUR_t	$-3,41$	$0,28$
e_t	$-2,46$	$0,32$	Δe_t	$-3,47$	$0,33$
wp_t	$-2,52$	$0,13$	Δwp_t	$-3,63$	$0,37$

Anm.: Alle Regressionen mit Konstanter und zentr. Saisondummies, Niveaus zusätzlich mit Trend. AK(4): LM-Autokorrelationstest 4. Ordnung, P= marginales Signifikanzniveau.

†Krit. Werte 1%;5%;10% : mit det.Trend.: -4,05;-3,45; -3,15; nur Konst.: –3,5; -2,90;-2,59. vgl. FULLER [1996, S. 641ff])

Quelle: Eigene Berechnungen.

Tabelle 13.1: Modell D1: NichtStationaritäts-Tests

Westdeutschland, Sample: 1970:1-1998:4
Konstante, deterministischer Trend, S_t

p	9	8	7	6	5	4	3	2	1
Informationskriterien									
AIC	-34,26	-34,328	-34,337*	-34,23	-34,16	-33,16	-32,54	-31,82	-31,36
BIC	-30,79	-31,24	-31,63	-31,91	-32,23*	-31,62	-31,38	-31,04	-30,98
HQC	-32,85	-33,07	-33,24	-33,29	-33,38*	-32,54	-32,07	-31,50	-31,21

*: Empfohlene Lagordnung

Quelle: Eigene Berechnungen.

Tabelle 13.2: Modell D1: Lagordnung des VAR

13.2.2 VECM-Analyse

Ausgangspunkt ist eine relativ allgemeine VAR(5)-Spezifikation mit zentrierten Saisondummies, einem unrestringierten Driftterm und einer restringierten Trendvariablen.

Die Residuen der Schätzung des VECM mit $\widehat{p} = 5$ zeigen in der Tat Turbulenzen im Wiedervereinigungszeitraum auf, die Residuen der Arbeitslosenquote verzeichnen einen Ausreißer im ersten Quartel 1991, die der Beschäftigung einen im Quartal 1990:1. Es zeigt sich, dass die Einführung eines 1/0-Dummys für jeden dieser Ausreißer - mit einer 1 ausschließlich in dem genannten Quartal ($DUM901_t$,$DUM911_t$) - genügt, um die Einflüsse dieser Beobachtungen abzufedern. Weitere Wiedervereinigungs-Dummies werden nicht eingeführt. Sollten dauerhafte Strukturveränderungen in der westdeutschen Ökonomie stattgefunden haben, könnte dies nachfolgend in einer Variation der Kointegrationparameter einer rekursiven Schätzung zum Ausdruck kommen.[3] Weitere extreme Residuenwerte, zunächst ein positiver und dann ein negativer, finden sich in der Reallohngleichung im ersten und zweiten Quartal 1984 und ferner noch zum Ende des Jahres 1970. Auch auf die Gefahr hin, dass Teile eines Ölpreisschocks eleminiert werden, wird eine Dummyvariable $DUM8412_t$ mit 1(-1) im ersten (zweiten) Quartal 1984 eingeführt, die ansonsten den Wert 0 annimmt. Zudem lassen den Stützzeitraum erst 1970:4 beginnen.

Da die eingeführten Dummies die asymptotischen Verteilungseigenschaften der Rangteststatistiken beeinflussen, können die kritischen Werte der $\lambda\max$- und $\lambda trace$-Tests in Panel A der Tabelle 13.3 nur als grobe Anhaltspunkte verstanden werden. Beide Tests deuten darauf, dass zumindest der größte Eigenwert mit 0,378 signifikant von Null verschieden ist. Ob weitere Eigenwerte vorliegen, lässt sich anhand der Test nicht eindeutig beantworten: Anhand des $\lambda\max -$ Tests wird die Nullhypothese, dass nur der nächstgrößere Eigenwerte nicht von Null verschieden ist, zum ersten Mal bei $r = 3$ angenommen, jedoch bei $r = 2$ nur knapp verworfen. Der $\lambda trace-$Test liefert einen Hinweis darauf, dass die drei kleinsten Eigenwerte nicht von Null verschieden sind, womit $r = 1$ zu unterstellen wäre. Aufgrund der Tendenz des $\lambda\max -$ Tests hin zu $r = 3$ und der Empfehlung $r = 1$ des $\lambda trace-$Tests erscheint als Arbeitshypothese ein Rang von 2 und somit die Existenz einer Arbeitsnachfrage- und

[3] In der VECM-Spezifikation von CARSTENSEN / HANSEN [2000] wird ein Bruchdummy für den Driftterm in den Differenzen eingeführt, der ab dem Quartal 1990:3 den Wert 1 annimmt und insbesondere Niveauverschiebungen in den einzelnen Variablen abfangen soll.

Westdeutschland : $z_t = \left[\begin{array}{cccc} prod_t & UR_t & e_t & wp_t \end{array} \right]'$					
Sample: 1970:4-1998:4					
Panel A: Rangtests					
VAR: $p = 5$, Driftterm, restr. Trend, S_t, $DUMMY84$, $DUMMY91$, $DUMMY90$					
	LR-Statistiken			Kritische Werte†: 90%	
Eigenwert	$H_0 : r = ...$	λmax	$\lambda trace$	λmax^{krit}	$\lambda trace^{krit}$
0,378	0	55,64	98,11	24,15	71,64
0,181	1	22,30	42,47	19,56	47,48
0,136	2	15,84	20,17	15,06	27,89
0.056	3	4,33	4,33	12,83	12,83
Panel B:‡					
VECM: wie in Panel A, mit $r = 2$					
AK(1): $P = 0,19$ AK(4): $P = 0,36$ DH: $P = 0,48$					

†Die kritischen Werte wurden bei HARRIS [1995] und HANSEN / JOHANSEN [1995, Appendix B] entnommen; es erfolgte eine Anpassung nach CHEUNG / LAI [1993].

‡Anm: AK: LM-Autokorrelationstest, 1. und 4. Ordnung. DH: Normalverteilungstest nach DORNIK / HANSEN [1994]. P: marginales Signifikanzniveau. Quelle: Eigene Berechnungen.

Tabelle 13.3: Modell D1: Rangtests

einer Lohnsetzungsbeziehung zulässig. Panel B zeigt abschließend, dass die Spezifikation mit dieser Lagordnung, den deterministischen Komponenten, den Dummies und dem Rang die Spezifikationstests passiert.

Tabelle 13.4 zeigt in Schätzung $\widehat{\beta}_{(I)}$ die Kointegrationsvektoren, die als Lohnsetzungs- und als Arbeitsnachfragebeziehung identifiziert werden. Die Herausnahme des stark insignifikanten Trends aus der ersten Kointegrationsbeziehung führt zur Schätzung $\widehat{\beta}_{(II)}$. Hier sind alle Parameter signifikant und weisen das ökonomisch plausible Vorzeichen auf. Problematisch ist dabei die Arbeitsnachfragegleichung mit der relativ hohen Outputelastizität von $\widehat{\eta}_1 = 3,123$ und einer Substitutionselastizität von $-\widehat{\eta}_2 = -5,3$. Die Restriktion der konstanten Skalenerträge in der Arbeitsnachfrage-

Westdeutschland, $z_t = \left[\begin{array}{cccc} prod_t & UR_t & e_t & wp_t \end{array}\right]'$;Sample: 1970:4-1998:4

$\widehat{p} = 5$, $\widehat{r} = 2$, Driftterm, unrestr. Trend, S_t, D_t

Kointegrationmatrix $\widehat{\beta}'$

	$prod_t$	UR_t	e_t	wp_t	$Trend$
$\widehat{\beta}'_{(I)}$:	$-0,240$	$0,006$	0	1	$0,000$
	(0,371)	(0,001)			(0,002)
	$1,272$	0	1	$-2,231$	$0,004$
	(3,749)			(0,130)	(0,003)
	AK(1): P = 0,19	AK(4): P = 0,36	DH: P = 0,48		
$\widehat{\beta}'_{(II)}$:	$-0,303$	$0,005$	0	1	0
	(0,058)	(0,001)			
	$1,471$	0	1	$-2,496$	$0,005$
	(0,257)			(0,130)	(0,001)
	AK(1): P = 0,19	AK(4): P = 0,36	DH: P = 0,48	Restr.: P = 0,91	
$\widehat{\beta}'_{(III)}$:	$-0,303$	$0,005$	0	1	0
	(0,053)	(0,001)			
	1	0	0	$-1,967$	-0,002
				(0,109)	(0,000)
	AK(1): P = 0,13	AK(4): P = 0,41	$DH : P = 0,34$	Restr.: P = 0,14	
$\widehat{\beta}'_{(IV)}$:	$-0,395$	$0,013$	0	1	0
	(0,067)	(0,003)			
	1	0	0	-1	$-0,003$
					(0,000)
	AK(1): P = 0,12	AK(4): P = 0,41	DH: P = 0,37	Restr.: P = 0,17	
$\widehat{\beta}'_{(V)}$:	-1	$0,043$	0	1	0
		(0,007)			
	1	0	0	-1	$-0,003$
					(0,000)
	AK(1): P = 0,16	AK(4): P = 0,48	DH: P = 0,36	Restr.: P = 0,04	

Anm.: Standardfehler in Klammern. AK: LM-Autokorrelationstest, 1. und 4. Ordnung. DH: Normalverteilungstest nach DORNIK / HANSEN [1994];Restr.: χ^2- Test überidentifizierender Restriktionen. P: marg. Signifik.niveau. Quelle: Eigene Berechnungen.

Tabelle 13.4: Modell D1: Kointegrationsanalyse

beziehung führt zu Schätzung $\widehat{\beta}_{(III)}$. Der Test weist diese Annahme als streng aus (das marginale Signifikanzniveau fällt von 0,91 auf 0,14). Da diese Einschränkung jedoch von einem 10%-Testniveau akzeptiert wird, zudem die Parameter der Lohngleichung unverändert bleiben und die Substitutionselastizität in einen plausibleren Parameterbereich von knapp unter 2 rückt, kann diese Restriktion als noch geeignet angesehen werden. Es liegt nun nahe, auch die Hypothese einer makroökonomischen Cobb-Douglas-Funktion zu überprüfen: Die Restriktion einer Substitutionselastizität von 1 im Modell mit konstanten Skalenerträgen (vgl. Schätzung $\widehat{\beta}_{(IV)}$) kann nicht verworfen werden ($P = 0,17$). Eine weitere Restringierung der Lohngleichung auf $\gamma_1 = 1$ hingegen erscheint als zu restriktiv ($P = 0,04$, vgl. $\widehat{\beta}_{(V)}$).

Letztlich liefern die Schätzung $\widehat{\beta}_{(III)}$ als auch $\widehat{\beta}_{(IV)}$ gleichermaßen plausible Kointegrationsbeziehungen für das VECM mit wünschenswerten, statistischen Eigenschaften. Behilflich bei der Entscheidung für $\widehat{\beta}_{(IV)}$ oder $\widehat{\beta}_{(III)}$ ist in diesem Fall ein Blick auf die rekursiven Schätzungen der Kointegrationsparameter, mit denen ein Eindruck über die Parameterstabilität gewonnen werden kann. Die rekursiven Schätzungen der Kointegrationsmatrizen $\widehat{\beta}_{(III)}$ und $\widehat{\beta}_{(IV)}$ sind in den nachfolgenden beiden Abbildungen angegeben. Das Modell mit $\widehat{\beta}_{(III)}$ liefert volatile Parameter und Hinweise darauf, dass in der Arbeitsnachfrage die Substitutionselastizität im betrachteten Zeitraum (absolut) zugenommen hat (von $\widehat{\eta}_2 = 0,6$ auf $\widehat{\eta}_2 = 1,5$). Eine Restringierung auf $\eta_2 = 1$ - wie in Schätzung $\widehat{\beta}_{(IV)}$ vorgenommen - bietet sich daher als Mittelweg an. Dieses Vorgehen trägt der Parameterentwicklung selbst nicht Rechnung, die rekursive Schätzung inklusive dieser Cobb-Douglas-Restriktion zeigt aber, dass die verbleibenden freien Parameter nun weniger volatil sind, nur in der Lohngleichung zeigt sich nun eine leichte Zunahme des Produktivitätseinflusses nach 1990.

Für die weiteren Analysen wählen wir das „Cobb-Douglas-Modell" ($\widehat{\beta}_{(IV)}$). Es liefert eine grundsätzlich statistisch zufriedenstellende VECM-Spezifikation mit $r = 2$ ökonomisch plausiblen Langfristbeziehungen.

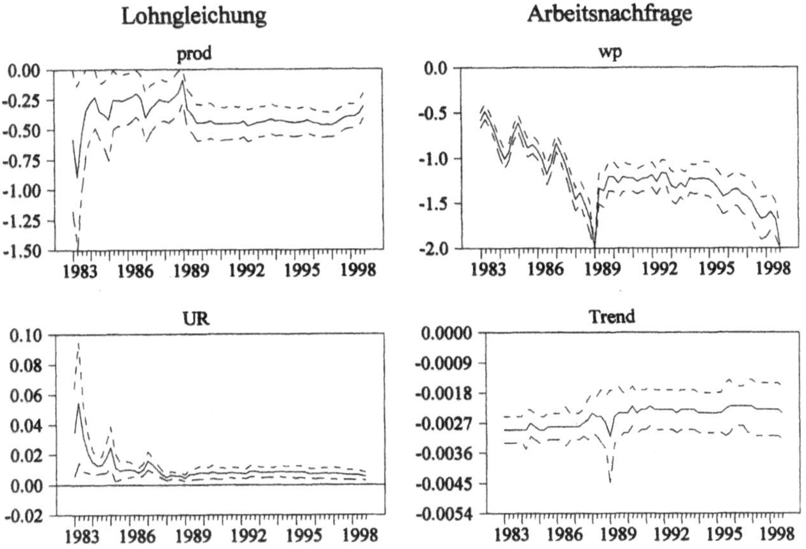

Anm: Nur unrestringierte Parameter, Konfidenzintervall: 10%

Modell D1: Rekursive Schätzung III der Kointegrationsparameter

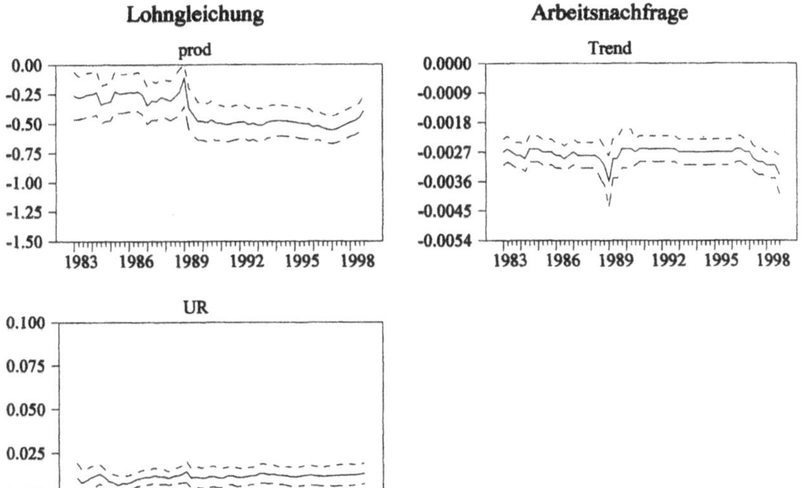

Anm: Nur unrestringierte Parameter, Konfidenzintervall: 10%

Modell D1: Rekursive Schätzung IV der Kointegrationsparameter

13.2.3 Anpassungsanalyse

Für die nachfolgende Anpassungsanalyse verwenden wir das VECM mit der Kointegrationsmatrix $\widehat{\beta}_{(IV)}$. Die direkt ermittelbaren, nicht-orthogonalen Impuls-Antwort-Folgen sind wieder wenig aussagekräftig, da sie die vorhandenen Korrelationen der Störgrößen nicht berücksichtigen: Tabelle 13.5 zeigt anhand der symmetrischen Matrix der Korrelationskoeffizienten der Residuen $\widehat{u}_t$ des VECM mit $z_t = \begin{bmatrix} prod_t & UR_t & e_t & wp_t \end{bmatrix}'$, dass in mehr als der Hälfte der Fälle eine signifikante Korrelation vorliegt.

	Korrelationskoeffizienten			
$\widehat{corr_{ij}}$	$\widehat{u}_{1t}$	$\widehat{u}_{2t}$	$\widehat{u}_{3t}$	$\widehat{u}_{4t}$
$\widehat{u}_{1t}$	1			
$\widehat{u}_{2t}$	$-0,414$ (-4,73)	1		
$\widehat{u}_{3t}$	$0,358$ (3,99)	$-0,716$ (-10,67)	1	
$\widehat{u}_{4t}$	$0,399$ (4,53)	$-0,025$ (-0,26)	$-0,064$ (-0,67)	1
	Varianzen			
	$\widehat{\sigma}_1^2$	$\widehat{\sigma}_2^2$	$\widehat{\sigma}_3^2$	$\widehat{\sigma}_4^2$
	$0,009^2$	$0,155^2$	$0,002^2$	$0,006^2$

Anm.: t-Werte in Klammern.
Quelle: Eigene Berechnungen.

Tabelle 13.5: Modell D1: Residuenkorrelationen und -varianzen

Orthogonale Impuls-Antwort-Folgen

Zur Identifikation der permanenten Schocks legen wir wieder Restriktionen auf die Langfristwirkungen. Entsprechend der obigen Untersuchung der Langfristbeziehungen wird das Restriktionenset

$$\text{Fall I, Set 4: } \lambda = \frac{1}{\eta_1},\ \eta_1 = \eta_2 = 1,$$

(vgl. Tabelle 7.1) verwendet, also letzlich die Hypothese konstanter Skalenerträge und einer Substitutionselastizität von 1 ($\lambda = \eta_1 = \eta_2 = 1$). Die letzten beiden

Parameterrestriktionen sind durch die Tests der überidentifizierenden Restriktionen in $\widehat{\beta}_{(IV)}$ unterstützt und bereits implementiert, wobei die Annahme einer Substitutionselastizität $\eta_2 = 1$ letztlich einen Kompromiss darstellt. Unter zusätzlicher Berücksichtigung von $\lambda = 1$ erhalten wir als Lösung des restringierten ökonomischen Modells für die Variablenanordnung $z_t = \begin{bmatrix} prod_t & UR_t & wp_t & e_t \end{bmatrix}'$[4]:

$$
\begin{aligned}
z_t &= \widetilde{B}^{-1}\theta_t \\
\begin{bmatrix} prod_t \\ ur_t \\ wp_t \\ e_t \end{bmatrix} &= \begin{bmatrix} 1 & 0 & 0 & 0 \\ \frac{\gamma_2-1}{\gamma_1} & 0 & \frac{1}{\gamma_1} & -\frac{1}{\gamma_1} \\ 1 & 0 & 0 & 1 \\ \frac{1+\pi\gamma_1-\gamma_2}{\gamma_1} & 1 & -\frac{1}{\gamma_1} & \frac{1+\pi\gamma_1}{\gamma_1} \end{bmatrix} \cdot \begin{bmatrix} \theta_{1t-1}+\varepsilon_{1t} \\ \theta_{2t-1}+\varepsilon_{2t} \\ \rho_4\theta_{4t-1}+\varepsilon_{4t} \\ \rho_3\theta_{3t-1}+\varepsilon_{3t} \end{bmatrix}. \qquad (13.1)
\end{aligned}
$$

Hieran können die theoretischen Implikationen dieser Parameterrestriktionen (Set 4) für die Langfristwirkungen $\phi^*(1)$ der strukturellen Schocks dargestellt werden. Da der Arbeitsnachfrage- und der Lohnschock jeweils transitorischer Natur ist, kann von vornherein für die Analyse der Langfristwirkungen eine Nullspalte in der dritten und vierten Spalte von $\phi^*(1)$ angenommen werden. Für die permanenten Schocks $\varepsilon_{1t}, \varepsilon_{2t}$ zeigt sich anhand von Lösung (13.1), dass die Parameterrestriktionen unterschiedliche Langfristwirkungen in $\widetilde{B}^{-1}$ implizieren: ε_{1t} kann permanent auf alle Variablen wirken, permanente Wirkungen von ε_{2t} hingegen sind auf die Beschäftigungsvariable beschränkt. Insgesamt bedeutet dies auf die strukturelle VMA-Repräsentation (5.14) - oder (5.17) - übertragen, dass die erste Spalte von Matrix $\phi^*(1)$ ohne Langfristrestriktionen bleibt, und in der zweiten Spalte nur das letzte Element ungleich von Null ist. Dies lässt eine Identifikation der permanenten Schocks zu. [5]

Um die Langfrist-Nullrestriktionen in die orthogonalen Impuls-Antwort-Folgen zu implementieren, formulieren wir die Matrix $\beta_\perp$ in der Form, wie im Falle Groß-

[4]Vgl. Fall I, Set 4 in die Tabelle 7.1.

[5]Wir begründen letztlich die Restriktionen $R3$ der Identifikationsstrategie in Unterabschnitt 5.3.2 über Parameterrestriktionen im ökonomischen Modell (hier: Set 4), die - soweit sie die Kointegrationsparameter betreffen - explizit getestet und bestätigt wurden.

britanniens mit $r = 2$:[6]

$$\beta_\perp = \begin{bmatrix} -\beta_{32} & 0 \\ \frac{\beta_{11}\beta_{32}-1}{\beta_{21}} & 0 \\ 1 & 0 \\ 0 & 1 \end{bmatrix}.$$

Zur Identifikation der transitorischen Schocks benötigen wir $r(r-1)/2 = 1$ Restriktion auf die kurzfristige Dynamik der transitorischen Schocks. Erneut verwenden wir die selbe Kurzfristrestriktion wie Falle Großbritanniens:

Ein Lohnschock wirkt nicht in der Impulsperiode
auf die Nachfrage nach Arbeitskräften.

D.h. erst mit einer Verzögerung von einem Quartal sind erste Beschäftigungswirkungen eines Lohnschocks zu beobachten.[7] Als möglicher Grund seien z.B. Kündigungsschutzregelungen genannt. Diese Annahme ermöglicht es, die transitorischen Schocks voneinander zu differenzieren; sie ist jedoch ebenfalls keinem Test zugänglich.

Diese Identifikationsstrategie liefert nun die (normierten) orthogonalen Impuls-Antwort-Folgen (vgl. Abbildung 13.2). Es sind die Anpassungsprozesse auf die strukturellen Schocks, die durch die Identifikation als Technologie- / Angebotssschock, Arbeitsangebotsschock, Lohnsetzungsschock und als Arbeitsnachfrageschock interpretiert werden.

Für die permanenten Schocks weist das Modell z.T. widersprüchliche Systemreaktionen auf. Das Modell zeigt nach dem Produktivitätsschock eine permanente Erhöhung der Produktivität und des Reallohns und eine dauerhafte Senkung der Arbeitslosenquote an. Dies steht jedoch nicht im Einklang mit einer langfristigen Senkung der Beschäftigung.

Ein Arbeitsangebotsschock erhöht kurzfristig die Arbeitslosenquote und senkt kurzfristig den Reallohn. Alle langfristigen Wirkungen dieses Schocks sind - mit Ausnahme der Beschäftigungsanpassungen - auf Null restringiert. Daher ist zu erwarten, dass langfristig die zusätzlichen Arbeitskräfte in den Beschäftigungsprozess integriert werden. Stattdessen fällt hier die Beschäftigung dauerhaft. Angesichts

[6] Im Unterschied zu Großbritannien obliegt hier der Schätzung der Kointegrationsmatrix die zusätzliche Restriktion $-\eta_2 = \beta_{32} = -1$ im zweiten Kointegrationsvektor.

[7] Auf diese Weise wird die Restriktion *R4* aus Unterabschnitt 5.3.2 implementiert.

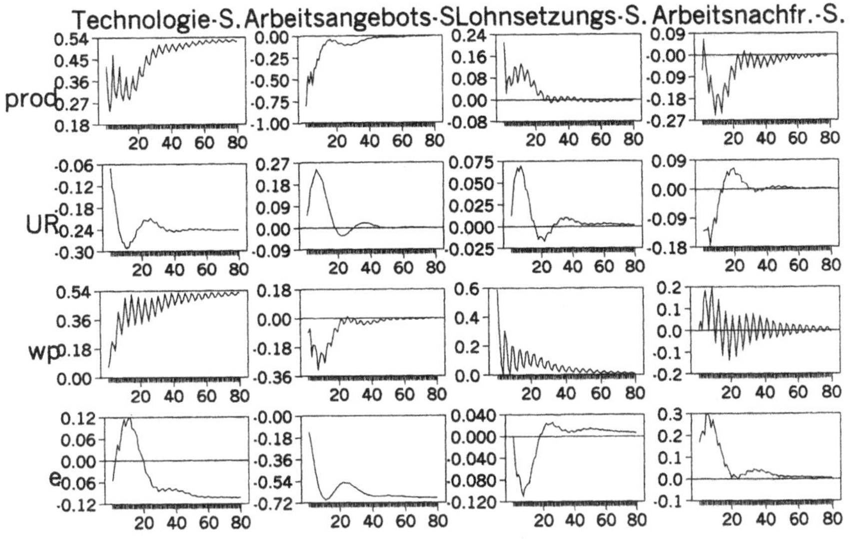

Anm.: Ordinate: kummulierte Änderungen in Prozent (UR: in Prozent-Punkten

Abbildung 13.2: Modell D1: Orthogonale Impuls-Antwort-Folgen

der fragwürdigen Anpassungsprozesse der strukturellen permanenten Schocks unterbleibt an dieser Stelle eine weitere Auswertung.

Die transitorischen Schocks hingegen, zeigen grundsätzlich plausible Anpassungen für den Arbeitsnachfrageschock und den Lohnsetzungsschock.für alle Variablen.

Verallgemeinerte Impuls-Antwort-Folgen

Wir berücksichtigen nun die Korrelationen der Störgrößen bei der Berechnung der Impuls-Antwort-Folgen und zwar mit dem Konzept der Verallgemeinerten Impuls-Antwort-Folgen. Abbildung 13.3 zeigt die Resultate.Der Schock auf die Produktivitätsvariable trifft das System in Verbindung mit einer positiven, kontemporären Korrelation zur Beschäftigung und dem Reallohn, sowie einer negativen Korrelation zur Arbeitslosenquote. Nach 20 Quartalen ist ein Großteil der Anpassungen abgeschlossen und resultiert in eine nahezu identischen Erhöhung von Reallohn und Produktivität um ca. 0,25%. Die Anpassungen dieser beiden Variablen unterscheiden

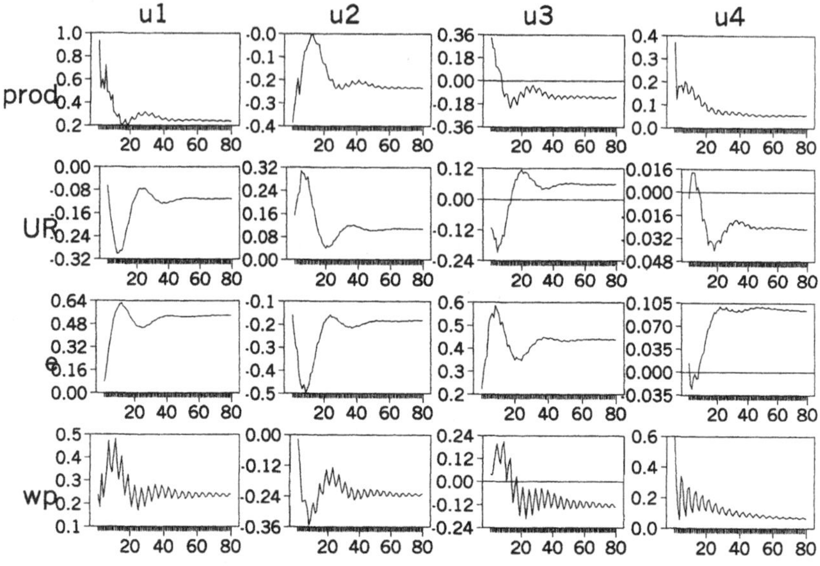

Abbildung 13.3: Modell D1: Verallgemeinerte Impuls-Antwort-Folgen

sich in der kurzen Frist jedoch erheblich. Während sich die Produktivität kontinuierlich ihrem permanten Niveau nähert, ist kurzfristig ein Überschießen des Reallohns zu beobachten. Letzteres steht im Einklang mit der kurzfristigen Senkungen der Arbeitslosenquote von bis zu -0,32 Prozent-Punkten. Langfristig verbleibt die Arbeitslosenquote permanent um 0,11 Prozent-Punkte unterhalb des schocklosen Benchmarks. Die Zunahme der Beschäftigung, die kurzfristig mit +0,62% stärker anschnellt als langfristig (+0,54%), trägt nur partiell die Verantwortung, da hier zusätzlich auch Arbeitsangebotsänderungen nach der Rreallohnzunahme eine Rolle spielen dürften.

Eine exogene Erhöhung der Arbeitslosenquote ist mit einer starken negativen Korrelation eingebracht, und zwar sowohl zur Beschäftigungsvariablen als auch zur Produktivitätsvariablen. Nach stark überschießenden Reaktionen dieser drei Variablen, wobei die Beschäftigung kontrazyklisch zur Produktivität und zur Arbeitslosenquote variiert, finden die Anpassungsprozesse mit einer permanenten Erhöhung von Produktivität (0,25%) und Arbeitslosenquote (0,1 Prozent-Punkte) ein Ende.

Der Reallohn sinkt langfristig um 0,23%, wobei er kurzfristig eher mit der Variation der Arbeitslosenquote als mit den Schwankungen der Produktivität im Zusammenhang zu stehen scheint.

Ein Schock auf die Beschäftigungsvariable geht aufgrund der Korrelationen mit einer unmittelbaren Erhöhung der Produktivität und einer Senkung der Arbeitslosenquote einher. Langfristig führt dieser Schock bei permanenter Zunahme der Beschäftigung von 0,42% jedoch zu einem Rückgang der Produktivität (-0,12%) und des Reallohns (-0,13%), verbunden mit einer leicht erhöhten Arbeitslosenquote von 0,05 Prozent-Punkten.

Die exogene Zunahme des Reallohns ist ausschließlich verbunden mit einer simultanen exogenen Erhöhung der Produktivität. Beide Variablen passen sich relativ schnell an ein niedrigeres, und sich kaum vom Benchmark unterscheidenes Gleichgewicht an (0,05%). Ebenfalls nur leichte permanente Effekte sind bei der Beschäftigung (0,01%) und der Arbeitslosenquote (-0,025 Prozent-Punkte) zu beobachten.

Insgesamt liefern diese Anpassungsprozesse auf diese so eingebrachten Schocks durchaus plausible Reaktionen.

Persistenzprofile

Wir nutzen das Persistenzprofil, um Impuls-Antwort-Folgen für die Kointegrationsbeziehungen zu schätzen. In beiden Kointegrationsbeziehungen baut sich der systemweite Schock nahzu gleich schnell ab (vgl. Abbildung 13.4).

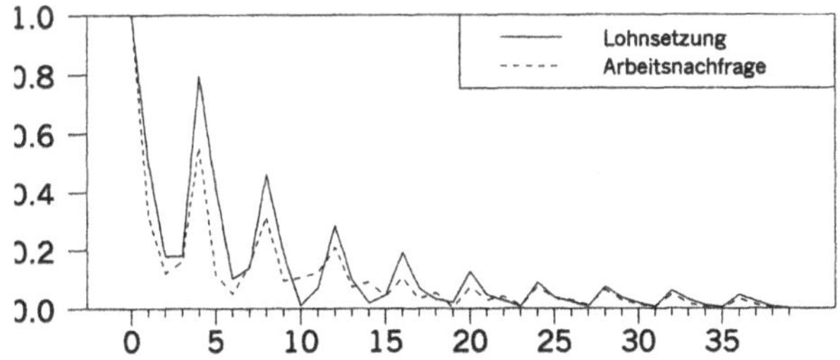

Abbildung 13.4: Modell D1: Persistenzprofile der Kointegrationsbeziehungen

Nach 20 Quartalen stehen schließlich für beide Kointegrationsbeziehungen noch ca. 20% der zu absolvierenden Anpassungen aus.

	Absolvierte Anpassung in %	
Quartal	Lohnsetzung	Arbeitsnachfrage
4	34,9	37,1
8	58,6	55,0
12	70,3	67,87
Quelle: Eigene Berechnungen		

Tabelle 13.6: Modell D1: Persistenzprofile der Kointegrationsbeziehungen

13.3 Modell D2

Die obige Spezifikation des VECM liefert zwar zwei plausible Kointegrationsbeziehungen und stabile Anpassungsprozesse, jedoch sind die langfristigen Anpassungen infolge des Produktivitätsschocks und des Arbeitsangebotsschocks, die durch die orthogonalen Impuls-Antwort-Folgen ermittelt wurden, zu großen Teilen unplausibel. Wir untersuchen das Problem genauer im Modell D2. Dazu führen wir zwei Änderungen ein:

- Zunächst spezifizieren wir das VECM neu, und zwar ohne deterministischen Trend im Kointegrationsraum.
- Zudem werden die Restriktionen auf die Langfristreaktionen weniger restriktiv gehalten. Dies geschieht aus der Vemutung einer fehlerhaften Identifikationsstrategie aufgrund der fraglichen permanenten Schockreationen heraus.

Wir beginnen direkt mit der VECM-Analyse.

13.3.1 VECM-Analyse

Im Modell D2 können die Lagordnung und die Dummies des Modells D1 übernommen werden.[8] Die Rangtests in Panel A der Tabelle 13.7 liefern erneut nur grobe Anhaltspunkte für die Anzahl der Kointegrationsbeziehungen. Wieder bestätigen beide Tests, dass zumindest der größte Eigenwert mit 0,402 von Null verschieden ist und damit zumindest eine Kointegrationsbeziehung vorliegt. Ob der zweite Eigenwert von Null verschieden ist wird nicht einheitlich beantwortet: Nur der $\lambda\max-$Test

[8] Die Informationskriterien empfehlen auch im Modell ohne Trendvariable eine Lagordnung von 5. Auf den Wiederabdruck einer Tabelle mit nur leichten inhaltlichen Eintragsänderungen wird verzichtet.

Westdeutschland : $z_t = \begin{bmatrix} prod_t & UR_t & e_t & wp_t \end{bmatrix}'$ Sample: 1970:4-1998:4					
Panel A: Rangtests VAR: $p = 5$, Driftterm, S_t $DUMMY84, DUMMY91, DUMMY90$					
	LR-Statistiken			Kritische Werte†: 90%	
Eigenwert	$H_0 : r = ...$	λmax	$\lambda trace$	λmax^{krit}	$\lambda trace^{krit}$
0, 402	0	55, 61	80, 26	21, 05	53, 80
0, 170	1	20, 17	24, 65	16, 43	32, 77
0, 040	2	4, 41	4, 48	13, 01	16, 36
0, 001	3	0, 07	0, 07	3, 33	3, 33
Panel B: VECM: wie in Panel A mit $\widehat{r} = 2$ AK(1): P = 0,15 AK(4): P = 0,37 DH: P = 0,42					

†Die kritischen Werte wurden bei HARRIS [1995] und HANSEN / JOHANSEN [1995, Appendix B] entnommen; es erfolgte eine Anpassung nach CHEUNG / LAI [1993].

‡Anm: AK: LM-Autokorrelationstest, 1. und 4. Ordnung. DH: Normalverteilungstest nach DORNIK / HANSEN [1994]. P: marginales Signifikanzniveau.

Quelle: Eigene Berechnungen.

Tabelle 13.7: Modell D2: Rangtests

liefert Hinweise auf eine zweite Kointegrationsbeziehung. Im Gegensatz zum Modell D1 (vgl. Tabelle 13.3) sind die letzten beiden Eigenwerte aber deutlicher nahe Null, so dass mehr als zwei Langfristbeziehungen ausgeschlossen werden können. Wir folgen weiterhin der Hypothese $r = 2$. Panel B zeigt, dass diese Spezifikation zusammen mit den Dummies die Spezifikationstests passiert.

Tabelle 13.8 zeigt in Schätzung $\widehat{\beta}_{(I)}$, die als Lohnsetzungs- und Arbeitsnachfragebeziehung identifizierten Kointegrationsvektoren. Die Vorzeichen der signifikanten Parameter entsprechen der ökonomischen Theorie. Die Schätzungen der Parameter der Lohngleichung entsprechen der analogen Schätzung im Models D1. Die impliziten Elastizitäten der Arbeitsnachfrage lauten $\widehat{\eta}_1 = 0,287$ und $-\widehat{\eta}_2 = -0,721$ und sind nun - im Gegensatz zu Schätzung $\widehat{\beta}_{(I)}$ in Modell D1 mit Trend - ebenfalls ökonomisch plausibel.

Westdeutschland, $z_t = \begin{bmatrix} prod_t & UR_t & e_t & wp_t \end{bmatrix}'$				
Sample: 1970:4-1998:4				
$\widehat{p} = 5$, $\widehat{r} = 2$, Driftterm, S_t, D_t				
Kointegrationmatrix $\widehat{\beta}'$				
	$prod_t$	UR_t	e_t	wp_t
$\widehat{\beta}'_{(I)}$:	$-0,293$	$0,005$	0	1
	(0,071)	(0,004)		
	$-0,403$	0	1	$1,011$
	(0,221)			(0,302)
	AK(1): P = 0,15	AK(4): P = 0,37	DH: P = 0,42	
$\widehat{\beta}'_{(II)}$:	-1	$0,037$	0	1
		(0,007)		
	$-1,036$	0	1	$4,196$
	(0,994)			(1,424)
	AK(1): P = 0,18	AK(4): P = 0,40	DH: P = 0,37	Restr.: P = 0,01
$\widehat{\beta}'_{(III)}$:	-1	$0,033$	0	1
		(0,007)		
	1	0	0	$-5,882$
				(0,560)
	AK(1): P = 0,17	AK(4): P = 0,37	DH: P = 0,36	Restr.: P = 0,04

Anm.: Standardfehler in Klammern. AK: LM-Autokorrelationstest, 1. und 4. Ordnung. DH: Normalverteilungstest nach DORNIK / HANSEN [1994].
Restr.: χ^2- Test überidentifizierender Restriktionen.
P: marginales Signifikanzniveau.
Quelle: Eigene Berechnungen.

Tabelle 13.8: Modell D2: Kointegrationsanalyse

Weitere Restriktionen erweisen sich als schwierig, da die Parameterbeschränkungen entweder nicht statistisch akzeptiert werden und / oder ökonomische Unplausibilitäten folgen. Die Hypothese $\eta_1 = 1$, die durch Ausschluss der Beschäftigung in der zweiten Kointegrationsbeziehung zu implementieren ist, ist ausgehend von $\widehat{\beta'}_{(I)}$ aus Identifikationsgründen nicht testbar (vgl. die Diskussion im Unterabschnitt 7). Legt man jedoch zunächst die Hypothese $\gamma_2 = 1$ auf die Lohngleichung (vgl. $\widehat{\beta'}_{(II)}$), kann dann diese Restriktion $\eta_1 = 1$ auferlegt werden (vgl. $\widehat{\beta'}_{(III)}$). Jedoch sind diese beiden Restriktionen zusammen statistisch sehr streng und führen zudem zu einer sehr hohen Substitutionselastizität von $-\widehat{\eta}_2 = -5,882$.[9]

Daher bleibt insgesamt das VECM mit $\widehat{\beta'}_{(I)}$ die bevorzugte Spezifikation für das Modell D2.

13.3.2 Anpassungsanalyse

Tabelle 13.9 zeigt die symmetrische Matrix der Korrelationskoeffizienten der Residuen u_t des VECM D2, die sich kaum von der des Modells D1 unterscheidet. In mehr als der Hälfte aller Fälle liegt eine signifikante Korrelation vor, der mit den nachfolgenden Konzepten Rechnung getragen werden muss.

Korrelationskoeffizienten				
$\widehat{corr}_{ij}$	$\widehat{u}_{1t}$	$\widehat{u}_{2t}$	$\widehat{u}_{3t}$	$\widehat{u}_{4t}$
$\widehat{u}_{1t}$	1			
$\widehat{u}_{2t}$	$-0,381$ (-4,24)	1		
$\widehat{u}_{3t}$	$0,332$ (3,62)	$-0,703$ (-10,17)	1	
$\widehat{u}_{4t}$	$0,398$ (4,46)	$-0,013$ (-0,13)	$-0,065$ (0,67)	1
Varianzen				
	$\widehat{\sigma}_1^2$	$\widehat{\sigma}_2^2$	$\widehat{\sigma}_3^2$	$\widehat{\sigma}_4^2$
	$0,009^2$	$0,153^2$	$0,002^2$	$0,006^2$
Anm.: t-Werte in Klammern.Quelle: Eigene Berechnungen.				

Tabelle 13.9: Modell D2: Residuenkorrelationen und -varianzen

[9] Zudem weist das VECM mit $\widehat{\beta'}_{(II)}$ bzw. $\widehat{\beta'}_{(III)}$ keine stabilen Impuls-Antwort-Folgen auf.

Orthogonale Impuls-Antwort-Folgen

Zur Identifikation der permanenten Schocks werden wieder Restriktionen auf deren Langfristwirkungen gelegt. Die Langfristrestriktionen resultieren wieder aus den Langfristeigenschaften des ökonomischen Modells, wie sie unter Berücksichtigung von strukturellen Parameterrestriktionen für diesen Fall $r = 2$ (Fall I) in Tabelle 7.1 (S. 98) abgeleitet wurden.

Die obige VECM-Analyse für das Modell D2 ergibt, dass die im Modell D1 verwendeten Parameterrestriktionen (Set 4: $\eta_1 = \eta_2 = \lambda = 1$) hier nicht anwendbar sind. Um dennoch orthogonale Impuls-Antwort-Folgen zu berechnen, wird auf die Restriktion

$$\text{Fall I, Set 2: } \eta_1 = \frac{1}{\lambda}$$

aus JACOBSEN / VREDIN /WARNE [1997] zurückgegriffen. Deutlich sei aber darauf hingewiesen, dass sich diese Restriktion weder testbar ist noch sich einfach ökonomisch fundieren lässt (vgl. Anhang B). Hiermit ergibt sich als ausführliche Lösung des restringierten ökonomischen Modells für die Variablenanordnung $z_t = \begin{bmatrix} prod_t & UR_t & wp_t & e_t \end{bmatrix}'$:

$$\begin{bmatrix} prod_t \\ UR_t \\ wp_t \\ e_t \end{bmatrix} = \begin{bmatrix} \frac{(1\text{-}\eta_1)(1+\gamma_1\eta_2)}{\det(\widetilde{B})} & \frac{\eta_{21}(1\text{-}\eta_1)\gamma_1}{\eta_1 \det(\widetilde{B})} & \frac{\eta_2(\eta_1\text{-}1)}{\eta_1 \det(\widetilde{B})} & \frac{(1\text{-}\eta_1)(1+\gamma_1\pi)}{\eta_1 \det(\widetilde{B})} \\ \frac{\gamma_2(\eta_2+\pi(1\text{-}\eta_1))\text{-}\eta_1}{\det(\widetilde{B})} & \frac{\eta_2(1\text{-}\eta_1)\gamma_2}{\eta_1 \det(\widetilde{B})} & \frac{\eta_2}{\det(\widetilde{B})} & \frac{\gamma_2\pi(1\text{-}\eta_1)\text{-}\eta_1}{\eta_1 \det(\widetilde{B})} \\ \frac{\eta_1}{\eta_2} & 0 & 0 & \frac{1}{\eta_2} \\ \frac{\eta_1(1+\gamma_1\pi)\text{-}\gamma_2\eta_2}{\det(\widetilde{B})} & \frac{\eta_2\gamma_1}{\det(\widetilde{B})} & \frac{-\eta_2}{\det(\widetilde{B})} & \frac{1+\gamma_1\pi}{\det(\widetilde{B})} \end{bmatrix} \cdot \begin{bmatrix} \theta_{1t\text{-}1}+\varepsilon_{1t} \\ \theta_{2t\text{-}1}+\varepsilon_{2t} \\ \rho_3\theta_{3t\text{-}1}+\varepsilon_{3t} \\ \rho_4\theta_{4t\text{-}1}+\varepsilon_{4t} \end{bmatrix}$$

$$\begin{aligned} \text{mit } \widetilde{B}_{31}, \widetilde{B}_{34} &> 0. \\ \text{Falls } \eta_1 &\lesseqgtr 1, \text{dann} \\ \det(\widetilde{B}) &= \frac{\eta_2}{\eta_1}\left[\gamma_2\,(1\text{-}\eta_1) + \gamma_1\eta_1\right] \gtrless 0 \text{ sowie } \widetilde{B}_{11}, \widetilde{B}_{12}, \widetilde{B}_{22}, \widetilde{B}_{42}, \widetilde{B}_{44} \gtrless 0. \end{aligned}$$

Übertragen auf die strukturelle VMA-Repräsentation (5.14) - oder (5.17) - bedeutet dies, dass die erste Spalte von Matrix $\phi^*(1)$ voll besetzt ist, und in der zweiten Spalte nur das dritte Element gleich Null ist ($\phi^*_{32}(1) = 0$). Denn: Da der Arbeitsnachfrage-

und der Lohnsetzungsschock jeweils transitorischer Natur ist, folgt von vornherein für die Analyse der Langfristwirkungen eine Nullspalte in der dritten und vierten Spalte von $\phi^*(1)$. Für den Technologieschock (ε_{1t}) und den Arbeitsangebotsschock (ε_{2t}) wird nun unterstellt: ε_{1t} wirkt permanent auf alle Variablen; permanente Wirkungen von ε_{2t} sind nur für die Reallohnvariable ausgeschlossen.

Im Gegensatz zur Identifikationsstrategie in Modell D1 ist nun zugelassen, dass die langfristige Anpassung auf einen Arbeitsangebotsschock nicht nur über die Beschäftigungsvariable, sondern auch über die Arbeitslosenquote und die Produktivität erfolgen kann.

Um die Nullrestriktion $\phi^*_{32}(1) = 0$ in den Langfristreaktionen des strukturellen Modells zu implemantieren, wird die Matrix $\beta_\perp$ verwendet:

$$\beta_\perp = \begin{bmatrix} -\frac{\beta_{32}}{\beta_{12}} & -\frac{1}{\beta_{12}} \\ \frac{\beta_{11}\beta_{32}-\beta_{12}}{\beta_{12}\beta_{21}} & \frac{\beta_{11}}{\beta_{12}\beta_{21}} \\ 1 & 0 \\ 0 & 1 \end{bmatrix}.$$

Zur Identifikation der transitorischen Schocks benötigen wir $r(r-1)/2 = 1$ Restriktion auf die kurzfristige Dynamik der transitorischen Schocks. Hierzu verwenden wir das gleiche Vorgehen wie zuvor in Modell D1 und in den übrigen Modellen:

Ein Lohnschock wirkt nicht in der Impulsperiode
auf die Nachfrage nach Arbeitskräften.

Die Langfrist- und Kurzfristrestriktionen dieser Identifikationsstrategie liefern nun die nachfolgenden (normierten) orthogonalen Impuls-Antwort-Folge für den Technologieschock, Arbeitsangebotsschock, Lohnsetzungsschock und Arbeitsnachfrageschock. Abbildung 13.5 zeigt die resultierenden orthogonalen Impuls-Antwort-Folgen.

Zunächst sind die permanenten Reaktionen des Arbeitsangebotsschocks nun plausibel und entsprechen dem theoretischen Modell: Da $\widehat{\eta}_1 < 1$ ist müssten alle nicht auf Null restringierten Langfristreaktionen dieses permananten Schocks positiv sein ($\widetilde{B}_{12}, \widetilde{B}_{22}, \widetilde{B}_{42} > 0$): Die Arbeitslosenquote, die Beschäftigung und die Produktivität nehmen dauerhaft zu. Der Widerspruch in Modell D1 an dieser Stelle ist somit beseitigt.

Auch die theoretisch positiven Langfristwirkungen des Produktivitätsschocks bei $\widehat{\eta}_1 < 1$ sind zu beobachten. Die Verringerung der Beschäftigung geht jedoch immer

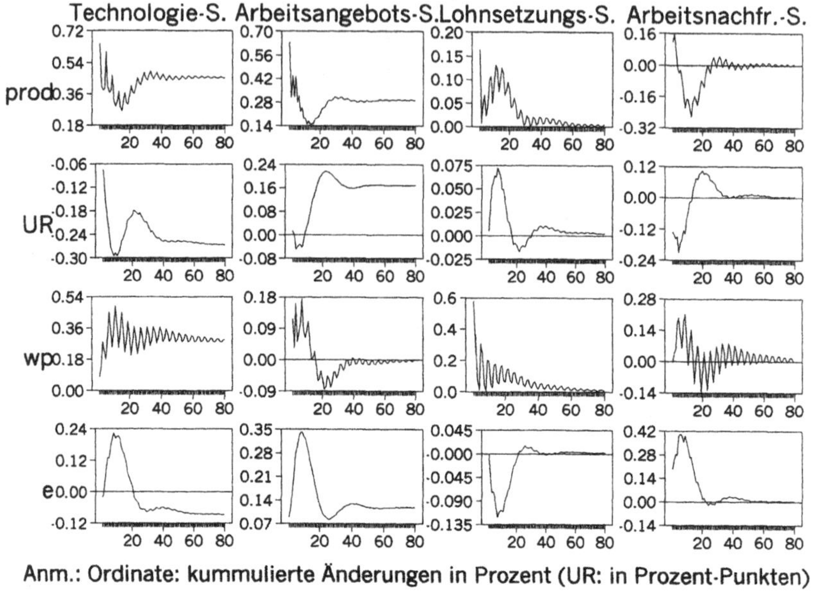

Abbildung 13.5: Modell D2: Orthogonale Impuls-Antwort-Folgen

noch einher mit einer Verringerung der Arbeitslosenquote. Dieser bereits aus Modell D1 bekannte Widerspruch zum ökonomischen Modell lässt sich hier also nicht beseitigen.

Die transitorischen Arbeitsnachfrage- und Lohnsetzungsschocks zeigen nahezu unveränderte und wieder plausible Anpassungen für die Variablen.

Verallgemeinerte Impuls-Antwort-Folgen

Wir berücksichtigen nun die Korrelationen der Störgrößen bei der Berechnung der Impuls-Antwort-Folgen und zwar mit dem Konzept der Verallgemeinerten Impuls-Antwort-Folgen (Abbildung 13.6).

In diesem Konzept spielen neben der unmittelbaren Erhöhung der einzelnen Variablen über eine Störgröße auch die mittelbaren Wirkungen über die Korrelationen zu den übrigen Störgrößen wieder eine Rolle. Ein Vergleich der Korrelationskoeffizienten der Störgrößen mit denen des Modells D1 zeigt, dass die neue Trends-

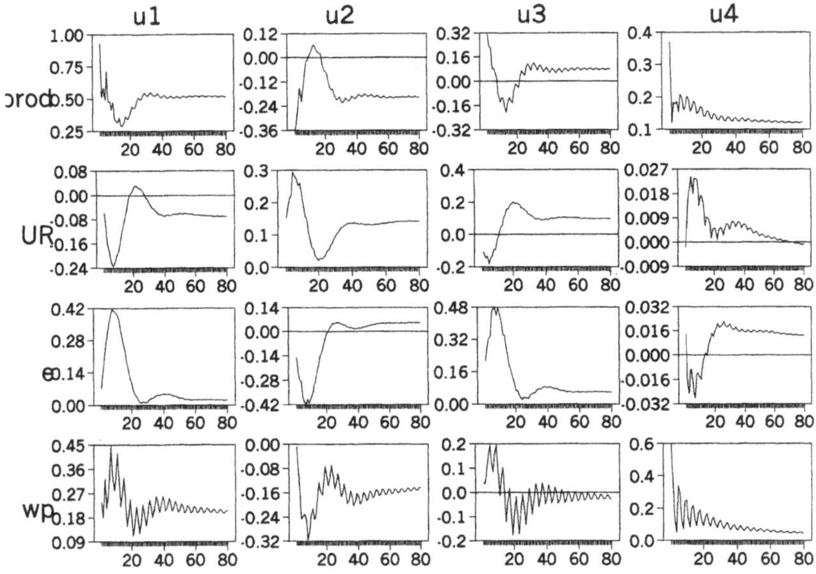

Anm.: Ordinate: kummulierte Änderungen in Prozent (UR: in Prozent-Punkten

Abbildung 13.6: Modell D2: Verallgemeinerte Impuls-Antwort-Folgen

pezifikation an dieser Stelle keinen wesentlichen Einfluss nimmt. Jedoch fallen bei den verallgemeinerten Impuls-Antwort-Folgen dennoch Unterschiede zum Modell D1 auf: Der Schock auf die Produktivitätsvariable geht nun deutlich weniger zu Lasten der Beschäftigung und erhöht statt dessen stärker die Produktivität. Der Schock auf die Arbeitslosenquote tendiert nun nicht mehr zu einer negativen Beschäftigungsreaktion. Eine exogene direkte Erhöhung des Residuums der Beschäftigungsgleichung zeigt eher positive als negative Langfristwirkungen auf die Produktivität und zudem schwächere permanente Beschäftigungseffekte mit schwachen Reallohnsenkungen. Nach einer Erhöhung der Reallohnvariablen mit diesem Konzept sind permanente Senkungen der Arbeitslosenquote nun nicht mehr zu beobachten, und auch die langfristigen Beschäftigungseffekte sind geringer.

Diese Unterschiede sind vermutlich auf die geänderte Trendspezifikation zurückzuführen.

Persistenzprofile

Abbildung 13.7 zeigt die Persistenzprofile für die beiden Kointegrationsbeziehungen. Die Arbeitsnachfragbeziehung reagiert nun durch ein kurzfristiges "Überschießen". In der Lohnsetzungsbeziehung hingegen wird ein systemweiter Schock kontinuierlich abgebaut. Hier zeigt sich ein deutlicher Unterschied zu Modell D1.

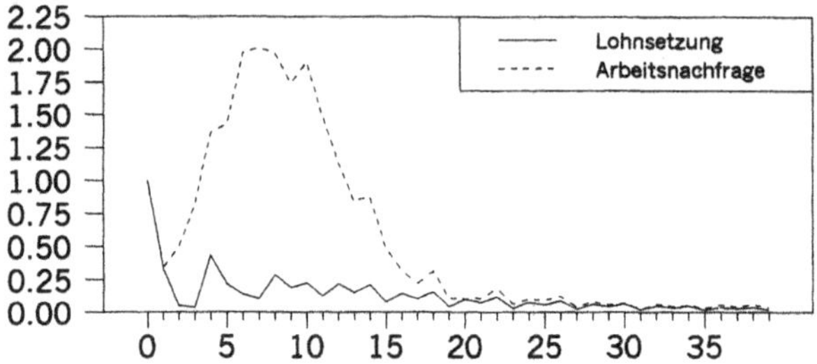

Abbildung 13.7: Modell D2: Persistenzprofile der Kointegrationsbeziehungen

	Absolvierte Anpassung in %	
Quartal	Lohnsetzung	Arbeitsnachfrage
4	18,4	13,4
8	34,4	47,8
12	50,7	76,7
Quelle: Eigene Berechnungen		

Tabelle 13.10: Modell D2: Persistenzprofile der Kointegrationsbeziehungen

Nach 20 Quartalen steht schließlich für die Lohnsetzungsbeziehung noch ein Viertel und für die Arbeitsnachfragebeziehung noch ein Zehntel der Anpassungen aus.

13.4 Zusammenfassung

In diesem Kapitel wurden zwei vierdimensionale VECM-Varianten für den westdeutschen Arbeitsmarkt spezifiziert.

- In Modell D1 wird eine deterministische Trendvariable in die Arbeitsnachfrage aufgenommen. Zwei ökonomisch plausible Langfristbeziehungen lassen sich finden: Eine Arbeitsnachfrage, die die Eigenschaften einer Cobb-Douglas-Funktion mit konstanten Skalenerträgen aufweist und eine plausible Lohnsetzungsgleichung. Die Simulation der ökonomischen Schocks in einem SVECM - identifiziert nach den theoretischen Restriktionen aus Kapitel 7 - weist jedoch fragwürdige Reaktionen auf den Technologie- und den Arbeitsangebotsschock auf.

- Modell D2 wählt eine Spezifikation ohne deterministische Trendvariable. Auch hier können eine ökonomisch plausible Arbeitsnachfragebeziehung und eine Lohnsetzungsbeziehung gefunden werden, beide ohne weitere Restriktionen auf den langfristigen Elastizitäten. Die Simulation der orthogonalen Schocks in diesem SVECM - wieder identifiziert nach den theoretischen Restriktionen aus Kapitel 7) - weist plausiblere, aber weiterhin fragwürdige Reaktionen auf den Technologieschock auf.

Welche Gemeinsamkeiten weisen die Modelle D1 und D2 auf?

(i) Der empirische Nachweis der stationären Arbeitsnachfragebeziehung bedeutet, dass keine Hystereeffekte im Sinne dieses Modells gefunden werden.

(ii) Die Lohnsetzungsbeziehungen weist eine Elastizität von 0,3 bis 0,4 in Bezug auf die Produktivität auf. Der Einfluss der Arbeitslosenquote ist mit einer Semi-Elastizität von $-\widehat{\gamma}_1 = -0,005$ in beiden Modellen ähnlich niedrig. Vor allem für den letzteren Einfluss der Arbeitslosenquote (der Outsider) finden frühere VECM-Schätzungen für Westdeutschland höhere Werte von etwa $-0,018$ bis $-0,0195$ (vgl. CARSTENSEN / HANSEN [2000], HANSEN [2000]). Weitere Schätzungen aus Eingleichungsmodelle finden z.T. noch höhere Werte mit $-0,049$ bzw. $-0,033$ (vgl. ALOGOSKOUFIS / MANNING [1988] bzw. BEAN / LAYARD / NICKEL [1986]). LAYARD / NICKEL / JACKMANN [1991] finden hier einen Wert von $-0,01$. [10]

(iii) Beide Modelle weisen plausible transitorische Anpassungsprozesse auf Arbeitsnachfrageschocks und Lohnsetzungsschocks auf: Hierbei ist nur beim Arbeitsnachfrageschock ein leicht prozyklisches Verhalten des Reallohns und der Beschäftigung festzustellen, ebenso wie ein nur temporärer Abbau der Arbeitslosigkeit. Geringe Unterschiede in diesen Anpassungen in Modell D1 und D2 dürften sich vor allem aus den unterschiedlichen Trendspezifikationen ergeben.

[10] Zur Umrechnung in vergleichbare Semi-Elastizitäten vgl. auch CARSTENSEN / HANSEN [2000, S. 483]

Welche Unterschiede weisen die Modelle D1 und D2 auf?

(i) Die unterschiedliche Trendspezifizierung führten zu deutlich unterschiedlichen Arbeitsnachfragebeziehungen. Im Modell D1 lässt sich erst nach Restringierung als Cobb-Douglas-Modell ($\eta_2 = 1$) mit konstanten Skalenerträgen eine grundsätzlich zufriedenstellende VECM-Spezifikation finden. Im Modell D2 hingegen findet sich eine Arbeitsnachfragebeziehung mit einer deutlich geringeren Ouputelastizität $\widehat{\eta}_1 = 0,287$ und einer Substitutionselastizität von $-\widehat{\eta}_2 = -0,721$.

(ii) Die orthogonalen Impuls-Antwort-Folgen erweisen sich nach Lockerung der identifizierenden Restriktionen im Modell D2 für den permanenten Arbeitsangebotsschock als plausibler. Dennoch bleiben die Reaktionen der Beschäftigung und der Arbeitslosenquote nach einem Technologieschock widersprüchlich.

(iii) Die Persistenzprofile für die Kointegrationsbeziehungen der beiden Modelle unterscheiden sich erheblich. Im Modell D2 erfolgt der Abbau von Abweichungen von der langfristigen Lohnsetzungsbeziehung deutlich träger. In der Arbeitsnachfragebeziehung hingegen erfolgt hier ein deutliches Überschießen. Auch die verallgemeinerten Impuls-Antwort-Folgen weisen z.T. deutliche Sensitivitäten auf. Dies zeigt vor allem, wie sensibel diese Konzepte auf Spezifikationsunterschiede im Trend reagieren können.

Schließlich sei darauf hingewiesen, dass Variationen in den langfristigen Elastizitäten vorliegen könnten. Hinweise auf ein Absinken des Einflusses der Produktivität auf die Lohnsetzung (bei unverändertem Einfluss der Outsider) bedürfen einer genaueren Strukturbruchuntersuchung.

Kapitel 14

Schlussbemerkungen und Ergebnisse

Ziel dieser Arbeit war es, die Anpassungsprozesse an verschiedenen Arbeitsmärkten mittels eines VECM zu untersuchen, vor allem unter Verwendung neuerer Konzepte der dynamischen Analyse. Abschließend sollen nun die wesentlichen Aspekte und Ergebnisse der Arbeit zusammengefasst und die einzelnen empirischen Länderresultate gegenübergestellt werden.

In Teil I wird zunächst der Begriff der Anpassungsanlayse abgegrenzt. Kapitel 2 verdeutlicht dazu, dass die Impuls-Response-Betrachtung im Zentrum dieser Arbeit steht. Der Anpassungsbedarf (Schock) wird definiert - und zwar als diejenige Fluktuation der makroökonomischen Variablen, die sich nicht durch das gegebene Strukturmodell erklären lässt - und klassifiziert. Der Begriff der Anpassungsfähigkeit wird an Kosten (Fluktuationen von Makrogrößen) und Geschwindigkeit der Anpassungen festgemacht; auf Schwächen dieser Operationalisierung wird hingewiesen. Kapitel 3 skizziert das typische Vorgehens des empirischen Makroökonomens, der an der quantitativen Erfassung des vorher zu definierenden Anpassungsbedarfs (Schocks) bzw. der Anpassungsprozesse und -fähigkeit interessiert ist. Dazu können zum einen Indikatoren herangezogen werden, die als Bestimmungsfaktoren für das Auftreten z.B. eines asymmetrischen Schocks bzw. die als Bestimmmungsfaktoren der Flexibilität angesehen werden; hiermit lassen sich aber nur indirekte Aussagen über das Schockauftreten bzw. über (die Güte) der Anpassungsprozesse treffen. Zum anderen werden jeweils einfache Möglichkeiten vorgestellt, den Anpassungsbedarf bzw. die Anpassungsprozesse und -fähigkeiten direkt aus den Fluktuationen von Makrovariablen zu quantifizieren.

In Teil II erfolgt mit den Kapiteln 4 und 5 eine methodische Einführung in die VAR-Analyse. Bei der Darstellung ist hervorzuheben, dass diese zum einen im besonderen Maße eine Einordnung der VAR-Modelle,-Repräsentationen und -Transformationen in die makröökonometrische Methodologie erlaubt. Zum anderen ermöglicht die klare Trennung in nicht-kointegrierte und kointegrierte VAR-Modelle die Vorteilhaftigkeit kointegrieter Ansätze für die dynamische Analyse herauszuarbeiten.

Daher können die folgenden Ergebnisse für die makroökonomische Analyse in VAR-Modellen festgehalten werden:

(i) Wie bekannt, aber hier besonders deutlich herausgestellt, kann das strukturelle VAR-Modell grundsätzlich als eine strukturelle Form eines dynamischen Mehrgleichungsmodells interpretiert werden; das unrestringierte VAR-Modell liefert dann die entsprechende reduzierte Form, und die strukturelle VMA-Repräsentation (orthogonale Impuls-Antwort-Folgen) stellt die finale Form (dynamischen Multiplikatore) bereit; die Abbildungen (4.2) und (5.1) fassen die parametrischen und inhaltlichen Zusammenhänge zwischen diesen Transformationen und Repräsentationen in knapper und übersichtlicher Form zusammen.

(ii) Anhand des nicht-kointegrierten Modells kann vereinfachend herausgearbeitet werden, dass das strukturelle VAR-Modell hinsichtlich des ökonomischen Gehalts als Interimsmodell zwischen dem zeitreihenanalytischen, unrestringierten VAR-Modell (i.S. von SIMS [1980]) und den vollständig spezifizierten makroökonometrischen Mehrgleichungsmodellen (i.S. der Cowles-Commisson) einzustufen ist.

(iii) Hiervon ausgehend wird in der vorliegenden Arbeit der Zusatznutzen kointegrierter Modelle für die Anpassungsanalyse vor allem an zwei Aspekten herausgehoben: Kointegrierte Modelle können zum einen als „ein Stück struktureller" angesehen werden, denn die Kointegrationsbeziehungen stellen zusätzliche strukturelle Informationen in Form längerfristig gültiger, ökonomischer Zusammenhänge zwischen den Makrovariablen bereit. Zum anderen nutzen sie eine natürliche Art der Beschreibung der Dynamik der Systemvariablen, nämlich diese explizit aus dem Zusammenspiel von „Push"-Kräften (Schocks / common-trends) und mittels der Kointegrationsbeziehungen von „Pull"-Kräften darzustellen.

(iv) Die Diskussion des Identifikationsproblems und der Identifikationsstrategien für das strukturelle Modell (und der orthogonalen Impuls-Antwort-Folgen) schließt sich der Meinung in der Literatur um die Vorteilhaftigkeit von Langfristrestriktionen an. Diese Langfristrestriktionen sind vor allem deshalb zu bevorzugen, weil sie sich auf das langfristige Verhalten des ökonomischen Systems stützen, über das die Wirtschaftstheorie eher nutzbare Aussagen liefert als über die kurzfristigen Systemreaktionen. Es wird zudem eine konkrete Identifikationsstrategie mittels Langfristrestriktionen für das strukturelle VECM und seine orthogonalen Impuls-Antwort-Folgen im Sinne von WARNE [1993], KING / STOCK / PLOSSER [1991] und FISHER / HUH / SUMMERS [2000] vorgestellt.

Anschließend werden in Kapitel 6 die verschiedenen Impuls-Antwort-Konzepte, die für eine Anpassungsanalyse im VECM genutzt werden können, verglichen. Die Besonderheit in dieser Arbeit ist, dass die unterschiedliche technische Behandlung der Störtermkorrelation genutzt wird, um als differenzierendes Merkmal die unterschiedlich zugrunde liegenden Schockkonzepte hervorzuheben:

(i) Die orthogonalen Impuls-Antwort-Folgen werden - aufgrund identifizierender Restriktionen - als Reaktionen auf ökonomische Schocks interpretiert. Aus Sicht eines Schockexperiments sollte eingewendet werden, dass ihre Aussagekraft an den begrenzten ökonomischen Gehalt der orthogonalen Schocks ε_t gebunden ist.

(ii) Die verallgemeinerten Impuls-Antwort-Folgen hingegen können als Reaktionen auf einen „realitätsnahen" Schock (einer systemtypischen Herausforderungen) interpretiert werden; denn sie zeigen die gesamten Anpassungen nach einem einzelnen Schock u_{it}, indem auch die indirekten, simultanen Schockeffekte über die Störgrößenkorrelationen in historisch typischer Weise eingehen. Dem Vorteil der Eindeutigkeit steht jedoch eine fehlende ökonomisch-strukturelle Interpretation der Störungen u_{it} gegenüber.

(iii) Die Persistenzprofile stellen die Systemreaktionen auf einen systemweiten Schock dar, in den die historisch beobachteten relativen Stärken der einzelnen Störungen u_{it} und ihre Korrelationen eingehen. Eine ökonomische Interpretation dieser systemweiten Schocks ist ebenfalls nicht möglich.

Anschließend werden in Teil III makroökonomische Arbeitsmarktmodelle diskutiert, die in ein VECM zur Anpassungsanalyse umgesetzt werden können. Geeignete Modelle hierzu sind in der Literatur rar, nicht zuletzt auch deshalb, weil die verschiedenen Anforderungen schwierig zu erfüllen sind: So sollte das ökonomische Modell nicht nur einzelne ökonomische Zusammenhänge zwischen integrierten Varibalen bereitstellen, die als Kointegrationsbeziehungen interpretiert werden können und sich auch als empirisch relevant erweisen. Vielmehr muss im gewählten Variablenset auch gewährleitet sein, dass bei mehreren Kointegrationsvektoren deren

Identifikation weiterhin möglich ist. Zusätzlich sollten sinnvolle Langfristrestriktionen angeboten werden, um orthogonale Impuls-Antwort-Folgen identifizieren zu können. Die diskutierten Modelle erfüllen diese Anforderungen. Darüberhinaus können die identifizierenden Langfristrestriktionen auf z.T. testbare Restriktionen auf den Kointegrationsparametern, wie den Elastizitäten der Lohnsetzungs- und Arbeitsnachfragegleichung, zurückgeführt werden.

Die Diskussion der Modelle erfolgt in der vorliegenden Arbeit in einem einheitlichen Rahmen. Mit Blick auf langfristige Schockwirkungen und mögliche langfristigen Restriktionen ist diese ausführlicher als in den Originalarbeiten. Dadurch kann gezeigt werden, dass vor allem das Modell von JACOBSEN / VREDIN / WARNE [1997, 1998] aus Kapitel 7 für die weitere empirische Analyse geeignet ist. Denn trotz eines einheitlichen Analyserahmens wird hier kein „one-size-fits-all"-Modell für die Anpassungsanalyse unterstellt. Vielmehr kann über unterschiedliche Lagordnungen im VECM einer länderspezifischen Dynamik flexibel Rechnung getragen werden und über die Kointegrationsparameter lassen sich länderspezifische Elastizitäten für die längerfristige Arbeitsnachfrage- und / oder Lohnsetzungsbeziehung berücksichtigen. Langfristig werden die Arbeitsmarktvariablen Produktivität, Arbeitslosenquote, Beschäftigung und Reallohn dabei grundsätzlich von einem Technologie- und einem Arbeitsangebotsschocks getrieben; ob ein weiterer permanenter Schock eine Rolle spielt, wird (landesspezifisch) davon abhängig gemacht, ob eine empirische stationäre Arbeitsnachfragebeziehung und / oder Lohnsetzungsbeziehung vorliegt.[1] Kritisch anzumerken ist, dass unter den schockidentifizierenden Restriktionensets diejenigen als problematisch anzusehen sind, die die Restriktion $\lambda = 1/\eta_1$ enthalten, da sich diese - wie im Anhang gezeigt wird - kaum ökonomisch begründen lässt.

Das Modell von HANSEN [1997] für eine offene Volkswirtschaft (Kapitel 8) bildet im Vergleich zu JACOBSEN / VREDIN / WARNE [1997, 1998] zusätzlich einen Konsumenten-Produzentenpreiskeil ab und kann so zwischen Produzenten- und Konsumentenreallohn unterscheiden. Die Diskussionen zeigen, dass die Endogenisierung des Preiskeils nur unvollständig erfolgt. Auch kann die Interpretation eines zusätzlich zugelassenen Schocks in Frage gestellt werden. Für beide Schwächen, die unvollständige Endogeniserung des Preiskeils und das Interpretationsproblem, werden in der vorliegenden Arbeit Ergänzungen vorgeschlagen, die eine exaktere Interpretation erlauben.

[1] Auf diese Weise werden Hystereseffekte = permanente Arbeitsnachfrageschocks und / oder permanente Lohnsetzungsschocks = Schocks auf die natürliche Arbeitslosenquote zugelassen.

Im Modell von CARSTENSEN / HANSEN [2000] aus Kapitel 9 wird ebenfalls zwischen Produzenten- und Konsumentenreallöhnen unterschieden. Die Differenz zwischen diesen beiden Reallöhnen wird jedoch nicht nur auf einen Preiskeil sondern zusätzlich auch durch eine staatliche Lohnnebenkostenkomponente erklärt. Die vorliegende Arbeit kann jedoch zeigen, dass die Unkorreliertheit der schließlich verwendeten ökonomischen Schocks, die als Orthogonalitätsrestriktion zu Identifikationszwecken benötigt wird, in der ökonomischen Modellstruktur nicht gegeben ist. Daher muss von einer Anwendung des orthogonalen Impuls-Antwort-Konzepts in diesem Modell Abstand genommen werden.

Die empirischen Untersuchungen auf Basis des Modells aus Kapitel 7 erfolgen dann in Teil IV.

Kapitel 10 beschäftigt sich zunächst mit der Verwendbarkeit von saisonbereinigten Daten für die dynamische Analyse im VECM. Diese Frage von grundsätzlicher Bedeutung gewinnt in vorliegender Arbeit an Gewicht, da für die gesamtwirtschaftliche Analyse von Anpassungsprozessen vor allem gesamtwirtschaftliche Quartalsdaten statt Jahresdaten verwendet werden sollten, um mögliche Informationsverluste durch zeitliche Aggregation zu vermeiden. Dass Quartalsdaten international überwiegend nur saisonbereinigt verfügbar sind, verschärft diese Problematik zusätzlich. Anhand der Literatur zeigt sich zunächst, dass die Saisonfilter der Praxis die Spezifikation des VECM z.T. erheblich beeinflussen können: So werden nach Behandlung Verzerrungen der Autokorrelationsstruktur -genauer: ein upwards-bias der geschätzten Koeffizienten der verzögerten Endogenen - festgestellt. In der Folge kann dies zu Verzerrungen von Nichtstationaritäts-Tests führen und zwar hin zur Nullhypothese der Nichtstationarität. Die typischerweise einzeln und zudem nicht einheitlich vorgenommene Bereinigung der Reihen beeinflusst ebenfalls die multivariaten Regressionsrechnungen. Ferner finden sich Hinweise darauf, dass die typischerweise nichtlinearen Filter sowohl zu scheinbaren Kointegrationsbeziehungen führen, als auch diese zerstören können. Zudem können Überdifferenzierungen, wie sie in gebräuchlichen Praxisfiltern auftreten können, die Anwendung von autoregressiven Modellen, wie dem VECM, grundsätzlich in Frage stellen.

Eine anschließende, vergleichende VECM-Spezifikation für einen (X11-ARIMA-) bereinigten und einen unbereinigten Datensatz bestätigt z.T. die genannten Wirkungen. So findet sich im saisonbereinigten Datensatz seltener eine Ablehnung der Nichtstationaritätshypothese. Auch die geschätzte Lagordnung reduziert sich deutlich. Beide Beobachtungen könnten auf eine Veränderung der Autokorrelationsstruktur durch das Saisonbereinigungsverfahren zurückzuführen sein. Vermutlich spielen aber auch störende Einflüsse der saisonalen Variation im unbereinigten Datensatz eine Rolle; denn die Einführung von deterministischen Saisonvariablen schafft hier z.T. Abhilfe und schärft die Ergebnisse. Eine einfache Kointegrationsanalyse erweist sich auf Basis des bereinigten Datensatzes schließlich nicht mehr als sinnvoll, hingegen führt sie im unbereinigten Datensatz zu plausiblen Ergebnissen. Insgesamt verstärkt die vergleichende Spezifikation die Skepsis gegenüber dem Einsatz von bereinigten Daten für die Anpassungsanalyse.

Hinsichtlich der zu verwendenden Datenbasis für eine dynamische VECM-Analyse ergeben sich einige praktische Schlussfolgerungen: (i) „.. *in more serious economic analysis the sole use of seasonal adjusted data should be avoided.*"(vgl. HYLLEBERG [1998, S. 168]); (ii) liegen gesamtwirtschaftliche Daten nur saisonbereinigt vor, so sollte auf einen Mix aus bereinigten und unbereinigten Daten verzichtet werden; (iii) als Ergänzung könnten geeignete, unbereinigte Proxyvariablen und Ersatzindikatoren anstelle der bereinigten Daten herangezogen werden.

Auf dieser Basis erfolgen in den Kapiteln 11 - 13 die Schätzung der Arbeitsmarktmodelle in Form kointegrierter VAR-Modelle nach JACOBSEN / VREDIN / WARNE [1997, 1998] für Großbritannien, die USA und Deutschland. Es werden je zwei Spezifikationen geschätzt, um jeweils relevante Sensitivitäten und Modellierungsprobleme zu überprüfen. Im Fall Großbritanniens wird z.B. im zweiten Modell eine (schwache) Kointegrationsbeziehung und eine Trendvariable fallengelassen. Die Spezifikationen für die USA unterscheiden sich in den zugrundeliegenden Datensätzen (neben einem aggregierten, aber bereinigten Datensatz wird zusätzlich ein mehr disaggregierter, aber saisonunbereinigter Proxy- Datensatz verwendet); in den Deutschland-Spezifikationen variiert die Trendmodellierung. Die gefundenen Modellspezifikationen sind in Tabelle 14.1 (Panel A) zusammengefasst. Insgesamt ist es gelungen, für jedes Land mindestens ein - für Deutschland und die USA sogar zwei alternative - Vektor-Fehlerkorrektur-Modelle zu spezifizieren, die signifikante und ökonomisch plausible Elastizitäten in den längerfristigen Arbeitsnachfrage- und Lohnsetzungsbeziehungen aufweisen. Die Ergebnisse, die sich in beiden Spezifikationen als robust erwiesen, wurden jeweils herausgearbeitet.

Ergebnisse zur Dynamik der Arbeitsmärkte

Auf den Länderschätzungen und den robusteren Ergebnissen aufbauend können nun zunächst einige vergleichende Resultate zu den Anpassungsprozessen auf den Arbeitsmärkten herausgearbeitet werden:

- Der Nachweis von längerfristigen Lohnsetzungsbeziehungen liefert Hinweise darauf, dass permanente Lohnsetzungsschocks in allen drei Ländern keine Rolle für die langfristige Entwicklung der Arbeitsmarktvariablen spielen. Hier liegt ein wesentlicher Unterschied zu den Schätzungen von JACOBSEN / VREDIN / WARNE [1997, 1998], die für die nordischen Länder permanente Lohnsetzungsschocks zusätzlich zu den stochastischen Technologie- und Arbeitsangebotstrends finden.

- Der Nachweis von längerfristigen Arbeitsnachfragebeziehungen für die USA und für Deutschland liefert Hinweise darauf, dass vor allem auch im letzteren Land keine Hystereseeffekte vorliegen. Lediglich im Modell GB1 lässt das Fehlen einer stationären, längerfristigen Arbeitnachfragebeziehung Hystereseeffekte zu; hier spielen jedoch vermutlich Einflüsse einer vernachlässigten Variablen in der Arbeitnachfrage und/oder Arbeitsmarktreformen eine Rolle.[2]

- Nach einem Nachfrageschock finden GAMBER / JOUTZ [1993b] und BALMASEDA et al. [2000] anhand von trivariaten nicht-kointegrierten SVAR-Modellen eine prozyklische Bewegung von Reallohn und Beschäftigung in den USA, und stellen dies als eine Besonderheit gegenüber anderen Ländern, wie u.a. Deutschland, heraus (vgl. BALSMASEDA et al. [2000]). Die VECM-Schätzungen der vorliegenden Arbeit bestätigen anhand der orthogonalen Impuls-Antwort-Folgen eines Arbeitsnachfrageschocks eine ausgeprägte, prozyklische Entwicklung (sowohl in USA1 als auch in USA2). Jedoch wird diese Zyklik in den hier vorliegenden Schätzungen auch für den deutschen Arbeitsmarkt (in D1 und D2) gefunden, wenn auch nicht in so ausgeprägter Form wie in den USA.[3]

[2] Der Befund, dass keine weiteren permanenten Schocks bzw. common trends gefunden werden, ist dadurch abzuschwächen, dass die Rangtests in dieser Arbeit nur eine eingeschränkte Aussagekraft besitzen. Die zufriedenstellende Spezifikation von Langfristbeziehungen lässt sich jedoch als Hinweis auf korrekte Rangannahmen deuten.

[3] Ähnlich prozyklische Entwicklungen von Reallohn und Beschäftigung in Folge eines Nachfrageschocks lassen sich auch bei JACOBSEN / VREDIN / WARNE [1998, S.85] für Schweden finden.

- Die orthogonalen Impuls-Antwort-Folgen zeigen in beiden Spezifikationen für die USA zügigere Anpassungsprozesse auf Arbeitsnachfrageschocks als auf Lohnsetzungsschocks. Für Deutschland hingegen lassen beide Spezifikationen eher gleichschnelle Anpassungsprozesse auf diese Schocks erkennen.

Anpassungsfähigkeit der Länder im Vergleich

Abschließlich kann versucht werden, die Anpassungsfähigkeit der Länder zusammenfassend zu quantifizieren. Bezieht man eine hohe Anpassungsfähigkeit auf geringe Kosten (z.B. geringe Änderungen der Arbeitslosenquote) und eine hohe Anpassungsgeschwindigkeit (vgl. hierzu S. 27), so könnte man diese Eigenschaft exemplarisch anhand von drei Kennziffern bündeln: mit zwei Maßen zur Reallohnrigidität und einem für die Anpassungsgeschwindigkeit der Langfristbeziehungen. Dass dabei die USA eher am oberen und Deutschland eher am unteren Ende eines Flexibilitätsrankings steht, ist mehr als eine Arbeitshypothese (vgl. z.B. BETTIO / ROSENBERG [1999]).

Tabelle 14.1 (Panel B - E) weist die Kennziffern aus, die sich direkt aus dem geschätzen VECM und den verschiedenen Impuls-Response-Folgen ergeben:

(i) Reallohnflexibilität I: Ein Standardmaß für die Reallohnrigidität ist die Elastizität des Reallohns in Bezug auf die Arbeitslosenquote aus der Lohnsetzungsgleichung (vgl. LAYARD / NICKEL / JACKMAN [1991], ANDERTON / MAYHEW [1994]). Je größer die Elastizität desto stärker reagiert der Reallohn auf Ungleichgewichte am Arbeitsmarkt und desto weniger gehen Schocks nach Abschluss aller Anpassungsprozesse zu Lasten der Beschäftigungssituation. Der Nachteil dieses Indikators ist, dass eine Hypothese bzgl. der Anpassungsprozesse formuliert wird, die Prozesse selbst werden nicht erfasst. Die Elastizitäten der Lohnsetzungsgleichungen zeigen die mit Abstand höchste Flexibilität in den USA und eine deutlich niedrigere in Deutschland (vgl. Teil B der Tabelle 14.1).[4] Andere Schätzungen von Eingleichungsmodellen finden z.T. eine umgekehrte Einschätzung an dieser Stelle (vgl. z.B. LAYARD / NICKEL / JACKMAN [1991, S. 406-407]; als Ursachen hierfür werden vernachlässigte Kointegrationseigenschaften genannt (vgl. BERTHOLD / THODE / FEHN[1999a], BARRELL / PAIN / YOUNG [1994]). Der Vorteil der Schätzungen in Tabelle 14.1 ist nicht nur, dass diese Kointegrationsaspekte nun berücksichtigt sind, zudem wird hier auch ein Systemschätzer (FIML) verwendet.

[4]Die Elastizität für Deutschland ergibt sich aus der niveauabhängigen Semi-Elastizität von $-0,005$ und einer durchschnittlichen Arbeitslosenquote im Untersuchungszeitraum von etwa 6%.

	GB1	GB2	D1	D2	USA1	USA2
	A. Empirische Modellspezifikation					
Fall I	Set 3		Set 4	Set 2	Set 3	Set 3
Fall II						
Fall III		Set 3				
	B. Reallohnrigidität I					
$-\gamma_1$	-0,064	-0,064	-0,03	-0,03	-0,322	-0,176
	C. Reallohnrigidität II					
RLR	-0,05	0,71	-2,27	-1,28	-0,34	-0,21
	D. Dynamik Lohngleichung ($PRN_{i,h}$)					
$h = 4$	45,3	45,3	34,9	18,4	73,5	34,6
$h = 12$	83,4	83,4	70,3	50,4	95,6	80,1
	E. Dynamik Arbeitsnachfrage ($PRN_{i,h}$)					
$h = 4$	78,2	-	37,1	13,4	53,6	85,8
$h = 12$	96,2	-	67,87	76,7	89,2	94,8

Anm.: Zu den Fällen und Sets siehe Tabellen (7.1) - (7.3).
Fall I: k=2 + Arbeitsnachfrage- + Lohnsetzungsgleichung,
Fall II: k=3 + Arbeitsnachfragegleichung,
Fall III: k=3 + Lohnsetzungsgleichung, $PRN_{i,h}$:Persistenzprofil.
Quelle: Eigene Berechnungen.

Tabelle 14.1: Anpassungsfähigkeiten im Vergleich

(ii) Reallohnflexibilität II: In der strukturellen VAR-Methodologie wird ein weiteres Maß der Reallohnrigidität vorgeschlagen (vgl. BALMASEDA et al. [2000], BERTHOLD / THODE / FEHN [1999a]). Diese Kennziffer erfasst nicht nur den direkten Elastizitätszusammenhang zwischen Reallohn und Arbeitslosenquote, sie berücksichtigt nun auch den gesamten Anpassungsprozess nach einem Schock. In Anlehnung an BALMASEDA et al. [2000, S. 19] wird hier der Kehrwert der relativen Langfristwirkungen der Reallöhne und der Arbeitslosenquote auf einen Technologieschock verwendet:[5]

$$\left[\lim_{h\to\infty} \frac{\partial wp_{t+h}/\partial\varepsilon_{1t}}{\partial ur_{t+h}/\partial\varepsilon_{1t}}\right]^{-1} = \left[\frac{\phi^*_{wp,1}(1)}{\phi^*_{ur,1}(1)}\right]^{-1} = RLR$$

[5] BALMASEDA et al. [2000, S. 19] verwenden anstelle von $\partial ur_{t+h}/\partial\varepsilon_{1t}$ den Ausdruck $\partial\sum_o^\infty \partial ur_{t+h}/\partial\varepsilon_{1t}$, da sie eine stationäre Arbeitslosenquote unterstellen.

Je absolut größer dieses Maß ist, desto größer ist auch die Reallohnrigidität. Auch hiermit zeigt eine höhere Rigidität für Deutschland im Vergleich zu den USA an (vgl. Tabelle 14.1, Panel C). Dieses Resultat deckt sich mit den Ergebnissen in BALMASEDA [2000, Tabelle 4]; in BERTHOLD et al [1999a] tritt es weniger stark zu Tage als hier.[6] Die Angaben für GB1 und GB2 sind wenig aussagekräftig; die orthogonalen Impuls-Antwort-Folgen auf einen Technologieschock sind mit Interpretationsproblemen behaftet (vgl. Kapitel 11).

(iii) Anpassungsgeschwindigkeit: Um eine Aussage über die Anpassungsgeschwindigkeit zu erhalten, können die Persistenzprofile für die Kointegrationsbeziehungen verwendet werden. Dieses Schockexperiment simuliert einen historischen, systemweiten Schock auf die Lohnsetzungs- bzw. die Arbeitsnachfragebeziehung, jeweils in normierter Höhe von 1. Die absolvierten Anpassungen für 4 und 12 Quartale liefern eindeutige Ergebnisse (vgl. Tabelle 14.1, Panel D-E): Die Schätzungen weisen für Deutschland einen deutlich langsameren Abbau von Ungleichgewichten in den Langfristbeziehungen auf als für die USA, und zwar sowohl in der Lohnsetzung- als auch in der Arbeitsnachfragebeziehung. Der Abbau des systemweiten Schocks in der Lohnsetzungsbeziehung Großbritanniens erfolgt ebenfalls zügig.

Insgesamt zeigen die verschiedenen Kennziffern die erwartete höhere Anpassungsfähigkeit der USA deutlich an. Diese abschließenden Anwendungen zeigen noch einmal, wie das kointegrierte VAR-Modell mit seinen Kointegrationsparametern und den verschiedenen Impuls-Antwort-Folgen für eine Anpassungsanalyse genutzt werden kann. Dabei liefern die Resultate anhand des hier vierdimensionalen, kointegrierten VAR-Modells ein deutlicheres Flexibilitätsranking für die USA und Deutschland als bisherige Studien.

[6] BALMASEDA et al. [2000, S. 20] schätzen in nicht-kointegrierten, bivariaten (trivariaten) SVAR-Modellen Werte in Höhe von -1,74 (-1,29) für Deutschland und -0,75 (-0,8) für die USA. BERTHOLD et al. [1999a, S. 7] finden in bivariaten SVAR-Modellen mit der Arbeitslosenquote als Niveauvariable Werte von -1,208 für die USA und -1,73 für Deutschland; in SVAR-Modellen mit der Arbeitslosenquote in ersten Differenzen kehren sich hingegen die Ergebnisse um (- 0,92 und -0,812).

Anhang A: Technischer Anhang

AI: Ermittlung von $\beta_\perp$ und δ

Die Identifikation des strukturellen, kointegrierten Modells benötigt die Matrizen $\beta_\perp$ und δ (vgl. Unterabschnitt 5.3.2). Dieser Anhang demonstriert exemplarisch anhand des Modells USA1 wie diese bestimmt werden können.

Ermittlung von $\beta_\perp$

Die Matrix $\beta_\perp$ wird in Abhängigkeit der schätzbaren Kointegrationsmatrix β und der identifizierenden ökonomischen Langfristrestriktionen in F von $\phi^*(1)$ festgelegt (vgl. KING / PLOSSER / STOCK /WATSON [1991], WARNE [1993]). D.h. $\beta_\perp$ soll so bestimmt werde, dass

$$\beta'\beta_\perp = 0 \text{ und } F = \beta_\perp \varkappa$$

erfüllt sind, mit $\varkappa$ als untere Dreiecksmatrix. In F sollen dabei die Langfristrestriktionen (z.B. Nullrestriktionen) zur Identifkation der permanenten Schocks entstehen.

Die ökonometrische Analyse des Modells USA1 gibt dazu die folgende Restriktionen für β vor: Die Kointegrationsanalyse liefert 2 Kointegrationsbeziehungen (vgl. $\widehat{\beta}'_{(IV)}$, Tabelle 12.4). Für $z_t = \begin{bmatrix} prod_t & ur_t & wp_t & e_t \end{bmatrix}'$ enthält die erste Spalte von β $(= \beta_{(IV)})$ die Strukturparameter der Lohngleichung, die zweite Spalte liefert eine Arbeitsnachfragebeziehung

$$\beta = \begin{bmatrix} \beta_{11} & 1 \\ \beta_{21} & 0 \\ 1 & \beta_{32} \\ 0 & 0 \end{bmatrix}.$$

Diese so restringierte Kointegrationsmatrix entspricht dem Set 3 ($\lambda = \eta_1 = 1$) aus Tabelle 7.1 der ökonomischen Analyse.[7] Die dort ermittelten impliziten Langfristrestriktionen auf $\phi^*(1)$ bzw. F für die permanten Schockwirkungen auf $z_t = \begin{bmatrix} prod_t & ur_t & wp_t & e_t \end{bmatrix}'$ lauten:

$$F = \begin{bmatrix} F_{11} & 0 \\ F_{21} & 0 \\ F_{31} & 0 \\ F_{41} & F_{42} \end{bmatrix}$$

Eine einfache Lösung für $\beta_\perp$, die zunächst $F = \beta_\perp \mu$ erfüllt, ist $\beta_{\perp 42} = \beta_{\perp 31} = 1$, $\beta_{\perp 12} = \beta_{\perp 22} = \beta_{\perp 32} = \beta_{\perp 41} = 0:$

$$\begin{bmatrix} F_{11} & 0 \\ F_{21} & 0 \\ F_{31} & 0 \\ F_{41} & F_{42} \end{bmatrix} = \begin{bmatrix} \beta_{\perp 11} & 0 \\ \beta_{\perp 21} & 0 \\ 1 & 0 \\ 0 & 1 \end{bmatrix} \begin{bmatrix} \varkappa_{11} & 0 \\ \varkappa_{22} & \varkappa_{22} \end{bmatrix}$$

Die Bedingung $\beta' \beta_\perp = 0$ liefert dann 2 Gleichung für $\beta_{\perp 11}$ und $\beta_{\perp 12}$

$$\begin{aligned} \beta_{11}\beta_{\perp 11} + \beta_{21}\beta_{\perp 21} + \beta_{\perp 31} &= 0 \\ \beta_{\perp 11} + \beta_{32}\beta_{\perp 31} &= 0. \end{aligned}$$

Damit ergibt sich $\beta_{\perp 11} = -\beta_{32}$ und $\beta_{\perp 21} = (\beta_{11}\beta_{32} - 1)/\beta_{21}$ und so $\beta_\perp$:

$$\beta_\perp = \begin{bmatrix} -\beta_{32} & 0 \\ \frac{\beta_{11}\beta_{32}-1}{\beta_{21}} & 0 \\ 1 & 0 \\ 0 & 1 \end{bmatrix}.$$

Ähnlich gehen KING et al [1991] und CARSTENSEN / HANSEN [1997] vor. Zurückgehend auf WARNE [1990, 1993] verwenden HANSEN / WARNE [1997] einen Algorithmus zur Festlegung von $\beta_\perp$, der darauf beruht, dass zunächst $\beta_\perp$ mit den k-Zeilen einer Einheitsmatrix gefüllt werden (bzw. legen k-Zeilen der Einheitsmatrix in die n Zeilen, ohne dass diese zusammenstehen müssen). Dies ist letztlich in der

---

[7] Die in $\beta_{(IV)}$ empirisch bestätigte Restriktion $\gamma_1 = -\gamma_2$ (also: $\beta_{11} = -\beta_{21}$) führen wir hier nicht explizit ein, da sie die ökonomischen Langfristrestriktionen, wie sie in Tabelle 7.1 wiedergegeben sind, nicht beeinflusst.

obigen „Handrechnung" ebenfalls geschehen. Die übrigen $\beta_\perp$–Elemente lassen sich dann mit Hilfe des resultierenden Gleichungssystems exakt bestimmen.[8]

Ermittung von δ

Um die strukturellen transitorischen Schocks vollständig zu identifizieren, benötigt man noch $r(r-1)/2 = 2(2-1) = 1$ Restriktion auf das kurzfristige Systemverhalten. Wir legen dazu eine Nullrestriktion auf die 4×2-Impact-Matrix der transitorischen Schocks $(G^{t\prime})^{-1}$, also auf die 2 letzten Spalten von $(B_0)^{-1}$. Eine solche ökonomische Restriktion ist z.B., dass die Arbeitsnachfrage im Impulsmoment nicht auf einen transitorischen Lohnsetzungsschocks reagiert, d.h. die Matrix $(G^{t\prime})^{-1}$ besitzt ein Nullelement an der Stelle $(4,1)$. Dieses kann der Matrix auferlegt werden, indem in

$$\begin{aligned}(G^{t\prime})^{-1} &= \alpha\delta(\gamma')^{-1}\\ \begin{bmatrix} \widetilde{g}_{11} & \widetilde{g}_{12}\\ \widetilde{g}_{21} & \widetilde{g}_{22}\\ \widetilde{g}_{31} & \widetilde{g}_{32}\\ 0 & \widetilde{g}_{42}\end{bmatrix} &= \begin{bmatrix} \alpha_{11} & \alpha_{12}\\ \alpha_{21} & \alpha_{22}\\ \alpha_{31} & \alpha_{32}\\ \alpha_{41} & \alpha_{42}\end{bmatrix} \begin{bmatrix} \delta_{11} & \delta_{12}\\ \delta_{21} & \delta_{22}\end{bmatrix} \begin{bmatrix} \widetilde{\gamma}_{11} & \widetilde{\gamma}_{12}\\ 0 & \widetilde{\gamma}_{22}\end{bmatrix},\end{aligned}$$

die Matrix δ geeignet gewählt wird (vgl. Unterabschnitt 5.3.2, Gleichung (5.24)). Dies ist z.B. der Fall, wenn das Produkt der 4. Zeile von α und der 1. Spalte von δ gerade Null ist:

$$\alpha_{41}\delta_{11} + \alpha_{42}\delta_{21} = 0.$$

Eine Lösung ist z.B. $\delta_{11} = -1, \delta_{21} = \frac{\alpha_{41}}{\alpha_{42}}$. Füllt man δ auf mit 0 und 1 lautet eine konkrete Matrix δ, die die gewünschte Nullrestriktion auf die kontemporären Schockwirkungen implementiert:

$$\delta = \begin{bmatrix} -1 & 0\\ \frac{\alpha_{41}}{\alpha_{42}} & 1\end{bmatrix}.$$

Die noch unbekannte Matrix γ kann dann aus einer Choleski-Zerlegung von $\gamma\gamma' = \delta'\alpha'\Sigma_u^{-1}\alpha\delta$ bestimmen.

[8] Die Algorithmen sind aus dem Programmcode des Papiers von HANSE / WARNE [1997] ersichtlich, der unter http://www.riksbank.com/upload/3624/ctmodel.zip verfügbar ist. Die Anwendung dieses Algorithmus auf den hier behandelten Fall führte zu einer numerisch identischen $\beta_\perp$–Matrix, wie die hier ermittelte.

AII: Modelllösungen

Die Lösung mit $z_t = \left[\begin{array}{ccccc} prod_t & UR_t & e_t & wp_t^c & wp_t \end{array} \right]'$ aus Kapitel 8 lautet[9]

$$B^{-1}\theta_t \;=$$

$$\frac{1}{\det(B)} \begin{bmatrix} (1-\delta)(1-\eta_1)(1+\gamma_1\pi)+\gamma_1\eta_2 \\ (1-\delta)(\gamma_2\pi(1-\eta_1)-\eta_1)+\eta_2(\delta+\gamma_2) \\ (1+\gamma_1\pi)(\eta_1(1-\delta)+\delta\eta_2)+\gamma_2\eta_2) \\ (1-\delta)(\eta_1(\gamma_1-\gamma_2)+\gamma_2)+\gamma_1\eta_2\delta \\ (1-\eta_1)(\gamma_2-\delta(1+\gamma_1\pi))+\eta_1\gamma_1 \end{bmatrix} \theta_{1t}$$

$$+\frac{1}{\det(B)} \begin{bmatrix} \eta_2\gamma_1(\lambda-1) \\ (1-\delta)(1-\eta_1\lambda)+(1-\lambda)\eta_2(\delta-\gamma_2) \\ \eta_2\gamma_1 \\ -\gamma_1((1-\delta)(1-\eta_1\lambda)+(1-\lambda)(\delta\eta_2)) \\ (\eta_1\lambda-1)\gamma_1 \end{bmatrix} \theta_{2t}$$

$$+\frac{1}{\det(B)} \begin{bmatrix} -(1-\delta)(1-\lambda)(1+\gamma_1\pi) \\ -(1-\delta)(1+(1-\lambda)\gamma_2\pi) \\ (1-\delta)(1+\gamma_1\pi) \\ (1-\delta)(\gamma_1-\gamma_2(1-\lambda)) \\ (1-\lambda)(\delta(1+\gamma_1\pi)+\gamma_2)+\gamma_1 \end{bmatrix} \theta_{3t}$$

$$+\frac{1}{\det(B)} \begin{bmatrix} (1-\lambda)\,\eta_2 \\ \eta_2+\pi((1-\delta)(1-\eta_1\lambda)+\delta\eta_2(1-\lambda)) \\ -\eta_2 \\ (1-\delta)(1-\eta_1\lambda)+\delta\eta_2(1-\lambda) \\ 1-\eta_1\lambda \end{bmatrix} \theta_{4t}$$

$$+\frac{1}{\det(B)} \begin{bmatrix} \eta_2(1-\lambda)(1+\gamma_1\pi)) \\ \eta_2(1+\gamma_2\pi(1-\lambda)) \\ -\eta_2(1+\gamma_1\pi) \\ -\eta_2(\gamma_1-\gamma_2(1-\lambda)) \\ (1+\gamma_1\pi)(1-\eta_1\lambda) \end{bmatrix} \theta_{5t}$$

[9]Unterschiede zu der in HANSEN / WARNE [1997] unvollständig angegebenen Lösung resultieren aus der allgemeineren Modellstruktur.

Die Lösung mit $z_t = \begin{bmatrix} prod_t & UR_t & e_t & wp_t^{c,n} & wp_t^b \end{bmatrix}'$ aus Kapitel 9 lautet:

$$B^{-1}\theta_t =$$

$$\frac{1}{det(B)} \begin{bmatrix} (1+\gamma_1\pi)(1-\eta_1-\delta_2\eta_2)+\gamma_1\eta_2 \\ \gamma_2\pi(1-\eta_1-\delta_2)+\eta_2(\gamma_2-\delta_1)-\eta_2 \\ (1+\gamma_1\pi)(\eta_1+\delta_1\eta_2)-\gamma_2\eta_2 \\ \gamma_1(\eta_1+\delta_1\eta_2)-\gamma_2(\delta_2\eta_2+\eta_1-1) \\ (1+\gamma_1\pi)(\delta_2\eta_1+\delta_1(1\text{-}\eta_1))+\gamma_2(\eta_1\text{-}1)+\gamma_1\eta_1 \end{bmatrix} \theta_{1t}$$

$$+\frac{1}{det(B)} \begin{bmatrix} \eta_2\gamma_1\,(\lambda-1) \\ \eta_2[(1-\lambda)(\delta_1-\gamma_2)-\delta_2]+(1-\eta_1\lambda) \\ \gamma_1\eta_2 \\ \gamma_1[(\eta_1\lambda-1)+\eta_2(\delta_2-\delta_1(1-\lambda)] \\ \gamma_1(\eta_1\lambda-1) \end{bmatrix} \theta_{2t}$$

$$+\frac{1}{det(B)} \begin{bmatrix} (\lambda-1)(1+\gamma_1\pi) \\ \gamma_2\pi(\lambda-1)-1 \\ 1+\gamma_1\pi \\ \gamma_1+\gamma_2(\lambda-1) \\ (1+\gamma_1\pi)(\delta_2(1-\lambda)\delta_1-\delta_2)-(1-\lambda)\gamma_2+\gamma_1 \end{bmatrix} \theta_{3t}$$

$$+\frac{1}{det(B)} \begin{bmatrix} (\lambda-1)\,\eta_2 \\ \pi(\eta_2(\delta_1\text{-}\delta_2\text{-}\delta_1\lambda)+1\text{-}\eta_1\lambda)+\eta_2 \\ -\eta_2 \\ \eta_2(\delta_1(1\text{-}\lambda)\text{-}\delta_2+(1\text{-}\eta_1\lambda) \\ 1\text{-}\eta_1\lambda \end{bmatrix} \theta_{4t}$$

$$+\frac{1}{det(B)} \begin{bmatrix} \eta_2(\lambda\text{-}1)(1+\gamma_1\pi) \\ \eta_2(1+\gamma_2\pi(1\text{-}\lambda)) \\ -\eta_2(1+\gamma_1\pi) \\ \eta_2(\gamma_2(1\text{-}\lambda)\text{-}\gamma_1) \\ (1+\gamma_1\pi)(1\text{-}\eta_1\lambda) \end{bmatrix} \theta_{5t},$$

AIII: Zur Spezifikation und Schätzung

Um das VECM (System (5.1) in Unterabschnitt 5.2.1) und die Impuls-Antwort-Folgen aus Kapitel 6 zu schätzen, wird wie folgt vorgegangen.[10]

1. Pretests

a) Nichtstationarität

Der Integrationsgrad wird mit einem ADF-Test (vgl. DICKEY / FULLER [1979]) überprüft. Anhand der KQ-Schätzung von

$$\Delta x_t = \alpha_0 + \alpha_1 t + (\rho - 1)x_{t-1} + \sum_{i=1}^{q} \gamma_i \Delta x_{t-i} + v_t$$

wird einseitig unter der Nullhypothese $\rho - 1 = 0$ getestet, ob x_t nichtstationär ist. Die Laglänge q wird so gewählt, dass die Residuen v_t autokorrelationsfrei sind, was anhand des univariaten LM-Tests auf Autokorrelation vierter Ordnung ($AK(4)$) überprüft wird.[11] Gegebenenfalls wird einen KPSS-Test hinzugezogen (vgl. KWIATKOWSKI / PHILLIPS / SCHMIDT / SHIN [1992])[12]

b) Lagordnung $\widehat{p}$

Die Lagordnung p bestimmt entscheidend die Dynamik eines autoregressiven Modells. Zur Festlegung schätzen wir das unrestringierte VAR-Modell in den Niveauvariablen

$$A(L)z_t = a + \Theta t + \Psi S_t + u_t \tag{14.1}$$

mit einer Konstanten, einer deterministischen Trendvariablen t und den Saisondummies S_t mit einem SUR-Schätzer.[13] Für alternative p werden das Akaike-(AIC), das Schwarz- (BIC-) und das Hannan-Quinn- Kriterium (HQC) berechnet (vgl. z.B. GONZALO / PITARAKIS [1999]): Ausgehend vom allgemeinen Informationskriterium IC

$$\begin{aligned} IC(p) &= \ln|\widehat{\Sigma}_u(p)| + \frac{c}{T} \cdot m \\ \text{mit } m &= pn^2 \end{aligned}$$

---

[10] Geschätzte Parameter werden indiziert mit $\widehat{\ }$.

[11] Die Laglänge q wird sukzessive erhöht bis die Hypothese der Autokorrelationsfreiheit auf strengem 20 % Niveau nicht mehr verworfen wird. Diese Laglänge q und das marginale Signifikanzniveau P des univariaten LM-Tests werden dokumentiert.

[12] Im Gegensatz zum ADF-Test formuliert der KPSS-Test die Stationarität unter der Nullhypothese. Zudem kommt einmalig der Sargan-Bargava-Test zur Anwendung (siehe hierzu Kapitel 10.3).

[13] Zur Notwendigkeit der Niveauschätzung vgl. u.a. HAMILTON [1994, S.651 ff.].

mit $\hat{\Sigma}_u(p)$, der geschätzen Varianz-Kovarianz-Matrix des Modells (14.1) und mit m als der Anzahl der geschätzten Parameter. Der Korrekturfaktor c ist im Falle des AIC konstant bei 2, im Falle des BIC bzw. HQC mit $\ln(T)$ bzw. $2\ln(\ln(T))$ abhängig vom Stichprobenumfang festgelegt. Entschieden wird sich für diejenige Laglänge $\widehat{p}$ mit dem kleinsten Wert des jeweiligen Kriteriums.

- *EXKURS: 4 Anmerkungen zur Schätzung von p*

  Eine Fehlspezifikation von p kann die Schätzgenauigkeit der Impuls-Antwort-Folgen beeinflussen und zu inkonsistenten Schätzungen führen (vgl. LÜTKEPOHL [1993, S. 118 ff], BRAUN / MITTNIK [1993]).

  Dabei wird eine Überspezifikation - also eine zu groß gewählte Lagordnung - in der angewandten VAR-Literatur als weniger problematisch erachtet und z.T. empfohlen, z.B. um die Störgrößen autokorrelationsfrei zu halten. In kleinen Stichproben jedoch birgt dies für die Anpassungsanalyse die Gefahr, dass mit dem einhergehenden Verlust an Freiheitsgraden sich die Prognosegenauigkeit und auch die Schätzgenauigkeit der Impuls-Antwort-Folgen reduziert (vgl. LÜTKEPOHL [1993, S. 118 ff]).

  Aus diesem Grund kann sogar eine leichte Unterspezifikation für die Impuls-Anwort-Analyse vorteilhaft sein.[14] *Insgesamt wird in der Literatur jedoch eine zu klein gewählte Lagordnung als schwerwiegendere Fehlspezifikation erachtet (vgl. z.B. IVANOV / KILIAN [2000], GONZALO / PITARAKIS [1999]).*

  Die Kriterien können zu unterschiedlichen Empfehlungen kommen, wobei für $T \geq 16$ *gilt:* $\widehat{p}(AIC) \geq \widehat{p}(HQC) \geq \widehat{p}(BIC)$. *Das BIC und das HQC bestimmen die Laglänge im Gegensatz zum AIC konsistent. In kleinen Stichproben, so zeigt LÜTKEPOHL [1993, S. 130ff], ist das AIC bei der Bestimmung der wahren Lagordnung überlegen; das BIC unterschätzt die wahre Laglänge leicht. IVANOV / KILIAN [2000] hingegen finden, dass für Quartalsdaten mit* $T < 120$ *das BIC zu bevorzugen ist.*

  Insgesamt wird sich in dieser Arbeit daher vorrangig auf das BIC und das AIC gestützt.

---

[14] IVANOV / KILIAN [2000] finden Hinweise dafür, dass eine zu kleine Lagordung für die Schätzung der Impuls-Antwort-Folgen ϕ_h nur eingeschränkt - in kleinen Stichproben für lange Horizonte h - hilfreich ist: „*Although a certain degree of parsimony appears to be helpful for small sample sizes, especially at very long horizons, it tends to be harmful for short horizons regardless of sample sizes and for all horizons as the sample size increases.*" (a.a.O., S. 15).

2. VECM-Analyse

a) Rang $\widehat{r}$

Die ökonomische Theorie stellt mögliche Kontegrationsbeziehungen bereit. Die empirische Anzahl der Kointegrationsbeziehungen $\widehat{r}$ wird bei gegebenen $\widehat{p}$ empirisch anhand des Rangs der Matrix $\widehat{\Pi}$ bestimmt. Das VECM aus Gleichung (5.1) wird um deterministische Komponenten ergänzt und mit dem gängigen Johansen-Verfahren geschätzt. Anschließend erfolgen Tests bzgl. des Rangs mit dem $\lambda max-$ und dem $\lambda trace-$ Test (vgl. z.B. JOHANSEN [1995]).

- *EXKURS: 4 Anmerkungen zu den Rangtests*

  Es ist zu beachten, dass die asymptotischen Verteilungen der Rangteststatistiken u.a. von den deterministischen Spezifikationen (Konstante, deterministischer Trend, Dummy-Variablen) abhängt; für Konstanten- und Trendspezifikationen sind unterschiedliche kritische Werte tabuliert[15]. *Werden weitere datenspezifische Dummy-Variablen benötigt, um vor allem das weiße Rauschen u_t sicherzustellen, kann dies die asymptotischen kritischen Werte der Rangtests beeinflussen.*[16]

  Zirkularitätsproblem 1: Aufgrund dieser Abhängigkeiten müssten die geeignete Konstanten- / Trend- und Rangspezifikation letztlich simultan festgelegt werden.

  Zirkularitätsproblem 2: Ferner weist die empirische Literatur auf die mangelnde Robustheit der Rangtests bezüglich der Lagordnung hin; auch dies erfordert eigentlich eine simultane Festlegung.[17]

  Zahlreiche Studien untersuchen die Rangtesteigenschaften.[18] *CHEUNG / LAI [1993] haben u.a. gezeigt, (i) dass der Trace-Test robuster ist gegen eine Verletzung der Normalverteilungsannahme in den Störgrößen und, (ii) dass das*

[15] Zu den gebräuchlichen deterministischen Spezifikationen sind gebräuchlich vgl. hierzu genauer z.B. JOHANSEN [1995a], HANSEN / JUSELIUS [1995], HARRIS [1995], LÜTKEPOHL [1999a, b]). In diesem Zusammenhang sprechen wir von einem *restringierten Trend*, wenn eine deterministische Trendvariable nicht in die Differenzenterme sondern nur in den Kointegrationsraum aufgenommen wird. Damit wird ein quadratischer Trend in den I(1)-Niveauvariablen ausgeschlossen. Eine Konstant in den Differenzen fungiert ebenfalls als Trend in den Niveaus (Driftterm).

[16] Für Modelle mit weiteren Dummy-Variablen müssen neue kritischen Werte simuliert werden. Vgl. hierzu JOHANSEN / NIELSEN [1993].

[17] Vgl. hierzu z.B. CHAO / PHILLIPS [1999].

[18] Vgl. hierzu z.B. MADDALA / KIM [1998, S. 214 ff.] und OXLEY / MCALEER [1999].

Johansen-Verfahren bei kleinem T zu einer häufigeren Ablehnung der wahren Nullhypothese und somit zur Überschätzung des Rangs führt - und zwar umso stärker, je größer n und p sind. Sie schlagen daher vor, die kritischen Werte mit $\frac{T}{T-np}$ *anzupassen.*[19]

Eine Fehlspezifikation des Rangs beeinflusst die Schötzung der Impuls-Antwort-Folgen. PHILLIPS [1998, S. 45] zeigt für kointegrierte VAR-Modelle, dass in diesem Fall die geschätzten Impuls-Antwort-Folgen inkonsistent für große Prognosehorizonte sind und gegen eine Zufallsmatrix - anstatt gegen den wahren Wert - konvergieren. Wird r korrekt bestimmt (oder konsistent geschätzt), dann sind auch die Impuls-Antwort-Folgen konsistent.[20][21]

b) Kointegrationsanalyse

Misspezifikationtests

$\widehat{p}$, $\widehat{r}$ und die deterministische Spezifikation (Konstanten, deterministische Trend, Saisondummys, weitere Dummy-Variablen) sollten für eine statistisch zufriedenstellende Spezifikation sorgen. Diese wird überprüft mittels multivariater LM-Tests auf Freiheit von Autokorrelation erster und vierter Ordnung und eines multivariaten Normalverteilungtests nach DORNIK / HANSEN [1994]. Weitere Tests erfolgen, wenn Hinweise auf weitere schwere Verletzungen von Störgrößenannahmen zu vermuten sind (z.B. Strukturbruchtests).

Identifkation der Langfristbeziehungen β

Mit dem reduzierten Rang $\widehat{r}$ können dann mit dem Johansen-Verfahren erste Schätzungen für α und β ermittelt werden. Zur ökonomischen Identifikation der Kointegrationsbeziehungen werden gerade identifizierende Restriktionen aus der ökonomischen Theorie auf diese Vektoren gelegt. Ob diese geeignet sind, wird anhand der Veränderung der Misspezifikationstests und der ökonomischen Plausibilität der frei geschätzten Kointegrationsparameter beurteilt.

---

[19] Eine alternative Anpassung schlägt REIMERS [1992] vor.

[20] MITCHELL [2000] demonstriert an einer Variante des Modells von GARRATT et al. [2000, 2001] wie sensitiv die Impuls-Antwort-Folgen auf die Vernachlässigung der Kointegrationsbeziehungen reagieren.

[21] Aus der empirischen Prognoseliteratur ist die Vorteilhaftigkeit der expliziten Berücksichtigung von Kointegrationsbeziehungen im längerfristigen Prognosehorizont bekannt (vgl. hierzu FAULT / PAQUET / ZIMMERMANN [1999]).

Überidentifizierende Restriktionen bzgl. β und abschließende Residuenanalyse

Überidentifizierende Restriktionen auf β,die vor allem aus der ökonomischen Theorie stammen, können mit einem χ^2–Tests überprüft. Die Restriktionen werden schrittweise auferlegt, solange die Hypothesen insgesamt nicht abgelehnt werden, die Misspezifikationtests dies zulassen und die Schätzungen einer ökonomischen Plausibilitätsüberprüfung standhalten. Abschließend wird die Signifikanz der Ladungskoeffizienten überprüft, um mögliche schwach exogene Variablen zu bestimmen.[22]

3. Anpassungsanalyse

Das so spezifizierte VECM liefert Schätzungen für $\alpha, \beta, \Pi, \Gamma_i$ und Σ_u. Für die in Kapitel 6 diskutierten Konzepte werden die geschätzten kumulierten *nicht-orthogonalen* Impuls-Antwort-Folgen ($\widehat{\Upsilon}_i, \widehat{\Upsilon}_\infty = \phi(1)$) aus der VMA-Repräsentation in Niveauvariablen benötigt und wie folgt ermittelt.[23]

a) Nicht-orthogonale Impuls-Antwort-Folgen

Aus den Schätzungen der VECM-Parameter für $\widehat{\Pi} = \widehat{\alpha}\widehat{\beta}'$,mit $\widehat{\beta}'$ als der restringierten Kontegrationsmatrix, und $\widehat{\Gamma}_i$ kann mit Gleichungssystem (5.2) auf A_i des unrestringierte VAR-Modells zurückgeschlossen werden:

$$\begin{aligned}\widehat{A}_0 &= I,\ \widehat{A}_1 = \widehat{\Pi} + \widehat{\Gamma}_1 + I,\ \widehat{A}_p = -\widehat{\Gamma}_{p-1},\\ \widehat{A}_i &= \widehat{\Gamma}_i - \widehat{\Gamma}_{i-1} \text{ für } i = 2, ..., p-1.\end{aligned}$$

Schätzungen für Υ_i folgen aus einer Rekursionsformel[24]

$$\begin{aligned}\widehat{\Upsilon}_i &= \widehat{A}_1\widehat{\Upsilon}_{i-1} + \widehat{A}_2\widehat{\Upsilon}_{i-2} + ... + \widehat{A}_p\widehat{\Upsilon}_{i-p},\ i = 1, 2, ...\\ \widehat{\Upsilon}_0 &= I, \widehat{\Upsilon}_i = 0 \text{ für } i < 0.\end{aligned}$$

Die Langfristreaktionen $\widehat{\Upsilon}_\infty = \widehat{\phi}(1)$ stammen dann aus Gleichung (5.20).

b) Orthogonale Impuls-Antwort-Folgen

Die Schätzung der orthogonalen Impuls-Antwort-Folgen ϕ_i^* erfolgt entlang der Identifikationsprozedur aus Unterabschnitt 5.3.2. Hierbei ist zu beachten:

[22]Zur Formulierung und zum Testen von Hypothesen bezüglich der Kointegrationsvektoren und der Ladungskoeffizienten vgl. z.B. JOHANSEN [1995], HARRIS [1995].

[23]Zu Schätzung der Impuls-Antwort-Folgen ausgehend von VECM vgl. z.B. PESARAN / SHIN [1996, Abschnitt 3].

[24]Vgl. z.B. PESARAN / SHIN [1998, Appendix A]). Ähnliche Rekursionsformeln finden sich in LÜTKEPOHL [1993, S. 18 und S. 376] und YANG [1998, Appendix].

- Die benötigten Langfristrestriktionen bzgl. $\phi(1)$ (hier: Nullrestriktionen) sind den Schockanalysen der Tabelle 7.1 (Abschnitt 7) zu entnehmen und zwar in Abhängigkeit von $\widehat{r}$ (Anzahl der Kointegrationsbeziehungen) und $\widehat{\beta}$. [25]

- Die Matrizen $\beta_\perp$ und δ werden wie in Anhang AI festgelegt.

Damit kann $\varkappa$ aus Gleichung (5.23) ermittelt werden. Anschließend sind $\widehat{\phi}^*(1)$ mit $\widehat{F} = \beta_\perp \widehat{\varkappa}$ und die ersten $(n-r)$ Spalten von B_0^{-1} über $\widehat{G^p} = (\widehat{F}'\widehat{F})^{-1}\widehat{F}'\widehat{\phi}(1)$ verfügbar. Eine Choleski-Zerlegung von $\widehat{\gamma\gamma'} = \delta'\widehat{\alpha}'\widehat{\Sigma}_u^{-1}\widehat{\alpha}\widehat{\delta}$ liefert $\widehat{\gamma}$ und so $\widehat{G^t}$ (vgl. Gleichung (5.24)). Damit ist $\widehat{B}_0^{-1}$ bestimmt. Die gesuchten Schätzungen für die kumulierten orthogonalen Implus-Antwort-Folgen folgen aus $\widehat{\Upsilon}_i^* = \widehat{\Upsilon}_i\widehat{B}_0^{-1}$ (analog zu Gleichung (4.12)).

Anhand von $\widehat{\Sigma}$ wird getestet, ob die Störgrößen u_t korreliert sind.

c) Verallgemeinerte Impuls-Antwort-Folgen

Mittels $\widehat{\Upsilon}_i$ und $\widehat{\Sigma}_u^{-1}$ ergibt sich $\widehat{GIN}_{j,h}$ aus Gleichung (6.4).

d) Persistenzprofile der Kointegrationsbeziehungen

Die Wirkungen eines systemweiten Schocks für die geschätzten $i = 1, ..., \widehat{r}$ Kointegrationsbeziehungen in Form des Persistenzprofils $\widehat{PRN}_{i,h}$ werden mit der Gleichung (6.7) geschätzt.

Unter korrekter Spezifikation und expliziter Berücksichtigung der Kointegrationsbeziehungen liefert das Vorgehen konsistente Schätzer für die VECM-Parameter und die verschiedenen Impuls-Antwort-Folgen. Alle Berechnungen wurden mit RATS 4.21 und CATS 1.0 (vgl. HANSEN / JUSELIUS [1995]) vorgenommen.[26]

---

[25] Die Tabellen 7.1-7.3 aus Abschnitt 7 zeigen die Lösungen in Abhängigkeit der Anzahl der common trends (bzw. Anzahl der Kointegrationsbeziehungen) und der strukturellen Parameter des ökonomischen Modells.

[26] Lösungen für die Persistenzprofile und die verallgemeinerten Impuls-Antwort-Folgen sind im Programmpaketen Microfit (vgl. PESARAN / PESARAN [1997]) implementiert; eine ausführliche Kointegrationsanalyse und verschiedene Identifikationsprozeduren sind im Paket MALCOM umgesetzt worden. Die Programme sind jedoch in ihrer Flexibiliät begrenzt. Für eine vergleichende Analyse war daher eine Neuprogrammierung der verschiedenen Impuls-Antwort-Konzepte in RATS / CATS erforderlich.

Anhang B: Ein neukeynesianisches Makromodell

Anhand des folgenden theoretischen Modells sollen die folgenden Aussagen näher begründet werden: (i) Der Parameter η_2 der Arbeitsnachfrage ist die Substitutionselastizität. (ii) Die Paramterrestriktion $\lambda = 1/\eta_1$ lässt sich anhand dieses neukeynesianischen Modellrahmens nicht begründen. (iii) Die Restriktion $\lambda = \eta_1 = 1$ hingegen ist mit diesem Ansatz vereinbar.

Ausgehend von einer geschlossenen Volkswirtschaft wird angenommen, dass auf den Güter- und Arbeitsmärkten unvollständiger Wettbewerb vorliegt. Vereinfachend wird ein exogenes Arbeitsangebot unterstellt. Technischer Fortschritt und Schockvariablen werden ebenfalls vernachlässigt.

Gütermarkt

Die *Güternachfrage* dieses Marktes resultiert aus einem Nutzenmaximierungskalkül der Haushalte $h = 1, ..., E$, die jeweils alle I Produkte ($i = 1, ..I$) in den Mengen T_{ih} konsumieren. Dies kommt im zusammengesetzten Gut (und zugleich Nutzenfunktion des Haushalts h) T_h zum Ausdruck

$$T_h = n^{\frac{1}{1-\nu}} \left[\sum_{i=1}^{I} T_{ih}^{\frac{\nu-1}{\nu}} \right]^{\frac{\nu}{\nu-1}}$$

mit ν der konstanten Substitutionselastizität der Nachfrage, die die Substituierbarkeit der Produkte i anzeigt. Diese Nutzenfunktion wird unter der Budgetrestriktion $\sum_{i=1}^{I} P_i T_{ih} = M_h$ maximiert, mit $M_h = PT_h$ den Ausgaben des Hauhalts h. Die Nachfrage des Haushalts h nach Produkt i lautet dann

$$T_{ih} = \left(\frac{P_i}{P}\right)^{-\nu} \frac{T_h}{I},$$

wobei P hier den gesamtwirtschaftlichem Preisindex

$$P = \left(\frac{1}{I} \sum_{i=1}^{I} P_i^{1-\nu} \right)^{\frac{1}{1-\nu}}$$

darstellt. Dann entfällt auf das Unternehmen $i = 1, .., I$ die Nachfrage Y_i^D:

$$Y_i^D = \sum_{h=1}^{E} T_{ih} = \frac{1}{I} \left(\frac{P_i}{P} \right)^{-\nu} T$$

mit T , hier dem gesamtwirtschaftliche Nachfrageindex aller Haushalte $T = ET_h$. Demnach entfällt ein umso größerer Teil der gesamtwirtschaftlichen Nachfrage auf das Unternehmen i je weniger Unternehmen im Markt agieren und je niedriger der eigene relative bzw. reale Produktpreis ist.

Die *Angebotsseite des Gütermarktes* wird durch die CES-Produktionsfunktion[27] mit nicht konstanten Skalenerträgen bestimmt, in die Arbeit E_i und Kapital K_i eingehen:

$$\begin{aligned} Y_i &= A \left[\delta E_i^{-\rho} + (1-\delta) K_i^{-\rho} \right]^{-\frac{\lambda}{\rho}} \\ \sigma &= \frac{1}{1+\rho} > 0, \ \lambda > 0 \end{aligned}$$

Für alle Unternehmen i wird einheitlich eine Substitutionselastizität σ und ein Skalenparameter λ angenommen; A stellt einen Skalierungsparamter dar. Aufgrund der Selbstdualität lautet die Kostenfunktion in diesem Fall

$$C_i(W_i, r_i, Y_i) = \left(\frac{Y_i}{A} \right)^{1/\lambda} [Z_i]^{\frac{1}{1-\sigma}}$$

mit $Z_i = w_i^{1-\sigma} \delta^\sigma + r_i^{1-\sigma} (1-\delta)^\sigma$. Für die Grenzkosten gilt

$$c_i = \frac{\partial C_i}{\partial Y_i} = A^{-1/\lambda} \left(\frac{1}{\lambda} \right) Y_i^{\frac{1-\lambda}{\lambda}} [Z_i]^{\frac{1}{1-\sigma}} .$$

Im Gütermarktgleichgewicht $Y_i = Y_i^d$ folgt die mark-up Regel dieses Anbieters unter monopolistischer Konkurrenz aus

$$P_i = \mu c_i(w_i, r_i, Y_i) = \mu A^{-1/\lambda} \left(\frac{1}{\lambda} \right) Y_i^{\frac{1-\lambda}{\lambda}} [Z_i]^{\frac{1}{1-\sigma}} ,$$

[27] Üblicherweise wird in dieser Literatur eine Cobb-Douglas-Technologie angenommen (vgl. z.B. LAYARD / NICKEL / JACKMAN [1991], RANKIN [1995], DIXON / RANKIN [1994]). Der CES-Funktionstyp führt zu zahlreichen Komplikationen, wird aber hier benötigt, um die genannten Aussagen zeigen zu können.

mit $\mu = \frac{\nu}{\nu-1}$. $\nu = \infty$ ($\mu = 1$) zeigt vollständigen Wettbewerb an und ermöglicht keinen mark-up über den Grenzkosten. Eine geringere Substituierbarkeit der Produkte impliziert fehlenden Wettbewerb auf dem Gütermarkt und somit einen mark-up ($\mu > 1$).

Arbeitsmarkt

Für den Arbeitsmarkt wird vereinfachend ein *exogenes Arbeitsangebot* unterstellt. Die *Arbeitsnachfrage* des Unternehmens i ergibt sich unter Verwendung von Sheppard's Lemma und lautet

$$E_i = \frac{\partial C_i}{w_i} = w_i^{-\sigma} \delta^{\sigma} A^{-1/\lambda} Y_i^{\frac{1}{\lambda}} [Z_i]^{\frac{1}{1-\sigma}} ,$$

bzw. nach Substitution von Z_i und mit Hilfe der mark-up Regel:

$$E_i = (\frac{\lambda\delta}{\mu})^{\sigma} A^{(\sigma-1)/\lambda} \left(\frac{W_i}{P_i}\right)^{-\sigma} Y_i^{\frac{1+\sigma\lambda-\sigma}{\lambda}} .$$

Symmetrieannahmen und Logarihmierung ergeben die gesuchte Arbeitsnachfrage

$$\begin{aligned} e &= \eta_0 + \eta_1 y - \eta_2 wp \\ & \quad \text{mit } \eta_1 = \frac{1+\sigma\lambda-\sigma}{\lambda}, \; \eta_2 = \sigma, \\ \eta_0 &= -\sigma\mu + \sigma \ln(\lambda\delta) + (\sigma - 1)/\lambda \ln(A). \end{aligned}$$

Es gilt: (i) Der Parameter η_2 der Arbeitsnachfragegleichung lässt sich als die Substitutionselastizität σ interpretieren. (ii) Die Parameterrestriktion $\lambda = \frac{1}{\eta_1}$ lässt sich nicht aus diesem Modellrahmen heraus begründen. Vielmehr gilt $\frac{1}{\eta_1} = \frac{\lambda}{1+\sigma\lambda-\sigma} \neq \lambda$. (iii) Liegen hingegen konstante Skalenerträge vor ($\lambda = 1$) so gilt $\eta_1 = 1$; die Restriktion $\lambda = \eta_1 = 1$ steht somit im Einklang mit diesem Ansatz.

Anhang C: Datenanhang

CI: Verfügbarkeit von Quartalsdaten

Die Verfügbarkeit von aggregierten (un-)bereinigten Quartalsdaten hängt von ihrem Generierungsprozess ab. [28]Die Vorgehensweise ist dabei grundsätzlich die, dass von Jahresaggregaten ausgegangen wird und dann vierteljährlich beobachtbare Indikatoren verwendet werden, um die Quartalsaggregate zu schätzen. Grob gespochen: Die jährlichen Aggregatsbeobachtungen liefern den Datenrahmen, die Entwicklung des Aggregats in den Quartalen eines Jahres werden mit Hilfe von Indikatoren interpoliert. Diese Indikatoren können z.B. ein Teil des gesuchten Aggregats sein, der auf Vierteljahresbasis beobachtet wird, oder eine verfügbare Proxy-Variable, die in enger (ökonomischer) Verbindung mit dem gesuchten Aggregat steht.[29]

Ein besonderes Problem bereitet die Behandlung der Saisonfigur in den volkswirtschaftlichen Hauptaggregaten. Die Nutzer der Statistiken sind i.d.R. an saisonbereinigten Daten interessiert, z.B. zum Zwecke der Konjunkturanalyse. Dabei werden die saisonbereinigten Quartalsaggregate nach zwei unterschiedlichen Aggregationsansätzen ermittelt:

- Indirekter Ansatz: Die einzelnen Indikatoren werden zunächst saisonbereinigt. Erst danach werden die Quartalsaggregate zusammengestellt.
- Direkter Ansatz: Die einzelnen Indikatoren werden zunächst aggregiert. Das Quartalsaggregat wird dann saisonbereinigt.

---

[28] Vgl. Im Folgenden OECD [1996].

[29] So wird z.B. die sektorale Lohn- und Gehaltsstatistik und / oder die Proxy „Beschäftigung" verwendet, um die gesamtwirtschaftliche, vierteljährliche Bruttolohn- und -gehaltssumme zu schätzen. Zu diesen und weiteren Indikatoren vgl. OECD [1996, Tabelle 8]. In einigen Ländern erfolgt eine detaillierte Erfassung unter zuhilfenahme von Input-Output-Techniken.

Die Verwendung des indirekten Ansatzes impliziert, dass nur saisonbereinigte Quartalsaggegrate ermittelt werden. Dies ist ein Hauptgrund für die eingeschränkte Verfügbarkeit von unbereinigten Quartalsdaten. Unabhängig vom Aggregationsansatz wird dabei i.d.R. mit dem X11-ARIMA-Verfahren[30] bereinigt.

Wie steht es nun mit der Verfügbarkeit von bereinigten und unbereinigten Quartalsdaten? Ausgangspunkt für den folgende Quartalsdatenüberblick ist der Kreis der OECD-Länder.[31] Tabelle 14.2 liefert einen Überblick über die Behandlung und Veröffentlichung der gesamtwirtschaftlichen Quartalsdaten.

Nahezu alle statistischen Ämter und internationalen Organisationen nehmen eine Saisonbereinigung ihrer Quartalsdaten vor. Nur die erste (kleine) Gruppe legt einen Schwerpunkt auf die Generierung und Veröffentlichung saisonunbereinigter Daten (u.a. Österreich). Eine zweite Gruppe (u.a. Deutschland)[32] stellen grundsätzlich beide Datensätze bereit. Für diese ersten beide Ländergruppen ist die Verfügbarkeit von saisonunbereinigten Daten grundsätzlich zufriedenstellend.

Die nationalen Ämter einer dritten Grupppe - bestehend aus Japan, Kanada, Großbritannien und den USA - legen den Schwerpunkt auf saisonbereinigte Reihen, was dazu führt, dass die unbereinigten Daten nur im beschränkten Umfang veröffentlicht werden.[33] Gleiches gilt grundsätzlich auch für die statistischen Ämter in Australien, Spanien und der Schweiz, die jedoch zusätzlich noch irreguläre Komponenten entfernen. Damit werden die Daten weiter geglättet und auch außergewöhnliche Ereignisse, wie Schocks eliminiert.

[30] Das X11-ARIMA-Verfahren ist eine Weiterentwicklung des Census X11-Verfahrens, das zusätzlich die Revisionshäufigkeit am aktuellen Rand mit Hilfe von ARIMA-Modellen minimiert. Dieses Verfahren ist zum Zeitpunkt der Erstellung der vorliegenden Arbeit und in den verwendeten Datenquellen dominierend.

[31] Zu den nachfolgenden Ausführungen vgl. OECD [1996]. Vier Länder (Belgien, Island, Irland, Luxemburg) wurden ausgeblendet, da diese wenig bis keine Quartalsdaten zur Verfügung stellen. Weitere drei Länder sind vernachlässigt, da sich ihre Statistiken 1996 in grundsätzlicher Rivision befanden (Portugal und Griechenland) oder zum Zeitpunkt der Untersuchung erst eine Quartals-VGR entwickelt wurde (Mexiko). Vier OECD-Länder (Ungarn (OECD-Beitritt:1996), Korea (1996), Polen (1996), Tschechische Republik (1995)) besitzen historisch bedingt begrenzte Zeitreihen auf Quartalsdatenbasis.

[32] Bis zum 1. Quartal 2000 verwendete das Statistische Bundesamt das Berliner Verfahren (BV4) und die Deutsche Bundesbank das Census X11-Verfahren. Die Diskrepanz entfällt danach durch Übergang beider Institutionen zum X12-ARIMA-Verfahren (vgl. RIETZLER / STEPHAN / WOLTERS [2000], KIRCHNER [1999]).

[33] Vgl. hierzu auch BLOEM / DIPPELSMAN / MACHLE [2000, S. 182].

Land	Saison-bereinigung	Glättung	Veröffentlichungs-schwerpunkt
Österreich	Nein		NSB
Norwegen	Nein		NSB
Türkei	Nein		NSB
Finnland	X11-ARIMA		NSB + SB
Dänemark	X11-ARIMA		NSB + SB
Schweden	X11-ARIMA		NSB + SB
Neuseeland	X11-ARIMA		NSB + SB
Deutschland	BV4, z.T. X11		NSB + SB
Niederlande	X11-ARIMA		NSB + SB
Kanada	X11-ARIMA		SB
USA	X11-ARIMA		SB
Großbritannien	X11-ARIMA		SB
Japan	X11-ARIMA		SB
Australien	X11-ARIMA	Ja	SB + G
Schweiz	X11-ARIMA	Ja	SB +G
Spanien	X11-ARIMA	Ja	SB+G[1]
Frankreich	X11-ARIMA		SB[1]
Italien	X11-ARIMA		SB[1]

NSB: nicht saisonbereinigte Daten; SB: saisonbereinigte Daten; G: geglättete Daten

[1]: Unbereinigte Aggregate nicht verfügbar (überwiegend indirekte Bereinigung).

Quelle: OECD [1996], RIETZLER / STEPHAN / WOLTERS [2000].

Eigene Darstellung.

Tabelle 14.2: Verfügbarkeit von Quartalsdaten (OECD-Länder)

In der letzten Gruppe (Frankreich, Spanien und Italien) erfolgt eine Saisonbereinigung nach dem indirekten Ansatz womit lange Quartalsdatenreihen ausschließlich in saisonbereinigter Form zur Verfügung stehen.[34]

Diese Handhabungen haben auch für die Zusammenstellung vergleichbarer, internationaler Statistiken zur Folge, dass Quartalsdaten der volkswirtschaftlichen Aggregate z.T. nur saisonbereinigt ausgewiesen werden.[35]

---

[34]Zum Zeitpunkt der Untersuchung werden in vielen statistischen Ämtern die Quartalsdaten überarbeitet. Zum einen ist dies bedingt durch die Einführung des neuen Systems der Volkswirtschaftlichen Gesamtrechnungen SNA(1993). Unterschiedliche Entwicklungsstände bei der Einführung der neuen Konzepte und Methoden reduziert die Verfügbarkeit und Vergleichbarkeit von internationalen Datensätzen; z.T. werden die neuen Reihen aufgrund begrenzter Kapazitäten bei den Ämtern nicht als historische, lange Reihen angeboten. Die Umstellungen wird in einigen Ländern dazu genutzt, die Quartalsdatengenerierung zu überarbeiten und auch unbereinigte Reihen zu generieren und / oder verstärkt zu publizieren. Zum anderen beginnt in Ämtern und internationale Organisationen eine Umstellung auf das sog. X12-ARIMA-Verfahren (vgl. hierzu BLOEM / DIPPELSMAN / MACHLE [2000]), zu den genauen Unterschieden vgl. KIRCHNER [1999].

[35]Weitere Gründe zur bevorzugten Veröffentlichung von saisonbereinigten Daten finden sich in SPETH [1999].

CII: Datenquellen

Großbritannien

Datendgrundlage sind unbereinigte Quartalsreihen aus den Main Economic Indicators (MEI) der OECD [1999c], des International Statistical Yearbook 1999 (ISY 1999) sowie nationale Daten des Office of National Statistics (ONS) herangezogen.

Großbritannien: Nicht saisonbereinigter Datensatz Sample: 1970:1-1999:1		
W_t	Bruttolohn- und -gehaltssumme, insgesamt, in Millionen £.	ONS
P_t	Produzentenpreise, Produzierendes Gewerbe Index (1995=100).	OECD
Y_t	Bruttoinlandsprodukt zu Markpreisen von 1995 in Millionen £.	ONS
E_t	Erwerbstätige, insgesamt, in 1000 Personen, Index (1995=100)	OECD
UN_t	Registrierte Arbeitslose in 1000 Personen	OECD
e_t^r	Gewichteter, realer Wechselkurs†	IMF
† : Die Zeitreihe e_t^r beginnt 1972:1. Daten: ONS: http://www.statistics.gov.uk/statbase/mainmenu.asp. OECD [1999] / IMF : ISY[1999]		

Tabelle 14.3: Datensatz GB

Die benötigten Zeitreihen werden aus den Reihen der Tabelle 14.3 berechnet. Die eingeschränkte Verfügbarkeit von nicht saisonbereinigten Daten für Großbritannien macht Kompromisse erforderlich: Da für einen aggregierten Preisdeflator nur ein saisonbereinigtes Aggregat bereitsteht, wurde für P_t der saisonunbereinigte Produzentenpreis verwendet.[36] Die benötigten Zeitreihen werden wie folgt konstruiert:

$$wp_t = ln(\frac{W_t}{P_t \cdot E_t}); \; prod_t = \ln(\frac{Y_t}{E_t}); \; e_t = \ln(E_t),$$
$$UR_t = \frac{UN_t}{UN_t + E_t} \cdot 100; e_t^r = \ln(E_t^r); \; ur_t = \ln(UR_t).$$

[36]Die Verwendung des weiter gefassten Deflators "Producer Price - Whole Economy" erwies sich als nicht geeignet. Ab 1976:1 ist dieser mit dem des Produzierendes Gewerbe identisch, vorher kommt es zu Abweichungen. In Übergang zu 1976:1 ist ein starker Bruch in den Daten zu beobachten.

Deutschland

Die benötigten Zeitreihen $wp_t, prod_t, UR_t, e_t$ werden aus den Reihen in Tabelle 14.4 konstruiert. [37]

Westdeutschland: Nicht saisonbereinigter Datensatz Sample: 1970:1-1998:4		
W_t	Bruttolohn- und -gehaltssumme, in Mrd. DM.	Stat.Bundesamt
P_t	Deflator des Bruttoinlandsprodukts, Index (1995=100).	Stat.Bundesamt
Y_t	Bruttoinlandsprodukt zu Marktpreisen von 1995, in Mrd. DM.	Stat. Bundesamt
E_t	Erwerbstätige, in 1000 Personen.	Stat. Bundesamt
UN_t	Registrierte Arbeitslose.	BfA
Quelle: BfA: http:// www.arbeitsamt.de / hst / services / archiv / 200008 / iiia4 / aktdat / index.html ; Stat. Bundesamt: ISY 1999.		

Tabelle 14.4: Datensatz Westdeutschland

Der Preisindex P_t für das westdeutsche Bruttoinlandsprodukt ist aus den ausgewiesenen realen und nominalen Reihen des Bruttoinlandsprodukts berechnet worden. Die Zeitreihen für wp_t, $prod_t$, e_t, und UR_t wurden wie im Falle für Großbritannien definiert.

USA

Die Arbeitslosenquoten und Beschäftigungszahlen sind der Erwerbspersonenstatistik des „Current Populations Survey (CPS)“ entnommen. Beide Indikatoren liegen sowohl saisonbereinigt als auch -unbereinigt vor. Da sich die Arbeitslosenquoten des CPS auf die *zivilen* Erwerbspersonen beziehen, werden als Beschäftigungsvariable die *zivilen* Erwerbstätigen verwendet. Die Erwerbstätigenzahlen und Arbeitslosenquoten lagen in Monatsfrequenz vor und wurden zu Quartalsdaten aggregiert.

Am Beispiel der USA wird deutlich, wie ausgesprochen schwierig die Zusammenstellung eines Quartalsdatensatzes ist, der eine saison*un*bereinigte und aggregierte Output-, Preis- und Nominallohnvariable benötigt. Ein Blick in die Konten

[37] Es wurden nur eingeschränkt OECD/IMF-Daten verwendet, da hier Daten z.T. Widersprüche hinsichtlich der angegebenen räumlichen Abgrenzungen auftraten.

der Volkswirtschaftlichen Gesamtrechnung (den National Income and Product Accounts, NIPA) des Bureau of Economic Analysis (BEA) macht dies deutlich: Von den 147 Tabellen des aktuellen Kontenrahmens beziehen sich lediglich 6 auf saisonunbereinigte Quartalsdaten. Dies liegt darin begründet, dass die Daten bereits auf disaggregierter Ebene saisonbereinigt werden, und zwar sobald eine Saisonfigur erkennbar ist (vgl. BEA [1998, S. 45]). Da die Saisonbereinigung also überwiegend vor der Datenaggregation stattfindet, werden saisonunbereinigte Aggregate nur in begrenztem Umfang bereitgestellt. Zum anderen erfolgt der Ausweis der nicht saisonbereinigten Daten in den 6 Tabellen nur zu laufenden Preisen und ohne Ausweis eines Preisindexes. Saisonunbereinigte NIPA-Aggregate zu konstanten Preisen werden also ebensowenig bereitgestellt wie saisonunbereinigte Preisindexzahlen.[38]

Insgesamt ist die Zusammenstellung eines *saisonbereinigten* vollständigen NIPA-Datensatzes ohne weiteres möglich. Die NIPA liefern aber nicht ausreichend saison*un*bereinigte Aggregate: von den benötigten Reihen wird nur das Bruttoinlandsprodukt zu laufenden Preisen saisonunbereinigt publiziert und insbesondere keine gesamtwirtschaftlichen, unbereinigten Lohn- und Preisaggregate bereitgestellt.

Kann nun ein alternatives, unbereinigtes Indikatorenset (ein „Proxy-Datensatz") gefunden werden kann, das die gesamtwirtschaftlichen Anpassungen erfasst?

Für die Lohn- und Preisvariable stellt das Bureau of Labor Statistics (BLS) folgende weitere Reihen bereit: Der „economic cost index" liegt zwar saisonunbereinigt vor, jedoch erst ab 1980 für einen ausreichend weit definierten Beschäftigtenkreis (vgl. BLS [1997, S. 48 f.]). Als weiterer Lohnindikator könnte schließlich noch die Reihe „index of aggregated weekly payrolls" herangezogen werden.[39] Das BLS empfiehlt, diese Größe nicht als Lohnkostenindikator zu verwenden, da nicht alle Lohnkostenkomponenten des Arbeitgebers enthalten sind (vgl. BLS [1997, S.

[38] Die saisonunbereinigten Reihen befinden sich in „Part 9. Seasonally Unadjusted Estimates" der NIPA. Sie werden nur einmal jährlich veröffentlicht und enthalten eine einfache Einkommensverwendungsrechnung sowie eine einfache Aufgliederung des privaten Konsums, der staatlichen Einnahmen und Ausgaben, des Außenbeitrags und der Unternehmensgewinne (vgl. BEA [2000a, S. 32ff.]). Vgl. hierzu die Tabellen in BEA [2000, S. 36]. Für Hinweise sei an dieser Stelle V. Mannering (BEA, Div. National Economics-NIW) gedankt.

[39] Dieser Index unterschätzt die Lohneinkünfte von Dienstleistern im vertretbaren Maße (vgl. hierzu BLS [1997, S. 16, 27]). Die Lohnentwicklung im öffentlichen Sektor bleibt unberücksichtigt. Gänzlich vernachlässigt bleiben jedoch die Einkünfte der Erwerbstätigengruppe „construction worker".

USA: Saisonbereinigter Datensatz Sample: 1970:1-1999:4		
W_t	Bruttolohn- und -gehaltssumme, in Mrd. US-$	BEA
P_t	Deflator des Bruttoinlandsprodukts, Index (1995=100).	BEA
Y_t	Bruttoinlandsprodukt zu Marktpreisen von 1995,	BEA
	in Mrd. US-$	BEA
E_t	Zivile Erwerbstätige, in 1000 Personen	BLS
UR_t	Arbeitslosenquote in % der zivilen Erwerbspersonen	BLS
USA: Nicht saisonbereinigter Datensatz Sample: 1970:1-1999:1		
W_t	„aggregated weekly payrolls", Index (1982=100),	BLS
P_t	Produzentenpreise, Index (1995=100)	BLS
Y_t	Industrieproduktion, Index (1995=100)	BLS
E_t	Zivile Erwerbstätige, in 1000 Personen	BLS
UR_t	Arbeitslosenquote in % der zivilen Erwerbspersonen	BLS
BEA: http://www.bea.doc.gov/bea/dn1.htm; BLS: http://stats.bls.gov/top20.html.		

Tabelle 14.5: Datensätze USA

27]). Wir erachten diese Verdienstvariable jedoch als geeigneten Kompromiss für die Abbildung eines Lohns, der sowohl die Verdienstsituation der Haushalte als auch die Lohnkosten des Unternehmens widerspiegeln soll.

Als Preisniveauindikator empfiehlt sich ein Produzentenpreisindex für die Industrie. Um eine Outputvariable zu verwenden, die konsistent zu diesem Preisindex abgegrenzt ist, verwenden wir statt des realen Bruttoinlandsprodukts die reale Industrieproduktion. Die letzten beide Reihen unterschätzen jedoch die Entwicklung im (privaten und öffentlichen) Dienstleistungssektor.[40]

Tabelle 14.5 fasst den saisonbereinigten NIPA-Datensatz und den unbereinigten, alternativen „Proxy-Datensatz" zusammen.

[40]Zum Anteil des Dienstleistungssektors in diesen Reihen vgl. fur die Industrieproduktion z.B. OECD [1997, S. 131], für den Produzentenpreisindex vgl. BLS [1997, S. 131].

Anhang D: Ergänzende Untersuchungen für Großbritannien

DI: Einfluss von Arbeitsmarktreformen

Um die Anpassungsprozesse auf Schocks adäquat zu erfassen, sollte möglichst sichergestellt sein, dass im Stützzeitraum die Strukturparameter konstant sind. Im Fall Großbritanniens könnte es sein, dass aufgrund zahlreicher Arbeitsmarktreformen insbesondere in den 80er Jahren Brüche und Verschiebungen in den Elastizitäten der Arbeitsnachfrage und der Reallohngleichung vorzufinden sind.

Obwohl nicht offiziell explizit formuliert, so beabsichtigten diese Maßnahmen wohl die Gewerkschaftsmacht zu reduzieren, die Arbeitsanreize zu erhöhen, die staatlich-institutionellen Einflüsse zu verringern sowie die selbständige Beschäftigung zu forcieren[41]. Insgesamt lässt sich vermuten, dass seitdem die Arbeitsmarktparteien mehr auf unternehmerische Gegebenheiten und auf Marktsignale reagierten als zuvor. Dies legt die Vermutung nahe, dass sich u.a. die Elastitzitäten der Arbeitsnachfrage und der Realohnbeziehung änderten.

Einfluss der Reformen auf Elastizitäten?

Wir überprüfen dies anhand einer „Überschlagsrechnung", indem wir die Elastizitäten des Modells GB1 rekursiv schätzen und zwar sowohl in der Spezifikation mit UR_t als auch mit ur_t.[42] Die Kointegrationskoeffizienten erscheinen überwiegend stabil. Lediglich die Arbeitsnachfrageparametern des Modells mit UR_t sind Mitte

[41] Vgl. zu dieser Einschätzung und zur Zusammenstellung der Maßnahmen BARRELL [1994].

[42] Zu Tests der Parameterkonstanz im VECM siehe HANSEN / SÖRENSEN [1999]. Die dort vorgschlagenen Tests basieren auf den hier verwendeten rekursiven Schätzungen.

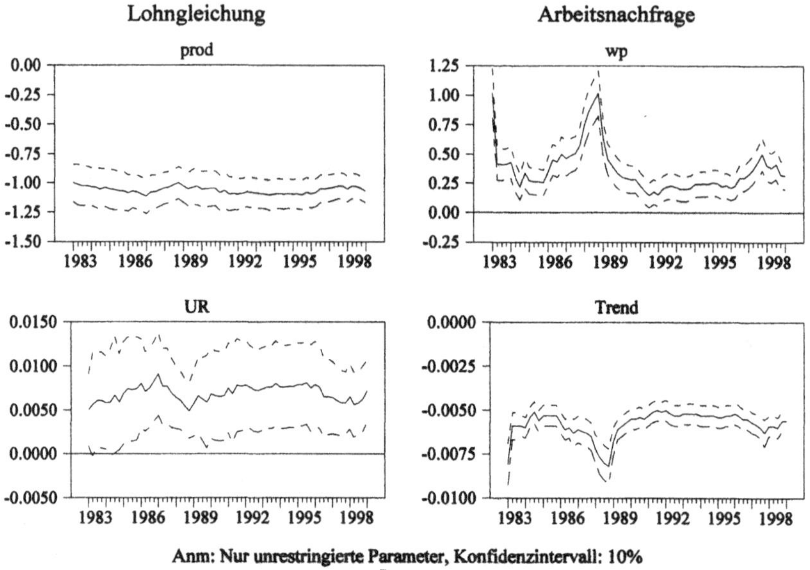

Abbildung 14.1: Modell GB1 mit UR: Rekursive Schätzung der Kointegrationsvektoren

bis Ende der 80er Jahre einem stärkeren Anstieg unterworfen. Es fällt jedoch auf, dass die geschätzten Parameter des Modells mit ur_t deutlich stabiler sind.

Weiterführende Untersuchungen, die hier nicht ausgewiesen sind, zeigten keinen Hinweis auf systematische Variationen der Kointegrationsparameter.[43]

Diese Ergebnisse stehen grundsätzlich im Einklang mit anderen Untersuchungen, die den Einfluss der Reformen auf die Elastizitäten der Arbeitsnachfrage und der Lohngleichung zu quantifizieren versuchen. In Bezug auf die Lohnbestimmung wird den Reformmaßnahmen zwar attestiert, die Gewerkschaftsmacht geschwächt zu haben, die empirische Evidenz zeigt aber, dass sich dies kaum in einer erhöhten

[43] Hierzu wurden verschiedene deterministische Übergangspfade für die Kointegrationsparameter in den Kointegrationsraum aufgenommen, sowie exogene Verschiebungen des Drifterms im Reformzeitraum unterstellt. Unterstellt wurden die folgenden Übergangspfade für die Kointegrationsparameter: Model A: einfacher Bruch, Model B: lineares Modell, Model C: logistisches Modell (vgl. OBUCHI [1985, 1999]) Model D: Logistic Smooth Transition Model, (LSTM, vgl. hierzu u.a. GENNARI [1999]). Die Schätzungen wurden mit CATS unter Anpassung des Quellencodes durchgeführt.

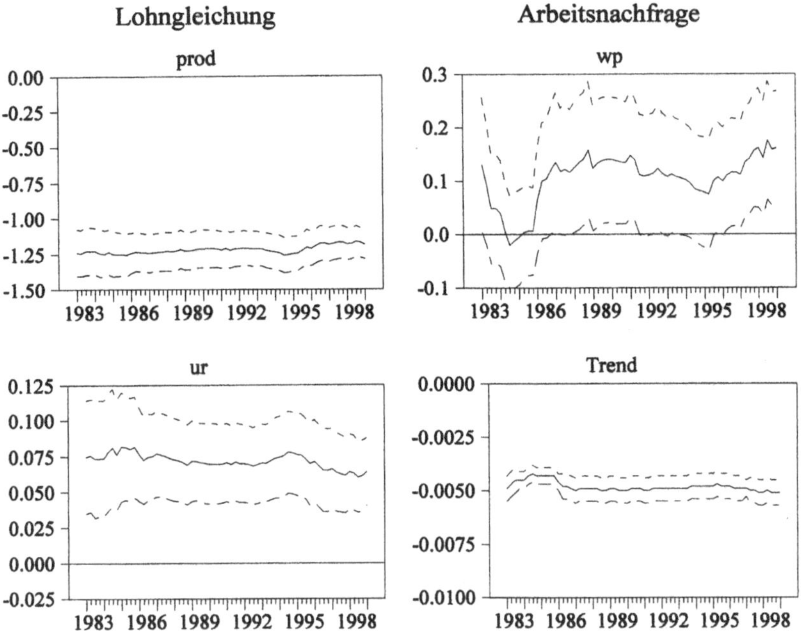

Abbildung 14.2: Modell GB1 mit ur: Rekursive Schätzung der Kointegrationsvektoren

Reagibilität des Reallohns in Bezug auf die Arbeitslosenquote zeigt (vgl. z.B. RAMASWAMY / PRASDAD [1994], BARRELL / RILEY [1999]). So fasst BARRELL [1994, S. 13] die Literatur bis 1994 zu den Reformwirkungen wie folgt zusammen: "*The generality of views in this volume is that the changes to the UK labour market in the 1980s have not had much impact on macroeconomic performance. Most authors agree that the Thatcher reforms have had very little effect on unemployment or wage formation*". Nach 1994 erscheinende Arbeiten sind optimistischer: BARRELL / MORGAN [1996] attestieren hingegen mit Bezug auf MORGAN [1996a, 1996b] eine Zunahme dieser Elastizität in den Jahren 1992-1996. Die Schätzungen sind jedoch aufgrund des kurzen zweiten Beobachtungszeitraums in Frage zu stellen (vgl. BARRELL / RILEY [1999]). In der Arbeitsnachfrage werden wenn, dann ebenfalls nur marginale Erhöhungen hinsichtlich der Outputelastizität gefunden (vgl. z.B. BLANCHFLOWER / FREEMAN[1994]).

DII: Ein VECMX

Aufgrund der Sensitivitätsüberprüfungen im ECM in Tabelle 11.7 wird vermutet, dass für eine stabile zweite Kointegrationsbeziehung - eine Arbeitsnachfragebeziehung - eine weitere (exogene) Variable benötigt wird. Mit der Aufnahme einer exogenen Variablen wird das VECM zu einem kointegrierten VARX oder VECMX erweitert.

Welche exogene Variable wird benötigt? ANDERTON / MAYHEW [1994] und BARRELL / NIGEL / YOUNG [1994] diskutieren die Variablen der neukeynesianischen Reallohn- und Arbeitsnachfragegleichung theoretisch, und zwar ebenfalls in einem Modell der geschlossenen Volkswirtschaft. Die empirischen Überprüfungen der Variablen erfolgt für das Beispiel Großbritanniens. BARRELL et al. [1994] sehen sich dabei aus empirischen Gründen gezwungen, die Annahme der geschlossenen Volkswirtschaft aufzuweichen. Die Autoren weisen darauf hin, dass die internationale Wettbewerbsfähigkeit eine entscheidende Determinante der Arbeitsnachfrage ist und berücksichtigen diesen Aspekt explizit, indem als Maß der Wettbewerbsfähigkeit die Nominallöhne relativ zu einem Weltgüterpreisniveau aufgenommen werden.[44]

Um diesen Einflüssen mit einer möglichst sparsamen Spezifikation gerecht zu werden, wird als Maß für die exogene internationale Wettbewerbsfähigkeit der logarithmierte gewichtete reale Wechselkurs wk_t^r aufgenommen. Ein Anstieg von wk_t^r bedeutet eine reale Aufwertung und eine Verschlechterung der internationalen Wettbewerbsfähigkeit. Problematisch ist die I(1)-Eigenschaft dieser Reihe, die anhand des ADF-Tests nur eine schwache Bestätigung findet.

Großbritannien, Sample: 1972:1-1999:1 ADF-Tests†					
	$t_{(\hat{\rho}-1)}$	$AK(4), P = ...$		$t_{(\hat{\rho}-1)}$	$AK(4), P = ...$
wk_t^r	$-2,04$	$0,11$	Δwk_t^r	$-8,17$	$0,746$

Anm. Alle Regressionen mit Konstanter und zentr. Saisondummies, Niveaus zusätzlich mit Trend. AK(4): LM-Autokorrelationstest 4. Ordnung, P= marginales Signifikanzniveau.

†Krit. Werte 1%;5%;10%: Trend und Drift: -4,05;-3,45; -3,15; nur Konst.: –3,5; -2,90;-2,59; vgl. FULLER [1996, S. 641ff].

Quelle: Eigene Berechnungen.

[44] Zum anderen betonen die Autoren die Relevanz von Rohstoffpreisen und berücksichtigen ein Lohn-Rohstoffpreis-Verhältnis auf.

Großbritannien: Sample: 1972:1-1999:1					
$z_t = \left[\begin{array}{cccc} prod_t & ur_t & e_t & wp_t \end{array} \right]', x_t = wk^r_t$					
$\widehat{p} = 5$, $\widehat{r} = 2$, Driftterm, D_t, S_t					
Kointegrationmatrix $\widehat{\beta}'$					
	$prod_t$	ur_t	e_t	wp_t	wk^r_t
$\widehat{\beta}'_{(I)}$:	$1,218$	$0,049$	0	1	$0,083$
	(0,051)	(0,017)			(0,075)
	$-0,187$	0	1	$-0,356$	$0,148$
	(0,108)			(0,097)	(0,043)
	AK(1): P = 0,24	AK(4): P = 0,15	DH: P = 0,32		
$\widehat{\beta}'_{(II)}$:	$-1,178$	$0,077$	0	1	0
	(0,048)	(0,015)			
	1	0	0	$-0,849$	$-0,272$
				(0,04)	(0,068)
	AK(1): P = 0,30	AK(4): P = 0,22	DH: P = 0,13		
	Restr.: P = 0,00				

Anm.: Standardfehler in Klammern. AK: LM-Autokorrelationstest, 1. und 4. Ordnung. DH: Normalverteilungstest nach DORNIK / HANSEN [1994]. Restr.: χ^2- Test überidentifizierender Restriktionen. P: marginales Signifikanzniveau. Quelle: Eigene Berechnungen.

Die Kointegrationsbeziehungen $\beta' z_t$ des VECMX mit $r = 2$, ohne restringierten Trend, aber mit dem exogenem realen Wechselkurs wk^r_t ist in der nachfolgenden Tabelle dokumentiert. Dabei wird zunächst zugelassen, dass der reale Wechselkurs auch in der Lohnsetzungsgleichung auftritt. Dies ist denkbar, da die Gewerkschaften einen mit den *Konsumenten*preisen deflationierten Reallohn verhandeln. Der reale Wechselkurs modelliert dann den Preiskeil zwischen Konsumenten- und Produzentenpreis.[45]

Der reale Wechselkurs erweist sich in der Lohnsetzungsbeziehung als insignifikant (vgl. $\widehat{\beta}'_{(I)}$). Nehmen wir diesen Ausschluss vor und legen die Restriktion konstanter

[45] Vgl. hierzu z.B. Gleichung 8.7 in Abschnitt 8.1.

Skalenerträge auf die Kointegrationsvektoren (vgl. $\widehat{\beta}'_{(II)}$), so erweist sich dies als ausgesprochen strenge Restriktion ($P = 0,00$). Das resultierende so restringierte VECMX passiert aber die Spezifikationstests und besitzt signifikante Kointegrationsparameter. Die Parameterschätzungen der Lohnsetzungsgleichung entsprechen dabei denen der vorangegenen Schätzungen. Auch die Arbeitsnachfragebeziehung weist plausible Parameter auf. Der Einfluss des realen Wechselkurses ist erwartungsgemäß negativ: ein Anstieg von wk_t^r bedeutet eine reale Aufwertung, eine Verschlechterung der internationalen Wettbewerbsfähigkeit und damit ein Rückgang des Beschäftigungsniveaus. Und: Vor allem die Substitutionselastizität ist nun ökonomisch plausibel.

Literaturverzeichnis

AIZENMAN, J., Wage Flexibility and Openess, Quarterly Journal of Economics, 10, 2, S. 539-550, 1985.

ALGOSKOUFIS, G. / SMITH, R., On the Error Correction Models: Specification, Interpretation, Estimation, Journal of Economic Surveys, 5, S. 97-128, 1991.

ALOI, M. / DIXON, H. / LAWLER, P., The Multiplier in an Economy with Monopolistic Output Markets and Competitive Labour Markets, in: BRAKMAN / VAN EES / KUIPERS [1998], S. 3-40, 1998.

ANDERSON, T.M. / HYLLEBERG, S., Sources of Persistence in Employment Adjustment - Denmark: 1973-93, Oxford Economic Papers, 53, S. 72-95, 2000.

ANDERTON, B. / MAYHEW, K., A Comparative Analysis of the UK Labour Market, in: BARRELL [1994], S. 15-50, 1994.

ARIZE, A.C. / MALINDRETOS, J. / SHWIFT, S. S., Structural Breaks, Cointegration, and Speed of Adjustment. Evidence from 12 LDCs Money Demand, International Review of Economics and Finance, 8, S. 399-420, 1999.

AURIA, L., Ist Europa ein optimaler Währungsraum? Eine theoretische und empirische Analyse auf der Grundlage von Angebots- und Nachfrageschocks, Europäische Hochschulschriften, Reihe V, Nr. 2146, 1997.

BALMASEDA, M. / DOLADO, J. J. / LOPEZ-SALIDO, D., The Dynamics of Shocks to Labour Markets: Evidence from OECD Countries, Oxford Economic Papers, 2000.

BANERJEE, A. / DOLADO, J.J. / HENDRY, D. F. / SMITH, G. W., Exploring Equilibrium Relationships in Econometrics through Static Models: Some Monte Carlo Evidence, Oxford Bulletin of Economics and Statistics, 48, S. 201-307, 1986.

BANERJEE, A. / DOLADO, J.J. / HENDRY, D. F. / SMITH, G. W., Error-Correction Mechanism tests for Cointegration in a Single-Equation Framework, Journal of Time Series Analysis, 19,3, S. 267-284, 1996.

BANK OF ENGLAND, Measures of Competitivness, Quarterly Bulletin, 22, S. 369-375, 1982.

BARRELL, R., The UK Labour Market. Comparative Aspects and Institutional Developments, Cambridge, 1994.

BARDSEN, G., The Estimation of Long-Run Coefficients from Error Correction Models,Oxford Bulletin of Economics and Statistics, 51, S. 345-350, 1989.

BARRELL, R / MORGAN, J., International Comparisons of Labour Market Responses to Economic Recovery, DFEE Report RS 38, 1996.

BARRELL, R. / PAIN, N. / YOUNG, G., Structural Differences in European Labour Markets, in: BARRELL [1994], S. 214-257, 1994.

BARRELL, R. / RILEY, R., Equilibrium Unemployment and the Market Flows in the UK, EUI Working Paper ECO Nr. 99/3, 1999.

BAYOUMI, T. / EICHENGREEN, B., Shocking Aspects of European Monetary Integration, in: TORRES, F / GIAVAZZI, F. (Hrsg.), Adjustment and Growth in European Monetary Union, Cambridge, 1993.

BAYOUMI, T. / EICHENGREEN, B., Macroeconomic Adjustment under Bretton Woods and the Post-Bretton-Woods Float: An Impulse-Response Analysis, The Economic Journal, 104, S. 813-827, 1994.

BAYOUMI, T. / PRASAD, E., Currency Unions, Economic Fluctuations, and Adjustment: Some new Empirical Evidence, IMF Staff Papers, 44, 1, 1997.

BEA, National Income and Product Accounts, Survey of Current Business, 4, S. 32-37, 2000.

BEA, Guide to the NIPA's , Survey of Current Business, 3, 1998.

BEAN, C.R., European Unemployment: A Survey, Journal of Economic Literature, 32, S. 573-619, 1994.

BEAN, C.R. / LAYARD, P.R.G. / NICKEL, S.J., The rise in Unemployment: A Multi-Country Study, Economica, 53, S. 1-22, 1986.

BELL, W.R., Comment: Estimation and Seasonal Adjustment of Population Means Using Data from Repeated Surveys, Journal of Business and Economic Statistics, Nr. 9, S. 176-177, 1991.

BELKE, A., Asymmetric Shocks and EMU: On a Stability Fund, Diskussionsbeiträge des Instituts für Europäische Wirtschaft, Nr. 24, 1998.

BELKE, A. / GROS, D., Estimating the Costs and Benefits of EMU: The Impact of External Shocks on Labour Markets, Diskussionsbeiträge des Instituts für Europäische Wirtschaft, Nr. 16, 1997.

BERGMAN, M., International Evidence on the Source of Macroeconomic Fluctuations, European Economic Review, 40, S. 1237-1258, 1996.

BERNANKE, B.S., Alternative Explanations of the Money-Income Correlation, Working Paper Series, NBER, No. 1842, 1986.

BERNANKE, B.S. / MIHOV, I., Measuring Monetary Policy, NBER Working Paper Nr. 5145, 1995.

BERTHOLD, N., Europäische Währungsunion: Ein weiterer Schock für Europa?, in: MAYER / SCHARRER (Hrsg.), S. 11-40, 1997.

BERTHOLD, N. / FEHN, R. / THODE, E., Real Wage Rigidities, Fiscal Policy, and the Stability of EMU in the Transition Phase, IMF Working Paper Nr. 83, 1999a.

BERTHOLD, N. / FEHN, R. / THODE, E., Falling Labour Share and Rising Unemployment: Long-Run Consequences of Institutional Shocks, Wirtschaftswissenschaftliche Beiträge des Lehrstuhls für Volkswirtschaftslehre, Wirtschaftsordnung und Sozialpolitik, Julius-Maximilians-Universität Würzburg, Nr. 30, 1999b.

BETTIO, F. / ROSENBERG, S., Labour Markets and Flexibility in the 1990s: the Europe-USA Opposition Revisited, International Review of Applied Economics, 13, Nr.3, S. 269-279, 1999.

BEWLEY, R., The Direct Estimation of the Equilibrium Response in a Linear Dynamic Model, Economic Letters, 3, S. 357-361, 1979.

BHARGAVA, A., On the Theory of Testing for Unit Roots in Observed Time Series, Review of Economic Studies, 53, S. 369-384, 1986.

BHATTACHARYA, R. / BINNER, J., The Shocking Nature of Output Fluctuations in some EU countries, Applied Economics, 30,S. 1101-1125, 1998.

BINI-SMAGHI, L. / VORI, S., Rating the EC as an Optimal Currency Area: Is It Worse than the US?, in BRIEN (Hrsg.): Finance and International Economy, Amex Bank Review Awards 6, 1992.

BLACK, S.W., Learning from Adversity: Policy Response to Two Oil Shocks, Essays in International Finance no. 160, Princton, NJ: Princton University, 1985.

BLANCHARD, O.J. / KIYOTAKI, N., Monopolistic Competition and the Effects of Aggregate Demand, American Economic Review, 77, 4, 647-666, 1987.

BLANCHARD, O.J. / QUAH, D., The Dynamic Effects of Aggregate Demand and Supply Disturbances, American Economic Review, 79, 4, S. 655 - 673, 1989.

BLANCHARD, O.J. / WOLFERS, J., The Role of Shocks and Institutions in the Rise of European Unemployment: The Aggregate Evidence, Working Paper 7282, 1999.

BLANCHARD, O.J. / WOLFERS, J., The Role of Shocks and Institutions in the Rise of European Unemployment: The Aggregate Evidence, The Economic Journal, 110 S. C1-C33, 2000.

BLANCHARD, O.J. / WATSON, M.W., Are Business Cycles All Alike?, in: GORDON, R. (Hrsg.), The American Business Cycle: Continuity and Change, S. 123-179, Chicago, University Press, 1986.

BLANCHFLOWER, D.G. / FREEMAN, R.B., Did the Thatcher Reforms Change British Labour Market Performance?, in: BARRELL [1994] S. 51-92, 1994.

BLOEM, A.M. / DIPPELSMAN, R.J. / MACHLE, N.O., Textbook on Quarterly National Accounts Compilation (Draft), IMF Statistics Department, 2000.

BLS, BLS Handbook of Methods, http://stats.bls.gov/opub/hom/homtoc.htm, 1997.

BRAKMAN, S. / VAN EES, H. / KUIPERS, S.K (Hrsg.), Market Behaviour and Macroeconomic Modelling, 1998.

BRAUN, P.A. / MITTNIK, S., Misspecification in Vector Autoregressions and their Effects on Impulse Response and Variance Decomposition, Journal of Econometrics, 59, S. 319-341, 1993.

BREITUNG, J., Neuere Entwicklungen auf dem Gebiet ökonometrischer Strukturmodelle, Ifo-Studien : Zeitschrift für empirische Wirtschaftsforschung, 44 , 4, S. 371-392, 1998.

BREITUNG, J. / HEINEMANN, M., Short Run Comovement, Persistent Shocks and Business Cycles, Jahrbuch für Nationalökonomie und Statistik, 217, S. 436-448, 1998.

BRÜGGEMANN, R. / LÜTKEPOHL, H., Lag Selection in Subset VAR Models with an Application to a U.S. Monetary System, Working Paper, http://ise.wiwi.hu-berlin.de/~brueggem/research/lagvar.pdf, 2000.

BUCHELE, R. / CHRISTIANSEN, J., Employment and Productivity Growth in Europe and North America: The Impact of Labour Market Institutions, International Review of Applied Economics, 13, Nr. 3, S. 313-314, 1999.

BURGESS, S. / KNETTER, M.M., An International Comparison of Employment Adjustment to Exchange Rate Fluctuations, NBER Working Papers Nr. 5861, 1996.

BUTI, M. / SAPIR, A.(Hrsg.), Economic Policy in EMU. A Study by the European Commission Services, Europäische Kommission, 1998.

CALIPEL, S., The Measure of External Shocks, in: Adjustment and Development: The Experience of the ACP, European Commission, Directorate General for Development - (Unit VIII/3), S. 127-145, 1994.

CAPORALE, G.M. / PITTIS, N., Efficient Estimation of Cointegrating Vectors and Testing for Causality in Vector Autoregressions, Journal of Economic Survey, 13, Nr. 1, 1999.

CARLIN, W. / SOSKICE, D., Macroeconomics and the Wage Bargaining. A Modern Approach to Employment, Inflation and the Exchange Rate, Oxford, New York, 1990.

CARSTENSEN, K. / HANSEN, G., Geldmenge und Inflation in Deutschland: Eine Common Trend Analyse, Working Paper Nr. 115, Institut für Statistik und Ökonometrie, 1998a.

CARSTENSEN, K. / HANSEN, G., How Important are Real Shocks for the Real Exchange Rate? A Common trend Analysis, Working Paper Nr. 117, Institut für Statistik und Ökonometrie, 1998b.

CARSTENSEN, K. / HANSEN, G., Cointegration and Common Trends on the German Labour Market, Empirical Economics, 25, S. 475-493, 2000.

CHAO, J.C. / PHILLIPS, P.C.B., Model Selection in Partially Nonstationary Vector Autoregressive Processes with Reduced Rank Structure, Journal of Econometrics, 91, S. 227-271, 1999.

CHAMIE, N. / DESERRES, A. / LALONDE, R., Optimum Currency Areas and Shock Asymmetry. A Comparison of Europe and the US, Working Paper 94-1, Bank of Canada, 1994.

CHARDHA, J.S / HUDSON, S. L., The Optimum Currency Area Case for the EMU: A Structural VAR Approach, Discussion Papers in Economics and Econometrics, Nr. 9815, 1998.

CHURCH, K.B. / MITCHELL, P.R. / WALLIS, K.F., Short-run Rigidities and Long-run Equilibrium in Large-Scale Macroeconometric Models, in: BRAKMAN / VAN EES / KUIPERS [1998] S. 221-241.

CLAASEN, E.-M., Real Shocks and the Real Exchange Rate, in: Open-Economy macroeconomics, IEA conference volume, 105, S. 137-152, 1993.

CLARIDA, R., GALI, J., Sources of Real Exchange Rate Fluctuations: How Important are Nominal Shocks?, Carnegie-Rochester Conference Serie, 41, S. 1-56, 1994.

CLARIDA, R. / GERTLER, M., How the Bundesbank Conducts Monetary Policy, NBER working paper Nr. 5581, 1996.

COCHRANE, J.H., Shocks, NBER Working Paper Nr. 4698, 1994.

COCHRANE, J.H., What do the VARs mean? Measuring Output Effects of Monetary policy, Journal of Monetary Economics, 41, S. 277-300, 1998.

COHEN, D. / WYPLOSZ, C., The European Monetary Union: An Agnostic Evaluation, in: BRYANT et al. (Hrsg.) , Macroeconomic Policies in an Interdependent World, Booking Institutions, Washington, S. 311-337, 1989.

COOK, S., Further Results on the Detection of Asymmetric Adjustment in Macroeconomic Time Series, Applied Economic Letters, 7, S. 721-724, 2000.

COOK, S, Seasonal Adjustment and Cointegration, Applied Economics Letters, 7, S. 549-551, 2000.

COOLE, T.F. / LEROY, S.F., Atheoretical Macroeconometrics: A Critique, Journal of Monetary Economics, 16, 3, S. 283-308, 1985.

COOLEY, T.F. / DWYER, M., Business Cycle Analysis Without Much Theory. A Look at Structural VARs, Journal of Econometrics, 83, 1, S. 57-88, 1998.

COPELMAN, M., Financial Innovation and the Speed of Adustment of Money Demand: Evidence from Bolivia, Israel, and Venezuela, International Financial Discussion Papers, Nr. 567, 1996.

CROWDER, D. / HOFFMAN, D.L. / RASCHE, R.H., Identification and Inference in Cointegrated Systems and the Specification of Structural VAR Models, mimeo, Lund University, 1994.

CUBADDA, G., Common Cycles in Seasonal Non-Stationary Time Series, Journal of Applied Econometrics, 14, S. 273-291, 1999.

CUSHMAN, D.O. / ZHA, T., Identifying Monetary Policy in a Small Open Economy under Flexible Exchange Rates, Journal of Monetary Economics, 39, S. 43-448, 1997.

DARNELL, A.C., Dictionary of Econometrics, Edward Elsgar Publ., 1995.

DAVIDSON, J.E.H. / HENDRY, D.F. / SRBA, F. / YEO, S., Econometric Modelling of the Aggregate Time-Series Relationship Between Consumer's Expenditure and Income in the United Kindom, Economic Journal, 88, S. 661-692, 1978.

DAVIDSON, R. / MACKINNON, J.-G., Estimation and Inference in Econometrics, New York, Oxford Univ. Press, 1993.

DECRESSIN, J. / FATÁS, A., Regional Labour Market Dynamics in Europe, European Economic Review, 39, S. 1627-1655, 1995.

DE GRAUWE, P. The Economics of Monetary Integration. 3. Auflage, Oxford University Press, Oxford, NewYork, 1997.

DE GRAUWE, P. / VANHAVERBEKE, W., Is Europe an Optimal Currency Area? in: MASSON / TAYLOR [1993], S. 111-129, 1993.

DEN BUTTER, F.A.G. / FASE, M.M.G., Seasonal Adjustment as a Practical Problem, North Holland, Amsterdam, 1991.

DEUTSCHE BUNDESBANK, Reale Wechselkurse als Indikatoren der internationalen Wettbewerbsfähigkeit, Monatsbericht 05/94, 1994.

DEUTSCHE BUNDESBANK, Wechselkurs und Außenhandel, Monatsberichte 01/97, 1997.

DEUTSCHE BUNDESBANK, Bestimmungsgründe und gesamtwirtschaftliche Bedeutung von Produzenten- und Konsumentenlohn, Monatsbericht 07/00, S. 15-27, 2000.

DICKEY, D.A. / FULLER, W.A., Distributions for Estimators for Autoregressive Time Series with a Unit Root, Journal of the American Statistical Association, 74, S. 427-431, 1979.

DIXON, H.D., Imperfect Competition and Open Economy Macroeconomics, in: VAN DER PLOEG, F. (Hrsg.), The Handbook of International Macroeconomics, S. 31-61, 1995.

DIXON, H.D. / RANKIN, N., Imperfect Competition and Macroeconomics: A Survey, Oxford Economic Papers Nr. 46, S. 171-199, 1994.

DIXON, H.D. / RANKIN, N. (Hrsg.), Imperfect Competition and Policy Effectiveness, Cambridge University Press, Cambridge, 1995.

DIXIT, A. K. / STIGLITZ, J.E., Monopolistic Competition and Optimum Product Diversity, American Economic Review, 67, Nr. 3, 297-308, 1977.

DORNIK, J.A. / HANSEN, H., An Omnibus Test for Univariate and Multivariate Normality, Working Paper, Nuffield College, Oxford, 1994.

DOSE, D. / KRIEGER -BODEN, C., Währungsunion und Arbeitsmarkt: Auftakt zu unabdingbaren Reformen, Kieler Studien 290, 1998.

EDEL, K. / SCHÄFER, K.-A. / STIER, W., Analyse saisonaler Zeitreihen, Wirtschaftswissenschaftliche Beiträge, 134, Heidelberg, Physica-Verlag, 1997.

EICHENGREEN, B., Labor Markets and European Monetary Unification, in MASSON / TAYLOR [1993], S. 130-162, 1993.

ELLIS, C.J. / FENDER, J., Bargaining and Wage Resistance in a Open Macroeconomic Model, The Economic Journal, 97, S. 106-120, 1987.

ENGLE, R.F. / GRANGER, C.W.J., Co-Integration and Error-Correction: Representation, Estimation and Testing, Econometrica, 55, S. 251-276.

EVANS, C., Productivity Shocks and Real Business Cycles, Journal of Monetary Economics, 29, S. 191-208, 1992.

FAIR, R.C., Does the NAIRU Have the Right Dynamics?, AEA Papers and Procedings, 89, Nr.2, S. 58-62, 1999.

FAUVEL, Y / PAQUET, A. / ZIMMERMANN, C., A Survey on Interest Rate Forecasting, Working Paper 87, CREFE, Université du Québec à Montréal, 1999.

FAUST, J. / LEEPER, E.M., When do Long-Run Identification Restrictions Give Reliable Results, Board of Governors of the Federal Reserve System, International Finance Discussion Papers, Nr. 462, 1994.

FAZZARI, S.M. / FERRI, P. / GREENBERG, E.D, Aggregate Demand and Firm Behaviour: a New Perspective on Keynesian Microfoundation, Journal of Post Keynesian Economics, 20, Nr.4, S. 527-558, 1998.

FISHER, L.A. / HUH, H.-S. / SUMMERS, P.M., Structural Identification of Permanent Shocks in VEC Models: A Generalization, Journal of Macroeconomics, 22, Nr. 1, S. 53-68, 2000.

FRANSES, P.H., Recent Advances in Modelling Seasonality, Journal of Economic Surveys. 10, Nr. 2,S. 299- 343, 1996.

FRISCH, R., Propagation Problems and Impuls Problems in Dynamic Economies, in: Economic Essays in Honor of Gustav Cassel, Allen & Unwins, London, 1926.

FROHN, J., Zum Nutzen makroökonometrischer Modelle, Ifo-Studien, Nr. 12, S. 161-177, 1998.

FROHN, J., Macroeconometric Model versus Vectorautoregessive Models, Diskussionspapier Nr. 427, Fakultät für Wirtschaftswissenschaften, Universität Bielefeld, 1999.

FUNG, B. S.-C. / KASOMOVICH, M., Monetary Shocks in the G6: Is there a Puzzle?, Journal of Monetary Economics, 42, S. 575-592, 1998.

FUNKE, M., The Nature of Shocks in Europe and in Germany, Economica, 64, S. 461-469, 1997.

FULLER, W.A., Introduction to Statistical Time Series, 2nd edition, New York, 1996.

GARRATT, A. / LEE, K. / PESARAN, M.H. / SHIN, Y., A Structural Cointegrating VAR Approach to Macroeconomic Models, in HOLLY, S. and Weale, M., Econometric Modelling: Techniques and Applications, S..94-131, University Press, Cambridge, 2000.

GARRATT, A. / LEE, K. / PESARAN, M.H. / SHIN, Y., A Long-Run Structural Macroeconometric Model for the UK, Working Paper, www.econ.cam.ac.uk / faculty / pesaran, 2001.

GAMBER, E.N. / JOUTZ, F.L., An Application of Estimating Structural Vector Autoregression Models with Long-Run Restrictions, Journal of Macroeconomics, 15, Nr. 4, S. 724-745, 1993a.

GAMBER, E.N. / JOUTZ, F.L., The Dynamic Effects of Aggregate Demand and Supply Disturbances: Comment, American Economic Review, 83, 5 , S. 1367-1393, 1993b.

GENNARI, E., Estimating Money Demand in Italy 1970-1994, EUI Working Paper ECO No 7, 1999.

GHYSELS, E., Seasonality and Econometric Models, Journal of Econometrics, 55, S. 1-8, 1993,

GHYSELS, E., On the Economics and Econometrics of Seasonality, in: SIMS, C. (Ed.), Advances in Econometrics: Sixth World Congress, I, S. 257-316, 1994.

GHYSELS, E. / GRANGER, C.W.J. / SIKLOS, P.L., Is Adjustment a Linear or Nonlinear Data-Filtering Process?, Journal of Business and Economic Statistics, 14, Nr. 3, S. 374-386, 1995.

GHYSELS, E. / PERRON, P., The Effect of Seasonal Adjustment Filters on Tests for a Unit Root, Journal of Econometrics, 55, S. 57-98, 1993.

GHYSELS, E. / PERRON, P., The Effect of Linear Filters on Dynamic Time Sereis With Structural Change, Journal of Econometrics, 70, S. 69-97, 1996.

GINEBRI, S., Real Wages, Productivity and Unemployment in an Open Economy: Further Evidence on a Couple of Cointegrating Planes, Mimeo, Universitá di roma "La Sapienza", 1999.

GONZALO, J. / GRANGER, C., Estimation of Common Long-Memory Components in Cointegrated Systems, Journal of Business and Economic Statistics, 13, S. 27-35, 1995.

GONZALO, J. / PITARAKIS, J.-Y., Specification via Model Selection in VECM, Economic Letters, 60, S. 321-328, 1998.

GONZALO, J. / PITARAKIS, J-Y., Lag Length Estimation in Large Dimensional Systems, Discussion Papers in Quantitative Economics and Computing, Series E, 58, 1999.

GORDON, D. B. / LEEPER E. M., The Dynamic Impacts of Monetary Policy: An Exercise in Tentative Identification, Journal of Political Economy, 102, Nr. 6, S. 1228-1247 , 1994.

GORDON, D. B. / LEEPER E. M. / ZHA T., Trends in Velocity and Policy Expectations, Carnegie-Rochester Conference Series on Public Policy, 49; S. 265-304, 1998.

GRANGER, C.W.J. / HALLMAN, Nonlinear Transformation of Integrated Time Series, Journal of Time Series Analysis, 12, S. 207-224, 1991.

GRANGER, C.W.J. / NEWBOLD, P., Spurious Regression in Econometrics, Journal of Econometrics, 17, S. 121-130, 1974.

GRANGER, C.W.J. / SIKLOS, P.L., Systematic Sampling, Temporal Aggregation, Seasonal Adjustment and Cointegration. Theory and Evidence., Journal of Econometrics, 66, S. 357-369, 1995.

GRANGER, C.W.J. / WEISS, A.A., Time-Series Analysis of Error-Correction Models, in: KARLIN, S. / AMEMIYA, T. / GOODMAN, L.A., Studies in Econometrics II, Amsterdam, S. 1023-1100, 1983.

GREENSLADE, J.V. / HALL, S.G. / HENRY, S.G.B., On the Identification of Cointegrated Systems in Small Samples: Practical Procedures with an Application to UK Wages and Prices, London Business School Discussion Paper Nr. 7, 1999.

HAFFNER, R.C.G. / BERGEIJK,VAN, P. A.G., An International Comparative Analysis of the State of Competition, in: BRAKMAN / VAN EES / KUIPERS [1998, S. 104-126], 1998.

HAMILTON, J. D., Time Series Analysis, Princeton University Press, Princton, 1994

HANSEN, G., Quantitative Wirtschaftsforschung, Verlag Vahlen, München, 1993.

HANSEN, G., Unemployment and the Wage Wedge in Germany, Simulations of a Small Cointegrated System, Zeitschrift für Wirtschafts- und Sozialwissenschaften, 116, S. 167-183, 1996.

HANSEN, G., The German Labour Market and the Unification Shock, Economic Modelling, 17, 3, S. 439-454, 2000.

HANSEN, G. / KIM, J.-R., MITTNIK, S., Testing Cointegration Coefficients in Vector Autoregressive Error Correction Models, Economic Letters,58, S. 1-5, 1998.

HANSEN, H. / WARNE, A., The Cause of Unemployment: Demand or Supply Shock?, Manusscript, IIES, Stockhom University, 1997.

HANSEN, H. / JOHANSEN, S., Some Tests for Parameter Constancy in Cointegrated VAR-models, Econometrics Journal, 2, S. 306-333, 1999.

HANSEN, H. / JUSELIUS, K., CATS in RATS - Cointegration Analysis of Time Series, Institute of Economics, University of Copenhagen, Evanston, 1995.

HANSSON, J., Calculation of Aggregate Demand and Supply Disturbances from a Common Trends Model, Economic Letters, 65, S. 309-314, 1999.

HARRIS, R.I.D., Using Cointegration Analysis in Econometric Modelling, Prentice Hall / Harvester Wheatsheaf, London, New York, 1995.

HARVEY,A., Trends, Cycles and Autoregressions, The Economic Journal, 107, S. 192-201, 1997.

HAYO, B., Empirische und theoretische Studien zur Europäischen Währungsunion, Europäische Hochschulschriften, Reihe V, Bd. 2245, 1998.

HECQ, A., Does Seasonal Adjustment induce Common Cycles?, Economic Letters, 59, S. 289-297, 1998.

HECQ, A / PALM, F.C. / URBAIN, J.-P., Permanent and Transitory Decomposition in VAR Models with Cointegration and Common Cycles, Working Paper, Department of Quanitative Economics, 1999.

HEINEMANN, F., Central Europe and European Monetary Integration, in Intereconomics, 30, 3, S. 117-125.

HENDRY, D. F., Dynamic Econometrics, Oxford University Press, Oxford, 1994.

HENDRY, D.F. / PAGAN, A.R. / SARGAN, J.D., Dynamic Specification, in: GRILLICHES, Z. / ILLTRIGATOR (Hrsg.), Handbook of Econometrics I, North-Holland, Amsterdam, S. 1023-1100, 1984

HENDRY, D.F. / DOORNIK, J. A., Modelling Linear Dynamic Econometric Systems, Journal of Political Economy, 41, Nr.1, S. 1-33, 1994.

HOFFMANN, M., National Stochastic Trends and International Macroeconomic Fluctuations: The Role of the Current Account, EUI Working Paper ECO NO, 99/26, 1999.

HOFFMAN, D.L. / RASCHE, R.H:, STLS US-VECM6.1: A Vector Error-Correction Forecasting Model of the U.S. Economy, Federal Reserve Bank of St. Louis, Working Paper 008A, 1997.

HOLSTEIN, M., Moderne Konjunkturtheorie: Reale Schocks, multiple Gleichgewichte und die Rolle der Geldpolitik, Hochschulschriften, 43, Marburg, Metropolis-Verlag, 1998.

HORN, G.A., Topics in New Keynesian Research. A Brief Introduction, Konjunkturpolitik, 45, Nr. 2, 1999.

HÜBLER, O., Ökonometrie, UTB, Stuttgart,1989.

HUH, H.S., How Well Does the Mundell-Fleming Model Fit Australian Data Since the Collapse of Bretton Woods ?, Applied Economics, 31, S. 397-407, 1999.

HYLLEBERG, S. / MIZON, G.E., Cointegration and Error Correction Mechanisms, Economic Journal, 99, S. 113-125, 1989.

HYLLEBERG, S., Seasonality in Regressions, Academic Press, New York,1986.

HYLLEBERG, S., Comment: New Capabilities and Methods of the X12-ARIMA Seasonal-Adjustment Program, Journal of Business and Economics , 16, Nr. 2, 167-168, 1998.

IVANOV, V. / KILIAN, L., A Practioneer's Guide to Lag-Order Selection for Vector Autoregressions, Mimeo, Department of Economics, University of Michigan, 2000.

JACOBSEN, T. / VREDIN, A. / WARNE, A., Common Trends and Hysteresis in Scandinavian Unemployment, European Economic Review, 41, S. 1781-1816, 1997.

JACOBSEN, T. / VREDIN, A. / WARNE, A., Are Real Wages and Unemployment Related, European Economic Review, 41, S. 1781-1816, 1998.

JACOBSEN, T. / JANSON, P. / VREDIN, A. / WARNE, A., A VAR Model for Monetary Policy Analysis in a Small Open Economy, Working Paper, 1998b.

JÄGER, A. / KUNST, R.M., Seasonal Adjustment and Measuring Persistence in Output, Journal of Applied Econometrics, 5, 215-38, 1990.

JANSSON, P., How Large is the Risk of Asymmetric Shocks for Sweden?, Swedish Economic Policy Review, 4, S. 447-486, 1997.

JENKINS, M.A., Cities, Borders, Distances, Non-Traded Goods and Purchasing Power Parity, Oxford Bulletin of Economics and Statistics, 50, 2, S. 203-213, 1997.

JOHANSEN, S., Statistical Analysis of Cointegration Vectors, Journal of Economic Dynamics and Control, 12, S. 231-254, 1988.

JOHANSEN, S., Estimation and Hypothesis Testing in Cointegration Vector Autoregressive Models, Preprint Institute of Mathematical Statistics, University of Copenhagen, 1989.

JOHANSEN, S., Estimation and Hypothesis Testing of Cointegration Vectors in Gaussian Vector Autoregressive Models, Journal of Econometric, 59, S. 1551-1580, 1991.

JOHANSEN, S., Likelihood-Based Inference in Cointegrated Vetcor-Autoregressive Models, Oxford University Press, Oxford, New York, 1995a.

JOHANSEN, S., Identifying Restrictions of Linear Equations with Applications to Simultaneous Equations and Cointegration, Journal of Econometrics, 69, S. 111-132, 1995b.

JOHANSEN, S. / JUSELIUS, K., Testing the Structural Hypotheses in a Multivariate Cointegration Analysis of the PPP and the UIP for UK, Journal of Econometrics, 53, S. 211-244, 1992.

JOHANSEN, S. / JUSELIUS, K., Do Purchasing Power Parity and Uncovered Interest Rate Parity hold in the Long run? An Example of Likelihood Inference in a Multivariate Time-Series Model, Journal of Econometrics, 69, S. 211-240, 1995.

JOHANSEN, S. / NIELSEN, B., Manual for the Simulationprogram DISCO, Institute of Mathematical Statistics, University of Copenhagen, 1993.

JORDAN, T.J. / LENZ, C., Demand and Supply Shocks in the IS-LM Model. Empirical Findings for Five Countries, Jahrbuch für Nationalökonomie und Statistik, Bd. 218, S. 725-744, 1999.

JUSELIUS, K., Changing Monetary Transmission Mechanisms Within the EU, Empirical Economics, 23,3, S. 455-481, 1998.

JUSELIUS, K., Models and Relations in Economics and Econometrics, Journal of Economic Methodology, 6, S. 259-290, 1999.

KARRAS, G., Sources of Business Cycles I Europe: 1960-1988. Evidence from France, Germany, and the United Kingdom, European Economic Review, 38, S. 1763-1778, 1994.

KEATING, J.W., Structural Approaches to Vector Autoregressions, Federal Reserve Bank of St. Louis, 74 , S. 37-57, 1992.

KEATING, J.W., Identifying VAR Models under Rational Expectations, Journal of Monetary Economics, 25, S. 453-476, 1990.

KEATING, J.W. / NYE, J.V., Permanent and Transitory Shocks in Real Output: Estimates from Nineteenth-Century and Postwar Economies, Money, Credit and Banking, 30, Nr.2, S. 231-251, 1998.

KILIAN, L., Confidence Intervals for Impuls Responses under Departures from Normality, Econometric Reviews, 17, S. 1-29, 1998.

KILLICK, T. (Hrsg.), The Flexible Economy : Causes and Consequences of the Adaptability of National Economies, Overseas Development Institute, London, 1995.

KIM, S. / ROUBINI, N., Exchange Rate Anomalies in the Industrial Countries: a Solution with a Structural VAR Approach, Journal of Monetary Economics, 45, S. 561-586, 2000.

KING, R.G / PLOSSER, C.I / STOCK, J.H. / WATSON, M.W., Stochastic Trends and Economic Fluctuations, AER, 81, Nr. 4, S. 819-840, 1991.

KING, R.G. / WATSON, M.W., Testing for Neutrality, Manuskript, Northwestern University, 1993.

KIRCHNER, R., Auswirkungen des neuen Saisonbereinigungsverfahrens Census X12-ARIMA auf die aktuelle Wirtschaftsanalyse in Deutschland, Diskussionspapiere des volkwirtschaftlichen Forschungszentrums der Deutschen Bundesbank, Nr.7, 1999.

KNOPPIK, C., Stabilitätseinbußen durch die Europäische Währungsunion - Theoretische und empirische Untersuchung, Europäische Hochschulschrifen, Reihe 5, 1997.

KNUDSEN, L. / STAHLECKER, P. / WOHLERS E., Demand and Supply Shocks in the European Union, Jahrbücher für Nationalökonomie und Statistik 218, 5/6, 1999.

KOLSRUD, D. / NYMAN, R., Unemployment and the open economy wage-price spiral, Journal of Economic Studies, 25, 6, S. 450-467, 1998.

KOOP, G. / PESARAN, M.H. / POTTER, S.M., Impuls Response Analysis in Nonlinear Multivariate Models, Journal of Econometrics, 74, S. 119-147, 1996.

KORAY, F. / MCMILLIN, W.D., Monetary Shocks, the Exchange Rate, and the Trade Balance, Journal of International Money and Finance, 18, S. 925-940, 1999.

KOUASSI, E. / DECALUWE, B. / KAMPOMBE, C.M. / COLYER, D., Temporal Causality and the Dynamic Interaction between Terms of Trade and Current Account Deficits in Cointegrated VAR Processes: Further Evidence From Ivorian Time Series, Applied Economics, 31, S. 89-96, 1999.

KUGLER, P., The Relative Importance of Demand and Supply Shocks. Some Empirical Evidence, Empirical Economics, 17, S. 523-535, 1992.

KUGLER, P., Die Integration von Trend und Konjunktur im Rahmen neuerer ökonometrischer Analysen, in: Trend und Zyklus: zyklisches Wachstum aus Sicht moderner Konjunktur und Wachstumstheorie, Wirtschaftswissenschaftliches Seminar Ottobeuren, Nr.28, FRANZ, W: (Hrsg.), S. 283-296, 1999.

KWARK, N.-S., Sources of International Business Fluctuations: Country-specific Shocks or Worldwide Shocks?, Journal of International Economics, 48, S. 367-385, 1999.

KWIATKOWSKI, D. / PHILLIPS, P.C.B. / SCHMIDT, P. / SHIN, Y., Testing the Null Hypothesis of Stationary against the Alternative of a Unit Root, Journal of Econometrics, 54, S. 159-178, 1992.

LANDMANN, O., Kommentar zu WOHLERS [1997], in: MAYER / SCHARRER [1997], S. 115-123, 1997.

LASTRAPES, W.D. / SELGIN G., The Liquidity Effect: Identifying Short-Run Interest Rate Dynamics Using Long-Run Restrictions, Journal of Macroeconomics, 17, Nr. 3, S. 387-104, 1995.

LAYARD, R. / NICKELL, S. / JACKMAN, R., Unemployment. Macroeconomic Performance and the Labour Market, New York, Oxford, 1991.

LEE, K. C., Persistence of Shocks and their Sources in Multisectoral Model of UK Output Growth, The Economic Journal, 102, S. 342-356, 1992.

LEE, K.C., Cross-Country Interdependencies in Growth Dynamics: A Model of Output Growth in the G7 Economies, 1960-1994, Weltwirtschaftliches Archiv, 134, Nr. 3 , S. 367-385, 1998.

LEE, H.S. / SIKLOS, P.L., Unit Roots and Seasonal Unit Roots in Macroeconomic Time Series, Economic Letters, 35, S.273-277, 1991.

LEE, H.S. / SIKLOS, P.L., The Influence of Seasonal Adjustment on the Canadian Consumption Funktion, Canadian Journal of Economics, 26, Nr. 3, S. 575-589, 1993.

LEEPER, E. M. / SIMS, C. A. / ZHA, T., What does Monetary Policy do?, Brookings Papers on Economic Activity, 2, S. 1-78, 1996.

LEVTCHENKOVA, S. / PAGAN, A. / ROBERTSON, J., Shocking Stories, in: MCALEER / OXLEY [1999], S. 91-116, 1999.

LIPPI, M. / REICHLIN, L., Common and Uncommon Trends and Cycles, European Economic Review, 38, S. 624-635, 1994.

LUCKE, B., Analysis of West German Macroeconomic Data Using Common Trends and Common Cycles, Jahrbuch für Nationalökonomie und Statistik, 214, Nr. 6, S. 675-696, 1995.

LÜTKEPOHL, H., Introduction to Multiple Time Series Analysis, 2. Auflage, Springer-Verlag, Berlin, 1993.

LÜTKEPOHL, H., Vector Autoregressions, Institut für Statistik und Ökonometrie, Humbold-Universität zu Berlin , Working Paper, 1999a.

LÜTKEPOHL, H., Vector Autoregressive Analysis, Institut für Statistik und Ökonometrie, Humbold-Universität zu Berlin, Working Paper, 1999b.

MADDALA, G.S., Introduction to Econometrics, 2. Auflage, Macmillan Publishing Company, New York, 1992.

MADDALA, G.S. / KIM, I.-M., Unit Roots, Cointegration, and Structural Change, Cambridge University Press, Cambridge, New York, 1998.

MADSEN, J. B., On Error on Variable Bias in Estimates of Export Proce Elasticities, Discussionpapers in Economics and Econometrics, Department of Economics, University of Southampton, 1996.

MOSCONI, R., The Theory ad Practice of Cointegration Analysis in RATS, Venice: Cafoscaria, 1998.

MANNING, C., Labour Market Adjustment to Indonesia's Economic Crisis: Context, Trends and Implications, Bulletin of Indonesian Economic Studies, 36, Nr. 1, S. 105-36, 2000.

MARAVALL, A., Stochastic Linear Trends, Journal of Econometrics, 56, S. 5-37, 1993.

MARAVALL, A., Unobserved Components in Economic Time Series, Handbook of Applied Econometrics, 1995.

MARENGO, S., The Effect of the EMS on the Exchange Rate Dynamic in Response to Nominal and Real Shocks, Beiträge aus dem Institut für Theoretische Volkswirtschaftslehre, Universität der Bundeswehr Hamburg, 1, 1998.

MASSON, P.R. / TAYLOR, M.P. (Hrsg.), Policy Issues in the Operation of Currency Unions, Cambridge University Press, Cambridge, 1993.

MAYER, O.G. / SCHARRER H.-E. (Hrsg.), Schocks und Schockverarbeitung in der Währungsunion, Nomos Verlag-Ges., Baden-Baden, 1997.

MEHREZ, G. / VALLA, N., EMU: What if the Shocks are in the Labour Markets, International Journal of business, 3,(1), S. 69-87, 1998.

MELITZ, J., The Current Impasse in Research on Optimum Currency Areas, European Economic Review, 39, S. 492-500, 1995.

MELLANDER, E / VREDIN, A. / WARNE, A., Stochastic Trends and Economic Fluctuations in a Small Open Economy, Journal of Applied Econometrics, 7, S. 369-394, 1992.

MESTRE, R., Error - Correction Mechanism Tests for Cointegration in a Single-Equation Framework, Journal of Time Series Analysis, 19, Nr. 3, S. 267 - 283, 1998.

MIAOULI, N., Employment Persistence and the Wage Setting in the Greek Labour Market, Journal of Economic Studies, 25, Nr. 2, S. 98-111, 1998.

MICHAELIS, J., Schockverarbeitung durch nationale Fiskalpolitiken - Effizienz nationaler Instrumente in einer Wirtschafts- und Währungsunion, in: MAYER / SCHARRER [1997].

MICHAELIS, J. / PFLÜGLER, M. , Revenue-Neutral tax Reforms in a Small Open Economy with Structural Unemployment , Diskussionsbeiträge Nr. 66, Institut für Finanzwissenschaft der Albert-Ludwigs-Universität Freiburg im Breisgau, 1998.

MINFORD, P. / RILEY, J., The UK. Labour Market: Micro Rigidities and Macro Obstructions, in: BARRELL [1994], S. 258-272, 1994.

MIRON, J.., The Economics of Seasonal Cycles, MIT Press, Cambridge, 1996.

MITCHELL, J., The Importance of Long Run Structure für Impuls-Response Analysis in VAR-Models, NIESR Working Paper 1350, 2000.

MORGAN, J., Structural Change in European Labour Markets, National Institute Economic Review, 155, 1996.

MORGAN, J., What Do Comparisons of the Last Two Economic Recoveries Tell us about the UK Labour Market, National Institute Economic Review, Nr. 156, 1996.

MOUTOS, T. / SCARTH, W., Stabilization Policy within a Currency Area, Scottish Journal of Political Economy, 35, Nr. 4, S. 387-397, 1988.

NERVE, M., GRETHER, D.M., CARVALHO, J.L., Analysis of Economic Time Series: a Synthesis, Academic Press, New York, 1979.

NICKELL, S., Insider Forces and Wage Determination, The Economic Journal, 100, S. 496-509, 1990.

NICKELL, S., Unemployment and Labor Market Rigidities: Europe versus North America, Journal of Economic Perspectives, 11, Nr. 3, S. 55-74, 1997.

NIEUWENHUIS, A., Imperfect Competition and Aggregate Price Equations, in: BRAKMAN / VAN EES / KUIPERS [1998] S. 41-69, 1998.

NICOLIN, A., Anpassungsprozesse im Arbeitsmarkt: Eine dynamische Theorie der Bildung von Effizienzlöhnen, Hochschulschriften, 36, Marburg, Metropolis-Verlag, 1997.

NORTH, D. C. , Institutions, Institutional Change, and Economic Performance, Occational Paper no. 30, San Francisco: International Center for Economic Growth, 1992.

OCHEL, W., Europäische Wirtschafts- und Währungsunion und Beschäftigung. Ein Überblick über die theoretischen und empirischen Zusammenhänge, IFO Schnelldienst, Nr. 15, S. 9-23, 1997.

OECD, Quarterly National Accounts - Sources and Methods Used by OECD Member Countries, 1979.

OECD, Main Economic Indicators - Sources and Definitions, www. oecd.org / std/mei_elec.htm, 1997.

OECD, Employment Protection and Labour Market Performance, Employment Outlook, S. 48-130, 1999a.

OECD, Cross-Country Patterns of Product Market Regulation, Economic Outlook, S. 179-189, 1999b.

OECD, Main Economic Indicators - Inventory, www. oecd.org/std/mei_elec.htm, 1999c.

OHTANI, K. / KAKIMOTO, S. / ABE, K., A Gradual Switching Regression Model with a Flexible Transition Path, Economic Letters, 32, S. 43-48, 1990.

OLEKALNS, N., Does Seasonal Adjustment Distort Tests of Stationarity? Some Small-Sample Evidence, Applied Financial Economics, 6, S. 531-534, 1996.

OLIVEIRA-MARTINS, J. / TOUJAS-BERNATE, T., Macroeconomic Import Functions with Imperfect Competition: an Application to EC Trade, in: Winters, L.A., Trade Flows and Trade Policy after 1992, Cambridge, 1992.

OTERO, J. / SMITH, J., The Effects of Seasonal Adjustment Linear Filters on Cointegrating Equations, Dep. of Economics, Univ. of Warwick, Warwick economic research papers, 456, 1996.

PAGAN, A.R., Structural VAR's: A Review., Working Paper, Australian National University, 1994.

PARK, J.Y., Disequilibrium Inputs Analysis, Working Paper, Department of Economics, Cornell University, 1990.

PESARAN, M.H. / PESARAN, B., Working with Microfit 4.0: Interaktive Econometric Analysis, Oxford University Press, Oxford, 1997.

PESARAN, M. H. / SHIN, Y., Long Run Structural Modelling, Mimeo, University of Cambridge, 1994.

PESARAN, M.H. / SHIN, Y., Cointegration and Speed of Convergence to Equilibrium, Journal of Econometrics, 71, S. 117-143, 1996.

PESARAN, M.H. / SHIN, Y., Generalized Impuls Response Analysis in Linear Multivariate Models, Economics Letters, 58, S. 17-29, 1998.

PESARAN, M.H. / SHIN, Y., Structural Analysis of Cointegrating VARs, in: MCALEER / OXLEY [1999], S. 55-89, 1999.

PESARAN, M.H. / SHIN, Y. / SMITH, R., Structural Analysis of Vector Error Correction Models with Exogenous I(1) Variables, DAE Working / Papers; Nr. 9706, 1997.

PESARAN, M.H. / SMITH, R., New Directions in Applied Macroeconomic Modelling, DAE Working Paper No 9525, 1995.

PÉTURSSON, T.G , Five Empirical Essays on Identifying Cointegrated Vector Autoregressive Systems, PhD Thesis, University of Aarhus, 1998.

PÉTURSSON, T.G. / SLOK, T., Wage Formation in a Cointegrated VAR Model: A Supply and Demand Approach, EPRU working paper Nr. 3, 1997.

PHILLIPS, P.C.B., Multiple Regression with Integrated Time Series, Contemporary Mathematics, 80, S. 79-105, 1988.

PHILLIPS, P.C.B., Optimal Inference in Cointegrated Systems, Cowels Foundation Discussion Papers, Nr. 866R, Yale University, 1989.

PODIVINSKY, J.M., Testing Misspecified Cointegrating Relationships, Economic Letters, 60, S. 1-9, 1998.

POLOZ, S., Real Exchange Rate Adjustments Between Regions in a Common Currency Area, Mimeo, Bank of Canada, 1990.

PRASAD, E.S. / THOMAS, A., Labour Market Adjustment in Canada and the US, IMF Staff Paper Nr. 97/2, 1997.

REIMERS, H-E., Analyse kointegrierter Variablen mittels vektorautoregressiver Modelle, Arbeiten zur Angewandten Statistik, Nr. 35, Heidelberg: Physika-Verlag, 1991.

RIETZLER, K. / STEPHAN, S. / WOLTERS, J., Saisonbereinigung und Aggregationsprobleme bei der Erstellung der volkswirtschaftlichen Gesamtrechnungen für die Länder der Europäischen Währungsunion, Gutachten im Auftrage des Bundesministers für Finanzen, überarbeitete Fassung, 2000.

ROED, K., Hysteresis in Unemployment, Journal of Economic Surveys, 11, Nr.4, 1997.

ROBERTSON, D. / WICKENS, M., VAR Modelling, in: HALL. S. (Hrsg.), Applied Economic Forecasting Techniques, 1994.

ROGERS, J.H., Real Shocks and Real Exchange Rates in really Long-Term data, International Finance Discussion Papers Nr. 493, Board of Governors of the Federal Reserve System, 1995.

ROMER, D., Advances in Macroeconomics, New York, St. Louis, McGraw-Hill, 1996.

ROSSANA, R.J, On the Adjustment Matrix in Error Correction Models, Journal of Monetary Economics, 42, S. 427-444, 1998.

SACHS, B., Wages, Flexible Exchange Rates, and Macroeconomic Policy, Quarterly Journal of Economics, 94, S. 731-747, 1985.

SARGENT, J.D., Wages and Prices in the United Kingdom : A Study in Econometric Methodology, in: HART, P.E. / MILLS, G. / WHITAKER; J.K., Econometric Analysis for National Economic Planning, London, 1964.

SARGAN, J.D. / BHARGAVA, A., Testing Residuals from Least Squares Regressions Being Generated by Gaussian Random Walks, Econometrica, 51, S. 153-174, 1983

SARTE, P.-D.G., On the Identification of Structural Vector Autoregressions, Federal Reserve Bank of Richmond, Economic Quarterly, 83, Nr. 3, 1997.

SCHMIDT, C. / STRAUBHAAR, T., Maastricht II: Bedarf es realer Konvergenzkritierien, Wirtschaftsdienst, 8, S. 434-442, 1995.

SCHMITT-RINCK, G. / BENDER, D., Makroökonomie geschlossener und offener Volkswirtschaften, Berlin, Springer-Verlag, 1992.

SCHREIBER, S., Real Wage and Productivity Dynamics: A Long Run Comparison of the USA and West Germany, Diskussionsbeiträge des Fachbereichs Wirtschaftswissenschaft der freien Universität Berlin, Nr. 21, 2000.

SEO, B., Tests for Structural Change in Cointegrated Systems, Econometric Theory, 14, S. 222-259, 1998.

SIEBERT, H., Labour Market Rigidities: At the Root of Unemployment in Europe, Journal of Economic Perspectives, 11, 3, S. 37-54, 1997.

SILVESTRE, J., The Market-Power Foundations of Macroeconomic Policy, Journal of Economic Literature, 21, 105-141, 1993.

SIMS, C.A., Seasonality in Regression, Journal of the American Statistical Association, 69, S. 618-629, 1974.

SIMS, C.A., Macroeconomics and Reality, Econometrica, 48, 1-48,, 1980.

SIMS, C.A. Are Forecasting Models Usable For Policy Analysis?, Quarterly Review, Federal Reserve Bank of Minneapolis, 10, 1, S. 2-16,1986.

SIMS, C.A., Rational Expectations Modeling with Seasonal Adjusted Data?, in: Journal of Econometrics, 55, S. 8-20, 1993.

SLUTZKY, E., The Summation of Random Causes as the Source of Cyclic Processes, Conjuncture Instutute, 3,1, 1927.

SMITH, R.P, Unit Root and All That: The Impact of Time-Series Methods on Macroeconometrics, Journal of Economic Methodology, 6, Nr. 2, S. 239-258, 1999.

SMITH, P., / ULPH, A., A Comparative Study of Flexibility in the Response of National Economies to the Oil-Price Shock, in: KILLICK[1995], S. 222-256, 1995.

SÖNDERLIN, P. / VREDIN, A., Applied Cointegration Analysis in the Mirror of Macroeconomic Theory, Journal of Applied Econometrics, 11, S. 383-381, 1996.

SÖRENSEN, J.R., Market Integration and Imperfect Competition in Labour and Product Markets, Open Economic Review, 5, S.115-130, 1994.

SPETH, H.-T., Verfahren zur Komponentenzerlegung von Zeitreihen im Vergleich - Ergebnisse im Zeitbereich, in: EDEL / SCHÄFER / STIER [1997], S. 163-206, 1997.

SPETH, H.-T., Unterschiedliche Verfahrensweisen der Statistischen Ämter in der Europäischen Union bei der Saisonbereinigung, Wirtschaft und Statistik, Nr. 1, 1999.

STIER, W. / EDEL, K., Eigenschaften von Saisonbereinigungsverfahren im Frequenzbereich, in: EDEL / SCHÄFER / STIER [1997], S. 207-222, 1997.

STOCK, J.H. / WATSON, M.W., Variable Trends in Economic Time Series, Journal of Economic Perspectives, 2, S. 147-174, 1988.

SYRQUIN, M., Flexibility and Long-Term Economic Development, in KILLICK [1995], S. 34-63, 1995.

TAYLOR, J.B., Macroeconomic Policy in a World Economy: From Econometric Design to Practical Operation, W.W. Norton & Company, Inc. New York, 1993.

THOMAS, A., Is the Exchange Rate a Shock Absorber? The Case of Sweden, IMF Working Paper, Nr. 197, 1997.

TURNER, D. / RICHARDSEN, P. / RAUFFET, S., Modelling the Supply Side of the Seven Major OECD Economies, OECD Working Papers, Nr. 167, 1996.

TYRVÄNEN, T., Wage Setting, Taxes and Demand for Labour: Multivariate Analysis of Cointegrating Relations, Empirical Economics, 20, S. 271-297, 1995.

VLAAR, P.J.G., On the Asymptotic Distribution on Impuls Response Functions with Long Run Restrictions, DNB Staff Report, Nr. 22, 1998.

WALLIS, K.F., Seasonal Adjustment and Relations between Variables, Journal of American Statistical Association, 69, S.18-31, 1974.

WALLIS, S., Comment: New Capabilities and Methods of the X12-ARIMA Seasonal-Adjustment Program, Journal of Business and Economics , 16, Nr. 2, 164-165, 1998.

WARNE, A., Vector Autoregressions and Common Trends in Macro and Financial Economics, Dissertation, 1990.

WARNE, A., A Common Trends Model: Identification, Estimation and Inference, Seminar Paper Nr. 555, IIES Stockholm University, 1993.

WARNE, A., Inference in Cointegrated VAR Systems, The Review of Economics and Statistics, 79, Nr. 3, S. 508-511, 1997.

WATSON, M., Vector Autoregressions and Cointegration, Handbook of Econometrics, IV, S. 2843-2915, 1994.

WHITMAN, M.V.N., Labour Market Adjustment and Trade: Their Interaction in the Triad, in: International Trade and Finance: New Frontiers for Research, Cambridge, Cambridge University Press, 1997.

WICKENS, M. R., Real Business Cycle Analysis: A Needed Revolution in Macroeconomics, The Economic Journal, 105, S. 1637-1648, 1995.

WICKENS, M. R., Interpreting Cointegrating Vectors and Common Stochastic Trends, Journal of Econometrics, Nr. 74, S. 255-271, 1996.

WICKENS, M.R. / BREUSCH, T.S., Dynamic Specification, the Long Run and the Estimation of Transformed Regression Models, Economic Journal, 98, S. 189-205, 1988.

WOHLERS, E., Relevanz von Schocks in der Europäischen Union : Empirischer Befund, in: MAYER / SCHARRER [1997], S. 79-113, 1997.

WOLTERS, J., Kointegration und Zinsentwicklung im EWS - Eine Einführung in die Kointegrationsmethodologie und deren Anwendung, Allgemeines Statistisches Archiv, 79, S. 146-169, 1995.

WOLTERS, J., Dynamische Regressionsmodelle, Diskussionsbeiträge des Fachbereichs Wirtschaftswissenschaft der Freien Universität Berlin, Volkswirtschaftliche Reihe. Nr. 18, 2000.

WREN-LEWIS, L., The Decline of Macroeconomic Modelling, in: FRASER, N. / HILS, J. (Hrsg.), Public Policy for the 21st Century. Social and Economic Essays in Memory of Henry Neuburger, The Policy Press, Bristol, S. 11-32, 2000.

YANG, M., On Identifying Permanent and Transitory Shocks in VAR Models, Economic Letters, 58, S. 171-175, 1998.

YULE, G. U., Why Do We Sometimes Get Nonsense Correlations Between Time Series? A Study in Sampling and the Nature of Time Series, Journal of the Royal Statistical Society, 89, S. 1-64, 1926.

ZHA, T., Block Recursion and Structural Vector Autoregressions, Journal of Econometrics, 90, S. 291- 316, 1999.

Peter Lang · Europäischer Verlag der Wissenschaften

Manon Pigeau

Der Einfluß der Arbeitszeit auf die Erwerbsbeteiligung von Frauen

Empirische Befunde, mikroökonomische Modellierung und politische Konsequenzen

Frankfurt/M., Berlin, Bern, Bruxelles, New York, Oxford, Wien, 2002.
XXII, 240 S., 58 Abb., 11 Tab.
Sozialökonomische Schriften. Herausgegeben von Bert Rürup. Bd. 21
ISBN 3-631-38836-5 · br. € 40.40*

Die beschäftigungspolitischen Wirkungen einer Arbeitszeitverkürzung sind in der Fachliteratur intensiv diskutiert worden. Allerdings bleibt die theoretische Frage offen, ob eine Arbeitszeitverkürzung eine Steigerung der mit positiven Externalitäten verbundenen Frauenerwerbsbeteiligung mit sich bringen würde. Empirische Befunde deuten darauf hin. Die Gestaltung eines theoretischen Analyserahmens, der die Modellierung der Arbeitszeit als Determinante der Erwerbsbeteiligung und die Berücksichtigung aller Nebeneffekte ermöglichte, setzte unter anderem die Definition eines neuen Erwerbsbeteiligungskriteriums voraus. Bei plausiblen Annahmen über die Arbeitszeitpräferenzen konnte gezeigt werden, daß eine Verkürzung der Tagesarbeitszeit die Erwerbsbeteiligung erhöhen kann. Dabei sind das Lohnniveau und die Kosten der Kinderbetreuung ausschlaggebend.

Aus dem Inhalt: Externe Effekte der Erwerbsbeteiligung von Frauen · Wirtschaftspolitische Ansätze zur Vereinbarung von Erwerbs- und Familienleben · Quantitative und qualitative Merkmale des Angebots von Frauen · Ökonometrische Untersuchung zur Erfassung des Verhaltens der Erwerbsquoten in Abhängigkeit von der Arbeitszeit · Erfassung der Effekte einer Arbeitszeitverkürzung unter Berücksichtigung aller Determinanten des Arbeitsangebots von Frauen · Arbeitszeit als Determinante der Erwerbsbeteiligungsentscheidung · Mikroökonomische Modellierung der Erwerbsbeteiligung von Frauen · Maßnahmen zur Förderung des Arbeitsangebots von Frauen